群言文丛

学者访谈

群言杂志社 编

群言出版社
QUNYAN PRESS
·北京·

图书在版编目（CIP）数据

学者访谈 / 群言杂志社编 . -- 北京 : 群言出版社，2015.12

(群言文丛)

ISBN 978-7-80256-968-3

Ⅰ . ①学… Ⅱ . ①群… Ⅲ . ①名人－访问记－中国－现代 Ⅳ . ① K820.7

中国版本图书馆 CIP 数据核字 (2015) 第 272649 号

责任编辑：陈赫男
封扉设计：北京锦绣东方图文设计有限公司

出版发行：群言出版社
社　　址：北京市东城区东厂胡同北巷1号（100006）
网　　址：www.qypublish.com
自营网店：http://qycbs.shop.kongfz.com（孔夫子旧书网）
http://www.qypublish.com（群言出版社官网）
电子信箱：qunyancbs@126.com
联系电话：010-65267783　65263836
经　　销：全国新华书店
法律顾问：北京天驰君泰律师事务所

印　　刷：廊坊市蓝海德彩印有限公司
版　　次：2015年12月第1版　2015年12月第1次印刷
开　　本：787mm × 1092mm　1/16
印　　张：29
字　　数：401千字
书　　号：ISBN 978-7-80256-968-3
定　　价：75.00 元

目录

学者访谈

访

序　言

集众思，汇群智，为文化繁荣发展作出新贡献

张宝文

《群言》杂志1985年创刊，今年迎来了创刊30周年。古话说："三十而立。"回顾30年的历程，《群言》一直秉承和恪守发刊词中"知识分子群言堂"的宗旨和"要说真话、实话，不说假话、空话、大话，对新情况、新问题发表新见解"的承诺，聚焦国是、关注民生，兼收并蓄、博采众长。围绕党和国家中心工作，就经济、社会、教育、文化、科技、生态建设等领域的重大问题进行深入探讨，刊载了一系列具有政治性、学术性、针对性、可读性的文章，形成了时代性和经典性相交汇、党派性和广泛性相统一的风格和特点。

新时代要求新风貌，《群言》在大家共同努力下，在广大盟员支持下，与时俱进、不断出新，努力讲好民盟故事，传递民盟声音，汇聚正能量。2014年，《群言》成功扩版，栏目更加丰富，内容更加充实；2015年，为适应新形势新任务，推出创刊以来首份地方专刊，为宣传民盟地方组织和当地经济、文化、社会发展成果作出了有益尝试。

当前，我国正处于全面深化改革的新时期，各族人民在中国共产党的领导下，正在为实现中华民族伟大复兴的中国梦而奋斗。要实现中华民族的复兴，首先中华文化要复兴。一个国家、一个民族的强盛，总是以文化兴盛为支撑的。没有文明的继承和发展，没有文化的弘扬和繁荣，就没有

中国梦的实现。习近平总书记在2014年10月文艺工作座谈会上强调："历史上，中华民族之所以有地位有影响，不是穷兵黩武，不是对外扩张，而是中华文化具有强大感召力。"随着时代的发展和人类文明的不断进步，在全球一体化趋势强劲的今天，文化的力量和影响愈发突显出来，比任何时候都更加广泛和深刻。在文化建设中如何处理好古与今、中与外的关系，如何在交流和碰撞中发展和传播自己的文化，是摆在我们面前的重大课题。《群言》作为文化建设主体中的一分子，作为民盟思想宣传工作中的一分子，必须深刻认识"建设社会主义文化强国"的内涵与意义，始终坚持"三个自信"，不断奋发进取，以坚定的立场、鲜明的态度、生动的笔触，为我们的文化凝魂聚气，为我们的时代凝心聚力，在推动文化大发展大繁荣的宏伟事业中有所作为，为实现民族复兴作出贡献。

希望《群言》要做社会主义核心价值观的践行者和弘扬者。核心价值观承载着一个民族、一个国家的精神追求，体现着一个社会评判是非曲直的价值标准。我国是一个有着13亿多人口、56个民族的大国，确立反映全国各族人民共同认同的价值观"最大公约数"，才能使全体人民同心同德、团结奋进。放眼世界，将当代中国价值观念贯穿于国际交流和传播的方方面面，阐释好中国梦，重塑世界对当代中国的正确且全面的认知，非常紧要。因此，我们必须从巩固全国各族人民团结奋斗的共同思想基础和对外树立当代中国良好形象的战略高度，把践行和弘扬社会主义核心价值观作为一项根本任务抓紧抓好。

《群言》务必要讲政治，始终坚持和发展中国特色社会主义；讲大局，展示昂扬向上的社会主流，反映光明进步的社会本质；讲正气，坚持团结稳定鼓劲、正面宣传为主的方针。要以高度的政治理论素养、政治敏锐性和政治鉴别力，始终保持鲜明坚定的政治立场和清醒的头脑，"言能践行"，扎实深入地践行社会主义核心价值观；"言近旨远"，生动具体地弘扬社会主义核心价值观，为坚持和发展中国特色社会主义提供精神动力和舆论支持。

《群言》要做中华优秀文化的传承者和传播者，铸民族之魂，立爱国之根。“文化是民族的血脉，是人民的精神家园”。习近平总书记在不同场合讲到我们的优秀传统文化，将其视为国家和民族传承发展之根本，自信可为造福人类之智慧和力量。如他曾指出：“要坚持道路自信、理论自信、制度自信，最根本的还有一个文化自信。”为什么要如此强调传统文化？从国情看，实现民族复兴需要文化支撑。我们讲“国无德不兴，人无德不立”，这个“德”从哪儿来？需要我们“以文载道”、“以文载德”，然后“以文化人”，如此方能“立人”、“兴国”。譬如人之德，“格物致知、正心诚意、修身齐家、治国平天下”，“非淡泊无以明志，非宁静无以致远”等，千百年来被国人奉为圭臬；“天行健,君子以自强不息；地势坤，君子以厚德载物”，“苟利国家生死以，岂因祸福避趋之”，“先天下之忧而忧，后天下之乐而乐”等，激励了多少仁人志士。譬如国之德，“与时俱进”、“天下为公”、“小康社会”、“和而不同”等，现今仍为我们所用，成为流淌在我们血液中的文化基因。当今中国，“立德”尤显重要。从世情看，文化软实力是强国的标志之一，世界和平也需要吸纳中国优秀传统文化中的精神和价值。当今世界，既有文明的冲突，也有文明的渗透，还有文明的融合，只有对内提炼文化精髓、丰厚文化底蕴、创新文化成果，对外讲好中国故事，传播好中国声音，才有利于我们自身文化软实力的不断增强，有利于我们坚定不移地走和平发展道路。

《群言》应以高度的历史责任感，自觉地站在时代的前沿，自信地担负文化自强的任务。要关切中华文化的现状、问题和走向，秉持费孝通先生提出的“各美其美、美人之美、美美与共、天下大同”的文化理念，阐中华传统文化的“妙言要道”，择国外优秀文化的“百家之言”，多发有筋骨、有道德、有温度，启迪思想、引人向上、温润心灵的好文章，为建设社会主义文化强国贡献力量。

《群言》要做新时期民盟履行参政党职能的参与者和宣传者，聚盟内力量，树民盟形象。《群言》的一条工作主线就是要从民主党派角度出发参政议政、关注国是。自创刊起坚持至今的《专题座谈》（《笔谈》），以及《盟员风采》、《参政议政》等栏目，就是民盟履职成果的集中展现。可以说，《群言》既是民盟组织及成员参政议政和履行“政治协商、民主监督”的重要渠道，也是向社会展示民盟参政议政成果及自身建设现状的重要平台；既是盟外知识分子认识民盟的主要窗口，也是促进盟员向心力和凝聚力的有力纽带；既构筑了民盟中央和地方组织纵向沟通的阶梯，也搭建了民盟各级组织横向了解的桥梁。当前是我国多党合作的最好时期之一，时代的发展对参政党提出了更高的要求，办好《群言》正是我们助推多党合作事业全面发展的应尽之责。

《群言》应坚持“谠言直声”、“言必有中”，聚焦国家中心工作和社会热点难点，更好地展现民盟参政议政和自身建设的丰硕成果；应坚持“广开言路”、“畅所欲言”，鼓励广大盟员抒发见解、阐述观点，进一步加深对民盟工作的参与度，加大对民盟工作的宣传力度，切切实实地为民盟发展发挥作用。

值此《群言》创刊30周年之际，《群言》编辑部编选了这套文丛，以此纪念《群言》走过的历程，表达对30年来帮助、支持《群言》发展的各界朋友、新老作者和广大读者诚挚的感谢！我衷心希望《群言》以质量求发展，文章务必坚持言之有文、言尽其意，更要言之有物、言必有中。要提高质量，把现有的一些栏目品牌做得更好更强，并不断树立新的品牌；要荟萃盟内外更多专家学者的文章，刊发更多高质量稿件。《群言》要以创新助发展，务必根据信息时代、网络时代、数字时代的要求，在栏目设置、文章题材等方面推陈出新，不断丰富办刊模式，使刊物始终充满活力。

我在对《群言》的寄语中曾说，“群贤抒群言，群策集群力”。我们要使《群言》始终保持活力和水准，离不开各位顾问编委、作者读者以及盟的各级组织和盟员一直以来的支持和帮助。“积力之所举，则无不胜也；众智之所为，则无不成也。”相信有大家的鼎力支持，《群言》不仅能够拥有足以傲人的历史，未来更将呈现愈加美好的前景，必将为中国文化大发展大繁荣作出更大的贡献！

北大校长丁石孙谈高等教育改革

最近我们就高等教育改革问题访问了北京大学校长丁石孙同志。丁校长从事高等教育工作多年，1984年起接任北京大学校长。这次谈话，他着重谈了教育体制改革进行中北大遇到的一些实际问题。

问： 北京大学是我国目前最重要的高等学府之一。全国各界这几年都十分关心教育改革的进展情况，请您谈谈对高校教育体制改革的看法。

答： 自从贯彻《关于教育体制改革的决定》以来，高校的教改取得了不小的进展。怎样使教改进一步深入呢？当前有两个大的方面，一个是宏观方面，也就是国家和教委怎样管理学校，一个是微观方面，即学校本身的改革。这两个方面是有联系的，但又是两个独立的部分。从宏观方面来看，现在阻碍教育改革前进的是国家教委与学校的关系，拿习惯的说法就是上面不放权，统得太严、管得太死。这样的管法，捆住了手脚，使下面动弹不得。前年公布的教育体制改革决定，没有能很好解决国家教委如何管理学校的问题，有些问题并不明确，所以，这是教育改革中的一个重大问题。总的感觉是中央对研究经济体制的改革花了很大的力气，政治体制改革也开始在进行，但是教育体制改革并没有真正提到重要议事日程上来。要想办好大学，就要办出自己的特色来，就会有与别的学校不一样的做法。世界上很多一流的大学都各有自己的特色，英国的牛津和剑桥，其教学侧重点就有不同。美国也是各种类型的大学都有，各大学的教学方法、教学内容各有千秋。而我们的学校呢？所有学校都是一个模式、一个规律。这些问题在教育改革中没有得到应有的重视。

在改革中一个比较普遍的问题是工资制度。现在全国教授的工资是统一的标准，是劳动人事部规定的。全国有1016所大学，这些大学之间不但规模相差很大，水平也相差很远，每所大学对教授的要求能一样吗？当然不可能。现在最困难的是如何评定教授、副教授，因为工资和职称挂得很紧。有的人说：“你不升我做教授、副教授，我名誉也没有，钱也没有。可是有些人水平比我们低，到了别的学校升了教授，什么都有了，这合理吗？”因此，有同志提出来：“你既然留我在北大，就要给我相应的待遇和地位。”可是北大能否办好，跟教授的水平有关，因而对北大的教授就应该要求高些，否则怎样高标准办学呢？学校水平的高低，首先表现在师资水平的高低上。我们认为有些同志的情况是值得同情，但是为办好学校、为学校现在和未来的建设着想，晋升的标准非严格不可。

干部的工资制度也是一样，全国的校长，校党委书记也是一个等级。上万人的大学和只有几百人的大学，历史悠久和筹建不久的都一个样，这很不公平。北大有的系党总支书记调出到别的大学任党委书记，工资、待遇等就和北大党委书记一样，这怎么能叫“按劳分配”？这样的工资制度有很多弊病，也很难留住人才，对教师严格要求也产生了顾虑。解决的办法就是要废除统一的工资制。劳动人事部认为如果废除全国统一工资制，就会无法控制全国的消费基金的增长。其实，这个观念是错误的，如果这样下去，改革就无法进行下去。消费基金应该控制，但宏观控制不能依靠这个办法，不能用“一刀切”的办法来控制，这样只会失去活力。如果认为这样就控制住了，那只是看现象，其实不行。各地大学教师的资格评定与干部的任命劳动人事部能管得住吗？能去审查某人该不该提教授吗？这样的控制恰恰是仍在鼓励干好干坏一个样、水平高低一个样，没有摆脱“大锅饭”的弊端。建议用经费制的办法来解决这一矛盾，学校是什么规模、什么水平，就给多少经费。把权力下放，让大学自己搞工资改革，上面着重检查办学效果，使学校在竞争中前进、创新、发展和生存。

问：您刚才说妨碍教改前进的是国家教委同大学间领导方法和工作方法方面的关系，请问在这方面还有什么重要的情况？

答：现在，国家教委有很多规定，管得很具体，很多事不经审批就不能办，教委管了一些恰恰是不应该管的事情。现在不光是教委没有很好研究如何进行高教改革，中央也顾不上管教育。强调要重视教育，可是教育问题和经济问题不一样，不能用管经济的方法来管教育。教育的规律不同于工农业和商业，如果这些问题长时期得不到解决，我国的教育就不可能得到很快的发展。

我国的教育经费很有限，拿北大来说，一年才3600万元，其中1/3被工资、助学金占去了，事业费只剩下2/3。这两年每年有600万元缺额，这还是在过得非常节俭的情况下的缺额。随便举个例子：1985年、1986年北大的经费每年增长5%，但与物价的增长差距很大，每年要购买大量的图书，尤其是购买外文图书，外汇一调价，仅购买国外的图书、仪器就给学校经费造成很大缺额。培养一个大学生，一年要用2200元，而国家只给1700元，一个学生就要少约500元。这些钱从哪里来呢？物价上涨，经费短缺，可是财政部还是按以前的情况办事。教委也解决不了这些问题，劳动人事部又不懂教育，财政部说没钱。所以，现在教育改革困难很多，怎样搞好教育改革，要从宏观上研究，这是当务之急，这个问题不解决，搞好教育改革非常难。

问：请再就改革的微观方面谈一谈。

答：从微观方面看，目前，首先是改造我们的学科，这是为了适应我国四化建设的需要，也是适应世界科技发展变化的需要。30多年来，我国的社会科学受“左”的影响很大，总的来说是脱离实际，造成了社会科学研究很落后的局面。所谓研究现实性课题，多数还是看一些材料，结合实际写些理论文章，这样比以前是进了一步，但是离真正做到深入实际，调查研究，有充分的资料和数据，能为国家提供决策性的理论文章，还有很大差距。

在自然科学方面，也有类似情况，和社会科学不同的是对某些基础理论研究多，也有进展。所以这几年花大力气鼓励对应用科学的研究。基础理论和应用科学这两个方面从质量上来说都很不够，同世界先进国家比差距较大。现在世界上需解决的重大理论问题很多，而我们却过多地去研究一些枝节性问题。而且我国的研究工作，往往单干的多，相互合作的少，这也不符合世界科技研究工作的潮流。就目前我国的科技水平，只靠个人单独去搞，是很难研究出重大成果来的。

此外，高校师资队伍青黄不接的情况很值得重视，相差一代人的状况并没有改变。现在50岁上下的，也就是50年代末、60年代初培养出来的一批人是目前的重要力量。40岁以上的也有一些，但人数不多；30岁左右的要接上来，要有实践和时间。总之，教学骨干中30岁至45岁这一年龄段的人太少，因此说，差了一代人。现在提倡竞争原则就是鼓励优秀的年轻人尽快升到高级职称上来，充分发挥他们的才能。目前，北大的教授、副教授绝大多数年龄在45岁以上，这种年龄结构与世界高校相比明显老化，但是5年以后这个矛盾将会更加突出。因为，现在这批重要力量再过5年都将60岁左右了，就要退休，而三四十岁的人中能和这批人具相同水平的，能接替他们工作的，从目前看确实为数太少。

学校内部管理也要放权。北大现有28个系、30多个研究所、10个跨学科的研究中心，其中人数多的一千多人，少的也有一两百人。这些单位性质差别很大，规模大小悬殊，研究项目文、理科界限已被打破，如果不放权，什么都由学校这个层次来制定决策，很难找出一个适用于各部门的合适的标准。所以要放权，让各系自己出主意和管理，这样比统得过死的管理有活力。权力、责任下放了，就调动了从上到下的积极性，各部门之间就会出现竞争，就带来了生气和创造性，就容易看出工作的优劣。反之，统得过死、管得过分具体，基层也就不关心，无所谓主动性积极性，反正办得好不好，责任不在我。这种情况大概学校与教委有相似之处。所以，首先要把宏观方面认识清楚，在考虑宏观控制的基础上放权，这是很重要的一条。

问：上面您对教育改革讲了很多重要的意见。请问您对社会上的支持有什么期望？

答：发展教育，对国家来说它是基础，对建设四化来说也是基础。高等教育既是发展科学技术的前锋，又为国家远期建设蓄积必不可少的后劲。前面谈到的这些也是我们几位校长见面时常谈到和共同关心的问题。教育的根本目的是提高全民族的素质，同时也要为国家不断输送各级各类专业人才，如果不抓人的现代化，怎样建设四个现代化呢？为此，希望《群言》也对此向国家和全社会呼吁：进一步重视教育事业，切实搞好高等教育的改革。

（摘自《群言》1987年第2期，陈邦直、宋琦采写）

“我是老记者，不是老者”

——访徐铸成教授

我国新闻界老前辈徐铸成同志，自20世纪20年代末投身报海以来，曾在《大公报》和《文汇报》中长期担任重要职务。他一方面做了大量的组织工作，与社会各界广泛联系，同时辛勤写作，以高度的政治敏感、独特的见解和胆识、勤奋的作风和博学多闻赢得了人们的赞誉。粉碎“四人帮”后，在八九年的时间里，先后出版了17本书，计二三百万字，被海内外的读者和朋友誉为“笔仍健、背脊仍硬”。今年6月，恰逢他八十寿诞，记者受编辑部委托，专程赶到上海采访了他，蒙他在酷暑中接待。交谈的时间虽不长，但老人平静话语中所蕴含着的激情却深深打动了我，相信它们也会打动读者。

叶：徐铸老，您从1927年投身新闻事业，至今整整60年了，您能不能讲讲其中的甘苦？

徐：我不是科班出身，没有受过系统的新闻教育，我之所以有志于新闻事业，是因为当时经常看到邵飘萍、张季鸾等人的文章，深受启发。1927年，我正上大学一年级，就开始半工半读为《大公报》驻北京办事处工作。像学艺一样，从跑龙套开始，生、旦、净、末、丑各行当都练过，直到挑大梁，唱过几年压轴戏。以后又自己组班办《文汇报》。我的几十年记者生涯，始终是和这两份报纸联系在一起的，和它们一起经历了一个复杂的历史阶段，可以说是饱经沧桑。一个人的觉悟有迟有早，认识有快有慢，我是从认识到理解，一步步倾向进步、倾向革命的，而这一步步都在报纸上留下了脚印，这可以说是一个老报人特殊的档案，我个人的甘苦也自然在其中了。新中国成立前，我们的报纸被反动派查封、停办过不止一次，同时还受到刺刀、炸弹的威胁和金钱的利诱；新中国成立后，从1957年起我就身陷逆境，直至粉碎“四人帮”后才得以重见天日。但无论在何种情况下，我都有一点可引以为豪，那就是我从没有说过一句假话，从不随声附和，也从不颠倒黑白。这一点，我觉得无愧于中国报人、无愧于中国知识分子。尤其是中共十一届三中全会以来，我这个一辈子搞新闻的人从没有看到过这么好的局面，希望能长期维持下去。我个人的荣辱得失，始终是和国家的进退兴衰联系在一起的。

叶：您认为中国报纸和报人的传统是什么？

徐：中国报纸和报人的优良传统之一，就是坚持史家秉笔直书的浩然正气。早在春秋时期，就出现了坚持写事实真相，宁可被杀，也不说假话的史官。文天祥在《正气歌》中说：“在齐太史简，在晋董狐笔”，就是指流芳千古的太史之简、董狐之笔，这是中国史家尊重事实的光辉典范。

假如新闻记者也有“祖师爷”，我以为应推两“司马”——司马迁和司马光。司马迁具有史家“不虚美，不隐恶”的优良品质，不惧权势，虽惨遭宫刑，仍发愤著述，终于完成《史记》，这是一部真实记载我国上古至汉初政治、经济、文化等多方面历史发展的纪传体通史。司马光用毕生精力写出《资治通鉴》，写的虽是旧闻，却着眼于“资治”，提出了治理国家的个人看法。当然，对于真理，他们有一个封建的标准，他们的思想也受到了历史时代的局限，但中国史家这种对历史负责的认真态度，却是我们新闻工作者应该学习和继承的。记者应该有这样的抱负，做一个现代的史家。历史是过去的新闻，新闻是今天的历史。

叶：作为新闻记者，应怎样对待政治性和倾向性呢？

徐：中国是社会主义国家，我们的报纸是为党和人民服务的，宣传的应该是真理，所以要旗帜鲜明地表明我们的立场、观点。但是，在过去相当长的一段时期内，新闻宣传在强调立场、观点时，没有以事实为出发点，没有实事求是的态度，因此就失去了读者，失去了人民的信任。在“左”的路线统治下，报纸没有人看，看也是从副刊看起，正页一翻而过。积重难返，现在还有这种情况。要扭转这个局面，首先要靠正确的路线和政策。另外，新闻工作者本身也要意识到自己的作品给整个社会带来的影响，要对人民负责，对历史负责，这就是记者的政治性。既不能盲目唯上，也不能仅凭个人好恶。要了解和掌握党的政策，提高自己的政治素质和政策水平，增强政治敏锐性和洞察力，做到“随心所欲不逾矩”，不人云亦云，这往往需要有相当的胆识。

关于倾向性，资本主义大众传播事业所宣传的纯客观性是骗人的，根本不存在的；苏联式的“工具论”的框框也是不足取的。新闻采访和写作如同摄影，对同一物体，不同摄影师在取景、用光、浓淡等方面都带有各自主观的倾向性。例如一场中外球赛，中国观众和外国观众的倾向性就不同，但输赢是事实，事实是第一性的，倾向性是附加的。

叶：报纸作为党和人民的喉舌，应该怎样注意它的宣传实效和时效呢？

徐：新闻传播也叫大众传播，对于受传播者没有强制性、约束性。不像教育的传播，可以通过提问、测验和考试来约束学生。因此，包括报纸、电视、广播在内的大众传播，首先和读者、观众是平等的、朋友的关系，不能总是板着面孔、居高临下教训人。另外要从新闻传播的立场、态度、写作手法、编排艺术等一系列问题上下工夫，这一切都必须建立在事实的基础上，由事实所派生。新闻传播作为喉舌，不能只是照本宣科起传声筒的作用。蚕吃的是桑叶，吐出来的是丝，如果我们吃的是桑叶，吐出来的仍是桑叶，那么即使宣传的是事实，也不能达到所预期的效果。但如歪曲事实，或笔下生花地夸大事实，也要受到客观规律的惩罚，这就是立场、观点与新闻艺术的辩证关系。

至于时效，就是快。过去在很长一段时期里，是宁可慢些，要经过反复考虑审查。认为快就是资产阶级的“抢新闻”。中共中央会议的新闻常常要会议结束一周后才刊出。现在不同了。新闻当然要强调真实准确，但在某种程度上，慢就会挨“打”。所以我们的宣传工作应以“真”为前提，“快”为重点。

叶：怎么才能快呢？

徐：“快”不光是指记者本身所具有的敏锐和过去常讲的口勤、笔勤、腿勤等几勤，当然这也是需要的，但还远远不够。现在，整个世界处在新的技术革命的浪潮中，新技术革命是以信息社会为中心的。信息机关如果还是老一套，对外闭塞，对内不灵通，那么要搞活经济，要大发展是不可想象的。我1980年去香港，真像沉睡了几十年的人突然睁开了眼睛。在我们忙于搞“运动”的时候，人家大大地进步了。卫星传播、电脑、光学纤维的应用，使采访工具、新闻手段以及其他传播媒介都进入了一个全新的时代。许多外国记者，一离开采访对象，跳上汽车，马上用电脑发出消息，赢得了时间，可以用更多的精力去研究问题。这使我受到了很大震动，我们如果仍闭关自守、安于现状、甘落人后，就要吃大亏。一种强烈的责任心和紧迫感使我回来后就下决心，要学习传播学的新经验，为我国新闻事业的发展和进步尽自己的微薄之力。

听着八旬老人的肺腑之言，我的心头一热，看得出，老人也有些激动，一直静坐在一旁的徐铸老夫人端上两杯清茶。为了让老人能休息一下，我随手翻开老人刚刚送给我的一本书。这是徐铸老在1984年到1985年我国经济改革发生关键性变化的时候，在一年多时间里，以78岁高龄风尘仆仆，“席不暇暖”地跑了京津沪三市及湖北、川东、长江三角洲和江西、福建几十个城镇，并深入乡镇企业调查，看到祖国大地发生的深刻变化，激动异常，几乎每天回到住地都写一篇通讯，讴歌祖国大地出现的新事物，同时以赤子之心和敏锐的洞察力直言不讳地指出了存在的问题和弊端。这些通讯和其他一些文章结集后定名为《锦绣河山》。从徐铸老亲自题写的书名到文章的内容，都可以看到跃然纸上的一颗坦荡的心。我不禁惊叹地问起，徐铸老如此高龄，何以能有这样的精力和锐气。透过厚厚的镜片，徐铸老微笑地望着我，有几分超脱，又有几分豪迈，全不像一位80岁的老人。

“我抱定一个‘三不主义’，一是过去的事不提了，付之汪洋大海。尤其是中共十一届三中全会以来，我要以全副精力努力工作，不为个人的得失而耿耿于怀。当然有一些人是应该从过去的事中吸取教训的。二是不服老，我现在正着手写《八十自述》，预计写30万字，在一年半之内完成。同时还在厦门大学、武汉大学、复旦大学兼任教授，并力求讲得新、讲得活，为培养和造就一支有中国特色的新闻传播队伍尽力。三是不自量力，尽管自己对传播学还是外行，还在学习中，但却帮助创办了厦门大学的新闻传播系，到1988年第一届学生就可以毕业了。近十年来，我还在几所大学带了五六名硕士研究生。

“我之所以这样做，是迫于一个老新闻工作者的责任感。我做了一辈子‘报人’，有生之年的全部热量我仍要献给祖国的新闻事业，困难和挫折还会有的，但我会像过去几十年一样，不弯腰、不停笔。前辈张季鸾先生说过一句话：‘老记者如果不记，岂不剩下纯粹的老者，生命也就完结了。’”老人沉思着没再说下去，但我明白他埋在心里没有说出来的话是：

“我要做老记者，而不是老者。”

（摘自《群言》1987年第9期，叶稚珊采写）

"生命不息，挥笔不已"

——访冰心

她是一位深沉、安详、谦逊的老人。尽管已银丝满头，却精神矍铄，思维敏捷，眸子里依然透着聪慧的光芒；她虽然年近87岁高龄，但不服老，坚持写作。她就是蜚声中外、辛勤笔耕68载的著名女作家冰心先生。

仲夏的一天，我拜访了冰心先生。当我走进先生那清幽恬静、陈设简朴的房间时，她正坐在摊满书稿的写字台前伏案工作。先生招呼我坐下后，脸上漾着长者的和蔼微笑，亲切地同我交谈起来。面对着这位"世纪同龄人"，就像面对着一部世纪之书，那里面载着热爱人生，追求光明的篇章。

当我提到先生几十年如一日献身文坛、为祖国的文学事业作出了卓著成绩的时候，她诚挚、谦逊地说："我写了一辈子文章，但我这个人读书很杂，不是一个有学问的人。周总理曾勉励过我们要活到老，学到老，干到老。因此，我只要生命不息，便要挥笔不已。"听她说到这里，我心为之一动。的确，她是这样说的，也是这样做的。先生自1980年出访日本归国后，患脑血栓病后又摔折右胯骨，已有6年多没怎么参加社会活动了，但是，她的创作活动从未停止。她曾说过："生命从80岁开始。"真是老而弥坚！

谈起创作，一种愉悦的气氛笼罩在我们之间。先生风趣地说："我每天除了看书刊外都在写作，多半是还'文债'，至于自己的安排，一个是写《关于男人》，在《中国作家》上发表；另一个是继续写自传，在《收获》上发表。除此之外，还要做两件事，一是会客，客人中既有朋友，也有你们这些不速之客；二就是看书报杂志。每当读到好书精神就来了，要重看一遍。”停顿了一下，她接着说：“有许多小读者来信问我，如何提高自己的艺术修养和写作水平，我告诉他们要博览群书。古典文学，如汉赋、唐诗、宋词、元曲……能看外文的还应当多看外国文学书籍。我自己就感到有读不完的书。”熟悉先生的人都知道，她一生涉猎甚广，在她漫长的创作生涯中写出并翻译了大量的优秀作品。如今，先生应是颐养天年的时候了，但她还是始终关注着文坛的现状，她尤为关心年轻作者的出现，特别是女作家的成长。在与先生的交谈中，她向我提出一些问题，问我怎样看待当前文艺创作的现状，喜欢哪些作家、哪些作品，对女作家的创作又怎么看。在我作答之后，先生似有同感地说：“一个好的作家也不是每篇作品都是佳作，创作是艰苦的，我从来都认为创作来源于生活，作品是时代生活的反映。只有深入生活，了解生活，从真挚的情感出发，抒真情，写实境，才能得到读者的认可与共鸣。”当我说到现在许多作家深入到人民群众中去时，她赞赏地点点头说：“这样做很好，生活本来是创作的唯一源泉。一个作家就是要读万卷书，行万里路，以坚定的信念、诚挚的感情，去创作无愧于时代的优秀作品。”

交谈中我了解到，先生很喜欢诸葛亮《诫子书》中的“非淡泊无以明志，非宁静无以致远”这两句话。她以此为座右铭，并勉励青年人。我想，先生对生活对事业不也是这样执著地追求的吗？

先生谈兴很浓，当话题转到她不久前为本刊《抗战纪事》一栏写的文章发表后引起很大反响时，她高兴地说：“我是《群言》的读者，《群言》作为知识分子的‘群言堂’，应当真正做到为知识界服务，做知识界的良友。”我告诉老人，《群言》就是要替知识分子呼吁，并希望她就尊重知识、尊重人才的问题谈谈看法。这时，老人的面孔变得严肃起来，她略微思考了一下回答说：“党中央一再强调要‘尊重知识，尊重人才’，但实际上这一政策落实得还不够。‘尊重知识，尊重人才’，不应只是口号喊得响，宣传得多，而应切实改善知识分子的生活待遇和工作条件。我接触过一些中小学教师，他们教学任务和家庭负担都很重，而工资收入很少，生活水平很低，长此下去，他们很难正常地发挥作用。应该看到，现在的知识分子都热爱党，热爱祖国，他们中的许多人只知事业，不计名利；只求奉献，不求索取；只知工作，不知休息；只为他人，不为自己。可是，有人对知识分子却很冷漠。这些人不懂得重视知识，尊重知识分子，其结果必然影响‘四化’的进程。我最近写了一篇《万般皆上品，唯有读书低》的小说，讲的就是有些学生为了减轻父母的经济负担，宁愿放弃上学，去当出租汽车司机，到大饭店做服务员，挣钱养家。作品发表后在读者中引起强烈反响。这个问题应引起有关领导的关注和重视。”稍停了片刻，她又说：“我是1946年抗战胜利后到日本去的，那时的日本是一片废墟，可是战后40多年中，日本发展得很快。1950年回国后，我曾多次出访日本，每次去都感到有新的进步。日本为什么发展得这么快？我认为很重要的一点就是尊重知识，重视教育，尤其是中小学教师的待遇十分优厚。我们要想在较短的时间内赶上发达国家，根本的一条是提高全民族的文化素质。这就要认真抓好教育，改善教师的待遇，使他们能安居乐业，忠诚于教育事业。”

老人说得很激动，充满着对祖国、对人民的热爱。停了一会儿，她又接着说：“现在有些孩子由于家庭的娇惯和受到社会的不良影响，他们虽然聪明，却不认真学习，小小年纪就走上违法犯罪的道路；还有些孩子在中学时学习不错，一旦考上大学就松懈了，这里就有家庭教育和社会教育的问题。”当话题转到怎样教育孩子时，先生的话音渐渐平静下来。这位以“培养教育少年儿童为特殊责任的人”，从开始文学生涯以来，就把自己的一生献给孩子。她写的《寄小读者》，为几代青少年所熟悉和喜爱。提到这本书，许多当年的小读者仍会联想到童年、慈母之爱、闪烁满天的繁星和那碧波粼粼的大海。几十年过去了，先生仍然是孩子们“最忠实最热情的朋友。”她说：“年纪越大，越觉得有许多话要对孩子们说说。我经常收到孩子们的来信，我感到这是小读者对我的信赖，现在这些信件我都交给中国现代文学馆，代为永久保存。有些人不重视儿童文学，认为是‘下脚料’，然而真正写好儿童文学并不容易，儿童需要最细心的教育和培养，他们如何健康茁壮地成长，是关系到国家前途和民族命运的大事。因此，要使全社会多为孩子们做些实事，多为孩子们着想。”

老人对社会上一度充斥着一些打斗、凶杀、色情的书刊深表不满，她说：“这些不堪入目的东西，毒害着青少年的健康。我们要彻底清除排斥！写给儿童阅读的东西，应该是培养儿童健康美好的心灵，使他们成为有理想、有道德、有文化、守纪律的接班人。同时要使他们对祖国悠久的历史、壮丽的山河、灿烂的文化有深刻的了解和热爱，使他们为作为一个中国人而感到自豪。我的岁月是有限了，但我仍愿追随文艺界同志之后，为增添青少年的精神食粮，建设社会主义精神文明尽最大的努力。”听着老人这饱含深情的嘱托和希望，我深受感动。古人用“一片冰心在玉壶”来形容心地的明净，想来先生对祖国、对事业、对孩子们的那颗心，也正是“如冰之清，如玉之洁”啊！

（摘自《群言》1987年第11期，曲伟采写）

学问在人生问题上践行尽性

——访梁漱溟

中秋节前夕，我访问了95岁高龄的梁漱溟先生。按约定的时间，我敲开了梁先生的家门，走进客厅，只见梁先生已端坐在扶手藤椅上，温煦的阳光洒满了这简朴、静谧的房间。面对这样一位蜚声中外的著名学者，我真有说不出的敬仰和惶惑。短短一席谈，令我十分难忘，获益匪浅。

谈话是由我的疑问开始的。在一次“东西文化比较讲习班”上，我曾有幸聆听梁先生关于文化问题的演讲，当时我就很想知道，梁先生年届九旬，精神却如此矍铄，思路如此清晰，个中的奥秘在哪里呢？我向他提出了这个问题。梁先生顿了顿，边沉思边叙述着往事。概言之，身体好是素食的结果。素食不仅可以使身体康健，而且能获得精神上的平衡。70余年来梁先生一直保持素食的习惯，这是他早期笃信佛学而未能完全摆脱的表现。谈到笃信佛学，梁先生声明自己并不是先看佛学的书才有佛家的思想，而是先有了关于人生问题的种种思索和苦闷，才去找佛家的书来看的。梁先生十四五岁时就开始为人生问题所困惑。他给我举了这样一个例子：他看到家里的佣人天天忙于做饭、洗衣服，很是辛苦。但问她是否辛苦，她却说习惯了，脸上常有知足的笑容。而自己呢，家产富足，父母疼爱，不用操任何心，也挑不出任何不满意的地方，但内心时常觉得很苦闷。这是为什么？经过反复思索，悟出了这样一个道理：人生的苦乐不在环境，而在自身，即在主观。其根源在自己的欲望，满足则乐，不满足则苦。第一个欲望满足了，第二个欲望又来了，而欲望却是很难全部满足的。这个道理对不对？便想从佛家的经典中寻求答案。梁先生开始也并不懂得什么大乘、小乘，什么密宗、禅宗，后来看了上海狄葆贤主编的《佛学丛报》，发现自己对人生苦乐的探求与佛学合拍，于是边学边钻，渐渐入了门，导致他从19岁开始吃素，还曾一度想出家为僧。这可以说是梁先生探索人生问题的一个片段。

众所周知，梁先生是我国杰出的儒学研究者，那么他又是如何从笃信佛学转向研究儒学的呢？梁先生告诉我主要有两方面的原因：其一是蔡元培先生引荐他到北京大学教书，在北大一住7年，养成了他争强好胜的心理，这是他摆脱出家意念的重要原因之一。其二是时代所迫，当时军阀割据，内战频繁，生灵涂炭，许多人倾心于“净土”以躲避乱世。而他认为人不能逃避现实，对现实的逃避就是自私。于是梁先生开始思考中国问题；思考中国问题，就不能不研究中国文化；研究中国文化又不能不研究孔子。柳诒徵著《中国文化史》写道：“孔子者中国文化之中心地；无孔子则无中国文化。自孔子以前数千年之文化赖孔子而传，自孔子以后数千年之文化赖孔子而开。”梁先生一进北大就开始研究儒学，至今已有70多年了。说话间，梁先生示意坐在他身边的孙子拿来一本美国学者阿里托(Alitto)著的《梁漱溟传》，书中称梁先生是“迄今为止最后一位真正的儒家”，梁先生自己也觉得这样说并不过分。我想，一方面因为他是研究儒学的大师，另一方面则因为他吸收儒学积极入世思想并努力躬行之，才使那位学者对他下此断语的吧。

既然谈到了孔子、儒学，对于文化、宗教、哲学这类问题，我作为哲学系毕业的学生，更想抓住这个难得的机会讨教于梁先生。梁先生说，孔子的儒学几乎与各大宗教一样，对人类社会产生过巨大影响。比如：父慈子孝、兄友弟恭、夫妻相敬、亲朋相善等，梁先生称之为儒学“伦理本位”的内容，是指导中国家庭和社会生活的重要原则，即注重尽义务，每个人都要认识自己的义务是什么，为家庭，也为社会，去尽义务，尽责任。那么是否可以把孔子的儒学等同于宗教呢？梁先生明确认为孔子的儒学不是宗教，宗教的真谛是出世，宗教信徒自身生活在现实世界中，其精神却超出现实世界，信仰神明，祈求神明的庇祐；而孔子不谈生死鬼神，“子不语怪力乱神”（《论语·述而》），他注重现实世界，他说“未能事人，焉能事鬼”（同上），这里没有宗教迷信的成分。

可以这样说，梁先生一生都在不断思索、探求两个问题：一是人生问题，一是社会问题，或曰中国问题。梁先生不仅尽其性，即尽天良之性，而且更为重要的是践其行，即践革命之行。辛亥革命中他的身体力行，他的新闻记者生涯，以及他后来从事乡村建设理论的研究和实践等，无不说明这位使命感很强的知识分子所走过的独特而又复杂的道路。梁先生很早就认为解决中国问题在于知识分子与乡村平民打成一片，结合在一起，因而他提出的“乡治”及“村治”、“乡建”，都是自己身体力行、践行尽性思想的发展，即讲学、做学问要与搞社会运动合而为一，融为一体。不是单纯地在课堂上讲哲学，书斋里做研究。

由此联想到梁先生的治学精神，也是践行尽性。梁先生治学强调的一是自学，二是实践。自学就要自主自动地学，不能被动地读死书、死读书，不能照搬别人的经验。任何一个人的学问成就，主要靠自学，学校教育不过给学生开一个头，使他更容易自学而已。梁先生对此很有感触，他历来认为自学就是一个人整个生命的向上自强，关键要有自觉性。他在人生问题和中国问题上探求不已，对人生问题的探求，使他出入于欧洲哲学、印度哲学和我国先秦宋明诸学派间，从而被人看做是哲学家；对中国问题的探求，使他参加了历次政治活动，成为一位著名的社会活动家。所以梁先生认为做学问光挂在口头上不行，而必须去实践。光靠哲学也不行。哲学的英文是“philosophy”，即“爱智”，而爱智不同于人生实践。由于每个人的生活不同，在人生实践上也会有所不同。梁先生注重的是中国社会问题，他所经历的是一种社会实践，是他认为最可取的途径之一。

最后，我请梁先生谈谈“五四”时期青年与80年代青年在做学问方面有哪些不同。梁先生略加思考后说，“五四”时期的青年学生，大致包括两类人，一种是堕落，自甘落后的，他们上学时鬼混，毕业后凭一纸文凭谋职赚钱；一种是自尊自强的，而又常因人生问题、社会环境生发许多感触，甚而陷于苦闷之中。与“五四”时代相比，现在的环境有了很大的变化，现代人要吸收当代西方的科学和文明。每个时代都有每个时代的需要，青年人必须适应这个需要。这就意味着既要通悟其真正的人生、社会之道，崇尚科学；更要结合当今的社会实践，完成新一代的历史使命。

我起身告辞了。紧握住梁先生的手，我忽觉心地清明，精神振奋。我向老人深深一鞠躬，道了声“保重”。

（摘自《群言》1987年第12期，王碧蓉采写）

让人才脱颖而出

——访千家驹教授

一个严寒的冬日，我来到国谊宾馆，借民盟五届五中全会召开的空隙，访问了民盟中央副主席、著名经济学家千家驹教授。谈话的题目早已想好：“创造什么样的环境才能使大批人才脱颖而出。”这是个已不算新鲜的话题了，记不清多少忧国忧民的有识之士曾大声疾呼过，千公对这个事关国运的问题也不知呼吁过多少遍。然而令人困惑的是，不知为什么这个问题至今仍然没有引起全社会的足够重视。

融融灯下，千公一边看书一边等我。待我落座，他便滔滔不绝地谈起来。千公的为人是众所共知的，他秉性刚直，对问题不遮不掩，有一说一，有二说二。知识分子问题、人才问题他在各种场合都谈过，从来都是一针见血，指出症结。照他的话说这是韧性的战斗，问题不解决，就要一直谈下去，以尽一份老知识分子对国家的责任。

千公认为，尊重知识、尊重人才，改善知识分子的生活和工作条件是自不待言的，这是人尽其才、才尽其用的基础。然而仅此还不能彻底解决浪费人才、压制人才这一根本问题。他指出，当今一方面是人才不足，一方面是人才积压，这个矛盾相当突出，主要原因是人才不能自由流动。人才本来应该是归国家所有的，而现在变成部门所有制了。中国人事制度的最大缺点，一个是“铁饭碗”，一个是管得过死。由于“铁饭碗”，干好干坏一个样，人的积极性就不能充分发挥出来，反正国家包一辈子，懒汉也饿不死。由于强调服从组织分配，个人没有自由选择工作的权利，所以不能人尽其才。我们的人事制度是从苏联学来的，不过“青出于蓝而胜于蓝”，苏联现在还没有我们管得那么死。

千公说，在中国历史上人才辈出的鼎盛时代是春秋战国时期，诸子百家，学派纷呈。孔子、老子、墨子、苏秦、张仪、孙武、吴起，文武全有，真是群星灿烂。其原因即在于那时期人才可以自由流动，各国为了富强争霸，争相延揽人才。楚国不用可以去晋国，晋国不用可以去秦国。而我们现在的情况是人才控制过死，统一分配，没有选择的自由。一经组织分配，便定了“终身”，永无出头之日。现在虽有所改变，但基本体制没有动。有人说，如果人才可以自由流动，那不就乱套了，艰苦的地方谁去呢？现在不是已经出现“孔雀东南飞”，“一江春水向东流”的情况？其实这都是表面现象。怕人跑掉，为什么不可以想办法把人留住呢？提高物质待遇，创造良好的工作条件，消除人才外流的原因，就可以留住人才。靠压和卡把人才扣住，结果只能窒息人才积极性的发挥，而到底人才也是留不住的。

千公点上一支烟又接着说，要想使人才大批涌现，另外一个关键是我们要善于发现人才。中国人是最聪明的，在外国大学里，名列前茅的不少是华人，美国大学没有华裔教授便不算名牌大学。为什么我们一些算不上出类拔萃的人一出国很快就成名了呢？“国内是条虫，国外是条龙”，像陈景润这样在科学上作出突出贡献的知识分子，何以要外国人“发现”呢？这原因是值得我们深思的。三国时，群雄并起，他们都知道网罗能人贤士的重要。刘备三顾茅庐，曹操礼贤下士，他们深知谁有人才，谁会用人才，谁能发现人才为我所用，谁就能够称雄天下。这个道理现代人不会不明白，可现实生活中就是行不通，非得论资排辈。听说70年代某学院有一教外语的华侨教授，他儿子外语也很棒，这教授去世后，他儿子完全可以代替他，但由于他儿子没有学历，连职员名义也不给他，只能当临时工，以后他就出国了。我们宁愿花大量外汇聘外国专家，而不愿用中国人。像这样的事例是很多的。是人才为什么不可以破格使用、破格提拔？

现在这种封闭的、小农意识的做法只能扼杀人才。我以为这和我国几千年来的封建传统有关，以致这套做法竟然在相当长的一段时间内在我们社会主义国家蔓延，形成了一种顺理成章的模式，任何人不能越雷池一步。这种十分错误和危险的观念不破除怎么了得！

千公显得有些激动，待他稍稍平静，我问他，眼下正在搞职称评定，许多地方由于名额有限该评上的评不上，该怎么解决这个问题？他说，我们把竞争机制引进了经济改革，为什么不可以把它也引进人事制度的改革？评职称受名额限制，那还有什么标准可言？他的看法是只要够标准有多少就评多少。人才还怕多么？苏联在这方面就比我们搞得好，人家获博士学位，待遇立刻会提高。我们有些留学生为什么出去之后不愿回来？回来之后又怎样？工资待遇且不说，有几个回来之后工作顺利的？前几天《中国青年报》发表了一篇通讯，报道38名在美国获高级工商管理硕士学位留学生归国后的遭遇。国家花了一大笔钱培养他们，可结果怎样？几乎全都学非所用。这不令人痛心吗？更可悲的是人事部门的分配，“乱点鸳鸯谱”。需要人的单位因为没有名额而分不到人，不需要人的单位却因名额富余，非得接受本不需要的人。学校培养专业人才，而培养出来的却学非所用，这对国家对个人都是莫大的浪费。

我问，人事制度、用人制度的改革应该先从哪里入手呢？千公说，要想彻底改革现行的人事制度首先还是要从人事部门入手。现在人事部门权力太大，而又没有适当的制约，这势必出现漏洞。“走后门”等不正之风的猖獗就和人事部门有极大关系。一张条子、一个口风就能决定一个人的命运，这在任何时候都是可怕的事。所以说必须打破人事制度的条条框框。冲破旧框框，决不会天下大乱。如果乱，肯定是乱在不会用人的单位。

一个人在原单位不能充分发挥自己的作用，要求调走是合情合理的，作为领导首先要检查自己。人才留不住的原因何在？同自己的领导工作有无关系？是不是没发挥他们的能力？工作条件和生活待遇上是否关心不够？如果是这样的话，着手解决并非难事。即使由于种种原因无法满足人才的要求，放他到他更乐意、更能使他有作为的单位又有什么不可以呢？要走，不放，请调报告一压就是几年，这是世界上任何国家都没有的情况。这不是办事效率问题而是体制问题。千公接着说，他很欣赏一些改革试点城市在改革政府机关工作作风方面所作的尝试。对于下级机关请示的报告限期答复，逾期不批，即视为同意，下级即可按报告请示内容行事。我视这种做法应该推广。人才调动也可仿此办理，一个干部请求调离工作，逾期不批，即视为组织同意，可以自由离开。

围绕着人才问题，千公的话锋一转又谈到教育问题。他说，最近中央决定给中小学教师工资增加10%，这是件好事，但这还远远不够。教育是培养人才的基地，忽视教育是要犯大错误的。今天在教育上多投入点财力，将来会有大收获。可是先抓好教育也还不成，人才培养出来了积压在那里不用还是等于零。因此要创造人才辈出的环境，必须从整个体制上做系统的改革。

在访问即将结束的时候，千公从沙发上站起来，以深情的语调说道："我想要最大地发挥人才的作用，可否也像商品经济那样，让它通过市场调节来实现竞争机制？'货畅其流'，'人尽其才'，如果能这样的话，我们不仅不会扼杀人才，也不愁没有人才。"

我想千公的话是值得我们去认真思考的。

（摘自《群言》1988年第2期，吴志实采写）

首要的是普及宪法知识

——王铁崖教授谈法制建设

去年年底，香港特别行政区基本法起草委员会会议在广州召开，引起海内外各界人士的关注。新年刚过不久，参加这次会议的著名法学家王铁崖教授回到了北京。我登门拜访了他。

王教授社会活动很多，除在北京大学执教外，还担任全国政协法制组委员、民盟中央法制委员会副主任等职务。他非常关心我国法制建设，发表过很多真知灼见。

宋：您认为加强社会主义法制建设，首先要解决什么问题？

王：我认为，首先要解决人才培养问题。我国这几年比较重视法制建设，对这方面的专门人才需求量很大。但是我国大专院校培养出来的人数非常有限，远远不能适应我国社会主义法制建设的需要。现在在职的有些司法人员，素质不太高，甚至有些法官连法律知识都很不够。这种状况不改变，执法必然要出问题。

现在司法人员多从复员转业军人中补充，复员转业军人政治素质高，这是好的一面，欠缺的是他们对法律知识了解甚少。在过去，我们往往把政治和法律混为一谈，认为只要政治素质高，法律方面的问题也就可以解决。实际上并非如此。法律虽然和政治有关，可毕竟是两回事。如果没有法律知识，从事司法工作就很困难。现在应该对这批政治素质较高的复员转业军人进行培训。可以委托给各大专院校培养，训练半年也好，一年也好，时间再长一点也没关系。这样几年下来，就可以建设一支具有一定水平的司法干部队伍。

要培养高水平的司法人员，关键还是靠高等学校。现在高校有许多困难，特别是师资问题。几年来，法律院校扩充了不少，好像有三十几个了。这三十几个院校中，师资都严重不足。据我所知，有些院校刚成立，编制一下子就满了。因为其中有很大一部分是行政人员，很多年轻教师反而进不去。再加上不重视原有师资的培养，势必使师资队伍水平低，不能很好地进行教学。这种现象在许多院校中都不同程度地存在。怎么办呢？应充分发挥现有师资的作用，扩大招生名额和范围。学法律不需要实验室，可以上大课。可是问题来了，高等学校多是住宿制，受学校的规模所限，无法容纳更多的学生。所以，我认为法律院校也可以实行走读生制度。走读制在国外很普遍，无论是东方还是西方，学生多为走读。以前我提出这个想法时，有些人认为午休、交通、招生来源等问题不好解决。其实，午休习惯可以打破，很多国家都没有午休制；招生来源问题也容易解决，每年高考没被录取的学生中，有很多是数理化不好，但文科成绩还可以，从这些学生中选拔一些成绩好的就可以了。

除了扩大正规院校的招生名额外，还可多搞一些培训班、函授班。总之，培养法律人员，一方面要保证培养出高水平的人才；一方面又要在数量上有较大的增加。只有解决好这两方面的问题，才能适应我国对司法人才的需要。

宋：这几年我国在普及法律知识方面做了很多工作，但是效果并不很理想，您认为应该如何解决呢？

王：我国很多人法律知识少，法律观念淡薄，出了问题又不能运用法律手段解决。因此，进行普法教育很有必要。普法教育最重要的一条是普及宪法知识。宪法是我国的根本大法，宪法搞通了，其他就好办了。如果要求每一个人都懂民法、刑法、经济法等不大可能。我有一个建议，是否每年举行一次宪法周活动，届时全国所有机关，上至国务院下至基层单位，都要学习、宣传宪法，同时还要检查一下本单位人员所作所为是否符合宪法。

另外，在学校的普法教育中，不要急于全面学习法律知识，着重把宪法学通就行了。学宪法可以培养人们的爱国主义情操和遵法守法观念。特别是在中学开设宪法这一门课很重要，哪怕只学一个学期也好。除了主要讲授宪法知识外，附带讲些民法、刑法知识，这样一代代坚持下去，国民的法律知识水平就会提高。

欧美一些国家的国民法律观念很强，这和他们提倡法治有关。在那里每个人的一举一动都和法律有关。你参加工作，要有法律知识，做生意更是如此。总之，生活中的一切都和法律分不开。当然也不是说他们每个人都懂民法、刑法，而是法的观念贯穿于生活的每一个角落，遵守法律已成为人们生活的一部分。

我国国情有所不同，我国社会主义制度是建立在半殖民地、半封建社会基础之上，受封建主义影响很深。一言堂、人治、权大于法等，都不是社会主义制度所固有的，而是封建主义的东西。因此，我们还应在反对封建主义和普及法律知识方面多下工夫。

宋：中共十三大报告中明确指出，政治体制改革的长远目标是建立高度民主、法制完备、富有效率、充满活力的社会主义政治体制。您认为目前在法律制度上应进行那些改革？

王：首先应解决法律执行问题。三十几年来，我国的政法机关已形成制度，法院由党委管，法院做出的决定必须经党委批准。现在实行党政分开，党委还管不管法院呢？我认为，既要管又要不管。大事要管，小事就不要管。在大政方针上要管，一般的判案党委就不要管了。法院应有其独立性，不应受外界的干扰，这是宪法规定的，现在还没有完全做到。此外，老百姓对有法不依、执法不严的现象也很有意见，如党的干部违法，不是绳之以法，而是用党纪、政纪来处分，这样做不仅降低了党纪、政纪的威信，而且否定了法律的尊严。

要使我国成为法治社会，各级党委首先要尊重法院的地位，法院应按宪法规定享有独立权。不管什么人犯法，只要法院做出判决，都要执行。

法治社会的建立，有两种形式。一种是从下而上，西方国家大都走这条路，法国、美国革命都说明了这一点。我国有其特殊性，前面说到我国社会主义制度是在半封建、半殖民地社会基础之上建立起来的。结合国情，我国这几年重视法制建设，首先是从党中央开始的，党中央提倡法制，并且身体力行，全国上下就都重视法制建设了。随着法律制度逐渐趋于完备，有法必依的问题突出出来。解决这个问题首先要党中央下决心，在党中央的领导下，各级党委带头尊重法律，维护法律的尊严，这样才能慢慢地形成一种遵法守法的风气，使我国逐步走上以法治国的道路。

宋：为了使我国成为法治国家，还应在哪些方面实行改革呢?

王：还应改革律师制度。律师制度很重要，法院能不能公平合法地审理案件，是和律师有很大关系的。目前我国的律师制度存在着很多弊端。最近我参加了一些律师事务所的会议后才知道，这些律师事务所完全是官办的，一切都得听司法局或司法部的。我不赞成官办律师事务所。我们社会主义的律师制度也应有其独立性。当然，国家在宏观上管理律师是必要的，但把律师事务所看成司法部的一个部门，就不太合适了，律师也发挥不了应有的作用。解决的办法只能是改革现行体制。

西方国家的律师制度是其法律制度的一部分，他们的律师事务所主要由律师公会、协会管理，司法部不大管。律师事务所都有高度的独立性。律师事务所为了维护其高额收入，在选择律师上非常严格，要经过严格的考试。律师的待遇也很高，一个好律师的工资比大学教授高好几倍。因此，在办案中行贿受贿的现象很少，他们不敢也不必，因为他们办案收的手续费非常高。如果律师发生违法的事情，被法院判违法的话，不但自己身败名裂，其所在的律师事务所都有垮掉的危险。当然，西方的律师制度是资本主义性质的，但其某些具体做法，我们可以学习借鉴。

我们的律师制度也是吃“大锅饭”，好律师的待遇和一般的差不多。

这样做不行，应该让能力强的律师出头，多赚钱为什么不行？现在一些行业不是有万元户吗？律师为什么不能有？如今律师不论办的案子大小，办案情况的好坏，都是一样的，这能叫按劳分配吗？其结果造成很多私下的交易，这不仅败坏了社会风气，也使律师的职业道德水平下降。因此，一方面要取消官办律师事务所；一方面要打破律师收入上的“大锅饭”，准许在法律容许的范围内，有其独立性和合理收入，这样才能使我们的律师制度趋于合理，才能使我国成为以法治国的文明之邦。

（摘自《群言》1988年第4期，宋琦采写）

吴组缃教授谈小说创作和古代小说研究

沿着未名湖向北便是朗润园了。朗润园环抱后湖，涟涟的湖水，悠悠的垂柳，弯弯的小路，一片清雅静谧。环湖而立的一排排楼房是北京大学老教授们的住宅。吴组缃先生就住在这里。吴先生已八十有四，虽身体略瘦，但精神矍铄，谈锋犹健。我们的谈话就从吴先生的近况开始。

张： 吴先生，您作为现代有影响的作家和学者，一直受到人们的尊重，近年来您与大家见面不多，大家对您的近况很关心，请您谈谈您的近况好吗？

吴： 我现在身体很好，没什么病。1986年患过一次病，很厉害，别人都很担心，我觉得不要紧，结果动了一次手术渐渐就好了。从那以后除了有时睡眠不太好外，基本上没什么病，只是精力不如以前了，并且写东西手有些抖，所以这几年很少写东西。我常说我欠有三债：很多人约我写文章，我没能写，这是文债；我收到许多信，没能回，欠的是信债；不少人要我写字，但我字写得不好，没能写，这是字债。这三债看来很难还得清啊！

张： 据我知道，您的创作时期主要是在新中国成立以前，新中国成立后主要从事教学和研究，除写一些散文之外，没有写过小说，这当中有什么原由吗？

吴： 其实新中国成立前我也不是专门创作，而只是业余时间写点东西。那时候稿费很低，而我结婚早，在清华读书时就已经有了孩子。为了生活，我必须有一份固定的工作，只能用业余时间写作，因而写得不多，不少读者都责怪我作品写得少。

张： 他们之所以嫌您写得少，恰好说明他们觉得您的作品值得读，希望多读。

吴： 我感谢他们不讨厌我的作品，不过当时的情况确实不容我多写。新中国成立以后，提倡文艺表现工农兵新人，可我是个旧社会过来的人，不熟悉工农兵新人啊！我也曾待过工厂，访问过劳动模范；到过抗美援朝前线，与志愿军英雄一起生活过，记了几大本笔记。但回来一想，他们在上班、打仗以外怎么生活，想些什么，我实在想象不出，没有想象是不能写小说的。这些材料我写过几篇散文，但没有写小说。

张： 您的这段经历可以说明生活决定创作。您的小说的一个重要主题就是反映30年代农村的破产，这与您的生活是否也有关系？

吴： 是的。其实我的作品写的就是我所熟悉的生活。我儿时生活在江南小镇上，父亲受康、梁改良思想影响，反对科举，也不愿做官，就靠教书、卖些字画谋生。父亲是个精明的人，第一次世界大战期间，靠做农产品生意赚了一些钱，他就将这些钱存在亲戚本家的铺子里。20年代末资本主义经济恐慌，中国也受了影响，特别是"棉麦借款"，使中国农村破产，店铺关了门，父亲的钱也收不回来了，从此家境艰难。30年代的农村破产，我是亲眼见到、亲身经历的。没有这些生活，我是写不出来那些小说的。

张： 您这样说会不会看轻了作家的主观作用呢？

吴： 丝毫没有。我常把创作比作蜂酿蜜、蚕吐丝，没有花粉和桑叶，再有能耐的蜜蜂也酿不出蜜，再有本领的蚕也吐不出丝。作家没有生活也是如此。但蜜不等于花粉，桑叶也不等于蚕丝。这就需要消化酝酿的过程。你能说这个过程不重要吗？作家用自己的思想感情和艺术修养对生活的选择、提炼和加工就好比这样一个过程。现在有些作家的创作有一种不好的倾向，就是不注重这种提炼酝酿的功夫，只是将一堆生活现象罗列堆砌在一起。人们好谈论作家的主体性，这一点恰恰是忽略了主体性。

张：您的这种主张是不是可以说是现实主义？

吴：正是。我是主张现实主义，但并不排斥浪漫主义，也不反对在创作中运用他种主义的表现方法，比如象征主义手法就可以借用。但这些都必须根源于现实。鲁迅的《野草》就运用了象征手法，有些部分我也难以读懂，但这些作品所写的感受都是来源于现实生活的。李商隐的《无题》写的到底是什么，争论了上千年也没有定论。但有一点大家的意见是一致的：作者写的是他自己对生活的感受。这也根源于现实生活。这与西方现代主义写纯主观、潜意识有根本的不同，因为它们都来源于生活，具有现实性。

张：那么您对《西游记》《聊斋志异》这一类神怪小说评价很高，是不是也可以从这方面理解？

吴：正是这样。《西游记》《聊斋志异》虽然是神怪小说，但它们都具有非常深刻的现实性。当然另一方面它们的艺术性也很高。

张：您治中国小说史是否因为您是一位小说作家，对小说有特殊的偏好呢？

吴：当然我很喜欢中国古代小说，但是我研究中国小说史，开始并不是纯粹出于爱好，而是出于工作的需要。解放初期我在清华大学当中文系主任，后来院系调整，调到北大中文系。先是在现代文学教研室，这期间我曾给学生讲过几次古代小说，同学们很欢迎，同时古代文学教研室又缺人，我就去了古代文学教研室，讲授宋元明清文学史。讲宋元明清文学，小说占的分量很大，我就又开设了“中国古代小说论要”的专题课，对小说史上的重要作品做了研究并写出了讲稿。可是这些讲稿在“文化大革命”中都散失了。

张：从一个作家的角度，您认为中国古典小说有哪些优良传统可以借鉴学习呢？

吴：这包括很多方面。不过我认为最重要的有两方面。第一是讲求真实。这既要如“明镜照物，妍媸毕露”，逼真地写现实生活，又要“寓褒贬”、“别善恶”，暗含作者的主观评价。第二是在人物塑造方面讲求神似，要能传神。生活中没有十全十美的好人，也没有一善不存的坏人。作家塑造人物要“爱而知其丑，憎而知其善”，这样才符合真实。《水浒传》中林冲是个英雄，他开始出现时是京城八十万禁军教头。一次与妻子出去游玩，遇到鲁智深，二人交了朋友。这时丫头来说有人调戏他妻子，林冲大怒，便同鲁智深过去看，一见是高衙内就软了，鲁智深要打高衙内，反被他劝住。林冲为什么这样？他要靠高衙内吃饭啊！林冲上梁山是一步步被逼出来的。林冲的性格是有弱点的，但作者并没有直接批评，而是暗寓在描写之中。古代小说的这些优良传统是从我国史传文学继承来的，在今天也许看似平常，但我们的创作由于种种原因并没有真正做到。这些传统很值得我们借鉴和学习。

张：作为一个小说史专家，您对中国古代小说史的研究现状有什么看法？

吴：我认为中国小说史研究存在一个弊病，就是不注意阅读和研究作品。研究小说史必须从作品的实际出发，任何观点都必须建立在对作品的具体深入的研究上，但现在不少人不注重这一点。比如《柳毅传》这篇传奇，现在有人认为它是批判婚姻压迫，歌颂婚姻自由的，其实大不然。这篇传奇的主要人物是柳毅，故事是围绕他展开的。柳毅为洞庭女传书，钱塘王有意将洞庭女嫁给他，以洞庭王之富贵、钱塘王之盛威，柳毅坚决推辞。后来柳毅丧妻续娶，才又与洞庭女相聚。若是表现二人追求婚姻自由，何以要写柳毅却婚呢？这其实是表现柳毅的威武不能屈、富贵不能淫，讲信讲义。在唐代，有不少人靠做女婿而升官发财，这篇传奇实是针对这种现象而发的。只要认真地读读作品就会发现，这篇传奇的中心并不是柳毅和洞庭女追求爱情婚姻自由。

张：您的分析很有道理，看来不仅要读作品，还要知人论世，了解那个时代的风俗民情。

吴：《红楼梦》也是如此。现在有一个流行的观点，说《红楼梦》

的主题是表现贾、史、王、薛四大家族的兴衰。可是我们认真看看《红楼梦》里面正面写的只有贾和薛，而且薛家在作品中已经衰落了。史和王几乎没有正面写到，这怎么解释呢？实际上，《红楼梦》写的是一个爱情婚姻悲剧，书中写的家族的兴衰等都是这个悲剧的背景。不要认为说它写的是爱情婚姻悲剧就贬低了它的社会意义，不是这样。贾宝玉是一个具有初步民主主义思想的典型，他代表了大观园的那些善良的女孩子们。有人奇怪贾宝玉的这种思想是从哪里来的，其实就是从那些女孩子身上来的么！那些女孩子大多是市民家的女儿，贾宝玉在女儿国里长大，在父母面前时间倒不是很多。贾府里的家长们代表的是变了质的封建主义。在封建社会后期官和商常常是统一的，已经不是纯粹的封建主义，带上了浓厚的市侩色彩。《红楼梦》所表现的就是初步的民主主义思想与这种带有市侩色彩的封建主义的矛盾，而这种矛盾正是那个时代的主要矛盾。有人提出《红楼梦》有两个主题，一是宝、黛、钗的爱情悲剧，一是四大家族的兴衰，这是要调和以上两种观点。这种说法不能成立。一部作品不可能有两个主题，不可能是个“双黄蛋”。试想创作时有两个主题，作家怎么去组织安排呢？我说这些，中心就是一点，建议研究小说史的人具体深入研究作品。宏观固然要紧，但不能离开微观。

张：从报上看到您正在写回忆录，除此之外，您还在做什么工作？

吴：我正准备着手写一部《中国小说史论要》，把我对小说史发展规律的看法系统地写出来，不过这也得看我的身体情况，若健康允许的话，希望能早点完成。

张：我们希望能早日读到您的这部著作，祝您健康长寿！

（摘自《群言》1992年第1期，张见采写）

师造化，夺天工，为人生

——吴作人教授谈绘画艺术

傍晚的习习凉风，拂去白日的暑热，中国画研究院的后花园格外宁静凉爽。夕照的余晖，在花园东北角的小白塔顶上，留下一抹金光，倒映在小桥下的流水中，从荷叶丛里钻出来眨眼，星星点点。

不久前刚做完心脏起搏器手术的吴作人，因为家里修房子，暂借这里一套画室小住。他不时独步于园中曲径，玩赏着眼前“造化”所赋的光、色、线条和构图。每每此时，八秩老人慈祥的目光中闪烁着艺术家特有的那种睿智的神采。走到池边，一群红色的金鱼从四面八方聚来尾随着他。他赶紧从口袋里摸出早已准备着的面包屑，朝它们撒去。欢欣的鱼儿们追逐跳跃，做出千姿百态，把一池清波拨弄得哗哗作响，老人高兴地笑了。

这一阵，我为了编辑《吴作人文选》的方便，也在画院小住陪伴吴老。此情此景，不由我想起吴老常画的金鱼。

问：吴老，您看！这些金鱼都认识您啦！您画的金鱼，是不是通过这样的观察获得灵感的？

答：不光是画金鱼要观察，画任何事物都要有生活。艺术从现实中来，从自然中来，这天地是很广阔的。古人叫“师造化”。

问：我记得您作画，常用一枚引首章，“师造化，夺天工”。这两句话和齐白石的“太似媚俗，不似欺世”是不是一个意思？

答：基本意思是一样的。齐白石主张画应在“似与不似之间”。我理解他的意思不止于外形的似与不似，还有艺术创造中客观与主观之间的深层关系。我喜欢用“师造化，夺天工”这两句话，这两句话结合起来，就把艺术创造中主客观的关系和尺度辩证地说清楚了。“师造化”，见之于唐代张璪的一句名言：“外师造化，中得心源”。“天工”出于《书经》“天工人其代之”的说法。“造化”是客观，比较好理解。“天工”也是客观，但强调自然的过程。关键在那个“夺”字。“夺天工”就是要超过它，那就包涵了画家的主观创造能力和修养。只知道“师造化”，不知道“夺天工”，就要走向一种极端，就是去当自然的奴隶。只知道“夺天工”，没有“师造化”的基础，就会走到另一个极端，就是走向非形象的穷途。

问：如果我没有理解错的话，“师造化，夺天工”这两句话妙在互相制约。歌德在他的谈话录中提到的“第二自然”，李白在《春夜宴桃李园序》中提到的“大块假我以文章”，虽然也有“师造化，夺天工”的意思，但没有说出相互制约的关系。

答：可以这样理解，但是不要拿我去贬前人。歌德、李白的时代，还不存在“超现实”和“非形象”的极端主义，自然想不到在艺术创造的主客观关系上需要有个制约，有个“度”，即使是“白发三千丈”，也是合理的艺术想象与夸张；西方文艺复兴时期，在艺术上反映着一种科学萌芽时期求知的意识，追求客观真实，但也不是自然主义的绝对客观，三大师都创造了各自迥异的精神天地。真正的艺术大师，总是把艺术创造中的主客观关系处理得恰到好处，形成自己的风格。

问：我从您谈的这些观点里领会，您在艺术创作中是反对走极端的。我斗胆问一句：您的观点会不会形成一个框框，妨碍艺术的发展？因为我听到一些人讲，您作为徐悲鸿的嫡传，用你们的“学院派保守的艺术观点”“统治”了中国画坛半个多世纪，阻碍了中国“现代派”艺术的发展。

答：我听到过这些议论，而且几十年前就有人这样骂徐先生和我。所以，你完全不必“斗胆”来问，尽可放开胆问。艺术问题不是谁统治谁的问题，但它确实是个社会问题。徐先生和我，对“现代派”艺术有我们的看法，或者说和“现代派”画家有过艺术上的争论，但并不存在谁统治谁的问题，而只有社会承认不承认，接受不接受的问题。你说你的好，社会不接受，那有什么办法？

徐先生是我的老师，给了我许多有益的教诲和帮助。但是，好多文章说徐先生资助我到法国去，这却没有根据，你有机会不妨代我解释一下。我到法国去，是我大哥吴之屏出的钱。我三岁时父亲去世，11口之家的生活重担全由大哥挑起来。按我的家境，我是不应该去学“要饿肚皮的”艺术的。18岁那年，我祖母就是这样说的：“你祖父画画，连个功名都没有！”但是，大哥和五哥吴之翰支持了我。所以，我是非常感激大哥和五哥的。徐先生为我出了主意，鼓励我到法国去，写了一些信，让我去找法国的一些朋友，为我在法国勤工俭学提供了机会。

徐先生对中国美术的贡献，人所共见，不需要我再说什么。西方造型艺术从再现客观真实的技法而言，达到过极高的峰巅。徐先生把这种技巧介绍到中国来，绝对不是一桩坏事。什么叫“保守”？由于立场不同，可以作多种解释。但是，能对社会进步起推进作用的，绝不在“保守”之列。我想，凡是正直的人都会这样认识的。徐先生早在1920年就明确提出：“古法之佳者守之，垂绝者继之，不佳者改之，未足者增之，西方绘画之可采者融之。”他言行如一，他的艺术主张与他的创作实践翕然一体。他恪守现实主义，用艺术创作为现实服务。在那外侮日日紧迫之时，他创作的《田横五百士》《愚公移山》《徯我后》等作品，以其热爱祖国的激情和民族正义感，激励了人们的爱国主义精神，鼓舞了人民抗战的情绪。这样的艺术主张，这样的艺术创作，怎么能和西欧19世纪末僵死的“学院派”艺术相提并论呢？徐先生确实反对过西方“现代派”绘画中的形式主义，尤其针对中国某些画家脱离社会，脱离现实，脱离人民，热衷于搞“现代派”的思想，进行过尖锐的批评；同时，他也对脱离社会，脱离现实，脱离人民，空谈神韵一类的守旧倾向，予以有力驳斥。你看，徐先生到底是不是“保守”？

问：我看徐先生画的《田横五百士》等历史题材油画，在用色技巧方面吸收了不少西方“现代派”绘画的东西，和他为了教学目的画的素描作品，风格完全不一样，因此，我看徐先生在创作上是一点也不保守的。但不知他所反对的西方“现代派”绘画中的形式主义，主要是指什么？

答：你说对了。徐先生对19世纪末西方美术思潮对干瘪的学院教条的造反精神并不是反对的。他和我说过，他做学生时，只喜欢普吕东、德拉克洛瓦、库尔贝；后来，他肯定了马奈、凡·高和高更。几十年来，徐先生在艺术活动上始终一贯、戮力尽心地是提倡正直的艺术，摒斥欺骗的艺术，主张有创造性的艺术，反对拼凑抄袭的艺术。他对形式主义的批评，也是和他的一贯主张相一致的，主要是反对脱离现实，脱离人民。如果说，因为徐先生批评过西方“现代派”的形式主义，就是“阻碍”了中国现代美术的发展，就成了“保守派”，那样说，恐怕大多数诚实的艺术家都不会接受的。

问：那么，您现在对西方“现代派”美术是怎么看的呢？

答：这个问题我问过西方上层知识界人士，也亲自到许多国家的现代派美术馆看过，应当说对西方“现代派”美术在西方社会的实际处境是了解的。其实，你只要到巴黎对比一下卢浮尔宫和蓬皮杜现代美术馆的观众情绪，也会一看便知是怎么回事。

19世纪，法国的绘画是一代接着一代，后一代否定前一代，出现了一个一个新的面貌。从古典主义到印象主义之间，安格尔同德拉克洛瓦有过艺术观上的激烈论战，结果是德拉克洛瓦终于开创了19世纪现代绘画。你记得方丹-拉图尔那幅画吗？描绘一群画家聚集在德拉克洛瓦周围，它说明了德拉克洛瓦被一群年轻的印象主义画家所推崇和钦佩。他的作用就在于摆脱了古典主义的束缚。古典主义要求造型要像所谓古代希腊罗马的作品那样理想化。那时的学院派作品，尽管有很高超的再现客观物体的表现技巧，但因题材多半取于神话和宗教故事，思想受到束缚，所以创作僵化，作品干瘪。由此可见，德拉克洛瓦的造反是有理的。但是，欧洲当时的社会思潮是受形而上学思想支配，一切都可以片面到无止境，这样，欧洲的现代绘画发展到后来，就陷入形式主义的泥坑，脱离了现实，脱离了人民，再也不是当初德拉克洛瓦摆脱古典主义，创作《希阿岛的屠杀》，反映法国资产阶级革命时代精神的那种风貌了。艺术成了一种“游戏”，甚至成了恶作剧。所以，要真正认识西方“现代派”绘画现象，也要力求深刻理解它的社会本质和意识形态体系。

问：不过，现在西方现代派画家还到中国来“寻根”，说“现代派”绘画的祖宗是中国的玄学、中国的写意画。

答：那是误会。我在外国办展览，发现许多外国人对中国画有一种错误的理解，看不懂中国画的内蕴。欧洲绘画发展到印象派及以后各种流派，他们在技法要求上和中国画的写意确实有许多相通之处。拿梁楷的泼墨来说，恐怕就相当于后期印象派、野兽派的做法。但是，中国的写意画和欧洲的“现代派”绘画却是不能画等号。他们的表现力不同，艺术效果也不一样。归根到底，艺术还是社会的产物，是特定社会条件形成的东西。从人类的黎明开始创造艺术就不是无所谓，也不是兴到神来，它是人类文明在不同历史时期，不同社会制度下，不断发展嬗变并为之服务，反映着这个特定社会条件的精神意识。继承、变革、发展，并非现在和过去人为地割断，西方有它自己的社会特点，中国有中国的社会特点。有些人认为中国艺术必然要走向西方表现个人的绝对抽象。假使我们的画家看到了我们的历史传统和社会特点不同于西方，就不会对这种讲法苟同。

问：这个说法很有道理。从西方“现代派”绘画的发展历史来看，是和那个时期西方资本主义社会向垄断资本主义社会过渡造成的社会动荡不安相一致的，反映了那个时期西方社会特定的精神意识。现在西方资本主义社会相对稳定，社会审美思潮就有回归传统的趋向，现代派画家感到失落，才有了到东方来“寻根”的举动。您说我的分析对吗？

答：你的分析也很有道理。但所谓“回归”传统，不会回到19世纪去。变革是一切事物无休止的运动规律，它承上启下，不为主观意志所左右。因此，严格地说，“回归”这个词用得不当，应当说他们又从一个新的起点继承、变革、发展，使艺术适应社会的需要，反映新的特定条件下的精神意识。到底变成什么样子，那是人家的事。我前面说过；艺术从现实中来，从自然中来。“师造化”就是做“造化”的“儿子”。东方艺术家、西方艺术家都离不开这个规律。我们不顾现实，跟在人家后面“东施效颦”，人家从现实中来的东西，你却从他那里转手得来，那就成了“儿子”的“儿子”，岂不做了人家的“孙子”？我们应当在今天的社会条件下，从我们今天人民的精神生活需要出发，认真继承民族优秀传统，也认真向外国借鉴优秀的成果，运用多样的手法来反映现实，来提高和发展我们自己的艺术。

问：您这个思路和您三四十年代提出的“艺为人生”的主张是一致的。1935年，您在《艺风》杂志上说：“艺术是入世的，是时代的，是能使理解的。大众能理解者，方为不朽之作”；1937年4月，您在重庆《新民报》举行的“交际夜”上又说，艺术应当“赞美人生的奋斗，暴露人生的强横，描写自然中的一切真实……艺术品的真实，是人生的曙光，是社会的领导”。半个多世纪过去了，您这一观点没有改变。

答：难为你把我这些“老古董”都翻了出来。“艺为人生”这个观点是在实践中逐步形成的，看来和艺术为人民服务没有什么矛盾，我看还是对的。我深深地相信我们之所以要学艺术，就是要为人民服务。我想没有一个画家画画只是为了给自己看，要不然，根本就不必学画画。今天的中国有建设中国的社会主义文明的特定任务，我感到这个任务是艰巨的，要我们广大艺术家的多样化的艺术形式来共同创造。“师造化，夺天工”，掌握好艺术的继承、变革、发展的规律，解放思想，大胆创造，只要不偏离运行的轨道，那就不用担心会失踪在无边无际的太空中。

（摘自《群言》1992年第2期，周昭坎采写）

苏步青教授谈治学

在复旦大学宿舍区的一个安静的角落，有一幢二层的小楼，四周是如茵的草地，这便是90高龄的著名数学家苏步青教授自称为“萝屋”的家。作为苏老的学生，我们自然经常有机会在这里聆听他的教诲，总是受益匪浅。春节中的一天，我又踏上了通向他家的小径，但这次却是受《群言》杂志的委托，带着采访任务来的。在向苏老拜年以后，就直截了当地进入了正题。

李： 苏先生，您作为驰名中外的数学家，当初是怎样对数学发生兴趣，并决心献身数学的？

苏： 一开始也是糊里糊涂的。中学时代只不过是爱好数学，基础比较好一些。后来东渡扶桑，由于经济原因，1920年考入有公费资助的东京高等工业学校，学的是电机科，但入学考试数学得了满分，对录取起了决定性的作用。1923年东京大地震，家当全被烧光，才破釜沉舟，并以第一名的成绩考入了东北帝国大学数学系，受到当时系主任林鹤一教授的赏识，坚定了学数学的决心。当时下决心献身数学还有一个重要的原因，即曾经也是东京高等工业学校学生的陈建功改学数学后，1923年在日本的《东北数学杂志》上用外文发表了一篇论文，这在当时是破天荒的事，对我是一个很大的激励与鼓舞。我就这样开始与数学结缘，并且终生坚持不改了。

李： 陈省身教授曾说过：“在30年代能发表数学论文的中国人还寥若晨星，而苏教授却以自己的丰硕成果闻名于世。”当时微分几何的大师、德国的布拉施克教授曾称赞您为“东方第一几何学家”。您在进入数学研究领域不太长的时间内，即跻身前列，在国际数学界享有盛誉，成为我国现代数学的开创者之一。您觉得有哪些经验值得我们年轻的数学工作者借鉴？

苏：当时我所从事的微分几何学，在高斯、黎曼、达尔布、克来因等前辈数学大师的开创性工作的影响下，正在蓬勃发展。德国汉堡的布拉施克学派在仿射微分几何学方面颇多建树，并和我的导师洼田忠彦教授有较密切的联系，他对我有很大的影响。意大利的一批学者对射影微分几何学的研究也居于前列，我通过和他们的通信联系，将他们的一套也学到了手。可以说那时我对国际上方兴未艾的前沿课题现状的了解与掌握是下了一番苦功夫的。为了阅读这方面的文献，我在大学学习时还专门学习了德文和意大利文。

李：这是不是像牛顿所说的“站到了巨人的肩膀上”呢？

苏：可以这么说。但学习的目的是为了发展、为了创造。我固然也跟在他们后面做过一些锦上添花性质的工作，但那时年纪轻，精力旺盛，入了门就下决心啃硬骨头，力图解决一些带根本性的重大问题。像仿射微分几何与射影微分几何，以往大家一直分别进行研究，对二者之间究竟有什么关系这个重要问题，从来没有人研究过。我以“仿射空间曲面论”为题，一连在《日本数学辑报》上发表了12篇文章，彻底地解决了这个问题，这也是我的博士论文的主要内容。另外，布拉施克学派所用的一直是传统的微分形式的方法，几何意义很不明显，能否用一个纯粹几何的方法来建立整个理论，在方法上另辟蹊径呢？我从日本回国后，从1935年开始连续花了好几年的时间，借助于平面曲线可表奇点的几何结构，建立了与前人完全不同的构造性的方法，清楚地将整个理论一下子展现出来，真正别开了生面。陈省身先生对此颇为欣赏，认为在平常的研究中总是把奇点撇开，而我恰恰抓住了奇点，用奇点处的不变量对其他几何不变量作出了解释。

李：要抓住当代数学发展的主流，要努力攻克带根本性的重要问题，要解放思想，勇于探索新的思想和方法，您的这些经验对培养第一流的数学工作者应该是具有普遍意义的。

您在仿射微分几何和射影微分几何方面取得举世公认的成果以后，接着又开展了对一般空间微分几何学的研究。请谈谈您是怎样不断拓展自己的研究领域，并继续做出高水平的成果的？

苏：一般空间微分几何学是在黎曼几何的研究取得巨大成功的基础上，由美国著名数学家道格拉斯在40年代中叶提出来的。由于黎曼几何在相对论中的重要应用，一般空间微分几何学作为黎曼几何学的扩充，一提出来就引起了人们的重视。我能够进入这一领域开展研究工作，也同样是下了大功夫的。为了掌握法国数学家加当提出的外形式法，我不仅花了很大力气啃了他关于黎曼几何及李群的两本法文原著，还把它们翻译出来，开设了有关的课程。1947年我还硬着头皮花了一个暑假的时间念完了托马斯所著700多页的关于一般空间微分几何的著作。这不仅使我掌握了在这方面开展深入研究工作的基础，而且也看清了进一步研究的方向，从而才有可能带领一些学生在K展空间，芬斯拉空间等方面做出了系统的成果，将研究工作推进到一个新的阶段。

李：苏先生，您过去是搞基础理论研究的，在“文革”中，才由在江南造船厂搞船体数学放样课题开始进入应用数学的领域，以70多岁的高龄开辟了计算几何这一新学科，并一直重视和支持应用数学与工业的结合。您认为结合四化建设的需要开展应用数学的研究，对数学学科的发展究竟有什么作用呢？

苏：应用数学很重要。一方面四化建设有实际的需要，同时计算机的迅速发展提供了强有力的计算工具，应用数学现在已蓬勃发展起来，将来还会更兴旺地发展下去。我自己的体会，结合实际为数学理论开辟了广阔的用武之地。搞船体放样课题，要了解样条曲线上奇点发生的规律以便加以控制，我原来研究了多年的仿射微分几何中的不变量理论在这儿发挥了重要的作用，成了解决问题的关键。另一方面，丰富多彩的现实世界中的实际需要也为数学理论的发展提供了一个重要的源泉，反过来对理论的研究又起了极大的推动作用。我对一般空间中样条曲线的仿射不变式所作的系统研究成果，就是受研究船体放样课题的推动而得到的。运用有关的数学理论，可以很方便地找到一切可能的拐点的位置，颇受一些国外学者称道。我自己虽只初步尝到了甜头，但也充分显示了理论与实际密切结合并互相促进是一个正确的方向，是大有可为的。

李：您认为作为一个青年数学工作者，应该具有怎样的素质并作哪些方面的努力，方能真正脱颖而出，成长为新一代的学科带头人？

苏：我觉得最主要的是要高瞻远瞩，具有宽广的胸怀。个人的成名成家是次要的，重要的是要根据时代发展的要求，努力使我国的科研教育事业一代代地不断发扬光大。作为一个学科带头人，不仅要努力培养学生，而且要鼓励、帮助学生超过自己，真正做到承上启下，继往开来。否则，业务再好，但心胸狭窄，“老子天下第一”，一定成不了大事，甚至会“断子绝孙”。要做到这一点，还要正确地认识自己，把自己的成绩和贡献摆到一个恰当的地位。牛顿晚年尚且认为他只是在大海边上拾了几个贝壳，又何况于我们！“曾经沧海难为水”，我搞了65年的数学教学科研工作，回过来想想，也不过就搞了这么一点点东西，有什么值得骄傲的呢？！世界无穷尽，科学无止境，真正重要的发明和发现，还得寄希望于一批批成长起来的年轻同志。我自己一直希望学生能赶过我自己，看到学生一批批地成长起来，将我手中的接力棒接过去，而且个个对我十分尊敬，内心总感到说不出的高兴。我90岁了，身体还相当好，这也是一个很重要的因素。

李：现在不少学者和专家都兼任着繁重的行政工作，平时的社会活动也不少，您自己就更多了。在这种情况下如何坚持做学问？您能否说说自己的经验？

苏：我的经验很简单。如果有整匹布做衣服自然最好，否则就用零头布拼起来做。没有整段的时间，我就利用出差途中、开会间隙种种零碎的时间看书、研究，这就是我的零头布。当然，我也很重视假期中的一整段时间，将零头布拼接起来，集中做一些事。我的好多著作及论文就是这样完成的。

李：您一直强调要文理相通，提倡学理科的要多学一些文科的知识。您自己在旧体诗词及书法方面都有很高的造诣。您觉得这对做一个出类拔萃的数学家究竟有什么好处呢？

苏：首先可以扩大视野，避免思想的僵化。在埋头做数学的同时，也要抬头看看世界的风云，了解当代科学技术的发展。这有助于扩大知识面，使头脑开阔、灵活，变得更加聪明起来。马克思主义的哲学，是指导思维的科学，对数学研究同样有重要的指导作用，可以使我们的脑筋开窍。董仲舒“三年闭户，不窥庭院”的办法，是绝对不行的。同时，文字与语言的表达能力，包括外文的修养，对进行研究工作、总结研究成果及进行学术交流都起到直接的作用，绝不可低估。此外，还可以调节身心，使生活充满情趣。一天到晚愁眉苦脸，是搞不好科研的，更不可能有别开生面的见地。空闲下来，做一两首打油诗，给生活添加一些润滑剂，又何乐而不为呢？

李：去年在庆祝您90华诞的大会上，您曾吟诗一首，其中有“丹心未泯创新愿，白发犹残求足辉”两句。您虽已90高龄，但精神抖擞，健步如前，大家都十分高兴，也非常关心您今后的打算，能不能请您简单地说一说。

苏：古诗说：“贫不卖书留子读，老犹栽竹与人看。”这两句话现在也适用。我年纪大了，脑力慢慢衰退了，学问也老了，但还要继续鼓励一代又一代的年轻同志努力掌握飞速发展的科学知识，同时希望他们能像充满生机的翠竹一样，永远谦虚谨慎奋发向上，勇攀数学科学的高峰。

（摘自《群言》1992年第4期，李大潜采写）

萧乾先生谈文学与人生

与萧乾先生谈天说地是一种享受，和他聊天，你绝对以为是在和一位老朋友倾谈，觉不出他是那么大的一位名人、学者，而且有时他还会忘形得没了长者的尊严，比谁笑得都欢实。我们在一起，可聊的话题很多，且很随便。这一次，又是轻松地从闲话扯到了正题。

傅：萧先生，今年是您从事文学创作60年。对一个作家来说，这可是一段相当漫长的行旅，从这个意义上讲，您也算名副其实的文坛老将了。而且，您还没有封箱收摊，依然在不停地写。您以为搞文学创作的，最重要的是什么？

萧：真诚。无论学者、作家，写什么做什么都要真诚。英文里有个词叫integrity，简单地说，就是言行一致，要解释清楚，得用好多话来说明，没法翻，就像中文的"高明"，译成英语，也不好找到对应词。

傅：人的一生会有许多次选择，每次选择都会对他的现实人生与未来投入产生影响，而对一个作家，选择就意味着创造。您怎么看？

萧：我这辈子有好几个十字路口，重大的选择有两次。一是留在剑桥大学的象牙之塔，二是放弃眼看到手的学位，去当随军记者。我选择了后者，是选对了。我自知自己不是当学者的料，早年做工，漂泊，天生也没有学者的根底。而且，学者需要静，可我这人太好动，怎么也闲不住。我倒适合做记者。一个人得有点自知之明。我在1932年就写了《题一个人的照像》，对自我有一个估价，后来便不断写这类自省文字，从《给自己的信》《忧郁者的自白》直到晚年的《八十自省》和回忆录《未带地图的旅人》。第二个十字路口是接受剑桥大学的终身教聘，还是回国参加新中国的建设。这个选择很不容易，我回来并不是出于什么政治觉悟，而全然是一种鸽子恋家的本能。另外，还有个小选择。当时乔冠华要我去北京参加对外宣传工作，这是个未知数。《大公报》要我回上海，当时《大公报》已决定由王芸生、费彝民、杨刚、李纯青和我任社务委员，会受优待，工资也高。可为什么我却放弃了《大公报》而来了北京？这里主要有两件事，我和李纯青那时主持版面，王芸生、杨刚已经北上。有天晚上，我们接到一份电讯：天津《大公报》已改名《进步日报》，并有社论题为《我们不要〈大公报〉这个臭名字》。我当时就估计新中国成立后《大公报》寿命长不了。另一件事是对东北萧军的批判。当时地下党请了许多民主人士参观批判萧军的展览。原来只因为萧军在一篇社论里用了“各色帝国主义”一词，因而受到了批判，用错了两个字我感到挺可怕，因我要留在《大公报》也得写社论。那哪有准儿啊。我总的感觉是，在《大公报》一是没前途，虽然后来恢复了报名；二是干报纸风险太大。我在人生重要关头，还是根据自己的判断做了选择。

傅：您是否觉得文学创作需要一种宗教情感，这种情感是一种潜在的精神真诚，而真诚是文学创作的生命，您怎么看这个问题？

萧：我不喜欢谈抽象的东西，80年代似乎比较爱谈高深的问题。我还是谈点大实话吧。有些写国外，专门报道人家的阴暗面，其实，国外的报纸是揭露性的，从上边找社会黑暗面很容易。我们的记者好像怕赞扬人家好的东西，就成了洋奴。1957年即说我是洋奴，因为讲了好多国外好的地方。我是希望中国不落后，把外国好的东西全搬进来。我在《红毛长谈》里，有篇《舆论·广播·宣传》，称道英国的舆论。去瑞士旅行，我感触最深的是，瑞士这个小国有三种不同的民族，三种不同的语言，却没有民族的危机、冲突、分裂，200年来相安无事，这主要归因于其民主制度。我是想通过我的报道使国内有所改善、提高。我的人生采访就是本着这样一种精神，或如你所说，是一种潜在的精神真诚。1944年9月1日，重庆《新华日报》以《祝记者节》为题发表了一篇社评，称赞我把言论自由等民主权利和向敌人学习并提。我当时写独裁国家必败，就是针对蒋介石的。我坚信记者要有立场，但立场不等于有色眼镜。我在英国研究过象牙塔，这种文学对中国不现实。“五四”以后，每个作家都是想通过作品使社会变得更好。外国人说中国作家有功利性，其实功利不可避免，中国文学不是为文学而文学，而是通过文学改造社会揭露敌人，这么写是恨铁不成钢。抗战爆发后，文艺更成为武器了。我不赞成为艺术而艺术，但你要唱抗日歌曲，得唱得好听，要通过艺术打动人心。中国作家有一种先天的良心，生在这么一个落后的国家，谁不想努力赶上时代？

傅：中国作家本着良心创作，到现在还没有人获得诺贝尔奖，您怎么看？

萧：中国人不必也不应把诺贝尔奖作为文学的尺度。世界上有不少极为重要的作家，没有获得过诺贝尔奖。从事文学创作，不应把得诺贝尔奖定为目标。诺贝尔奖永远不给中国也没关系。迎合诺贝尔奖而写作，写不出好作品。诺贝尔奖是结果，不是过程。

傅：中国的现实土壤似乎只适宜现实主义生存，与现实主义的创作主流相比，其他流派的试验性或尝试性创作，好像很难存活或持久。比如您40年代初研究过的意识流小说，这种写法在中国只能是注入现实主义里边去的兴奋剂，它会使现实主义创作更丰满，更富于魅力，却不能离开现实主义，成了失宠于皇帝而被打入冷宫的妃子。

萧：这个问题我不想多谈，但有一点，文学创作只能发自内心，不能采取强制或压制的办法，要讲求艺术民主，只允许一种艺术方法，效果是相反的。要允许年轻人探索。就意识流来说，我个人不大习惯这种写法。文学艺术上，无论什么东西，一成了主义，就容易钻牛角尖。我的作品中有象征主义写法，但来得很自然，我没专门要那样。有人总想创一个流派，人为的不一定有前途，要百花齐放。但我们现在的社会状态迫使现实主义创作成为主流。

傅：谈谈您的写作方式：您是不是每天都写作？您觉得搞文学创作最难的是什么？搞创作得具备什么样的素质？许多文学青年都关心这类问题。

萧：我每天晚上十点上床休息，过一会儿就能睡着。清晨五点，夏天是四点，即爬起来。对我来说，一天最好的时间是早五点到八点半这段时间，没有电话，没有来访者。我写东西，酝酿的时间比写长好几倍。如我写《大象与大纲》时，构思多日，而写只是一个中午没睡午觉的事，也就一个来钟头。我有个习惯，身边总放些碎纸头，有时夜里两三点起来，开灯，写下几个字，也许天亮就会成为文章。正襟危坐写不出好东西。有时我看电视，脑子却想着旁的。我承认有天才，可那只是极少数人，像莫扎特，一般人都差不了多少。天赋与努力之间，努力占主要。天赋是本钱，但也可能输掉。写作上，我是取法乎上，仅得乎中。对青年人来说，要多读古今中外大师的名著，要客观地、深刻地观察人生。书是读不尽的。看着读者的钱袋写作不能长久。时间是最好的批评家，它淘汰起来一点也不仁慈。我这一生最大的遗憾，就是读书少，除了在剑桥那段时间。

傅：许多作家开始写作的时候，心下都会事先有一位大作家来模仿，您呢，是曼斯菲尔德还是沈从文？

萧：都不是。读别人的东西好像吃饭，消化后变成了热量，你也说不清是哪道菜最管用。没有谁生下来就会搞文学，我尽管接触沈从文、巴金，但是个人写个人的，我并未直接模仿过谁，无形的影响当然是有的。写作，模仿绝不是一条路。创作，就必须是自己的东西。

傅：有个问题我一直没问过您，美国电影界每年都评最好和最差影片，您有没有觉得自己哪部作品最好，最不喜欢哪篇？

萧：最好的作品只能由时间来评定，当时评论很难公正，自己就更难说。我最近习惯给我自己的文章打分数，每个集子中总得有一两篇够90分的，像《八十自省》，得了85分。说心里话，每篇作品都好像是母亲生的娃娃，编集子时拿掉有点不忍，但得尽量客观些。现在写的有些东西有时为应酬，没话找话，就很空洞。写文章时，我是作者。发出去前，我先当一次读者。假如我的文章只靠自己的名字，太没意思。文章得可读，认识、感觉上要有点新东西。言不由衷、虚伪、重复就不可读。创作意味着是新的，老套子不叫创作，根据什么条条框框写东西，肯定不可读。我这辈子很大的幸运是所写的遵命文学少，因为从50年代，就是等外作家。1957年后就根本不是作家了。现在想起来有点塞翁失马，焉知非福。

傅：您这一生经历了那么多的风风雨雨，吃过不少苦头，可您从来是那么乐观，对未来充满了美好的向往。到晚年，您变得更加从容、豁达，更加珍惜时间。1979年时您就说要跑好人生最后一圈，这段时间，您写了那么多作品，回忆录就写了两本，以您的年龄来说，太难得了。美国有位比您小28岁的女作家欧慈说："生命就是能力，能力就是创作。就算有一天我们的生命结束，与草木同朽，能力仍然会在艺术作品中保存下来。"

萧：活在这世界上一天，越是有点历史感，越不会悲观。历史尽管有时曲折，但总是向前进的。最近我给《收获》写了篇《关于死的反思》，为死大唱赞歌。从1979年以来这十二三年，我最大的动力就是死，总想看快死了，得跑好人生这最后一圈。于是就得快写，可别耽误。以前我不大去想死的问题，现在我常思考这个问题。快去八宝山了，没写的赶紧写。死使我把身外之物看得很淡了，什么级别、职称、房子大小，都看得很淡。一死什么都没有了，人是光杆来的，还得光杆走。死还使我的家庭更和谐了，相处岁月不多了，何必在一些琐事上去争呢？我为死唱赞歌，主要基于这种考虑。过去这12年，是我一生中创作产量最多的。从死，对我自己的估计也客观了。过去把我骂得一无是处，今天又说我好，死后自有公论。其实，最妨碍创作的就是身外的东西。总结一生，我算幸运，机遇不错，我也没辜负。被崇实开除后即由华侨带我去了汕头，不曾想象的事让我赶上了。以后还有许多次机遇，如在"二战"时去欧洲（见《梦之谷》），好在我都没辜负这机遇，尽可能认真抓住了。

（摘自《群言》1992年第5期，傅光明采写）

做人·治学

——访遗传学家谈家桢教授

出差到上海，很想看望谈家桢先生。电话相约，正巧老先生从市里开会回来，盛情相邀，共进晚餐。餐毕，在先生的书房里，海阔天空地聊起来。

做人之道

我们的话题自然地转向做人之道上。谈先生感慨地说："人是最难认识自己的。"又说："古今中外，圣人先哲不知写过多少名言警句，有些是值得借鉴的。但是他们这些人生信条是否适用或被个人所接受，这也难说。因为每个人人生观和世界观不一样，由此也形成不同的人生信条。"

我问先生，在这世上先生最钦佩的人是谁，先生说："在教育界，从晚清以来，在我国近代教育史上大力提倡科学，办大学教育影响深远、成绩卓著的，当推蔡元培和竺可桢先生。而竺先生是在国事蜩螗的战时，办学更为艰苦，但又获得巨大成功。"

竺先生办学何以能取得成功？很大一个因素是竺先生具有高尚的人品。竺先生是一位学问渊博，胸襟开阔、气质高超且能容纳各派人才的伟人。

谈先生是一个从教会学校出身的学生。那时在旧社会里派系林立、壁垒森严，一个教会学校出身的人想进国立大学任教，是一件很不容易的事。1936年，先生在美国摩尔根实验室获得博士学位后，就想回国，由于导师的坚留，又推迟了一年。1937年秋，他决定回国，当时，他的母校东吴大学要他返校任教，他不想去，嫌那里“洋人”味道太重，希望能够到一所我们国家自己办的大学去，扎扎实实地搞一些教育和科学研究工作。当时通过东南大学毕业的留美同学朱正元与其老师胡刚复先生向竺可桢校长推荐，聘他为浙江大学生物系正教授，每月薪金300元。这样高的职位和优厚的待遇，对一个年仅28岁的回国学生来说，确是不易得到的。这可说明，竺先生是“任人唯才”，不讲派系的。

谈先生到校不到一个月就发生了日寇大举侵华的八一三事变，浙大决定西迁。竺可桢校长带领全校师生员工历经数月艰辛困苦，辗转浙江建德，江西吉安、泰和，广西宜山。1939年11月25日，南宁沦陷，竺校长决定北迁贵州，进入遵义。1940年春，学校决定农学院和理学院由遵义再度搬到湄潭。师生翻山越岭，走在高低不平、坑坑洼洼的公路上，路过湄江桥，就到了生物系的实验室唐家祠堂。自此，较稳定地度过了八年难忘的科学研究和教学生涯。

竺先生选择湄潭作为教学基地，为师生创造了优美的学术研究和教学环境。湄潭素有“小江南”之称，自然环境得天独厚。但是，那时的教学和生活条件异常艰难。唐家祠堂年久失修，破烂不堪。战争时期，物资匮乏，只得因陋就简，略事装修权作生物系师生实验和研究场所。没有电灯用油灯照明，一碟桐油几根灯草，黑烟熏鼻。只有在看显微镜时，才舍得用煤油代替桐油。没有自来水，以桶代塔，接上河水，土法过滤，用作清洗试管等实验所需。就在这样的条件下，谈先生培养了第一批遗传学的研究生，这些学生现已成为我国生物学、医学、农业等方面的著名学者和专家。

谈先生回顾自己的一生，最有作为、学术上取得最重要成就的时期就是在湄潭唐家祠堂。谈先生一生涉足于以瓢虫和果蝇为实验材料的经典遗传学和综合进化论，以及辐射遗传学等研究领域。但他对瓢虫色斑变异遗传学的研究始终有着浓厚的兴趣。直到70年代，仍继续这方面的研究和发表这方面的论文。抗日战争时期，他随校西迁每一地方都采集了大量瓢虫标本并进行地理性、季节性变异规律的分析。浙大前后搬家五六次，但凡搬迁一地，即打开木箱，把显微镜等简陋的实验设备装备起来，即使日寇飞机骚扰，空袭警报不断，他和学生们仍处之泰然，坚持研究。1944年，在唐家祠堂里观察瓢虫的杂交后代时，发现了一个以前实验中从未发现过的奇妙现象，当时贝时璋先生称此现象为“嵌镶显性现象”。在此基础上，谈先生继续进行广泛的瓢虫杂交试验并探讨其机理，终于清楚了嵌镶显性现象的规律。1946年完成了《亚洲瓢虫色斑嵌镶显性遗传研究》的论文，并在美国《遗传学》杂志上发表。这篇论文受到国际遗传学界的重视，丰富发展了摩尔根遗传学说，是对遗传学的一大贡献。1983年度诺贝尔奖金获得者、遗传学家巴巴拉·麦克林托克见到谈先生时说，他在玉米色斑点研究上提出的“控制因子”学说，是受到谈先生1946年论文的启发。1988年，加州理工学院发育遗传学家特唯森教授见到谈先生，又重提40年前谈先生这一研究工作，他极有兴趣地希望这项研究再继续下去，预见很可能会发现如今隐藏着的重要的发育遗传机理。

为什么在那种艰苦环境中能取得如此成绩呢？谈先生认为是全体师生员工遵循了竺校长倡导的校训“不图虚名，不尚浮夸，敦厚朴实，实事求是”，在“求是”精神鼓舞下，同心协力，勤奋学习，克服重重困难，师生共同努力工作的结果。

竺先生本人与师生同甘共苦。浙大迁到江西泰和，不久继续西迁，正值颠沛离乱之际，竺先生的夫人和次子病危、病故，竺先生匆匆回家料理，为着浙大师生的安危，继续带领师生奔波，全校师生无不为之感动，潸然泪下。

谈先生用几句话来概括竺先生的为人。他说：“竺先生的品格是坚强刚毅，学识则溥博渊泉；修己是齐庄中正，对人则宽厚有容；‘学而不厌’，‘诲人不倦’；‘磨而不磷，涅而不缁’；真的是‘仰之弥高，钻之弥坚’。”

谈先生钦佩竺先生的为人，并在以后的几十年里时时以竺先生为楷模。几十年来，谈先生为恢复和发展中国遗传学事业，竭尽全力，到处呐喊，即使身处逆境，仍然挺身而出，坚持真理，把自己的名利得失置之度外。他崇敬的老师李汝祺先生是中国遗传学的泰斗，谈先生每到北京，在公务之余，80多岁的学生总会去看望90岁的老师，见到李先生言必称：“老师，我来看望你了。”并深深一鞠躬。60年来，尽管李汝祺和谈家桢各自历经沧桑，但始终互相尊重，互相支持，成为一对尊师爱生的典范，在学术界传为美谈。谈先生对待学生亲如自己的孩子。他尊重学生，负责地指导学生，学生取得一点成绩他比什么都高兴。他关心学生的生活，还曾为学生整理过房间，洗过脏衣服。学生出国归来一时找不到房子，他就把自己住房一分为二让给学生。学生经济拮据，他慷慨解囊。甚至学生夫妇不和，家庭纠纷，他都出面调解和尽力帮助解决。从这点也可理解为什么在谈先生80寿辰和执教60年时，上海、杭州、北京等地的学生自发地组织庆祝活动，其情其景，令人感动。谈先生对人总是辩证地看待，即使是曾反对过自己，不论是学术观点分歧，还是在人鬼颠倒年代“狠批深揭”过他的人，当雨过天晴后，他从不利用手中的权成为算账派，给一些同志穿小鞋。反之，他更多地看到这些同志的长处，一样热情真诚对待，工作上积极支持。该推荐的就推荐，该提升的就提升，使这些同志深为感动。

从竺先生、谈先生身上，可以看出他们的共同点：做一个老实人，对人宽厚对己严，事业上锲而不舍，精益求精，生活上关心他人胜于自己。这样的做人之道，我看是普遍适用于我们晚辈的。

治学之道

先生做了一辈子学问，我很想亲耳聆听先生在治学方面的教诲。谈先生认为，做学问确是一件很苦的事情，也不是什么人都能经受住这种

“苦”的压力。古今中外的学问家，相对于社会的其他职业，在生活上是属于清苦阶层的。这些年来，谈先生在不少场合呼吁过要减少知识分子在生活上的后顾之忧，使他们能够安心踏实地进行科学研究。国家也正根据国力逐步地采取一系列措施加以改善。但是再怎么改善，在经济上决不会超出从商者的收入。谈先生一再勉励年轻同志在跨入科学殿堂前，一定要有这种淡泊人生的思想准备，否则还是早改行为好。

接着，谈先生强调指出一点，做学问、探索真理很重要的是要有一股韧劲和骨气。

先生以自己人生经历中亲身体验的几段插曲，表明了治学之艰难。

建国初期，由于我们缺乏建设社会主义的经验，曾一度不加分析地照搬苏联的一套做法。在遗传学领域里，曾强制推广和灌输李森科那一套理论，打击和压制摩尔根遗传学说和遗传学家。先生作为摩尔根“入室弟子”首当其冲成为批判对象。但他说，科学总是科学，来不得半点虚假，真理最终会越辩越明的。有人要他改教米丘林遗传学，他宁可不教书，而去翻译《生物学引论》，宣传达尔文进化论。1950年，苏联科学院遗传研究所副所长努日金教授来华讲学，指名要与谈家桢“全面讨论新旧遗传学理论”等问题。努日金对谈家帧说，“你一定要从反动的遗传学圈子里跳出来”，要谈家桢“背叛阶级立场，学习新遗传学理论——米丘林生物学”。谈家桢当即回答：“我不能理解，科学与阶级立场究竟有什么关系？”1961年，北京大学邀请谈家桢去讲学，他在讲台上直言不讳地批评了北大党委，认为1958年北大邀请苏联麦克劳夫教授去北大讲课，仍然以“扣帽子”、“打棍子”的手法对待摩尔根学说，违背了青岛会议精神，从根本上没有贯彻“双百方针”，其恶劣影响又波及全国遗传学界，这是错误的。当他回到上海后，上级领导责问他，作为复旦大学的副校长，有什么权力去干涉北京大学的事？谈家桢回答说，这不是干涉不干涉的事，凡是违背青岛会议精神，阻碍遗传学发展的事情他就要说。

在“文革”中，这位忠于事业的教育家、科学家尝尽了人间的耻辱，但他坚强地活了下来。他的原配夫人因谈先生的“罪孽”受株连，她受不了这种凌辱，哭着对谈先生说：“我不想活了，我们两人一起走吧！”尽管谈先生不断安慰，但夫人不堪折磨，最终还是倔强地含怨离开了人间。个人的冤屈和家破人亡的逆境，他可以化作眼泪往肚里咽，但事业上的遭难却使他痛心疾首。即使如此，谈先生的信念没有变。他对同被关在“牛棚”里的昆虫学家忻介六教授说：“我跟共产党打了那么多年交道。我了解共产党，共产党也了解我。将来还是要发展科学，相信共产党还是用得着我们这些人的。”他又说：“我不能死。毛主席他老人家多次要我把遗传学搞上去。我要对得起党，对得起毛主席。”坚定的信念，发自肺腑的语言，使这位昆虫学家打消了一度轻生的念头。

1975年，谈先生收到《植物学报》编辑部的来信，说准备发表“农民科学家”、中共候补中央委员张泗洲的论文《以阶级斗争为纲，坚持搞远缘杂交》，并说张泗洲提出要同谈家桢一起署名发表，问有何意见。谈先生仔细地阅读了张的“论文”。看出这显然是为了迎合当时“批邓”需要，“论文”的一大半篇幅是穿靴戴帽的“批判”、“斗争”之类内容。谈家桢复信编辑部：“署名问题，我无功不受禄，不能把我的名字放上去。”谈家桢维护了科学的尊严，他决不会去迎合某些权贵而出卖一个科学家的良知。

我曾见过一本名为《桃李集》的遗传学论文集。这是先生的学生们自发地以他们的代表性论文编成的集子，送给先生，作为庆祝先生80寿辰和执教60年的厚礼。先生在卷首作了序，在这篇序中，他引用了关于郑板桥在一幅竹石图上写下的绝句赠给他的学生。绝句写道：“咬定青山不放松，立根原在破岩中。千磨万击还坚韧，任尔东西南北风。”先生说：“80年来历尽人生坎坷，40年在旧社会，40年与新社会共存。但是，无论处在何种境地，我竭尽绵薄之力于发展遗传科学事业的信念始终不变。人是要有信念的，也是要有精神的。有了这些，即使在事业上或生活上遇到挫折和困难，也会有逆流而上的勇气，决不因此而垂头丧气，自暴自弃，或者怨天尤人，嫉妒他人。”

短短一席话，情真意切，言简意赅。谈先生之所以受到人们的尊敬，其原因是他对事业的忠诚，在他身上体现着我国老一辈知识分子的崇高的精神境界和优良品质。我想，治学之“难”可能就“难”在这里。

除此之外，在一般意义上，先生认为，治学之道，古往今来，众说纷纭，各有千秋。先生认为治学应突出三个方面，即知识面力求广博；读书要勤奋；敢于超过前辈。

先生认为，各个学科的互相渗透是当前科学发展的必然趋势。基础科学与应用科学休戚与共：自然科学与社会科学结为同盟。因此，不论是从事自然科学研究或从事社会科学研究都应力求扩大自己的知识面，去读一些自己专业以外的书籍，这对自己本专业的研究是不无裨益的。先生主张不论搞研究的还是搞教育的都应博览群书。专业的书一定要读，但不能也不可能什么都看，只能抓住最新的研究，学习、了解当今科学的发展，否则就要落后，没有发言权。除此之外，应改变“两耳不闻天下事，一心只读专业书”的状况，这样可使我们更理性地认识我们的世界和我们的社会。这是当今高科技时代对我们学人的要求，否则我们就会被时代所淘汰。

先生认为，成功的学人取决于一个字，即“勤”。俗话说，业精于勤，勤能补拙。这是一句富有哲理性的话。

先生说，勤奋中也包含着刻苦，怕苦怕累的人要想在学术上有所作为是不可能的事。“书山有路勤为径，学海无涯苦作舟”很好地表明这层意思。

谈先生是一位有着宽广的胸怀，具有高尚思想情操的教育家。他提倡，青年人要尊重老师，尊重老科学家，但不能盲目崇拜，更不能在学术上无原则地随声附和。老科学家年纪大了，在学术研究上有一定的局限性。有些老科学家曾经站在以往的科学前沿上，但不一定能站在当今的科学前沿上，老师应创造条件让学生超过自己，学生也应有雄心壮志超过老师。只有具有创新精神的人才能推进科学的发展，社会的进步。荀子说得好："青，取之于蓝而胜于蓝；冰，水为之而寒于水。"学生超过老师，这是对老师的最大尊敬。谈先生极其高兴地提到他的学生徐道觉，现在是美国休斯敦德克萨斯大学退休教授，曾任肿瘤研究中心的细胞生物系主任。他早年提出过人类染色体是46条而不是48条。他又发明了能保存上千年的细胞冷冻储存技术，这在学术界引起强烈反响，有人曾提名授予他诺贝尔奖。谈先生还不无骄傲地提到在事业上有所建树的其他学生。自然，谈治学之道，无非是治学的经验之谈。根本的一条是自己去实践，在实践中总结出适用于自己的治学方法。

走出了先生的寓所，已是夜深人静。白天熙熙攘攘的淮海路上只见到几对相互偎依的情侣，我似乎有这么一点感触，我们的社会多一点像谈先生那样的教育家、科学家，我们的明天会更好。

（摘自《群言》1992年第6期，赵功民采写）

给石头以生命

——刘开渠教授谈雕塑

今年大年初三，为了参加父亲和他的研究生冯宜贵教授合作的大型城雕《志在冲天》的落成典礼，父亲带着我们全家（在家史中还是第一次全家同时出门）来到母亲的故乡——珠江三角洲以“四小虎”之一著称的中山市。

落成仪式甚是隆重。许多群众争先恐后地在雕塑前拍照留影。市委书记谢明仁同志发表了热情洋溢的致词。他说：“……这座雕像是为纪念我国第一位飞行员而立的。伟大的空中英雄是我们中山籍人士，可惜他在飞行中殉难了。孙中山授予他‘飞行之父’的光荣称号，并赞誉他‘志在冲天’。孙中山也是我们中山籍人士。现在又由我们中山籍人士——现代雕塑艺术的开拓者、著名雕塑家刘开渠等同志来塑造完成这座大型作品。这不仅是为了表彰前辈的功绩，更是要激励今后的中山人为我国的现代化建设奋发图强，‘志在冲天’……”

谢书记的一番话和此时此地的情景，使我那年近九旬的父亲格外激动。他的激动，只有深知他的人格与艺术思想的人才能理解。父亲曾教导他的学生，不论用什么形式、什么手段，但艺术创作的目的，是为了揭示人生的美好，未来的幸福，从而使人类为之向上，为之团结奋斗。而谢书记的感受，不正好说明了父亲和冯教授的作品已达到了他们这一创作目的吗？

回到我们下榻处，我就此问题和萦回脑际多年的一些问题同父亲进行了一次长谈。

问：从观者的反应看，《志在冲天》达到了您一贯的创作目的。可是您是怎样通过艺术来显示生活美的？您从生活中吸取了哪些营养？

答：生活是多种多样，丰富多彩的。雕塑家从人民生活中，包括自己的生活中所得到的灵感是不一样的。每个人的思维也不尽相同。因此，每个人表现生活的方法和感受都不会是雷同的。为了表现热爱生活，其艺术造型必然是沉着有力、明快的。我在艺术上就是力求用完整的造型去表现人民的聪明和美。

根据雕塑艺术的本质和特点，雕塑家要能够体现自己所感到的生活美，要能创造出完美的作品，在创作过程中就需要经过艰苦的探索，以敏锐的感觉、饱满的热情，不断提高造型，使之逐步升华为完整的艺术形象。具体地说，雕塑的创作过程，首先是有明确的大体形象的意向，情感充沛；然后不断充实大体，给形象以丰富的生命感。在总的意图下，把组成整体的各个局部，如块与面的关系、受光层次的高低、形体的变化，以富有音乐的节奏感，诗的韵律感，清泉潺潺的流动感，重如磐石的体积感、分量感，既鲜明又含蓄地表现出来，这样产生出来的作品，我觉得必能拨动观者的心弦，撼动观众的心灵，引起观众的共鸣，使观众获得美的感受。

人类的思想、感情、生活方式是千差万别的，但也有共同的内涵，这就是喜怒哀乐之情身心得到健康发展的愿望，至于爱美之心，更是普遍具有的。我就是不断地从生活中体会这些并以此作为艺术创作基础的。我的作品，不论是头像，或是多人组合的群像，总想把这些体会综合成为作品上的美。

问：您认为雕塑艺术的本质特征是什么？

答：雕塑艺术，或者说雕塑品，它是用固体物体材料做成的，如泥土、金属、木、石等，是占有一定空间的艺术品。雕塑艺术的特征或特点，是雕塑品独立于空间，观者在不同的时间，不同的距离，不同的角度，不同的光线下，都能分别得到不同的感受，领略到不同的境界，这是其他任何画种不可能具备的特点。雕塑品不仅有形象，还有重量，有质感，因此虽然它什么动态都能表现，但它更长于塑造动态过程中可以停留，或起或终的瞬间，它可以立稳而又让观者在感觉上不担心它会倾倒，也不因它的重量而产生受压的恐惧。雕塑品是独立于空间的，它不借助于背景、色彩来完成它的艺术效果。它长于用简洁精练的语言和自身的形象，表现对象的深度和广度，因而有人说雕塑是凝固的诗篇，也有人说雕塑是用青铜或石头书写的独立于天地的史诗。随着现代新材料、新思维的发展，雕塑艺术的题材和表现形式更加广阔多样。但我认为它的重点仍应是表现人物，表现人物的精神、气质、风采和聪明才智，也就是表现人的神情美、形象美，让观者从这种艺术的完美中，感到生命是美好的，向上的；感到人类是尊严的，是可贵的；是向往身心健康、精神舒畅的，是应该互相理解、互相尊重的。有些动作和情态或事态用文字描写很合适，能说得清楚，但用形象语言去表现，在造型上却引不起视觉的美感，就不宜于用雕塑艺术去体现。我认为，长久地、固定地立于一地的雕塑品，应能引起人们的审美情趣，久观不厌。这是我对雕塑艺术本质的基本观点，也是我在创作中孜孜以求的目的。

问：*您在艺术活动中曾经有过哪些自己认为满意的灵感思维？*

答：动人心弦的灵感，是艺术品生命的开始，是创作过程中的引导；不断展开、深化的思维，使作品的形象、意境、感情得以逐步成熟和完成。我在创作实践中感到称心的作品，都是这样获得的。

日本帝国主义侵略中国的战争，把我们赶到了四川省璧山乡下，住在山沟里一个农民家里。我经常看到人们充满希望地春种，满心快乐地秋收，农闲时又紧张愉快地做木工，漆家具，建设自己的生活。一天，我坐在屋前，看到孩子们在女主人的带领下，又说又笑地喂猪喂羊的情景，忽然感到：“这是多么动人啊！”“要是做成雕塑，把这种情境永远凝固于泥塑之中，该多好啊！”那时，我们住在猪窝的顶棚上面，房子很小，没有办法做泥稿，但这个动人的景象却深深地留在我的脑海里，经常引起我的创作冲动，有时在梦中也萦回不已。

到了成都，条件稍好，我就进一步思考，把这个深刻的感受或者说是灵感，发展成了一个浮雕的题材。经过反复地构思，人物和情节在我思想中逐步具体化：中心是农家主妇，围绕她的是她的三个孩子和猪羊，她的左边是做工的农民，右边是守在田边的老人，整个画面形成一首朴素安定的田园交响曲。这块高低浮雕，我命名为《农工之家》。但此时正是日本大炮和飞机狂轰滥炸中国人民的时候，怎么能过和平安定的生活呢！刻画农民被轰炸的惨象，我又不忍。那时全国人民都盼望着我们也有飞机大炮，去和日本侵略者作战，打走日本侵略者该有多好。于是，我构思在浮雕的上部，一边做上飞机、火车，另一边做了工厂，表示人人希望国家能有强大的武装力量和强大的工业，保卫自己，不再受日本和一切外国侵略者的欺凌。我不断思索，经过了相当长的时间才把这个构思定下来。

如何用浮雕来表现这类题材、情节，我费了很长时间去考虑。在艺术上必须人物突出，情节完整，适合雕塑语言去表现，否则就不会有强烈的艺术效果，也不能引导观众的联想，使之与作者赋予作品的感情和理想共鸣。人物的表现和塑造，在雕塑艺术上居于核心的位置。我从情节结构上，把女农民和她的孩子提在中心的主要地位，把正在做工和田头劳作的人放在两边，而飞机、火车、工厂等则放在上部；在造型上，中间人物为圆雕，两旁为中浮雕，上部为浅浮雕。这样参差有致，变化丰富一些，使中心人物的情态突出，衬以两边和上部的画面，就鲜明地表现出作品的主题和内涵。在形式上，圆雕、浮雕的高低明暗，互相衬托，使整个浮雕在艺术处理上生动活泼，深刻感人，耐人寻味，富有联想。

从获得灵感到人物、情节、整个布局，以至艺术表现，我觉得这件作品是成功的，是自己比较满意的。它发表后，受到了各方面的赞许。我本想根据这件作品发展成一块大浮雕，在艺术上进行更深的追求，并准备刻成大理石的，但由于没有物质条件，以及其他原因，至今未能如愿。

《农工之家》《无名英雄像》《胜利渡长江》《解放全中国》等，都是经过有满意的灵感和严密的思维创作出的作品。

问： 您是怎样在师承前人的基础上形成自己的艺术风格的？

答： 我开始是学绘画的，因为那时的所谓美术只指的是绘画，我进的北京美术学校还没有设雕塑系。但我对中外美术史有兴趣，中国和西方的古代人物雕塑对我有很大吸引力。我的绘画在造型上偏于追求立体感，追求结构和形象的完整。对那些似有似无、类似文字描写的美术作品，总觉得没有力量，没有实在的生命感。

我到巴黎高等美术学校，进入著名雕刻家朴舍(J.Bouchen)的工作室学雕塑，后来还当了他的助手。朴舍的艺术风格是现实主义的，但在手法上又很潇洒，我受了些他的影响。回到中国，面对社会现实，我回顾中国古代雕刻，觉得我不能像西方雕塑家那样为艺术而艺术，也不能像古时的雕塑家专做宗教装饰题材，我要反映当代的中国人，表现他们的精神面貌，表现他们精明、勤劳、智慧、自尊自强品格和不能忍受屈辱、向往更好的处境的内在气质的感情。这些成为我后来一系列作品的主题。

我在作品造型上力求完整，在人物形象上力求刻画出中国人的精神气质，通过这些形象去体现出时代精神，突出中国人的鲜明而又耐人寻味的美。这是我所坚持的，或者说是我认为的现实主义艺术吧。

问： 您认为从事雕塑艺术需要哪些天资？天资与刻苦的关系如何？

答： 我从事雕塑、绘画创作已60余年，我深深地体会到，在雕塑这门艺术上所需要的天资，首先是对形象和神态的敏感，其次是能把握住这种敏感并不断地保留在自己的记忆之中。这种天资能否在创作上发挥应有的作用，还在于能不能不断地进行刻苦学习和磨炼艺术技巧，经常观察体会物象的形态和情感的变化，了解形象的基本的内在构成，并能逐渐地将它提高、综合、升华，突出地塑造自己所感受到的形象和神采。要做到这一点，还需要尽可能地了解前辈的文学艺术作品，体会他们是怎样创作出他们的作品之精华来的，而自己又应该如何吸取自己所需的营养，做出更新的艺术品。

总之，我觉得雕塑艺术家的成功，是靠三分天姿，七分刻苦学习的结果。在学习过程中，也和创作过程一样，是敏感和灵感兴起艺术创作，刻苦努力地追求，在造型形成的过程中，又可能引起新的敏感、灵感，这样一步高一步地艰苦地推进造型的形成与创作思想的升华，不断地在前进中受到启发，又产生新的追求，然后再前进再追求，最终使作品达到艺术家自己所想象的境界。这就是天资与刻苦学习、追求，在艺术创作中的基本关系。

问：您怎样对待观众（或听众）对您的赞许和批评？

答：几十年来，我做了不少架上雕塑：头像、胸像、半身像、全身像；也做了不少室外雕塑：大型的、小型的立像、骑马像、浮雕等，有的已立在各地，如北京、上海、湖南、杭州、成都等省市。这些石质的、铸铜的作品，无论在城市街头或博物馆、公共场所，观众都很多。不论是初立时或以后的岁月中，一般都是得到好评或受到称赞。如成都的《无名英雄》《农工之家》《胜利渡长江》，不仅国内群众说好，在国外也受到欢迎，报纸杂志发表了许多照片及文章。在美术界，包括雕塑界的同行们，对雕塑艺术也有些评论和意见。就我所知，这些意见，不管是称赞还是批评，多数是希望将我们的雕塑艺术提高一步，搞得更好。我自己和其他雕塑家一样，应该根据自己的艺术意向，参考这些意见，搞好自己的创作。不过，我们也经常听到一些意见或批评，是以绘画或其他文艺的标准来要求雕塑。但由于雕塑的本质和特征，它的优越性往往是其他艺术无法替代的；同时，其他艺术的长处又往往因雕塑的局限性而不能发挥。不顾彼此的长处与局限性，以统一的标准去评价，是不切实际的。

一个民族，一个国家，一个时代，各有不同的风格。每一风格各有其源远流长的风韵，但也有各自向前发展的不同思想、不同感情及生活，因而有不同的创造的风采，也就是说有突破前代形式、前代题材，突破已经习惯了的审美趣味的东西。一般地说，群众对已经习惯的雕塑品容易称赞，对不习惯的作品容易持怀疑的眼光，以至批评。我们的时代是人民的时代，以人民生活为源泉的雕塑艺术创作，也必有新的变化。因此，欣赏由新生活渊源而来的新雕塑品也要有个过程。

问：您认为艺术家的社会使命是什么？

答：人和人际的关系就是社会。社会如何对待人的精神、人的身心的发展，人们如何处理人们之间的物质生活和精神生活，这是一个互相联系、互为依存的整体。因此，对社会的进步发展，应该是人人有责。只是艺术家的使命不同于其他人，艺术家用艺术的能力关心今天的问题，或者是对将来有影响的问题。因此，艺术上那种极端的个人主义，以我为中心的主张，对社会不关心、毫无责任感的做法，我认为是不对的，是错误的，是长久不了的，最终是行不通的。但是，如何关心，做些什么，这就要看艺术家的人生观、世界观了。我认为一个艺术家的作品应对自己所处的社会、国家、人民起鼓舞作用，对社会不断发展、不断前进起推动作用。这就要求艺术家加强社会责任感，按照艺术的功能和规律，使用艺术的语言，努力去创造出好的或比较好的作品。回顾历史，好的艺术作品，好的艺术时代，一般都是这样出现的。顾往证今，今天的中国雕塑家应按“双百”方针和“二为”方向，根据社会、国家不断发展和不断前进的需要，努力创作，这是社会主义社会艺术家的使命，也是我们的艺术家前进的必由之路。

问：“政治干预”对您的艺术活动曾经产生过哪些消极影响？

答：“干预”这个词含义不准确。例如：中央和省、市许多领导同志过问关心我国城市雕塑建设，起到了积极的推动作用，城市雕塑就获得发展。但部分人的某些倾向，也确实起了重此轻彼的影响。社会上只重视或提倡某一类的画，而对另外的美术创作活动不理解、不提倡。这种守旧的文人士大夫的某些习惯，客观上对美术起到了一种压抑作用。艺术创作不是重复习惯了的东西，而是不断推陈出新。不能对变化了、新发展了的就看不惯。创作的灵感来自生活，怎么表现才能深刻、生动、感人？要靠艺术者心灵的感受，靠艺术者独立的思维，靠艺术者情思的尽情发挥。在进行艺术升华的时候，外来的、不符合创作意图的意见，每每是阻碍创作顺利进行的。比如：要求雕塑家改变某些造型，不然就不予通过。这种“干预”表现在一些订制的雕塑品上尤多。某城市建一座飞奔的骏马像，当时的组织者硬要作者改变马腿的造型，雕像才得以被批准建立；而继任的人却认为马腿做得不好，使作者莫知所从。这类情况的动机有时也是好的，但由于不懂艺术规律，不相信艺术家的专门学识和创作要求上的必要性，结果适得其反。总之，艺术创作是朝前看的，也就是说要有新意。作家不要炒冷饭，要常有新的探索；社会上也要不断提高人们的欣赏水平。这样互相促进，使艺术不断向前发展。

问：作为一个民族艺术家，您从国外艺术中曾借鉴了哪些东西？

答：所谓民族艺术，应包括所有过去各个时代的不同艺术，也包括现代的艺术。所谓民族艺术家，应指的是创作这些艺术形式的古今的艺术家。我从事雕塑艺术几十年，对雕塑史是很注意研究的。近三四十年所发现的秦汉雕塑，完全不同于后来发展起来的佛教雕塑，它们大都是表现和反映当时的社会，可以说是很好的现实主义。到了佛教雕塑，另创新境，达到了极高的水平。他们的这种创新精神，对我们的启发和教育是很深的。我也很欣赏西方历代不同的雕塑艺术，我在西欧从师学习很久，也受了相当的影响。但我几十年来，一直是以现代中国人民的生活为基础，努力创造有时代精神的作品，它既不同于古代中国，也不同于西方，而是具有现代中国色彩的我自己的艺术作品。我坚信，不管我能做到什么程度，这些作品既能为中国人所理解，也能通向世界。

（摘自《群言》1992年第7期，刘米娜采写）

“预流”和“拿来”

——季羡林教授谈治学和中外文化交流

初夏的朗润园真是一处清幽的所在，园中一泓碧色的湖水，四周绿树环绕。季羡林教授的家，就在园中最北边一座浅灰色的公寓楼里。季先生住底层，屋前数行花木，枝叶扶疏，正长得生意盎然。隔着阳台的纱门，看见先生正在。先生招呼我进去。坐下后，我们便随便开始谈话。

王：季先生，去年是您的八十大寿，您出生那年，刚好发生了辛亥革命，给中国两千多年的帝制时代最后画了个句号。此后中国一直在激烈地变化，有些变化可说是翻天覆地，一直到现在。您看到并亲身经历了这些变化。您是学者、教授，从辛亥年到现在，81年间，在您的本行，学术和教育方面，变化也很大吧?

季：说来真是，我生在辛亥年的8月，十月武昌首义，第二年2月清帝逊位。我算是曾经作过几天“大清”的臣民。北大现今的老人中，有这份“资格”的也不多了。当然，说这是“资格”，是开玩笑。可是我确实赶上了一个新旧交替的时代。我这一生，很平常，大致可以分为两段。前三十来年，算一段。读书，从发蒙到大学，到出洋留学，最后得博士学位。这算受教育，虽然中间也当过一年中学教员。这以后算一段。从德国回来，到北大教书。一边教书，一边做些研究。写文章，不仅写学术论文，也写散文，还搞翻译。一直到现在。这算从事教育，搞学术。我个人的经历很平常，可是这80年来中国发生的变化确实不平常。我念过私塾，只念了《百家姓》《千字文》《四书》。那是旧式方法的教育。跟着上小学、中学，就是新式学堂。中学里课程设置跟今天差不多，国文、英文、数、理、生、地、史，可见已经“现代化”了。但教我们国文的老师中，有前清的翰林、进士，也有桐城派的古文家。那时提倡读经的人还很多。我在中学因此读了许多古文，一段时间作文也写古文。现在看来，这对我也没什么不好。时代的风潮下，我脑子里并没有也不可能装进那些“古董”思想，只增加了我对古文的知识和写作的能力。高中最后一年，我读的学校来了几位全国有名的青年作家，其中有胡也频、董秋芳。他们的思想很新，教的当然也是白话文章。胡先生更是激进的左翼作家，可惜后来不幸遇难。跟着他们，我改用白话写作文，甚至还读了一些从日文翻过来的马克思主义文艺理论。

王：季先生，这样讲来，您其实一开始就赶上了新式教育和新文化运动的潮流。虽然那时新旧交替，旧的势力也不小，时代的潮流，才是力量最大的潮流。何况青年人总是要追求新东西，容易接受新事物。您读大学，恐怕就更是这样了。我因此有兴趣问，您是怎样走上后来做学问的道路的呢？我想，对多数人来说，大学阶段，往往会决定人生的方向。

季：是这样。1930年，我考进了清华大学。清华那时就是全国最好的大学之一。我能在清华念书，很幸运，因为清华聘请了一些当时最好的学者作教授。教授中有俞平伯、吴宓、金岳霖，朱自清、朱光潜、陈寅恪等，用今天的话来说，他们都是泰斗、大师。我当时读的是西洋文学系，主修德文，可是我听了很多选修课。选修课多，而且质量高，是清华的一个特点，也是优点。选修课中，我听过朱光潜先生的“文艺心理学”，还有陈寅恪先生的“佛经翻译文学”。这两门课使我受益不浅，对我以后的发展有深远影响，可以说是一直影响到现在。我搞一点比较文学和文艺理论，显然是受了朱先生的熏陶。而搞佛教史、佛教梵语和中亚古代语言，则同陈先生的影响分不开。

王：我正想问先生，我知道先生治学的范围很广，思路和方法也很新。我想，做学问，不仅要舍得下功夫，首先还要对路径，前者是主观上要努力，后者恐怕往往要人指点，尤其是初学。要说治学，大学生、研究生阶段都只算是刚开头。您在这方面那时有些什么体会呢？

季：我那时其实懂得也不多。你刚才提到时代潮流、新旧变革，但只有潮流也不够，对个人来讲，还有一个自觉认识和投入的问题。话讲到学术，也是一样。中国这近100年来，在学术史上有一个空前的大转变时期，也是一个空前繁荣的时期，可是处在这个伟大历史时期的学者们，并不是每个人都意识到这种情况，也并不是每个人都投身于其中。有的学者仍然像过去一样对新时代的特点视而不见，墨守成规，因循守旧，结果是建树甚微。而有的学者则能利用新资料，探讨新问题，结果是创获甚多。这是时代学术的新潮流。陈寅恪先生把投身其中的称为“预流”，“未得预者，谓之未入流”，说得非常形象。二三十年代的清华，就有很多预了流的教授学者：王国维、陈寅恪，还有我刚才提到的我的那些老师们。我特别要说王国维和陈寅恪，有人讲他们继承的是乾嘉余绪，这话也对，但也不全对。他们二位比我长一辈，真正是旧学出身。清末民初的大变革，他们更是亲身经历。政治观点是另一回事，那个问题很复杂，不谈它。但他们研究中国的传统文化，兼及域内域外，思想和方法其实很新。乾嘉诸老的长处，考证细密，言必有据，他们都继承了，但实际上他们在眼界和材料的使用上又大大超过了乾嘉，所以能取得前所未有的成就。王国维去过日本，也了解西方。陈先生更是游学日本、欧美，前后几近20年。外部世界的事，天下学术的走向，他们是了然于胸的。乾嘉诸老哪能相比。当然，这也是时代使然，我很幸运，遇上陈先生这样高明的老师，当时我懂的没有现在这样多，但我听陈先生的课，觉得耳目一新，大开眼界。其他先生的课也给我很多启迪。一句话，清华那时有学术气氛，而且是很好很高水平的学术气氛。我深受影响。后来我有机会到德国留学，选择学习梵文，以及其他的印度和中亚古语文，研究佛教、中印文化关系，应该说就是由于自觉不自觉地受了这些影响。因此我至今深深怀念、感谢我在清华时的师长们。

王：季先生，您当然是预了流的，先要得预流果，才能修成阿罗汉。道理简单得很。

季：可惜这道理并不是每个人都知道。好些年来，大学里的学术气氛不是很浓厚，而是很淡薄。我们的大学和大学里的教授，现在数量比过去多了大概几十倍吧。教授们写文章，出大本的书，可是说句老实话，有好多并没有预流。当然不是说全部。原因也很多，不好说。

王：季先生，您引陈寅恪的话，我理解其实所谓预流，就是指跟上时代的发展。一个国家，无论经济、政治、文化，都要求发展，要预流，要跟上时代。现在讲改革开放，要想把中国建设成社会主义现代化强国，也要预世界的大流。当然这不是一件容易的事。

季：我们还是说学术。我出生后这80年间，世界变了很多，范围好像变小了。现在有人讲“世界村”，村会有多大？知道的事比过去多了不知多少。不和远比，就和辛亥年比，和40年前甚至10年前比，天下的知识都快“爆炸”了。我们哪能坐井观天，闭门造车？必须向外面学习。为什么要学习？是自己有不足。承认不足，有时还要承认落后，才会去学，才能去学。一个民族的发展，一种文化的发展，有自身的动力，但永远离不开向外部世界学习。我几十年来研究的题目，很多都与印度文化、印度佛教有关。我对佛教怎样传入中国，中国人怎样接受它、改造它，把它吸收融合进中国自己的文化这一段历史，一直有很大兴趣。我也对物质文化方面的题目有过兴趣，研究过中国的纸、丝绸是怎样传到印度、中亚、西亚这类问题。我的看法，任何文化的发展，离不开与异文化的交流。没有交流，没有互相学习，就没有发展。中国的汉族地区和西域地区之间，中国和更广义的西域，也就是印度、波斯、阿拉伯、东罗马之间，远在秦汉以前就有联系和交流。这种联系和交流的密切程度超过我们想象，只是年代久远，文献缺乏记载。雪山戈壁、弱水流沙，从来没有阻断过古代各个民族、各种文化之间的接触，而且人们或者因为战争，或者因为生态环境的变化，时常迁徙，互相通婚、融合。中国人现在能夸耀的事不多，只好常常夸耀老祖宗的光荣。“华夏子孙”，其实仔细考究起来，哪有纯粹的华夏族？华夏不过是一个代称，是几千年来以华族、夏族——如果华夏的传说真是可靠的话——为主，不断添加进各种蛮、夷、戎、狄的结果。“汉唐气魄”，若没有对外开放的宽大胸怀，吸收外来的物质文化和精神文化，哪可能出现？我们今天是不是也应该有点“汉唐气魄”？即使一时气魄达不到那么大，是否至少应该学一学？我研究古代的印度文化、佛教，正是中国人在历史上第一次大规模接触吸收的外来文化。当然，最初常常还经过“二道贩子”甚至“三道贩子”——我的意思是说中亚的月支人、安息人，还有其他古民族。好在这事不像眼下有些商品，就怕转手，转一道手，质量就次一等。文化的传播交流，中间多了环节，常常融合进新成分，反而使它的内容更加丰富。

王：开放和向外国学习，是知识界也包括整个社会当前谈得很多的一个题目。鲁迅先生讲过“拿来主义”。我记得您好几年前写过一篇文章，引了鲁迅先生这句话，还提了一个口号，叫“开放、开放、再开放，拿来、拿来、再拿来”。其实今天谁也不否认有开放的必要，但您为什么还要这样强调呢？

季：讲开放，向外部世界学习，现在的确很少有人再公开反对了。但我觉得，我们在这方面做得还很不够。怎样开放？怎样学？学些什么？其实从清末就开始争论。最初不是主动的，是被动的，挨了打，赔款割地，才想到这件事。我念中学、大学的二三十年代，新文化运动已经兴起，还在争论。有人讲“全盘西化”，口号是过激，我不完全赞成。但我觉得，有人要讲“西化”，也用不着怕，不用神经这样过敏。中国人能西化到头发变黄，鼻子变高？这里就需要有点“汉唐气魄”。汉唐时，京城长安里到处是高鼻深目的胡人。有“胡坊”，整条街都住的外国人。胡姬当垆，是洋女子在中国酒店里当招待。长安城里人以着胡服、跳胡舞为时髦，争相夸耀。和今天穿西服，跳迪斯科、霹雳舞有什么区别？丝绸古道上，更有成队的贾胡。许多人钻研外国书——我说的主要是翻译的佛经。出家的和尚连姓都改了，跟释迦牟尼姓，一律姓“释”。这样的“西化”，不是丝毫没有把中国文化“化”掉么？相反给中国文化本身增添了这样多的新养分、新内容。以佛教为例，佛教只是一种宗教，但它背后代表的是一种文化，印度文化、中亚文化，甚至还有东南亚的文化。记不清是梁启超还是胡适，研究佛教史，把佛教输入中国这件事比喻作吃碗饭。吃饭要消化，消化后才能吸收营养，滋养身体，这碗饭从汉末直吃到宋代，足足一千多年，直到新儒学出现。这个比喻，听起来有点粗，但也实在，想说的是怎样吸收外来文化，为我所用的意思。人要杂食五谷，不挑食，才长得壮实。对于外来文化，也是一样。肠胃不要那么虚弱。

王：中国文化吸收外来事物的能力其实本来很厉害。佛教本身的历史也有意思。我去过印度，那里却极少有人信佛。问普通的印度人，大多数不知道释迦牟尼。即便是知道名字，再要细讲起佛教，也就茫然无所知。佛教起源于印度，可是在印度早消失了，只留下一些遗迹。反而传到东亚、东南亚，却生了根，直到今天。“西天不拜佛，东土还念经。”真是如此。

季：作为宗教，佛教在中国一大半是历史，一小半是现实，在台湾地区好像比较活跃。但在日本和东南亚一些国家，势力不小，在有些国家仍然是国教。关键还在于，在中国大陆虽然今天信佛的人不多，但我们的文化传统中已经融合进了这外来的成分。连我们日常说的语言中也有不少的例子，“司空见惯浑不觉”而已。我也不信佛，但我从研究佛教和中印文化交流中，增加了很多对自己国家、民族历史和文化的了解，同时感觉有意思、有乐趣。

王：这样说来，我们真要“拿来、拿来、再拿来，开放、开放、再开放”。

季：我研究语言，研究文学，研究历史，也常常考虑大文化交流的问题。我想说的道理其实很简单，与外来文化接触、交流，有好处，很重要。过去是这样，现在是这样，将来还是这样。我研究中印文化交流史和佛教历史，这方面的体会尤其深。中华民族在历史上本来是一个善于向其他民族学习，善于创造的民族，2000年来，“拿来”了多少有益有价值的东西，为自己所用。

王：先生说得不错。即使是在明清时代，有一阵闭关锁国，也有不少有见识的人，努力学习新东西。只是运当末世，君昏臣庸，满朝尽是颟顸的官僚，毕竟要等到一场大变革，中华民族才能从危机中找出一条出路。

季：其实，追求新知、追求进步的好传统在中华民族的历史上，永远没有断绝过。我还想补充说一点，讲向外学习，讲中外文化交流，人们常提到的是聘使往来，“伊存讲经”，唐僧求法，僧人译书，学者、士大夫学佛或学西学。这些当然是应该了解的，但我们不要忘了还有底层的普通老百姓，像那些工匠，他们不停地在想法改进生产技术，有机会也在努力学习外国的好的新技术，只是文献中的记载太零碎，收集整理起来很不容易。我在写一部《糖史》，工作开始已经好些年了，还没最后完成。收集资料中我就发现，有许多无名的人，把新的熬糖技术从印度引进来，再提高，熬出高质量的砂糖，这提高了的技术又传回印度，传到波斯。这件事的意义并不小。从古到今，生活中能缺少糖？这只是一例，说明文化交流的范围和内容有多广泛，交流有多必要。

王：季先生，您的学识，使您对文化交流这个题目有很深的了解。听了您的谈话，获益不浅。您刚才讲了，您走上搞学术研究的道路，和清华的教育，几位高师如陈寅恪先生等的启迪有关。您在德国留学，整整十年。您是德国的博士，您后来的学术成就，我想和这一段经历也很有关系。您能不能谈谈这方面的情况？

季：从专业上讲，我在德国主科学的印度学。照德国的制度，还要选两个副科。我选的是英国语言学和斯拉夫语言学。我学了梵文、巴利文、吐火罗文、俄文、南斯拉夫文、阿拉伯文，等等，还选了不少的课。我的博士论文，研究的是一部梵文佛典中的语言变化。后来我在德国发表的另外几篇论文，也离不开佛教语言这个大题目，但范围实际不完全限于印度。这在当时也称为东方学。我的德国老师是当时德国，乃至欧洲研究佛教文献、印度和中亚语言的权威，水平很高。我跟他们学到很多东西。要说“预流”，我是这个时候才真正“预”上了“流”。有人会说，东方是东方人的东方，西方人研究东方学，会有多高水平？我要说，不要小看，看看人家的成果就知道。人家看问题角度不同，搞研究的方法、训练也和我们的旧学传统不一样。他们现代的人文科学走的是和现代自然科学同一条路，讲求实证。在下功夫上，德国人又尤其讲究Grundlichkeit（彻底性）。所以他们能取得一系列的新成果。近现代中国学术界，最有成就的几位大家，前面我们讲过的王国维、陈寅恪，还有赵元任、汤用彤等，一方面在于他们旧学有根底，一方面就和他们直接接触和学习西方的新学有关。这一点无法否认。我这样说，并不是要人迷信西方。我在国外十年，回国后这40多年，除了“文革”期间，没断过和外国人打交道，我深知他们的长处和短处。洋人是没有什么了不起，但洋人也有他们高明的地方，确实值得我们学习和借鉴。“文革”时，批我“崇洋媚外”，我当时心里只觉得可笑：你们批崇洋媚外，知道什么是洋，什么是外么？真正崇洋媚外的不是我们这种人，是那些愚昧无知而又抗拒新思想、新事物的顽固派。“四人帮”就是代表之一。他们和“拿来派”以理智、冷静、开放的态度来观察对待一切外来事物正好相反。

王：季先生，今天您谈得不少，非常有意思。我读了几篇您不久前写的文章。您谈到中西文化的交流，主张世界文化多元论。您是把东方和西方放在一个平面上观察，再从纵的历史层面上来作分析。您讲得很好。世界几千年文明史、各个文化体系之间，其实总是互相“拿来”，可以说是一部“互相拿来史”。讲清楚这一点，我想对我们今天的文化建设，世界各国人民之间互相尊重、平等相待、和平共处、共同发展都有好处。

季：关于这方面的问题，我的文章中谈了一些，还没谈够，以后有机会还想再谈谈。

（摘自《群言》1992年第8期，王邦维采写）

对祖国对人类贡献美

——谢晋谈电影创作和电影体制改革

在上海电影制片厂创作楼的“谢晋工作室”，主人为我泡上一杯浓浓的香茶。我们谈起了邓小平同志南方讲话的影响，谈起了浦东今后几年的发展变化。他认为，浦东经济发展后，对文化就会提出比较高的要求，浦东开发也会吸引众多的外国朋友来，他们的文化消费也不能总是酒吧或卡拉OK，所以要有一些文化层次较高的娱乐活动。他指出，经济发展步子加快了，文艺也要跟上去。他正打算将谢晋工作室搬到浦东去，不光搞电影，还拍电视剧，制作录像带和激光影盘，成为一个更开放、经济发展更快的实体。

百花要能“齐放”

最近一个时期，谢晋谈论最多的大概就是影视创作的百花齐放问题了。如何将经济上的某些改革行动运用到文艺改革中来，是他经常考虑的问题。陈荒煤先生曾说过，解剖谢晋就能解剖新中国电影。他1948年跟着黄佐临先生进了电影界，做助理导演，以后升副导演，到了1953年，而立之年成了我国第一批由副导演提升为导演的青年人，经历了新中国电影发展的甜酸苦辣。他导演的影片如《舞台姐妹》《红色娘子军》《天云山传奇》《牧马人》《高山下的花环》《芙蓉镇》等频频在国际国内获奖，是我国获奖最多的电影艺术家。40年来，他共执导了30多部影片，给新中国的电影事业留下了宝贵的财富。

但他并不就此满足。

他认为我们的电影在体制上和观念上都存在问题。有人认为电影制作应搞集团化，他坚决反对。他非常怀念五六十年代在天马电影制片厂工作的经历。1957年上影厂分成“天马”、“海燕”、“江南”三厂，厂的规模小了，人员少了，但成果出了很多，拍出了诸如《红色娘子军》《阿诗玛》等好影片，导演要拍片，厂长和党委书记就能说了算。“文革”中又合起来，进而又改为公司、总公司、电影局，拍片的关卡多了。他说，现在经济审查强调盖一个图章了，这方法能否也用在文艺上？分散和放松或许能对电影的发展有帮助。

影视作品是否应以正面宣传为主呢？这是他常年思索的问题。他认为，中国地大物博，人口众多，历史曲折，社会生活丰富。现实社会存在着文化层次的不同，思想观念的不同，社会地位的不同，从事领域的不同等，不能单纯强调教育作用而舍弃文艺的其他作用。他的影片充满着人性、人情、人道主义的精神，具有深刻的内涵和鲜明的个性。他说：“我拍影片更多的是追求美育作用、警世作用，希望对祖国，对人类贡献美！”他觉得，提倡影视创作以正面宣传为主是不合适的。他举了中国名著《红楼梦》《阿Q正传》《林家铺子》的例子，都不属于正面宣传。他拍的《芙蓉镇》刚问世就引起争论，争论这出戏起了什么作用，他说他拍这部片的目的就是要起一个警世作用，就是告诉人们，“文革”的悲剧不能在我国重新上演了。提起40年的从影之路，他感慨万千，很长一个时期，电影只强调教育人民的作用，闭口不谈它具有的警世、美育、娱乐等作用，造成电影创作形式和内容上的单一化，结果把观众的胃口都看倒了，也就没了真正的百花齐放。几十年来，文艺和政治的关系一直没有摆好，文艺总是和政治扯在一起。他告诉我，“文革”的序幕是批判吴晗的《海瑞罢官》，在上海是从批判他执导的《舞台姐妹》开始的，这不能不说是一个悲剧。近年来，一味强调可看性、娱乐性，结果80%的影片是娱乐片，转而强调主旋律影片，全国又一哄而起。他认为这些都影响了电影的繁荣。谢晋主张，各种类型的影片都应有平等的位置，不管是重大题材，还是意义深远的所谓小事，只要政治上不反对四项基本原则，艺术上具有先进性，能给观众艺术美感和思想启迪，就应给予适当的位置，这样才能真正使百花“齐放”。

应该拍什么样的电影

电影是拍给观众看的。可是近年来进入影院的观众却越来越少，有的影片甚至连拷贝都卖不出，只得放进电影资料馆。某市电影发行放映公司评选先进，把组织观众观看电影的数量多寡作为评选的主要标准。中国的电影事业面临着一个困难的局面。

有人将这种局面的形成归咎于电视的冲击和其他娱乐活动如卡拉OK的兴起。诚然，这些都是一些很重要的原因，但这些是问题的全部吗？谢晋不这么看。

谢晋这几年曾几次到美国访问或工作，所到的城市，电视频道少的有20多个，多的甚至达40多个，录像带随便买，各种娱乐都有，但纽约的电影院照样客满。日本等亚洲国家和地区电影院里放的电影70%是美国片，一些法语地区也是美国片领先。美国电影占领各国电影院已有80多年了。这是什么原因呢？谢晋认为，这是因为美国片好看，吸引人。他说，电影界的“美国现象”存在这么多年，但我国评论界从来不去注意这个问题。观众人数下降，有电视等新娱乐形式冲击的因素，但真正原因是观众想看的电影太少了。我们有些影片是用工会的钞票请客看的，这在世界上是没有的。我国电影界的领导和艺术家首先要解决的问题是：电影到底是拍给谁看的？是给领导看，是给电影界一些人看，还是给广大观众看？他表示，他正准备拍一些吸引观众，观众愿意掏钱看的电影，中国电影非走这条路不可。他认为，论条件，我国属于一流。中国有5000年的文明史，题材是最丰富的。一些如《大决战》之类的场面，只有美国能与我们比，其他哪个国家能拍？他现在考虑的是，如何乘邓小平同志南方讲话的东风，树立新的电影创作观念，扩大创作题材，多拍观众爱看的影片，并将东方文化通过电影的形式打入西方去。

争论和评价作品的标准

“文革”以后，谢晋拍的一些影片如《天云山传奇》《芙蓉镇》《最后的贵族》《清凉寺的钟声》等都曾引起争论，他是如何看待争论的？

谢晋认为，新中国成立40多年，文艺界“左”的思想一直没有彻底肃清。“文化大革命”就是从文艺界开始的。一些人把文艺的作用看得太重，好像国家的兴亡是靠文艺决定的。“文革”以后，谢晋的电影悲剧色彩比较浓厚，一些人认为写我们过去走过的弯路就是挖我们的伤疤，社会效益不好。谢晋认为，既然承认艺术是生活的反映，为什么就不能反映我们历史上的大悲剧呢？好在现在与“文革”前不同，争论可能是非常激烈的，有人甚至提出要批判，但电影照样上演，这是党的十一届三中全会带来的好处。他表示他欢迎争论，争论是正常的。

谢晋认为，最终决定一部电影好与坏的，一是历史，二是观众。这方面过去的教训很多。有的作品，一个领导说是毒草就遭批判了，但过了几十年，历史却证明它是鲜花。《天云山传奇》一出来，就有人说倾向有问题，同时谢晋收到近万封观众来信，当时正好在平反冤假错案，引起了轰动效应。时过十年，上海某影院还在放这部片子，卖座很不错。所以他认为，任何人想要左右作品都是很难的，除了以上两个决定因素，其他的任何意见都只能作为参考。这是一个艺术家在“文革”后的成熟表现。

拍出能留得下来的片子是谢晋的追求目标之一。前几年他曾在美国和法国举行过回顾展，他向主办单位提供了十几部片子。他觉得有些前期的影片，现在看来水平不一定高，但今天还能放，这就是经受了历史的考验。最近谢晋有部影片也引起争论，还不许评奖。他笑着说，我不在乎评奖，而在乎观众喜不喜欢。他曾在东京和威尼斯担任过电影奖评委，有些参评影片在放的时候，场内空空，而一个不参加评比的导演斯皮波克（音）的影片在会外放映时，观众如潮，人山人海，甚至连地上都坐满了人。得到全世界观众的承认，这是一个电影导演的最大安慰。谢晋本人也碰到不少令人感动的事例。一位台湾影业老板曾问谢晋，电影明星，观众都知道，这不奇怪，为什么大陆观众对他也这么熟悉呢？谢晋没回答，但一股暖流已从心中涌起。

雄心勃勃的谢晋

谢晋最近在想些什么？做些什么呢？

朱镕基副总理在上海工作时曾对他说："你能不能拍一些反映上海人生活的影片？"他很以为然，过去他拍的影片大多是反映外地题材的：他正和上海的七八位作家合作，准备搞一部反映上海解放40多年来变化的影片，名为《大上海屋檐下》，写一座洋房的主人新中国成立后跑了，住进了八户人家，在40多年里经历的风风雨雨。刘晓庆、潘虹、斯琴高娃等著名演员将再次与他合作。他认为，这40年世界上没有一个国家的变化有我国这么大，这样的题材观众一定会有兴趣。另外，和台湾制片人合作，拍摄海峡两岸动人题材的影片也在他的考虑之中。

今年是中日邦交正常化20周年，除了他的《清凉寺的钟声》将去日本公映外，他还在考虑拍反映和平时期中日友好的题材。鲁迅、郭沫若、弘一法师在日本的生活都可能成为他今后拍片选择的题材。

谢晋还是中国残疾人联合会的副主席，他有两个智残的儿子，最近他拍了一部反映弱智儿生活的影片《启明星》，演员基本都是弱智儿童，这在历史上是从来没有过的。此片在北京、天津试映时，获得很高的评价，很多观众都感动得掉眼泪。不久该片将要公映。

形象大于思想是谢晋多年来对于电影艺术追求的目标，他想通过人物形象折射出来的思想使观众为之思考、感动、震撼。他认为鲜明的性格反映了一定的思想和历史，甚至大于思想，大于历史。而中国影片有一个根深蒂固的弊病，就是直、露、浅、粗，往往是直射，直奔主题。他认为，改变这种状况，首先要有高质量的电影剧本为基础，这种剧本中的人物形象必须是能够引起中国及全人类的共鸣和震撼。而导演最大的功力是把角色灵魂深处的东西揭示出来，从平常司空见惯的事物中揭示出带有哲理性的问题，讲出普通人能意会但难以说出来的东西。这就要求演员来准确生动地体现，通过演员打开角色内心世界的窗户，用自己的形体去塑造另一个人。对演员严格要求，谢晋是出了名的，越是名演员他管得越严。为了拍好影片，他将主要演员过去拍过的所有影片都看过，拍片时演员一出现习惯动作，他就会叫暂停。他认为表演是一种科学，如果演员因为掉以轻心，不是科学地、刻意地追求而失败，那是不能原谅的。因此，他特别注重演员素质的培养和提高。香港文艺界人士建议他办演员训练班，用短、平、快的手法，使一些没有受过正规训练的演员接受科学训练，达到电影艺术对演员的要求。他准备明、后年就把这个班搞起来，全国招考，择优录取。

我深深地被他对电影艺术的执着追求精神所感动，总觉得没有写出他的全部精神。也许他的话能说明问题：“我深信一部影片必然倾注导演最大的激情，是艺术家人品、修养的结晶，也是一次生命的燃烧。”

（摘自《群言》1992年第8期，方荣采写）

人类学的新使命：从“生态”研究到“心态”研究

——访费孝通教授

平日在京专访费孝通教授，总是带着预定的题目，在有限的时间里进行。这种交谈固然也有意想不到的收获，但常有意犹未尽之感。近三年有幸随他前往外地考察，一路上听他在各级干部会上的即兴发言或是非正式场合下的谈话都有许多新鲜独到之处，耐人寻味。即便如此，随行者仍巴望着在返京的车厢里听他用平缓的语气侃侃叙述考察的心得体会，其中许多精辟的见解、深邃的思考，不一定都写进他的考察报告之中，但对了解这位老学者的思想脉络和精神世界以及学术研究的新方向是颇有价值的。

今年5月中旬，受《群言》杂志委托，采访费孝通教授。这项任务本想在随他去山东考察的途中完成的，中心是谈谈中国乡镇企业发展的新趋势。不料，费老只是说，题目等考察完了再定。我也只好耐心等待。

果然，经过17天的考察，7月12日清晨当我们一行乘上济南返回北京的火车，刚坐定不久，费老谈兴即涌。然而，这次他却没多谈考察中遇到的实际问题，而是说了一些富有哲理的话语。车厢外虽然不断传来隆隆之声，但这番谈话，却如空谷足音，令人耳目一新，豁然开朗。最后，他建议我给《群言》的专访，就从这次谈话入手。

回家后我就收到宁夏人民出版社为费孝通教授出版的38万字的著作

《行行重行行》的校样。这本书收集了费老改革开放十多年来所撰写的有关乡镇发展的论述，从《小城镇、大问题》到最近的《珠江模式的再认识》，大多数文章都发表在《瞭望》周刊上。我有幸作为责任编辑，曾随其文章“行行重行行”，并深深感到：作为社会学家，国际上恐怕没有一位像费孝通教授这样以本乡本土为社区研究的“实验室”，追踪调查半个多世纪；恐怕也很难有一位像他这样在70高龄之后重获良机，对中国的沿海和边区作如此大跨度的频繁考察。而中国农民在改革开放的十多年里的伟大创举，不仅丰富了费老的学术思想，使他的研究进入“黄金时代”，更重要的是中国乡镇发展气势恢宏、变化深刻的社会实践，使他的研究成果和富民强国的社会主张得到最具说服力的验证。他在自己有生之年终于看到了中国90%的农民摆脱了贫困，开始走上富裕之路。所以，当我把厚厚一摞样稿交给他时，不禁脱口而出说：“费老，您真是世界社会学界一位幸运的学者。”

他却淡淡地回答道：“我从30年代开始搞的那一套，主要是研究如何利用人与资源的关系，包括人怎样开发资源，怎样分配取得的财富，并没有能对人与人的关系作全面的研究。”

我说：“在这十多年里您所写的文章，涉及人与人关系的问题并不少。是不是作为中国的社会学家，首先应当考虑的还是解决农民的温饱和国家富强以至人类生存的问题？”

费老回答道：“当然，这是社会学工作者的不可推脱的社会责任，也是应该身体力行的社会主义。回顾这十几年来，我以一个村作为研究基点，并从‘点’发展到‘面’，即从小城镇研究，进而研究县一级的发展模式，并进行多种模式的比较研究。又在这个基础上开展了经济区域的考察，初步形成了‘全国一盘棋’的构想：这就是‘四海、五东、三洲、一区加一条龙’。四海即日本海、渤海、东海、南海；五东即辽东、胶东、浦东、闽东、粤东；三洲是黄河、长江和珠江三角洲；一区是包括青海、甘肃两省和宁夏、内蒙古自治区的黄河上游多民族开发区；一条龙是以上海为龙头，以江浙为两翼，以长江为脊梁，以南方丝绸之路（从成都经攀西、大理，到德宏出口）和西北欧亚大陆架（从兰州，西出阳关，经新疆出口）为龙尾的中华大龙。关于‘全国一盘棋’的构想，民盟中央提过建议，并为中共中央所重视。在所有这些建议中我们都考虑到东西部关系、民族关系、城乡关系、工农关系的协调发展问题。从某种意义看，也可认为是民盟中央在社会主义初级阶段对国家建设的献计献策。我想，只要按照邓小平南方讲话的精神走下去，包括台湾、香港在内的炎黄子孙都会参与振兴中华的宏伟事业的。”

“这么看来，21世纪中国大有希望！”我顺势接过话茬。

“中国大格局定下来了，我们就有可能和需要进行自己本行的学术研究了。”费老顺着自己的思路，谈辞如云，继续说着，并自问自答道：“现在我们的研究也应当考虑进入一个新的层次了。现在看来，小康之路已很清楚，那么小康之后的情况怎么样呢？我考虑小康之后的问题是除了人与自然的关系之外，似乎应当提到人与人之间怎样能相处得更好的问题了。所以我们的研究似乎应该从人与环境及资源的生态关系进到人和人的心态关系了。生态关系是指人和人的共存关系，心态关系是指人和人的共荣关系，人和人既要共存也要共荣。我是想说，人在温饱之后应当可以谈得到人生的荣辱了，可以说，做到人生的价值，也就是要做到如孔子所提倡的‘遂生乐业’。”

“在商品经济迅速发展的中国，在大多数农村逐步实现小康的今天，人人要做到‘遂生乐业’是很不容易的，这需要人们都有一个良好的心态。对吗？”

费老笑笑说：“这是我们留给下一代社会学家研究的课题。不过，我还是可以设想一下，希望一番。未来的中国人确实需要一个正常的心态，这就是人活得要充实而有意义，对自己生活的社会和时代要有益。这就需要未来的中国人起码具有相当的文化素养和较高的情趣。如果不是这样，不去注意人和人如何相处的问题，21世纪将是一个危险的世纪！”

谈言微中。费孝通教授所讲的未来是个危险的世纪，绝不仅仅是指中国。早在1990年，他在《缺席的对话》一文中就呼吁："我虽然已经年过80，对今后人类的关心看来并不是杞人忧天。人类学者是否有责任在建立文化容忍方面作一些贡献呢？"当时他认为，"由于文化的隔阂而引起的矛盾会威胁人们的共同生存"。并认为这次"缺席对话"其意义也许不只限于少数不同国籍的人类学者的共同兴趣，而可以联系到今后世界人类怎样进入21世纪的问题。所以我进而问道："近两年国际形势风云变幻、冲突倍增，是否也是您提出研究人与人如何共同相处的动因和背景？"

他作了肯定答复之后说，最近他在北京大学社会学十年纪念会上讲，海湾战争的直接后果已促使人们注意到环境污染的严重性，触及到人与地球的关系，最近还召开了世界环境会议，其实海湾战争背后有宗教、民族的冲突，东欧和前苏联也有宗教、民族冲突，南斯拉夫也有宗教、民族冲突，总之，目前的大混乱，大多是民族和宗教冲突突出。在他看来只注意生态问题是不够了，更应当关心的是人类相处的心态问题。要研究怎样使不同文化背景和不同历史发展阶段所形成的不同心态的人们、民族、国度能够和平共处，在这个地球上共同生存下去。

"您是不是认为世界已进入更大规模的战国时代？您这次去山东考察沂蒙山区，说是顺路到曲阜参观孔庙、孔林、孔府，去临沂地区的费县寻根访祖，其实真正用意是否想从中国传统文化中找出其合理的内核，赋予现代形态，以研究人的心态，在人类学上做个破题的工作？就像当您从江村'人多地少，农工相辅'的传统中看到这种经营方式中的合理性，从而一生倡导兴办农村工业。不知这个浅近的看法符不符合您山东之行的初衷？您最近几次讲话都提出中国乃至世界应当应运而产生一个甚至几个孔子。请问您为什么在这个时刻如此看重孔子呢？"我大胆地说出自己揣度后提出了这样的问题。

费老回答，他到了孔庙更加认识到中国文化中对人的研究有很久远的历史。孔子讲"仁"就是处理人与人之间的关系，讲人与人之间如何相处。也就是说，中国人讲人与人相处已经讲了3000多年了。现在的问题是，如何从正面来研究人的心态，并应自觉上升到科学化的高度。人类学、社会学和其他社会科学里似乎应该有人出来研究人类和平共处的问题，用科学的态度去总结人类创造的宝贵经验。

于是，我问："您以为新的孔子是什么样的人呢？中国能否再贡献一个新孔子呢？"

费老答到，这个新孔子不仅要懂得人与人的关系，还必须懂得不同民族、不同宗教和不同文化的人；懂得民族与民族之间、宗教与宗教之间、国度与国度之间关系的人。他的思想必须是科学的，符合实际的，最终能为全人类共同生存下去找出一些行之有效的办法来。当然，这个孔子不会自发产生，需要培养，需要创造一种环境和一种氛围。我们应当学会培养孔子。中国这块土地养育了50个世纪文明的人，孔子家族到现在已经76代了，这说明中国文化确有很强的持续性。欧洲历史上曾出过黑格尔、马克思等伟大的思想家，我们也贡献了孔子这样的历史人物。今天人类在不断地发展，尤其是人类共同思想的发展不可能缺少中国的一份贡献。希望经过努力，在新一代中出现几个懂得当孔子的人。

"当代人只能做当代所要做的事情和能够做到的事情。眼下，我们这代人在这方面能做些什么呢？"我追问道。

沉吟片刻后，费老说："前几年在日本为祝贺我80诞辰而召开的'东亚社会研究'讨论会上我作了一个发言。我追述了自己从事人类学实地调查的经历，从中亲身体会到各个民族都有自己的价值标准，各有一套自己认为是美的东西。这些东西在别的民族看来不一定完美，甚至会觉得丑恶，不堪入目。民族接触初期还常常发生强迫别的民族改变他们原有的价值标准来迁就自己的这种蠢事。因此，我说民族之间不仅应该'各美其美'，而且还要能尊重对方的价值标准能容忍'各美其美'。只有在民族之间平等地往来频繁之后，人们才开始对别的民族觉得美的东西也觉得美了，这就是'美人之美'。当然，这是高一级的境界，也就是超脱了自己生活方式之后才能升华的境界。如果人类学的训练确实可以引导人们‘美人之美’的话，那将会大有益于带着不同传统的许许多多民族在这个小小的寰宇上和平共处。如果‘美人之美’的境界再升华一步不就是‘美美与共’吗？”

费老还说：“人们不仅能容忍不同价值标准的存在，进而能赞赏不同的价值标准。那么不同标准的融合的结果，不就离建立共同的价值不远了吗？不就是达到了中国古人所理想的‘天下大同’么？你看得出来，‘各美其美，美人之美，美美与共，天下大同’这16个字并没有超脱我务实的传统，还是念念不忘人类学本身的功能。今天我能做的也只是从‘由之’到‘知之’的事情。”

“这么看来，您在80高龄之后还深入到各地调查，在一定意义上说是为实现这16字的理想奔波吧？”

费老答：“我一向提倡理论联系实际，并且一生在做实地调查，在条件允许的情况下，我总是想通过深入实际，紧紧抓住现实生活中发生的新变化、新问题，追根究底，最后总会形成新的观点和新的思路。比如，这次山东之行，我们在沂蒙山区宁家沟子了解到当地农民填土造地、改山种树的情况，尤其是他们在板栗树干上嫁接优良品种获得丰收，收入年年增加，走出了一条摆脱贫困的路子。这使我想到了近两年沿海地区的乡镇企业与外资‘嫁接’，引进先进技术和现代管理，从而迅速进入了上水平、上规模、上质量的新阶段。中国的农民了不起，如果在发扬他们吃苦耐劳、坚忍不拔、淳朴诚实、忍让互助的传统精神的基础上，‘嫁接’社会主义市场经济的意识和国外先进的经营管理和现代科学技术，就会如虎添翼，尽快地富裕起来，共同实现小康。实际上，他们在‘各美其美’的过程中已经承认和包容了他人之美了。所以，一路上我都在推销‘嫁接’这个观点。这次从临沂到日照，再从潍坊到济南，一路上还了解到几个县市都极想建立自己的港口，有的地方为争港口所属权，还发生了点矛盾，甚至伤了点感情。为了加快经济发展步伐，搞好对外开放，建设港口势在必行，沿海县市干部的积极性是可贵的，也是可以理解的。但是，有一点他们可能没考虑清楚，港口的建立与腹地的发展是分不开的。口腹、口腹，说的就是两者的密切关系。腹地经济发展不起来，或者发展较慢，港口无货可吞、无货可吐就很难成为商埠带动腹地的起飞。所以，我一路还讲了沿海城市要发挥辐射作用，带动和帮助腹地，港口建立才有意义。其实，我也是在提倡在‘自美其美’时，还应有‘美人之美’的风格。我送了一首小诗给日照市委书记，‘日照太阳城，老区精神振。沂蒙宝藏多，唇齿实依存’说的就是这层意思。”

临别时，费孝通教授说了这样一段话：尽管研究“心态”问题是下一代人的事情，尽管新的孔子可能出现在下一代人之中，但是，如果我们这一代已经意识到研究人与人如何相处、国与国如何相处的问题有多么重要，那么，我们在继续进行人类学社会学的研究时，就多了新的方向。做起事情来就会更加自觉，更加有益！

（摘自《群言》1992年第9期，张智楚采写）

跨世纪老人的心愿

——陈翰笙教授谈教育

十余年来，木樨地这座高层住宅楼我不知来过多少次，每次心情都是那么急迫，急切地想见到那位可敬、可亲，具有传奇色彩的老人。他年已九十有六，却依然那么健康、爽朗、诙谐。他就是我国著名经济学家、外国史专家、革命老前辈陈翰笙教授。

《群言》杂志约我写一篇访谈录，我专程造访，说明来意。翰老想了一下，认真地说："让我谈，我还是谈教育！因为教育是一切的基础，没有教育就没有经济的发展、政治的进步、文化的繁荣！"接着，翰老如数家珍般地滔滔不绝地谈起了发展教育的重要性，紧迫性和切实可行的改革教育的做法。

翰老说："从我切身的经历，深感教育的重要性。我自小受到良好的母教和中小学教育，它对我的一生影响很大。我的母亲虽然目不识丁，却个性刚强，乐于助人，好打抱不平，对做人的道理十分明白。她常说：'宁吃开眉的粥，也不吃愁眉的饭'，'人是穷的，心是铜的'。意思是说，我们虽然穷，但骨头硬。又讲'不要见了大佛得得拜，见了小佛踢一脚。'教育我做人要正派，不要长双势利眼。还用格言教导我要以诚待人，又要敢于坚持真理：'做人总不要做到诸人远避'，'有理堂前打太公'。母亲的谆谆教导，我至今犹记在心。"

"我的开蒙是在无锡东林小学，校长顾卓如、修身教员黄淡如都给我留下了深刻的印象。他们给小学生讲岳飞、文天祥、史可法等英雄的故事，教育学生要牢记自己是炎黄子孙，要热爱养育我们的华夏大地。他们还教育学生养成良好的生活习惯，走路不可东张西望，不要进茶馆，以免染上恶习或遇上坏人……这些与智力启蒙一道进行的修身教育，对学生长大成为什么样的人起了很大的作用。我的中学是在湖南长沙明德中学上的，在这里我遇到了终生难忘的恩师傅熊湘先生。他是中国同盟会会员，南社诗人。他上历史课观点鲜明、活灵活现。他给学生们讲述鸦片战争中林则徐虎门销烟、三元里抗英斗争的故事，唤起学生们强烈的爱国主义思想。明德中学还聚集了一批有资产阶级革命思想的老师，如黄兴、苏玄瑛、柳亚子等，他们通过教课，深入浅出地宣传资产阶级革命思想，这可算是我的民主意识的启蒙吧。后来，为探索兴邦报国之路，我去美国留学了。可以说，我成为一个堂堂正正的中国人，为国家做了一些有益的工作，是得益于我的良好的母教和中小学教育。”

“小到一个人成长，大到一个国家的兴亡都可以体现出教育的重要性。教育是立国之本，这话一点都不错，战后日本经济的振兴，就是最好的证明。”陈翰老又就第二次世界大战后日本经济的振兴和发展侃侃而谈。“二战”后，战败的日本陷入空前的困境。城市到处是断壁残垣、灰土瓦砾；200多万青壮年战死，1800万人无家可归；全国通货膨胀，日用品奇缺；日本经济倒退25年，到达了崩溃的边缘。然而，20多年后，日本奇迹般地发展起来了，据1971年统计，日本在国民生产总值、出口贸易、黄金储备和主要工业产品方面都仅次于美国而占据资本主义世界第二位，成为实力雄厚的经济大国。当然，日本战后经济高速发展的原因很多，但不可忽视的是教育在日本现代化中发挥了主要作用。战后，面对一片废墟，日本有识之士明智地认识到：“要使日本复兴，除教育之外，别无他途！”相信“只有教育才是重建日本的原动力”。发展教育、培养人才成了举国上下一致关注的大事情。教育经费也随着经济的发展不断增加，比如1960年—1970年，国民生产总值增加3.5倍，国民收入增加3.4倍，而教育经费则增加了3.7倍，占整个国民财政总支出的25%！日本前首相吉田茂说过："日本人平均起来，恐怕是世界上受过高等教育最多的民族，这一点非常有助于推行技术革新。"70年代末，《东京新闻》也曾在一篇述评中说："资源小国的我国，经历了诸多考验，得以在短期内建成今日之日本，其原因在于国民教育水平和教育普及的高度。"据统计，1985年日本上大学的人数占适龄者的50%！

"据我所知，一些发达的资本主义国家都是比较重视教育的。"陈翰老又举例说，比如丹麦对国民教育就非常重视，每年拨出年度预算的23%作为教育经费。从小学到大学除免交学费外，学生还有补贴。因而，目前丹麦是欧洲各国人力素质最高、技术人员最齐全的国家。又如法国非常重视中学的教育，一个人大学毕业后，还要通过国家考试，才能被聘用为中等学校的教师。80年代法国政府有忽视师范教育的苗头出现，就立即引起群众上街游行，以示抗议。可见，一些经济比较发达的资本主义国家无一不重视教育，也正是由于重视教育，培养了大批科技人才，这些国家的经济才发展起来。

"同这些国家比起来，我国的教育是很落后的了，尤其是这些年，在商品经济的冲击下，一些人只知赚钱，大量学生流失，去做生意，这样下去怎么得了啊？"我不禁感叹。陈翰老说："是啊，我国的教育是很落后哩，就说教育经费吧，1990年我国人均教育经费只有52元，名列世界倒数第几位，而一些发达国家教育经费已达人均上千美元了！"翰老接茬就讲起了我国的教育现状：我国建国后应该说教育事业有了很大的发展，"文革"前的17年，我们自己培养出一大批德才兼备的知识分子，农村文盲率也大大降低了。"文革"十年，教育事业受到很大冲击，"读书无用论"猖獗一时。中共十一届三中全会以后，各项工作拨乱反正，教育也得到进一步的发展。可是，近几年有些人只顾眼前利益，忽视了教育事业，"读书无用"和"读书吃亏"论再度抬头，许多年轻人都不读书了。据统计，1989年我国文盲率还占人口的20.6%！另外，我国还有许多贫困地区，那里的人无力负担上学儿童每年几十元的经费。许多渴望上学读书的孩子上不了学，全国因家庭贫困而失学的儿童达110万。看到这种情况，我不禁伤心落泪。去年共青团中央发起“希望工程”活动，动员海内外炎黄子孙慷慨解囊，救助失学儿童，兴办希望小学。听说，现在已用救助款项使4万多名失学儿童重新上学。靠社会集资办学，也不失为一条良策。

记得联合国《教科文组织法》上说：“社会靠教育才能改变，社会靠教育才能实现新的项目，靠教育才能发展未来！”这话一点都不错，对我们中国来说，更是如此。翰老以一位老经济学家的敏感预测到，今后世界的经济竞争将越来越激烈，对就业者的素质要求也越来越高，可以说，将来市场之争也是人才之争，因而中国要想持久地发展，有后劲，就应该牢牢抓住教育这个关键，开发我国得天独厚的人脑资源，这是世界上任何国家都无法比拟的。

要抓教育，翰老认为有这样几件事应该去做：第一，是造成一种全社会尊重知识、尊重人才的氛围，稳住国内人才，召回海外学子。这几年，教育系统人员流失严重，许多青年教师出国留学、定居，不少人从教育岗位流向财大气粗的外资、三资企业，流向经济开发区。没有一支足够数量、合格而稳定的师资队伍，要发展教育几乎是不可能的。所以必须对教育系统采取优惠政策，稳定人心，同时以安排合理、来去自由等政策，招揽海外游子回国。翰老认为绝大多数知识分子是愿意回来报效祖国的。记得新中国刚成立时，许多学者克服重重阻力，甚至舍弃海外的家产和优越的工作、生活条件而回到人民当家做主的新中国，他和老伴就是应周恩来总理之召回来的。

第二，教育要靠全民办，八仙过海，各显其能。新中国成立后，在教育方面做了不少工作，但是由于我国人口太多，还是僧多粥少，所以国家应该提倡私人办学，集体办学。前些日子上海就办起第一所私立大学，这是个很好的开端。同时，还应该兴办半工半读学校。翰老初到美国留学时，就在赫门工读学校学习。这是一所勤工俭学的半工半读学校，每天除去几小时学习外，就去做工作。在这里，他学会了养鸡、种菜、洗熨衣服、修理桌椅等。

第三，除正规的学校教育外，还应倡导职业教育。要搞现代化，不但需要大批科技人员，还需要有一定专业素质的高水平工人，这就要求多办职业学校，并对广大在职人员进行职业培训。日本人就很重视职业教育，在1970年修订的高中教学大纲中就规定设置被服、食物、保管、家政管理、园艺、农业概论等课目，还兴办水利高中、家政高中、农业高中、工业高中、商业高中等专业技术学校，培养技术工人。在各大企业中，也都注意培训工人，相继搞起设备先进、师资齐全、教材成套的培训中心，如新日铁公司八幡钢铁厂，就设立了面积为1.2万平方米的培训中心，可以同时培训2000人。正是这些职业教育，培训了大量的熟练技术工人，在日本现代化中发挥了主要作用。

中国从1902年就办起第一个职业教育学校。新中国成立后，均适应大规模经济建设的需要，从1953年起，上海开办了技工学校，培训出的学生技术好，受到各工厂的欢迎。随后各地都兴办职业教育，上海兴办的技工学校最多时达350所。这几年，为适应经济发展的需求，又开始大力兴办职业学校，据说上海到1982年就有职业学校452所。北京当前第三产业发展很快，商业、服务业急需合格的人才，外资企业、三资企业又急需涉外、公关专业的人才，所以北京的各种职业培训班如雨后春笋遍地冒了出来。

翰老说，最近，中共十四大报告重申要加速科技进步，大力发展教育，充分发挥知识分子的作用，必须把教育摆在优先发展的战略地位，努力提高全民族的思想道德和科学文化水平。这是非常英明的决策。深化科技改革和教育改革迫在眉睫，因为要建立社会主义的市场经济体制，需要大量有真才实学的人才，不改革教育，不培养人才就没有出路！只要全党全国人民都关心教育事业、兴办教育事业，我们国家的腾飞将指日可待！

“翰老，祝愿您跨越三个世纪，迎接祖国更美好的明天！”我真诚地说。翰老说："我已经96岁了，但我觉得还有劲头，还想做事情。七八十年代在我这里学过英文的人，现在都成了有用的人，我的学生遍及欧美20多个国家，他们都有信来。"我知道，从70年代初直到今天，翰老坚持免费教授年轻人学习英语，前后达300多人，这是何等执着的追求啊！当我起身告别时，老人大声嘱咐说："我还可以教学，如果有人要学英文，你一定给我推荐来啊！"

（摘自《群言》1993年第1期，任雪芳采写）

叶君健谈翻译与创作

北海的清幽、地安门的喧嚣、钟鼓楼的朴讷，汇入近在咫尺的叶君健先生的小院，却都化作庭院中娇艳的月季，书房中典雅的陈设；化作26个字母组成的小溪，顺着他的手指，从打字机中叮咚流出；化作方块字筑成的大厦，静静地在他手下增高。

今年的夏和秋，小院却格外宁静，一箭之遥的北大医院白色病房中，叶君健整整躺了半年。霜降后的一天，病房中忽如一夜春风开满了鲜花。从清晨到傍晚，络绎不绝的人们向皓首相依的叶君健、苑茵夫妇敬献上真诚的祝福。人们不光为祝贺叶君健与险疾的搏斗初战告捷，更因为这一天是他们携手人生50年的庆典——金婚。

在花香未退的病房里，我采访了叶老，他依在病床上，如平日一样淡泊安详，棱角分明的脸上一双笑眯眯的眼睛，仿佛总是在讲着一个没有结尾的童话。

安徒生是属于世界的

王：今年7月，您翻译和评注的《新注全本安徒生童话》正式出版，这是迄今为止世界上最完整的安徒生童话译注本，您把全部安徒生童话变成了方块字，影响了几代人。

叶：我们国家也有很多在民间口头流传的儿童故事，但真正记载和流传下来的，除《西游记》外并不多。我们需要从世界儿童文学汲取营养。

儿童文学的真正作用在于培养一个人的品格和情操，它可以影响一个人的终生。安徒生童话无论从内容、意境和技巧上讲，都容易被人接受、吸收，也可以作为我国儿童文学作家创作的借鉴。

我最初读到安徒生童话是通过英文，他已经很使我着述了。后来当我直接从丹麦文读到他的童话时，我发现他的原文所表达的意境和诗情与英文和其他文字的翻译有很大的距离。40年代，我在英国剑桥做文学研究工作，经常应邀到一些丹麦友人家中小住，丹麦的风物人情和丹麦人的幽默感，使我对安徒生童话有了更深的理解，在我看来，这些童话都是诗，在诗的意境触动之下，我也禁不住要译几篇，但我也是把它们当做诗来译的，从词汇的选择到意境的传达，我都力求在译文中达到诗的效果，如果说我的翻译与世界其他文学的翻译有什么不同的话，就在这一点上。

王：安徒生是丹麦人民的骄傲。

叶：但他同时也是属于世界的。他的作品具有永恒的生命力，因而能超越时空的界限。这些作品不仅对于儿童，即使是对于成年人，也具有同样的吸引力。因为在他那些充满趣味性的故事中，蕴含着深邃的人生哲理。教育人民，正是童话所担负的使命。

安徒生曾在他的童话散文诗《新世纪的女神》中热情洋溢地做了一个预言：“中国的万里长城不久就要崩颓，欧洲的火车将要伸向亚洲闭关自守的文化中去，这两种文化将要汇合起来。”今天，如果安徒生再生，他会发现，从某种意义上讲，他的预言实现了，但有一点不同，不仅欧洲的火车伸到亚洲，中国的火车也从连云港伸向欧洲的鹿特丹，这就是交流，也是文化的汇合。

王：我记得您曾呼吁“所有的作家每年都腾出一点时间为儿童写作品”，您认为这样做的意义很大吗？

叶：对，儿童文学是文学的一个品种。一个国家的文学，不管有怎样的成就，如果缺乏优秀的儿童文学作品，总会使人感到美中不足和有缺陷。儿童文学的繁荣，必须有写成年人文学作品的作家积极参加。

学习外语与文学创作

王：叶老，除了翻译之外，您还用世界语、英文和中文创作过不少影响深远的作品，您能介绍一下您学习外语的经验吗？

叶：学习外语，以至后来教授外文和用外文写作及翻译，这是我小时连做梦也不曾想到的事。我出生在乡下，启蒙识字也是在乡下的私塾里开始的。我14岁离开农村后，在上海，从字母发音开始学英语，我逐渐发现，这种语言虽然不及我们的文字那样形象化，但它的词汇也能引起同样丰富的联想，至于它的行文节奏，轻重分明，似乎比我们以单音节为基础的语调更多样化，更有音乐感。学习越深入，我对于它的兴趣也就越浓厚。在进入了一定的境界后，我又开始接触另一种欧洲文字——世界语。这是一种以拉丁语系和日耳曼语系的文字为基础的语言，它采用了两种语系的语法和造字的特点，而剔除了其中繁琐和不合理的成分，因而显得特别简练、灵活、富有弹性和表现力。

如果说有什么英国作家在文学风格上对我产生了什么影响的话，那就是康拉德。正因为他的文字那么深深地吸引了我，我才跃跃欲试地想用英文创作。但在我后来的作品中，丝毫也没有康拉德的味道。我想，别人优美的文字风格，对自己只能产生启发作用，要想一味模仿，那是无意义的，也是徒劳的。

王：除了这两种外语，您还学了法文、德文、意大利文、西班牙文、葡萄牙文、瑞典文、丹麦文和挪威文，一个人学会这么多种语言，简直难以使人相信。

叶：学习这几种语言，我只是为了阅读，为了研究欧洲文学。有了两种西方语言的基础后，再以快速的方式学其他西方语言并不太困难，因为它们无论在语法还是在词汇上，都有许多相类似的地方。文学中有所谓比较文学，我想语言也同样有比较语言，这种“比较”当然只是指语法规律和词汇的共同点及差异。这种“比较”本身不仅是一门学问，也可以说是一门艺术。这里有一个从理性转化到感性，从逻辑转化到感情的过程，也就是用较快速的时间学好一种外语的过程。

一些青年人对我说，他们学了好几年外语仍不得其门而入。我想这绝大部分原因是由于没有掌握所学的语言的规律。我始终怀疑流行一时的“英语九百句”或用“范句”学习英语的方法对成年人能否取得成果。成年人如果像小孩学母语那样以自发的、知其然而不知其所以然的方式学习外语，只能是事倍功半，因为他们已不可能像孩子那样天然地、不知不觉地对一种外语学会讲和听，更不要说写了。只有通过理智去学，去掌握语言的规律，才能缩短学习的过程。

新中国成立前我曾在大学教过几年英语和外国文学，那时从高中上来的学生虽都学过几年外语，但很少有人能写出无语法错误的通顺的短文、甚至句子。我用以补救的办法是帮助他们彻底弄清语法规律，因为他们已有了一定的词汇量和一些孤立的“范句”。只需系统、全面地理一理语法，他们就会豁然开朗，融会贯通。

我的这种说法只是根据我个人学习和教授英语的经验，也许太褊狭、太主观，也有一定的局限性，仅供参考而已。

王：听说您既是美国笔会会员，又是英国笔会会员，同时还是国际世界语作家协会会员，这使我很吃惊。因为据我所知，他们所收会员的条件是极严格的。

叶：世界作家的最大组织国际笔会在它的宪章中明确标明“文学作品是全人类的财富”，因而对于它在世界许多国家的分会，不是按国家分类，而是按照作家所用以写作的文学分类。我用英语写作的作品不多，但因为不是消遣性的畅销品，因此得到了世界文学界的承认，经有关笔会会员提名和笔会理事会的通过而被吸收进去的。他们也有极少数的“荣誉会员”，那是不用英语创作，但具有一定的世界声望．而且在本国受到不公正待遇的作家，这是一种同行道义支援的姿态。

王：您的作品被认为是“英国文学史上的一个章节”，这种现象是极少见的。

叶：这并不说明我有多高明，我的作品被严肃的评论家承认与英国文学史有关，首先是得到英、美文学界的承认——我的第一部用英语写的长篇《山村》，1947年7月在伦敦出版，就被英国书会选为英国该月出版的“最佳作品”，也就是英文文学的一个组成部分。这也说明了世界知识界对文学作品这项精神产物的性质的基本看法。不仅西方知识界如此，东欧一些国家如此，由此引申，被世界公认的优秀文学作品，译成另一个民族的文字后，如果译笔好，艺术价值高，也可以成为该民族文学的一个组成部分。如傅雷译的巴尔扎克的作品，也应该说是属于“中国文学”的范畴，因为翻译本身也是一种艺术创作。美术也是如此，过去中国有些画家在巴黎创作，被法国艺术评论界承认后，也被划为“巴黎学派”，翻翻法国出版的近代画辞典就可以知道。

语言风格与创新

王：您的作品被认为是极精巧地运用了中国古典小说的写作技巧，同时也深受旧俄和法国19世纪现实主义作家的影响，您自己怎么看呢？

叶：我很欣赏法国作家福楼拜着重细节的精确描写，也很推崇中国传统文学的表现形式。如七世纪唐人小说中对感情描写的含蓄克制及准确，尤其喜爱吴敬梓的《儒林外史》，这些作品对我的创作或多或少都有一定的影响。但继承、学习、借鉴只是一个方面，关键是如何融会创新。

王：我看过您用英文创作、后来翻译成中文的小说《山村》，也看过您直接用中文写的《土地三部曲》，作品中的主要人物都是偏远乡村的农民，但读过后却明显感觉到其中的语言不是我们惯常看到的“农民”语言，颇有些文绉绉的、书面语言的味道，这在我国农村题材的小说中是少见的，您能谈谈对这种写作风格的想法吗？

叶：我写过一点文学作品也搞过文学翻译。我昕用的语言，无形中受了外来语言的影响，已经不是纯习惯式的中文。这与我学的一些欧洲语言有关，也和我学习这些语言的方法有关，更和我长期使用这些外语、特别是用世界语和英文翻译写作有关。习惯成自然，这无形中在我身上形成一种后天的本能，在我写中文时，这种本能就发生作用，在我的中文文体中得到明显的反映。这种文体虽然不是欧化，但文字结构却受到了欧洲文字的语法规律的影响。所以我写的中文基本上都可以按照中文规范的语法分析，但其流畅性及群众性自然远远不及赵树理那样的作家所写的纯粹乡土中文。这种写法已经成了定局，无法改变，我也不为此感到惋惜。反而觉得这样写更自然，行文也更通畅。我想，从实际出发，这样做未尝不可。中国是个有11亿人口的大国，幅员广阔，各地农民和工人都有自己的乡土语和俗语，如果用一个地区的土话来写，其他地区的人可能看不懂。另外就创作本身而言，表现地方特色和人物性格也不一定就非通过某个地区习惯语或方言不可。

王：那么您怎样看待语言文字的创新问题呢？

叶：语言，也像其他学科一样，是在不断发展的。语言虽然是一个民族生活中的自然产物，但如果老在常套里兜圈子而不注入新的血液，有意识的推动它发展，其结果势必要变得平庸，甚至退化。

语言风格是文学创作的一个重要组成部分。每个作家和诗人都应该是语言大师，而且应该不断创新，以促进文学和语言的发展。但这种创新决不可离开本民族的文化特点。从历史上看，一个民族语言发展的推动力，主要是来自文学创作和评论，特别是诗。如意大利的语言就是由但丁奠下基础的。然而，创新绝不是玄而又玄的臆造，臆造式的“创新”，只能是昙花一现，真正的创新应是从本民族传统的语的“创新”。我们欣赏他们的作品，并不是由于它们的故事情节，而是由于他们的文学风格。由于时代的发展，旧的创作模式、技巧等已经不能反映时代精神和作家的感受，创新不但是必要的，而且符合事物发展的规律。

王：叶老，在您病中还这样打扰您，真是不好意思，还有很多问题想请教您，实在是于心不忍了，我代表《群言》编辑部和全体读者谢谢您，希望您多保重，早日康复。

这篇挂一漏万的访谈录发表时，正是早春二月天，那时，叶老一定会回到他的小院，我们再去看望他，为这位文学老人80岁华诞庆典，献上一束芬芳的玫瑰。

（摘自《群言》1993年第2期，王佳采写）

说不尽的莎士比亚

——孙大雨教授谈莎剧翻译

记得还是在1987年“中国莎士比亚戏剧节”期间，父亲应邀参加了民盟上海市委举办的莎士比亚座谈会，自此以后，年事已高的他基本上已不参与盟内或其他方面的社会活动；但是民盟组织仍经常关心着他：不断寄盟讯和有关资料来，逢时过节还派人上门探望……今年春节前，民盟上海市委负责同志又登门造访以示关怀。父亲算得上是民盟的老盟员了，1946年10月他在上海加入民盟，介绍人为罗隆基先生。父亲不止一次和我们谈起过，李公朴、闻一多先生的被暗杀，激起了他满腔的义愤，这是促使他入盟的重要原因，而入盟前有一次与董必武同志的一席谈，给予他很大的启发，也在极大程度上推动了他入盟的决心。入盟以后，父亲积极投入反内战、反独裁的民主斗争和迎接解放的活动中去。记得当时父亲曾用二两黄金的昂贵代价买了一架有短波的美国收音机以收听延安的广播，那时在他任教的上海市立师专的宿舍里，每晚家中都有进步教授和学生前来收听来自延安的声音，历史学家程应镠先生在一篇回忆录中写道：“淮海战役之后，我几乎每夜都在孙大雨家里收听解放区的广播，我们估计全中国的解放已经不远了……”可惜这架具有历史意义的收音机也逃脱不掉“文革”的劫难，现在已不知去向。从《纪念上海民盟四十周年》（1986年9月版）一书中，在许多老盟员的回忆录中，我们知道了不少有关父亲积极参与民主活动的史实，那时的父亲是如此的英姿勃发，而如今的父亲则已垂垂老矣，这不禁使我们感慨万千！以往的这些史实，由于健康方面的原因，现在父亲已难能记忆，只是有关他一生为之操劳的心爱专业——莎士比亚戏剧翻译，若与之交谈则仍可滔滔不绝，下面就是近日来与他涉及这方面的谈话纪要。

问：人们尝谓莎士比亚的作品是文学的顶峰，您意下如何？

答：我不赞成“顶峰”论。但威廉·莎士比亚的确是一位空前而且也可说是绝后的伟大戏剧诗人。虽然莎翁较早也写有两首长诗和一部150首的《商乃诗集》等，但他绝大部分的作品却是戏剧诗，或称诗剧。他一生共写了37部诗剧，把剧中800多个人物表现性格的言谈、行动、冲动、和谐、悲欢、生死等情节谱写成鸿篇巨制的大诗章，他所描写的人物都栩栩如生，这在文艺领域中堪称奇迹！

问：您说莎剧是诗剧，它与我们寻常接触的话剧有何不同？

答：有关莎剧的性质——是戏剧还是诗、是话剧还是诗剧，看来在好多人心目中颇有点模糊，似应澄清一下。在《辞海》的“戏剧”一词的解释里说，“在西方，戏剧(drama)即指话剧。”这就一笔抹杀了古希腊、罗马的戏剧诗人们，以及英国的莎士比亚和马洛，法国的高乃伊和拉辛的戏剧诗或诗剧的存在。无怪几年前《艺术世界》双月刊上有人误以为莎剧是用散文诗写的剧本。

莎剧原作，特别是中、晚期的作品，约90%的文字是用素体韵文(blank verse)所写。所谓素体韵文（梁实秋先生称“无韵诗”），是指不押脚韵而有轻重音格律的五音步诗行。换言之，莎剧基本上是用轻重格五音步写的，每行都有规范严整的五个音步。从这个意义上说，我们绝不可将莎剧误解为散文的话剧。

我们知道，莎剧在英、美国家舞台上、银幕上演出，是用比散文话剧稍慢的速度从容朗诵出来的，有声调节奏谐和之美，并不若读散文一般，因为有格律、有规律节奏的朗诵，跟念散文有微妙而显著的区别。所以，我们不能仅仅满足于将莎剧搬演成话剧。我热切希望能提高一步，将莎剧以与其本来面目酷似的风貌、声调在我国舞台上演出，如同在英语民族的国家舞台上郑重地、内行地演出差不多。要做到这一点，首先必须要有符合原作风貌的精良的译本；同样地，我们也不能仅仅满足于只有未能传送原作神韵风貌的散文译本。

问：这里谈到了莎剧的翻译，您认为翻译莎剧应具备哪些条件？

答：文学作品，特别是诗歌和莎剧的翻译，要求移植者对于原文和所译文字的造诣都异常高，译者不仅要能深入理解和摄取原作的形象和奥蕴，而且要善于挥洒自如地表达出来，导旨而传神，务使他能在他那按着原作的再一次创作的成果里充分体现原作的精神和风貌。所以，要恰当地翻译世界文化瑰宝的莎剧，乃是难上加难之事。如果以为单靠一本英汉辞书就能翻译莎剧，那是不知高低深浅。

梁实秋先生曾说："翻译《莎士比亚全集》须有三个条件：（一）其人无才气，有才气即从事创作，不屑为此。（二）其人无学问，有学问即走上研究考证之路，亦不屑为此。（三）其人必寿长，否则不得竣其全功……"对于已译完并出版了莎翁全集的梁先生来说，他的这一段话，不消说是意在言外。我则直截认为翻译莎剧必须具备两个条件：一是要精通英、汉两种文字；二是要通晓英、汉两种诗歌。两者缺一不可。

问：现在海峡两岸各出了一部《莎士比亚全集》，大陆出了以朱生豪为首翻译的全集，台湾出了梁实秋翻译的全集，您有何评价？

答：这两部全集都是散文译笔，毕竟与原作风貌不尽符合。朱生豪在抗战的艰难岁月中，贫病交迫，译出了31部莎剧，为他喜爱而崇敬的工作付出了年轻的生命：33岁即英年早逝，我们应当无比地敬佩。梁实秋先生付出数十年辛劳，译毕了全集，也应受到广泛、深厚的钦佩。但这并不等于说我们已可放弃对于莎剧翻译的理想追求和愿望。我们应该有更符合原作风貌神韵、用格律韵文翻译的莎翁全集。

问：您是怎样从事翻译莎剧的？

答：说来话长。上面我已经说过，莎剧是戏剧诗或称诗剧，得体的翻译应该是诗译，而不是散文译。我在很年轻的时候即对诗歌发生兴趣，早在1920年5月15日的《少年中国》（第1卷11期）上已发表了我的新诗《海船》，当时我还是一名中学生，只有15岁。1923年—1925年我在北京清华学校求学期间，曾编辑《清华周刊》的文艺副刊，并与同窗好友成为新诗坛的所谓“清华四子”（子源——朱湘、子离——饶孟侃、子惠——杨世恩、子潜——孙大雨）。1925年从清华毕业后，按当时的规定，在去美国留学前可留在国内游历一年；那年夏天，我在浙江海上普陀山佛寺圆通庵客舍中开始有意识地寻找一种新诗的格律规范，因为我不满足于自由体新诗，我认为新诗也应该而且可以有韵律；结果找到了，那是以二三个汉字为常态而有各种不同变化的“音组”结构来实现的。翌年4月10日的北京《晨报副刊·诗镌》上发表了我所创作的十四行体诗《爱》，这是我有意识地运用“音组”结构撰写的第一首有严谨格律的新诗，每行均有严格的五个音组，例如：

| 经常的 | 天幕 | 星顶 | 无忧的 | 华盖，|

| 往常的 | 大地 | 永远 | 任意地 | 平张；|

……

1926年—1930年我在美国留学，先后就读于达德穆学院和耶鲁大学研究生院，攻读英文文学。以上经历与我以后从事莎剧翻译研究应该说不无关系。

我开始尝试用音组这一格式对应莎剧诗行中的音步，作了莎剧翻译的实践，那是在1934年9月。我首先译了莎氏著名悲剧《黎尔王》(King Lear)，至1935年译竣，后经两度校改修订，1948年11月才由上海商务印书馆出版该书两卷集注本。由译毕到成书相隔这么多年，其主要原因是这期间经历了八年抗战的浩劫，所以我在此书扉页上作了以下题词：“谨向杀日寇斩汉奸和歼灭法西斯盗匪的战士们致敬！”

我的莎译力求符合原作风貌，原作每行五个音步，我的译文每行为五个音组。试以《罕秣莱德》(Hamlet)剧中举世闻名的一段独白里的第一行为例（按：这段独白共33行，限于篇幅，只举一行为例）：

原文：| To be, | or not | to be: | that is | the question: | （五个音步）

孙大雨译：| 是存在 | 还是 | 消亡：| 问题 | 的所在：| （五个音组）

梁实秋译：死后还是存在，还是不存在，——这是问题；

朱生豪译：生存还是毁灭，这是一个值得考虑的问题，

从以上几种译文中，不难看出译文中格律韵文之有必要。

问：您一共翻译了几部莎剧？出版了几部？

答：总共译了8部莎剧：《黎尔王》、《罕秣莱德》、《奥赛罗》、《麦克白斯》、《暴风雨》、《冬日故事》、《罗密欧与居丽晔》以及《威尼斯商人》。如上所述，《黎尔王》已于1948年由商务印书馆出版；其他7部莎剧是我在遭受了1957年的政治风暴所强加给我的不公正待遇后，在极其艰难困苦的条件下——被开除公职，没有分文收入，靠做小学教师的妻子的退休金度日——于60年代初、“文革”前的几年中翻译的。“文革”中抄家时将我的一切东西几乎扫荡殆尽，包括我视若生命的书籍，使得我根本无法工作。如果不是这些原因，我的莎译作品应该更多，每想到此，总令我扼腕叹息不已。这后来翻译的7部莎剧，其中《罕秣莱德》已由上海译文出版社于1991年5月出版，其余几部尚待出版。我已88岁高龄，时不我待，我盼能在有生之年见到这8部莎译全部出版，惜乎出版周期太慢了！奈何？

问：梁实秋先生于1976年8月10日在台北《联合报》上发表的文章中说您翻译的莎剧《黎尔王》是“用诗体译的，很见功。”又，1992年第二期《读书》载文评论您译的《罕秣莱德》道：“再读到名著名译的《罕秣莱德》，更感到翻译作为一种创造活动，是如何艰辛。……不妨说，这既是一部翻译作品，也是一种现身说法的‘译艺谭’。”这些是客观评论，而您又是怎样看待自己作品的呢？

答：评论自己的作品很难，批评自己作品中的不足之处容易被人接受，如果谈论长处则未免有王婆卖瓜之嫌，难为人所理解。既然是家人的询问，我不妨说，我的莎译用音组来从事，莎氏原作每行五个音步，我的

译作每行为五个音组，跟朱生豪、梁实秋的散文译品不同，我自信要比较接近于莎氏原文的风貌。但也毋庸讳言，译文距理想的实现还有距离，一方面是缘于无法制胜的英汉文字上相差奇远的阻碍，另一方面则许因译者的能力确有所不逮，虽然译者已竭尽了心力。

这里顺便说一件文坛轶事：我与梁实秋先生是北京清华学校的同学，他比我高三级。1933年下半年我接受了时任青岛大学外文系主任的梁先生之邀去了青岛，但只与他共事了一个学期就分手了，因为学期结束后我没有收到他的续聘书。此乃事出有因：梁先生早就有翻译莎翁全集的雄心壮志，但他却认为莎剧有严谨格律的每行五音步的素体韵文，用中文无法移植。直到80年代台北远东图书公司出版了他所译的《莎士比亚全集》，他在“例言”中仍说：“原文大部分是‘无韵诗’，小部分是散文……译文一以白话文为主……”，可见他在实践上也是把莎翁有格律的戏剧诗译成了散文的话剧，尽管以梁先生的学养，他的译文很不错。当时我就不同意他的观点，我认为可以找到中文的恰当形式去翻译莎剧的素体韵文。那时都是因为年轻，涉世不深，我在课堂上随意批评了梁先生所认为的中文无法移植莎剧五音步素体韵文的观点，遂引起了梁先生的不快，于是有了学期结束后不再发给我聘书的结果。现在客观地来看这件事，只能归结于当时双方都是年少气盛的缘故。可是到了43年后的1976年，梁先生却著文称赞我的莎译，可见他早已忘怀了当年我对他的批评的不恭，表现出了他的学者风度。当然，我对他的解聘我，也从未耿耿于怀。现在来谈这近60年前的往事，无非聊作轶事的谈资而已。可惜几十年来我与他再没有机会谋面，更无从当面切磋莎剧译艺。如今他已作古，我也到耄耋之年，每每想起往事，有恍如隔世之感。

末了我要说的是，由于以往蹉跎岁月的耽误，至今我只译了八部莎剧。而现在我年事已高，实已无力用韵文译竣莎翁全集。我殷切期望同道共同努力，早日完成诗译莎士比亚全集这一伟业。

（摘自《群言》1993年第4期，孙近仁、孙佳始采写）

周有光先生答客问

语言文字学家周有光先生，近年时有观点鲜明、论据充分、文辞典雅、思想犀利的论著问世。其范围不限于语言文字学，而是广泛地涉及宽广的文化领域。最近，他在《群言》上连续发表《文化的新陈代谢规律》，包括创新规律、衰减规律和流动规律，引起文化界内外人士的注意。一个八十八岁的老人，对新事物能欣然接受，对新问题能深入分析，使人惊异。他原来研究经济学，后来改行研究语言学。他的家人戏说：学经济半途而废，搞语言半路出家，两个半圈合起来是一个“○”。周先生点头微笑。多年来，周先生的确是以“从零开始”的精神去探索和研究新事物和新问题的，由此他使自己的生命充满了新意。

知：您以八十八岁高龄，行动和思想却像六七十岁的人，甚至更年轻，还能经常做研究和写作工作。您有什么健康长寿的秘诀吗？

周：许多人问我这个问题，医院的医生也这样问我。如果一定要找什么秘诀，有一点或许可以算是我的秘诀，那就是“不发愁、不生气”。青年时代，有几年我身体很不好，原因是发愁和生气。后来，我思考哲学家尼采的名言：“生气是把别人的过失来责罚自己”。从这句话我又引申出：“发愁是在困难面前退缩”。想通了尼采的教导，从此注意不发愁、不生气，遇到任何不顺心、不合理的事情，就把思想引向大是大非，对芝麻绿豆小事，一笑置之。这样我就恢复了健康。在“文化大革命”中，我常常用古人说的“猝然临之而不惊、无故加之而不怒”这句名言来开导自己。在险恶的波涛中，我也能泰然渡过。此外，不吸烟、不喝酒，也对我的健康有极大的帮助。

知：作为老年学者，您如何广泛涉猎传统文化，从而调整心态、理顺生活？

周：我谈不上是学者，涉猎传统文化也不够广泛。任何民族都有传统文化。对传统文化有一定的基础了解，是每一个知识分子的责任。了解本国的传统文化，要在世界文化史的宏观理解中，取其精华，去其糟粕。切不可走进“国粹主义”的死胡同。“孔子登东山而小鲁，登泰山而小天下”。我们不妨说：研究太阳而小地球，研究银河而小太阳。自见其“小”是进步，自以为“大”是无知。这样就能对传统文化有清醒的理解，而思想和生活也都舒泰了。

知：在您的研究和写作实践中，是否感到国外现代某些学术思想，与我国传统的哲学和艺术之间，非常不协调？

周：学术、艺术、思想行为，彼此不同，互有差别，是人类社会的正常现象。古代有百家争鸣，现代有左右争辩。思想行为的矛盾，有两种情况。一种是水平的差别，另一种是观点和方法的不同。有的民族保留着千年以前的信仰和习惯，跟科技时代的思想和生活格格不入，这是发展水平的差别。两种艺术流派或者两种学术流派，各有各的理论和实践，可以并存不悖，相互观摩，这是观点和方法的不同。处在百花齐放的现代世界，思想和生活常常不可能是单一而纯正的。现代知识分子多数是“双语言、双文化、双信仰”。一些人平时在实验室里研究遗传基因，礼拜天到教堂去祷告上帝。今天听贝多芬音乐会，明天看昆曲和京戏的演出。似乎是不调和的两种思想行为，可以在一个人身上泰然共处。

知：您喜欢昆曲，喜欢弹词，喜欢古典文艺。您内心所钟爱的文艺形式可说是“守旧”的。您对学术主张采用全新的科学方法，对语言文字提倡“革新”，所以人家戏称您为“新潮老头”。这“守旧”和“革新”之间，不是很矛盾吗？像昆曲、弹词之类的古老传统文艺，也能革新吗？

周：新和旧是矛盾统一的。在时间上，古代的新，今天变成旧了；在空间上，外国的旧，在中国还以为是新呢。新的从旧的变来，新的中间遗留着旧的痕迹；旧的逐步改成新的，旧的中间蕴藏着新的因素。思古不一定非今，求新不一定忘旧。厚古薄今不对，厚今薄古也不妥，正常的态度应当是厚今而不薄古。文明古国都面对传统文化和现代文化的矛盾。保存旧的，不必反对革新；学习新的，也要考虑本国当前的条件。昆曲的优美因素已经注入了几种新的地方剧种。吴语弹词最近尝试改说普通话，称为"南曲北移"。仿唐乐舞，丝路新歌，都是古为今用的成功事例。放宽胸襟，兼容古和今、中和外，把科技和文艺熔于一炉，是新时代的所谓"双文化"生活。

知：您为什么从研究经济而改行研究语文？您后悔改行吗？

周：我的改行是偶然的。上海解放不久，我回国在上海复旦大学和财经学院任教，本想为经济建设做些工作。1955年举行"全国文字改革会议"，邀我参加，因为从20年代起，我业余研究语言文字问题，写过一些有关文改的文章。想不到会后留我在"中国文字改革委员会"工作，我同意留下是有些勉强的。当时号召"哪里需要就到哪里去"，我服从这个号召。不久，"反右"运动起来了，上海的经济学教授很多被打成右派，事实上否定了科学的经济学。朋友开玩笑说："你的改行，好像是预知天灾来临、事先躲避劫难"。语言学和文字学是大有作为的学问。既来之、则安之，我并不后悔改行。

知：您"半路出家"，何以会对语言文字学研究得如此透彻？

周：说不上透彻。我在文改会，除做本单位所需要的实际工作以外，尝试把文改实践跟语言学理论挂钩。我在北京大学和人民大学开讲文字改革课程，后来把讲稿写成《汉字改革概论》出版，就是这个尝试。半路出家，必须以勤补拙，否则就难以胜任工作。"文字改革"在国外叫做"语言计划"，是一门新兴的学问，对新兴国家以及文明古国（如中国、日本等）都有重大的实用价值。我提倡研究有实用价值的"现代汉字学"和开拓视野的“人类文字学”，不局限于传统的汉字学。从实用出发，研究学问就有了动力。

知：请您谈谈您对汉字简化和汉语拼音的看法。

周：1956年的《汉字简化方案》简化了515个汉字，后来类推成为2235个汉字，只占7000个通用汉字的一小部分，大多数汉字没有繁简的分别。简化字已经通用于中国内地的教科书和报刊图书，少数古籍是例外。由于书法不受规范化的约束，商店招牌到处是繁简杂乱。汉字学习困难、使用不便，主要原因是字数太多。日本着重减少字数，而把简化笔画放在次要地位，这是个明智的政策，值得中国好好研究。

《注音字母》《国语罗马字》和《汉语拼音方案》（简称“拼音”）是前后三套拼写汉语的法定字母。“拼音”的基本作用是给汉字注音和拼写普通话，做汉字所不便做和不能做的工作。中国大陆每年有两千多万小学生学习“拼音”。“国际标准化组织”认定“拼音”为拼写汉语的国际标准（编号：ISO-7098)，这使“拼音”成为中国文化通往世界的桥梁。“拼音”的用途正在不断扩大，它已经是我们现代生活中不可缺少的一个文化因素。

知：您认为海峡两岸能否“书同文”，如何“书同文”？

周：在台湾的一些报纸上，“台湾”的“台”字已经放弃繁体，改用简体。台湾的《标准行书范本》收4010个汉字，一大半是简体字。其中有383个简体字跟大陆相同。其实这不是台湾跟大陆相同，而是台湾和大陆都跟古代传下的简化习惯相同。今后，台湾和大陆交往逐渐增多，理解逐渐接近，就会产生共同的语文现代化要求，在和睦友好的气氛中妥善地解决“书同文”问题。这件事不可操之过急。先行条件是：感情降温、理智升温，放弃成见、更新认识。

知：目前，作家协会提倡作家们“大换笔”。从您多年来使用中文电子打字机的经验来看，“换笔”的利弊究竟如何？“换笔”久了，作家会不会像某些人所顾虑的变成“写作机器”？

周： 书写工具是不断更新的。中国使用毛笔2000年后，改用钢笔、圆珠笔、针管笔，从软笔改成硬笔。硬笔已经成为中国的主要书写工具了，没有人害怕使用“硬笔”就会“思想硬化”。机械化时代，发明了机械的字母打字机，在字母文字国家里，书写从手工操作改为机械操作，这已经有100年了。中国由于汉字繁多，无法制造灵巧的中文机械打字机，因此中国的知识分子（不仅是作家）失去了一个机械打字机时代。电脑的发明使书写变成电脑操作，电子打字机轻巧灵便，而且能有一定的人工智能。繁多的汉字也可以进入电脑。中国知识分子改用中文电子打字机是工具进化的必然趋势。我们正在迎来一个中文电子打字机的新时代。使用机械打字机不会变成“写作机器”。使用电子打字机也不会变成“写作电脑”。将来的电脑可能会“自动写作”，可是这也是受人脑支配的。事物都是有利就有弊。使用电脑书写的弊端是，懒得再用毛笔，毛笔书法可能因此生疏了。

知： 按照您所说的文化的新陈代谢规律，文化是有生命的，丁头字文化和圣书字文化经过3000多年之后最终都趋于消亡了。华夏文化今天处在文化生命的什么阶段呢？人们说，“四小龙”的经济起飞跟尊重儒学有关，您的看法如何？

周： 直至清代，我国对以儒学为核心的华夏文化是全盘肯定。“五四”以后，否定了儒学，到“文化大革命”时期则更彻底地全盘否定。在近年的“弘扬华夏文化”呼声中，虽然带些图腾主义之类的杂质，但是健康思潮占主导地位。有志之士正在采取新不废旧、古为今用的综合态度，按照辩证法“正、反、合”的逻辑，重新估量华夏文化的价值，并作出继承和更新的努力。华夏文化的前途将取决于这种健康的努力。“四小龙”的经济起飞，跟儒学文化的关系究竟如何，是一个关系重大、需要深入研究的问题，不能匆促间妄加评说。“四小龙”遵循大教育家孔子的教训，把教育放在建设新社会的首要地位，这一点是有目共睹的。

（摘自《群言》1993年第5期，知秋采写）

投身教育终不悔，乐为华夏育英才

——记陈岱孙教授的一次谈话

燕南园东侧一座住宅，绿树环绕，阳光和煦，一派静谧平和。我国老一辈著名教育家、经济学家陈岱孙教授就住在这里。作为岱老的学生，我已不知来过多少次，而这次，却是应《群言》杂志之约，写一篇有关岱老的访谈录。岱老九十有三，依然身体硬朗，精神矍铄，神态祥和、亲切。谈话就从教育开始。

王：岱老，您多年从事教育工作，桃李满天下，毕生致力于经济研究，成绩斐然，人们很想了解您是如何走上教育之路，又是如何热心经济研究的。请您从这方面谈谈好吗？

陈：好的。我就先从为什么选择研究经济问题谈起。我年轻时正是五四运动时期。当时的正直青年大多抱有“技术救国”、“教育救国”、“军事救国”之类想法。我大概是受到“经济救国”论的影响，对经济热心起来的。那时候，年轻人所处环境和今天不同。国家很危险，不但贫弱，而且受到帝国主义的侵略和欺凌。中国面临着像其他殖民地那样被瓜分的危险。年轻人对此十分担心，都要救国。我小时候上的是私塾，其中讲到“国家兴亡，匹夫有责”，也讲到国家的富与强、贫和弱的问题。国富则力强，国贫则软弱。这也就是个经济问题。要使国家强大，就要使国家富裕起来。这样，我便对经济问题产生了兴趣。另外，还有个原因，就是私塾不教数学。我的数学不好，担心将来学不好科学技术，而经济学在当时不要很多数学，这是可以学的。这样，就选择了学习经济学。

王：我知道，您的经济学是在国外学的。是不是您在国外学习的时候，已经打算将来要搞经济学方面的教育工作了呢？

陈：我的教书生涯说起来好像有些偶然，但仔细想想又不是偶然的。1926年夏，我在哈佛大学毕业时，因为当时身边还有一点钱，还够在欧洲待半年，所以，很想去欧洲游学，于是便去了。动身前去向我的导师布洛克(Bullock)教授（财政学家）辞行。布洛克教授善意地问我回国后打算做什么工作。我说没有想过。他说："我倒是替你想了。你应该到政府去工作，到财政部去工作。因为你学的是财政、赋税。"布洛克教授说："你是我的第二个中国博士生，第一个是朱忠道。他回国时，我也希望他去政府工作，但是到现在他还没有找到机会。"我知道朱忠道这个人，但从未晤面，在我来哈佛大学前二三年，他已经回国了。

王：那么，您是否接受了布洛克教授的建议呢？

陈：我仍然没有认真考虑。我在欧洲待了半年多，1927年初回国，先到上海。当时，北伐战争已经开始，北伐军已经打到武汉，而上海还处于军阀控制之下。我在上海开始考虑自己的工作问题，但仍没有很具体的打算。从客观上说，当时留学生回国工作有几条去路：其一是在上海搞经济工作，比如到银行去做事。这种机会比较多，也现代化一些；其二是去从政，到政府里去做官；第三是教书，各个高等学校都需要人，都有机会。我个人恐怕做生意经商的缘分最浅。因为我是读书人家出身，说得好听一些是书香门第。这种家庭鼓励读书，但比较清苦，"学而优则仕"是这种家庭的宗旨。不过，我家从传统上说，做官的愿望并不强烈。我祖父曾经走过这条路，进了秀才，当了举人，中了进士，点了翰林。本来，翰林院散馆时，可以等候做官，但他却回家教书去了。就这样，他在福建的一个书院里，教了一辈子书。从这方面说，我和教书是有些渊源的。

就在我从上海回家乡福建探望时，突然接到一封电报和一封信。这是朱忠道打来的。电报和信上说，他前几年去了广州，在那里参加了革命政府的工作，现在随军北伐，已经到了武汉。他说，他在武汉新组织的政府财政部工作。那里十分缺乏人才。朱忠道说，布洛克教授写信给他，讲我去年得了学位后回国。布洛克教授很希望我能到政府工作。我当时觉得可以，只是想在家多待一段时间。于是就写回信告诉他。

假如时局没有变化，我也许就去做官了。但是很快发生了国共分裂，宁汉分家，南京政府和武汉政府相对立，第一次国共合作的革命失败了。随后，武汉政府解散了。朱忠道也跑回上海。他赶紧写信给我，说明事变情况，说以前所谈之事皆成泡影。此后，朱忠道就一直在上海的银行工作。后来我曾去见过他一次。他对革命的失败很是痛心。

王：看来是这次事变断了您的仕途。

陈：那倒也不一定。即使没有这个变故，我去了武汉，后来的事也很难说。不过，恰好这时清华大学送来了聘书，请我去刚刚成立一年的经济系教书。当时已近暮春，时间紧迫，不容我再犹豫，便接受了聘书。到8月份，便动身北上。当时战乱隔绝，交通不便，路上很难走。我从福建坐船先到上海，再换船经青岛、大连，到天津，再从天津乘火车到北京。等我到达清华大学时，已经开课两天了。系主任朱彬元先生很高兴，他说："我们知道你动身了，但一直没有消息。"我第二天就去上课，从此踏上教书生涯。你看，这不是偶然的机会造成的吗？

王：那么，您就从此安心教育了吗？

陈：那也不是。在清华教书之初的几年还没有完全心定，还想着干些别的事。这与家庭、导师的影响都有关系。后来看到官场的情形，感到不能去做官，于是才安下心来。

我小时候喜欢看小说。有些新小说像《官场现形记》《廿年目睹之怪现状》，描写了一些社会现象。自己看后感觉官场很肮脏。后来在清华学校读书时，恰逢五四运动时期。当时，北京处在北洋军阀统治之下，官场内幕黑暗。等留学回国后再到北京，看到还是军阀统治，而且更坏，更无能。国民党统治时期，我也曾经有几次接触一些官场人物。当时我的一个叔叔在南京的法院里做官，他有些官场的朋友。每年夏天，我利用假期去看望叔叔和当时在南京的同学朋友。和他们交谈后，得出个印象，可以公平地说，南京政府比北洋军阀好一点，但官场的习气、作风基本上差不多。这样，在教书之初的二三年内，我想起了《四书》中所说的，“胁肩谄笑，病于夏畦”一句话。我知道教书清苦，但做官恐怕更累，而我不是那种材料。从那时起，我便决定不去做官，而把教书作为一生的事业。

王：岱老一生辛勤耕耘于教育事业，现在还在努力工作，教书、带研究生、写文章，这种敬业精神，执著的态度着实令人钦佩。

陈：我现在年纪大了，但身体还不错，不过也只能做点力所能及的事。今年的新年团拜会上，我还在想，自己年纪大了，能做些什么事情呢？人们常说“老骥伏枥，志在千里”。对此，我不敢奉为座右铭。因为年纪大了，干不动了，再谈“志在千里”太空洞。何况自己当年是否“千里马”，还是问题。还有个说法是“老马恋栈”，这是要引以为训的。“老马识途”或可以为我所用。“老马”过去走过许多弯路，甚至犯了许多错误，所以，他知道回家的路怎么走。每个人都有这种经验教训，比如念书，搞研究都不可避免。假如自己能以自己过去的经验教训和大家谈谈，或许有点用处。

王：您太谦虚了。您现在还不断地给很多人审看书稿，写评作序，这都是十分有意义的工作啊！

陈：其实这是同一类事情。自己过去在一些方面犯过错误，容易看出来，就支持他们，帮他们再修改一下。再说，这里面我也有个体会，就是教学相长。弟子不必不如师，师不必贤于弟子。因为学问的范围太广了。人很难面面俱到。我认为，某人的研究成果一定有许多是我所不知道的，否则，他的研究就是不成功的。年轻人的研究成果应该超过其前辈。这就是教学相长。过去几十年里都是这样的，有时，我的一个小问题，青年也能看出来。比如，我写过的《从古典学派到马克思》中，有一段关于魁奈“经济表”中农产品对工业品的支出比例的计算。我不小心把另外的一套数字放进去了。一次在课堂上，有一位同学提了出来。我一看，果然错了。如果他不说，也许我就发现不了。你看，这不是教学相长嘛。

王：看来，您在教学工作中还是寻到了乐趣的。这与您全身心的投入关系很大。

陈：教书工作并不空洞。培养人才是高尚的工作。实际上，各方面需要的人才是很多的。国内人才还是太缺少了。从这方面说，教书是很有意义的。有几位同志出国学习，我为他们写过推荐信，和他们谈过话。我说，"我们国家亟须摆脱贫困，而这个重任就落在你们肩上。"我不讲一定要他们回国的话，只讲振兴民族的重任。因为他们出去后有各种情况，会遇到各种问题，不能一律要求。

王：据我所知，很多出去的人，都记着您的嘱咐。他们永远不会忘记您的真诚帮助和关心。另外，还希望您能谈谈对于学习外国经济学说的意见。

陈：过去我写了几篇文章，谈到过这个问题。但那是在"十四大"以前，思想还不够解放，还没有提社会主义市场经济。但有些东西现在还是要说的。我常对学生说，教育很重要，经济也很重要。过去我们只注重研究本国的东西，不去了解和借鉴别的国家的经验，这当然不好。但反过来，如果一味追求模仿别的国家的东西，而完全不顾本国的特点与国情，这种做法也不好。以前，我写过一篇文章，认为资本主义国家的一些东西可以借鉴。其实，几十年来，我们对外国的实情并不了解，或只是一知半解。这主要是自我封闭。过去学的东西很可能现在已不完全适用，需要有一个重新认识和调整的过程，只是调整的时间要短些。我们搞理论研究的人，有责任先行一步，作些探索性工作。从这点说，高校的经济学教学很重要，是值得我们毕生为之努力的。

王：现在高等院校知识分子待遇低，生活困难，大家不安心，很多人都"跳槽"、"下海"了。您对这种情况有什么看法？

陈：当然工作困难，经济上也困难。我有时也有些想法。但是，人们不应当过分追求经济待遇，弃学“下海”。对此，我不太同意。有的人边上学边去外地做买卖，结果可能会发财，但也可能两败俱伤。这对国家和个人都没有什么好处。

王：占用您很多时间，很不好意思。谢谢！

（摘自《群言》1993年第5期，王志伟采写）

总结历史，面向未来

——访任继愈教授

《群言》杂志要我写任继愈先生访谈录，并限定了交稿时间。十多年来，先是跟任先生读书，读完了硕士和博士，后来又跟任先生在一个研究机关工作。我无法把问题集中在一次访谈的记录，而是把记录了多次访谈的一些要点，凑集成篇以应命。

李：治古代哲学与近现代哲学有什么关系，应当注重哪些问题？

任：越是治古代史（包括文化史、思想史、哲学史），越要关心当代的（文化、思想和哲学）历史。比如，哲学史上有反映农民小生产者的思想家，我们如果对眼前农民的处境、思想面貌还若明若暗，还侈谈千百年前农民思想如何如何，岂不是乱发议论？

李：您是主张古为今用，为现实服务了？

任：“古为今用”，这个口号在过去极“左”思潮长期支配下，有流弊。有时利用来作为某种政治目的的工具，如“批林批孔”，那伙人既未批林，也未批孔。他们说林彪“左”得还不够，批孔的目的是另有企图。我不提古为今用，也是防止把学术问题搅进政治漩涡，对学术研究有害无益。

李：先生对“厚今薄古”的口号，怎么看？先生说研究古代是为当前，是否主张厚今薄古？

任：中国的文化源远流长，文化遗产十分丰厚。古代和近代文化都是中华民族的共同财富。如果认为我们学术界对近代现代的研究力量不足，多投入些人力物力，要建立些专门机构，这是应当的，这样理解“厚”与“薄”是可以的；如果对古代的历史文化不重视，加以鄙薄，像“文化大革命”时那样，与前代历史一刀两断，与之“彻底决裂”，一切从新中国成立开始，这是割断历史的粗暴行为。他们对封、资的东西一概抹杀，这是害了民族，害了下一代，是造孽。

李：中国哲学史从春秋战国到鸦片战争这段落，主要属于封建社会的哲学，您对这一段的封建主义怎么看？

任：鸦片战争后，中国人民上上下下，几代人都致力于使中国现代化，使它从中世纪的自然经济走向市场经济，但步履艰难。走走停停，很不顺利。好像对一个病人，请医生会诊。中国今天的一切症状，有经济的、政治的、社会的、文化的原因。我们研究中国哲学史的，就要从哲学方面找病因。如果我们把中国封建社会的哲学、文化思想研究得透一些，指出封建主义中残留下来的落后的东西的现象和实质，无疑对于今后建设社会主义的新中国有重要参考价值。

李：中国封建社会有哪些特点，是值得引起注意，或是我们研究得不够的地方？

任：封建社会，中外有共性。比如说，“政教合一”就是中国与欧洲共同的特征，欧洲的政教合一，是宗教教权与政治王权两家的“合一”，因为政教是两家而发生矛盾，有时矛盾激化。中国也是政教合一，由于儒教的作用，把教权、政权有机地结合起来，皇帝“奉天承运”，握有最高的教权同时又有最集中的政权。政权教权集于皇帝一身。各级政府在儒教神学支配下，成功地起协调统治民众与教化民众的双重作用。这是中国哲学史宋、元、明、清近千年的一大特色。

李：近几年来看到一些文章，开始以某种方式承认“儒教”，较前些年否认儒教的说法有所改变。有的叫做“半宗教”或“准宗教”，也有的说儒教有“宗教性”，基本上还是哲学；也有的不承认有儒教存在，却不得不承认在佛道二教之外中国古人还信奉某种宗教的事实。

任：儒教不单指它的宗教表象，神灵（天、祖先）、教主（孔子）、经典（《四书》）、祭礼仪式（天子祭天地山川）、组织形式（中央的国子监、太学到州府县学），等等，它还具有一般宗教思维方式，“超越现实”的精神信仰。哲学也能给人以精神寄托，那是通过思辨、研究、批判达到的一种精神境界。儒教的信条，如忠君、孝道、顺从天道，是最高的法则、有无上的尊严，是不允许讨论的，更不能对这些最高信条表示怀疑。怀疑纲常名教的合理性就是禽兽，不是人。王阳明36岁时独自在阳明洞习静，修炼精神，摒除一切世间杂念干扰，惟祖母岑与龙山公在念，不能排除。他最后省悟说，“此念生于孩提，此念可去是断灭种性矣。”

君父、圣人是上帝（上天）的代表，只能敬畏、绝对服从。

李：人们对儒教的性质理解得不够，认为中国是个宗教观念淡薄的国家，最多就是多神信仰，信山神、土地、龙王爷而已。中国是多神教的国家。与西方的基督教、伊斯兰教一神教不同。

任：中国的宗教，像十世纪以后的儒教，与西方的中世纪宗教没有两样，佛教禅宗讲明心见性，有的禅师呵佛骂祖，不拜菩萨。没有人说禅宗不是宗教，宋儒的观点、思想方法和修炼目的和禅宗很相近，两者的差别只是出家和不出家，不做官与做官的不同。儒教作为宗教，其影响的深远惨烈不可低估。“文化大革命”曾风靡一时、流行全国的“三忠于，四无限”，祝愿“万寿无疆”，从形式到内容，都是宗教神学，和马克思主义不沾边。

李：先生的专业是偏重抽象思维的哲学，兴趣也在这方面，先生用了很多精力从事佛教、儒教的资料整理工作，主编过中国哲学史教学资料汇编，编过《宗教词典》，又主编《中国佛教大辞典》《通藏提要》，从1982年主编《中华藏经》（汉文部分）这样一部规模宏大的“佛教全集”。这是为什么？

任：我们的时代是个从旧中国到社会主义新中国的过渡时期。我们建立新国家同时也要建立新的哲学体系。新的哲学体系，吸取1949年以来的经验教训，要避免两个大的失误，一个是“空”，一个是“左”。“空”，是把马克思主义的几句口号当做万应灵丹，从马克思主义著作的词句里找现成答案，并以此为定论，登峰造极后，僵化为两个“凡是”。“左”是只承认自己认为正确的是真理，对外国的、古代的文化遗产不是一概骂倒，就是置之不理，粗暴地把自己放在无知狂妄的地位。对古今中外文化无知，助长了狂妄；狂妄更加助长了无知。建设社会主义的文化，要善于吸收人类一切有价值的文化为我所用。我们这一代人积累资料、整理资料，是给后来人铺路，使后来人在我们铺的路上更好地前进，我们多费些力，后人可以少费些力。

善于吸收人类一切文化遗产，谈何容易？要像燕子衔泥般地下笨功夫，空喊口号不行，骂倒一些也不行。一代人有一代人的历史使命。我们这一代人不能产生伟大的哲学体系，并不是说，我们这一代人头脑笨，不中用，而是我们这一代人对世界已有的文化成果所知甚少，资料不完备，无法进行总结。伟大的哲学体系，没有必要而完备的思想资料，等于无米之炊。

李：当前社会科学不受重视，有些人不安心，您对此有什么看法？

任：立国之道，从根本上说，还是培养建设社会主义的人才。只有国民的素质提高了，才谈得上各方面的物质建设、文化建设。人才在于培养，培养在于教育。我国在教育方面也有近期行为。国家把重点放在大学，大学的重点又放在科技，因科技见效快。重点没摆对，大学也办不好，这些年大学的硕士生、博士生水平显著下降，就是明证。为建国固本之计，教育重点应放在普通教育上，中小学水平提高了，大学水平自然会提高。而且，一个人的道德品质，人生观的形成都在十二三岁的年龄段，基本技能的培养也是这个时期，如习劳习惯，文字语言训练都是青少年时期养成的。有的研究生连标点符号也用不好，错别字很多，也有人连一般社会礼貌也不懂，都是中小学的基础没打好。从事科研要文化教养，从事体育同样要文化，我国的人口多而没有进入体育大国的行列，说到底与我们的运动员、教练员的文化素质有关。

李： 您近年主编了一套《中国历史文化知识丛书》，共110种，是面向中学生的，是否与先生的上述想法有关？

任： 是的。富国、强国离不开科技，兴科技离不开教育，兴教育应从中小学做起。当然光靠科技还不够，哲学、社会科学代表一个民族文化的总水平。民族文化的灵魂所系，万万忽视不得。新中国成立以来40多年间，经济建设中出现的失误，都与哲学、社会科学方面理论上的失误有关。

李： 感谢先生的接谈。

任： 以后有机会我们再详谈。

（摘自《群言》1993年第9期，李申采写）

林庚教授谈古典文学研究和新诗创作

夏日炎炎，大地笼罩在一片暑热之中。然而走进北京大学绿树葱茏，碧草如茵的燕南园，仿佛步入了远离尘嚣的净土，感觉到一片安闲幽静。循着曲折的小径，穿过几栋古雅的小楼，来到一座翠竹掩映的房舍前，这里便是著名诗人，古典文学专家林庚教授的住所。门铃响过，精神矍铄的林先生快步走出，你很难相信他已是83岁高龄。书房里亮着台灯，厚厚一叠稿子整齐地摆放在书桌上。

问：林先生，您又在忙什么工作呢？您过去主要研究古典诗歌，最近北大编辑的《国学研究》刊登了一篇您的文章，讨论的却是《水浒》传和水浒戏。您是不是把研究的重点转到小说上来了？

答：并不是这样，诗歌仍是我研究的主要对象，近年来对小说戏剧的涉猎是为文学史研究服务的。我教了几十年文学史，这方面的研究占去我很大一部分精力。记得最早在北京民国学院讲文学史，那时还没有文学史的专书，更谈不上课本，便产生了写一部文学史的念头。到了1947年，我把历年的讲稿修订成书，由厦门大学出版。新中国成立以后又出版了《中国文学简史》的上编，讲的是先秦到五代的文学，主要论述诗歌的发展。现在我正忙着修订下编的稿子。下编讲述宋元明清文学，这一段小说戏剧比较发达，写文学史不可避免地要讲到，对小说戏剧的研究可以说是写文学史的准备工作。除了关于《水浒传》的文章，前两年还出版了本《西游记漫话》，其中也收集了几篇小说方面的论文。

问： 您能谈谈您的文学史的主要特色吗？

答： 如果说特色，那就是我没有只是平实地介绍作家、作品，而是把中国文学史看作一个不断发展的有机体，由童年而盛年再到衰老，然后是新生。五四运动便是这新生的时代，正如先秦是古代文化的启蒙。从先秦一直到清末的文化都是封建时代的文化，它随着封建时代的发展而有上升、高潮与衰落，也随着封建时代的结束而告结束。五四时期开始了反封建的新文学，文学又掀开新的启蒙的一页。历代研究古典文学的学者多着重在对过去的研究上，我写文学史着眼点却是在未来，是为新文学服务的。我曾亲自经历了五四以后的新文化运动，我是一个写新诗的人，我的主要兴趣是在新诗上。而中国文学史事实上乃是一个以诗歌为中心的文学史，研究它，对于探寻诗歌美学的奥秘、诗歌语言的形成过程，都是理想的窗口和例证。所以我总希望在研究古典文学的时候，为新文学，主要是新诗的发展找到一条可资借鉴的道路，借助古代的文化遗产丰富我们今天的创作。

问： 除了文学史，先生还在楚辞和唐诗的研究上倾注了数十年的心血。您为什么偏爱楚辞与唐诗呢？

答： 先秦和唐朝，一个是古代文化的启蒙时期，一个是古代文化的全盛时期。五四新文化运动是一个百家争鸣的时代，那时宣扬新思想，提出打倒孔家店，文学界展开了以散文为中心的白话运动。先秦也是百家争鸣的时代，那时散文极发达，诸子散文完成了中国哲学史上最光辉的一页，它的光芒烛照了两千年的封建社会。同时，在散文的基础上也出现了屈原和《楚辞》，表明新的诗歌也在发展。而唐代是个百花齐放的时期。那时的思想非常自由解放，儒释道三教可以自由发展互不排斥，三个大诗人李白喜欢道教，王维笃信佛教而杜甫则是宗儒的。唐代艺术的各个部类也发展到了最高潮，比如书法，唐以前只有二王，而唐代的书法家则不可胜数；绘画上则有以王维为代表的南宗文入画；大曲和霓裳羽衣舞的出现表明唐代的音乐舞蹈也达到了极盛。这一切都证明唐代是最动人心魄的一个时期。我便把研究的重点放在先秦与唐代，又由于我是写新诗的，很自然地将目光投向诗歌——楚辞与唐诗。

问：您的《天问论笺》被誉为建国后楚辞研究最具突破性的成果，《唐诗综论》也对学术界产生了重大影响。您能谈谈这两方面研究的具体情况吗？

答：科学研究总是要解决一些疑难问题。50年代我曾写了一批论文，对屈原生平及其他一些疑难问题谈了些看法。《天问》是楚辞研究最大的一个难题，它的问话体仿佛是远古的谜语，使历代注家都望而却步，偶有所得也只是一鳞半爪的。早在1947年我就写了一篇《〈天问〉注解的困难及其整理的线索》，渴望解开《天问》之谜。“文革”后，我就把全部精力投入《天问》的研究中。而要想明白地解释它就需要掌握破译它的钥匙。这就涉及古代神话。古代神话的系统乃是泛神的，而周人不大信神，敬鬼神而远之，他们所说的神更多的是祖先神，许多天神到周朝都成了人王。而《天问》中的神话是属于泛神论的系统。这两个系统的混淆造成了历来理解《天问》的困难。

问：是不是区分了泛神论和祖先神，按照《天问》所归属的泛神论的系统去解释，许多疑难问题就迎刃而解了？

答：是的。我连续写了几篇论文系统阐释、论述《天问》，还作了全部的笺释和今译。我以为《天问》乃是一部问话体的以夏、商、周为中心的上古民族争霸中原的兴亡史诗。《天问》之后，我又回过头来主攻唐诗。50年代我写过《诗人李白》之后，就全力投入唐诗研究，发表了许多论文。80年代初又陆续写了一些，这些论文后来编成《唐诗综论》出版。唐诗充沛的精神状态，深入浅出的语言造诣，乃是中国古典诗歌史上最完美的典范。我很喜欢唐诗中的少年精神，盛唐时代是富于创造性的解放的时代，从政治、经济，到军事、文化都空前的繁荣。那时的生活是以少年人的心情为骨干，一切都是明朗的，解放的。所谓“盛唐气象”是具有时代性格的艺术形象，它的本质就是蓬勃的朝气，青春的旋律，是对胜利对光明的赞颂，对黑暗对腐朽的反抗。李白那些浪漫主义的诗篇就是盛唐最典型的歌唱。我们常常谈到许多烦琐的格律、诗法，其实那都是宋人写诗的格律、做法，而唐诗是非常自由、解放的，似毫不受形式的束缚。中国古典诗歌在唐以前经历了一个诗化的过程，到了五七言诗成熟的唐代，就进入了诗歌语言炉火纯青从心所欲的境地。唐诗中很少故事性的叙述或概念性的议论，它既非哲学也非散文故事一类，而是纯粹的诗，最能让人认识诗的本质。

问：您所说的诗化是什么，都包括哪些内容？

答：诗是语言的艺术，语言原是建立在概念的基础上，而艺术是不能落于概念化的。所以诗面临的是这样的问题，它所赖以生存的生活语言正是它所要突破的。诗歌语言突破生活语言的逻辑性和概念的过程就是诗化，它包括诗的句式、语法和词汇的诗化。诗歌形式的成熟是诗化最表面的标志，四、五、七言诗行的成熟都是诗化的结果。比如“秦时明月汉时关”的句子，如果没有七言的形式，在散文中就会引起疑问，秦时的明月怎么会照到汉时关？但在七言诗的形式下它就通行无阻，不会有人提出这样的问题。再如“羌笛何须怨杨柳，春风不度玉门关”这样的话在散文中如何理解呢？可是我幼年初读它时，虽然对前一句不甚理解，可是立刻就爱上了它。这样的句式可以毫无疑问地为人所接受。语法的诗化使诗句更精练、自由、解放，比如诗里省略了日常生活语言中“之”“乎”“者”“也”“矣”“正焉”“哉”一类的虚字，从而远离了散文，使诗歌语言更具有飞动性，更富于表现力。词汇的诗化是指一些生活词汇在创作过程中累积了新鲜的认识感，从而变得非常敏感。关山月三个字，从秦汉到唐代融汇了多少人们的生活史，不需要诗句只要将这三个字合到一起就能唤起读者广阔深厚的感受和联想。从楚辞到唐诗的发展正是一个诗化的过程。楚辞利用散文化突破《诗经》四言的形式，使诗歌语言得到了解放，但散文化的同时就必须开始新的建设，楚辞所创造的骚体正是这样一个开始，但它还是远远不够完善的。所以我们无妨说《楚辞》主要是一次诗歌语言的革命，而到了五七言诗的发展才是更完全的建设的完成。这种建设到唐代达到了成熟的高潮，因此研究唐诗，有助于我们认识诗化的过程，也能为建设新的诗歌语言提供借鉴。

问：您是学者，同时又是诗人。您能谈谈是怎样走上文学之路的吗？

答：我出身书香门第，幼年时就在文学的氛围中濡染。但真正走上文学之路，却是出于我对宇宙和人生奥义的追寻。中学毕业，我考入清华大学物理系，醉心于爱因斯坦“相对论”等科学新成果，想借以探寻未知的世界。慢慢地我发现，有限的科学方法在无限的宇宙面前显得那样苍白。而艺术却是超越性的，艺术的感受刹那而永恒，能于一瞬见终古，于微小显大千，能使我们超越有限直面无限的宇宙。于是我转入中文系，希望通过诗歌实现人生的解放。诗给了我充满活力的感觉。我最初写旧体诗，颇受好评，可是旧诗作为艺术已经死亡，它蜕化为日常琐事的记录和应酬的工具，于是我又改写新诗，出版了几部诗集。我曾赴上海尝试专力写诗的作家生活，可是靠写作难以为生，所以我又回到学校，一边教书一边创作。

问：有人说30年代是新诗不可再得的黄金时代，您作为一个亲身经历者，对当时新诗的发展有什么看法？

答：当时诗歌的发展是比较自由的。自由诗借助散文化的力量从旧诗中打出了一条自由的道路。虽然散文语言的逻辑性无可避免地会削弱诗歌语言的进一步解放，但是30年代散文也处在幼年状态，文言还占领着文学的许多阵地，张恨水等人的通俗小说是半文言，报纸则基本是文言，散文对诗的压力还不大，因而诗不能比较自由地发展。但自由诗的创作渐渐陷入这样的困境：要么成为分行的散文，失去诗的艺术特征；要么回避散文，在远离生活的道路上越走越远，而好诗是应该拥抱生活的。30年代之后散文越来越发达，越来越规范化，小说、戏剧、论文都成了散文的天下，诗歌陷入散文的包围之中。新诗受到压力就更需要诗化。30年代诗坛是成功的革命，但成功的革命必须伴随着建设，否则这革命也是短命的。

我以为新诗要发展，首先要建立一个更完美的形式，从散文的包围中解放出来，彻底取代旧体诗。我后来从写自由诗转而写格律诗，就是基于上面的认识。

问：现在看来，新诗的发展与散文、小说比较起来，有些未尽人意，您怎么看这个问题？

答：这正说明新诗在打破旧形式后的建设并不成功。二三十年代新诗的繁荣似乎已不可再得。80年代的诗坛就更为寂寞，诗人们往往活跃一两年就销声匿迹，偶尔出现一两首好诗也立即被散文淹没。从报刊到电视，从话剧到小说，新的白话散文已经占领了文言旧有的阵地，只有诗坛旧体诗的锣鼓远比新诗更热闹，一些原来新诗坛的闯将也转而写旧诗了。新诗没能取代五七言旧体诗，就证明它诗化的程度还不够，建设的过程还未完成。我们需要为新诗探索出新的格律，新诗才能发展。

问：在《问路集》中您选录了自己的一些新诗和诗论文章，是不是就是想为新诗创作寻找一条发展之路？

答：是的。几十年来我进行了大量创作实践，也通过科研来考察了诗歌发展的历史，得到些点滴体会，对新诗格律提出些个人设想，汇集而成《问路集》。从历史的角度看，一种诗体的完全成熟往往需要漫长的时间。从《诗经》到楚辞经历了几百年，从楚辞到五七言诗的成熟也经历了几百年。如果我们不想等待，就必须借助理论去寻找。道路虽然漫长，但新诗终有光明的前景。

不知不觉中已是夕阳西下，我们的谈话已告一段落。翠竹环抱的小屋沐浴着灿烂的阳光，林庚先生已经在这里度过了近半个世纪的教书与治学生涯。追求艺术的道路是艰辛的，治学的生活是孤独的，先生却在这寂寞的道路上坚定地前行，他凭借的是那颗永远年轻的诗人的心。

（摘自《群言》1993年第11期，林清晖采写）

真切翔实绘时事，朴实无华是本色

——陆诒谈新闻工作生涯

盛夏新过，暑热渐退，在陆诒先生简朴的书斋中，这位中国新闻界的老前辈热情地接受了我的采访。

陆诒先生于1931年九一八事变后投身新闻工作，孜孜不倦，辛勤耕耘了62个春秋，在中国新闻事业的征途上留下了一串漫长而闪烁着熠熠光华的脚印。

抗战时期，陆诒是和范长江、孟秋江齐名的一位出色的新闻记者，年轻、勇敢、朝气蓬勃，是他们的共同特色。从进《新闻报》《大公报》，复入《新华日报》，陆诒足不停步、手不辍笔，从长城抗战、百灵庙战役、七七事变、八一三抗战、娘子关战斗、台儿庄战役，一直写到武汉保卫战。在台儿庄大捷的第二天他寄自徐州、刊载于1938年4月12日汉口《新华日报》的战地通讯《踏进台儿庄》，曾极大地鼓舞了正在被践踏的国土上奋起抗战的中国军民的士气。1939年到1940年，他从重庆启程，渡黄河，入中条山，经太行山和晋东南，复从河北平原转赴晋察冀和平西等抗日根据地，一篇篇军民奋战的光辉业绩的报道，在他的笔底涌出。太平洋战争爆发，陆诒适在星洲，又及时报道了从新加坡撤退到印度、缅甸的经过和滇缅边境的战役，其时，他已是名噪中外的战地记者。陆诒和范长江、孟秋江等，曾采访过毛泽东、周恩来、朱德、彭德怀、聂荣臻、刘伯承、邓小平，也采访过张治中、傅作义、卫立煌、蔡廷锴、张自忠和吉星文，对众多政坛上的风云人物作出过真实的报道和客观的评价。时至今日，陆诒虽“历尽劫波”，却仍在暮年之际“笔耕不已”，把自己的报国之心和亲身经历留赠后人，其情其心，弥足珍贵。

采访过程中，陆诒先生自谦：“我不是专家，也称不上是学者。”其实，无论从哪一个角度看，陆诒先生都是中国新闻界当之无愧的专家和学者。

章：您是在1931年九一八事变以后投身于新闻工作的，此前，您曾是一名小学教员，您能否谈谈您之成为一名新闻记者的初衷是什么？

陆：30年代，我曾在上海马当路一所由水木业同业公会办的小学担任教员，每月薪水45元大洋，一日三餐和住宿都是学校包了，按当时的社会实际生活水平，这样的薪遇可谓不薄，娶妻生子养家足矣。许多同事工余无事，搓搓麻将，逛逛商店，优哉游哉。而我日觉无聊，一天放学后，沿着马当路走，陡见“民治新闻专科学校”校牌，是为夜校，每晚授课2小时，校长是《新闻报》采访科副主任顾执中先生，我便欣然报了名。那时除顾先生外，尚有戈公振、严独鹤等报界人士为之执教。我读了一年。逢九一八事变，顾先生找我谈话，问我是否愿意放弃教员工作，帮助他编画报，一月薪俸30元，不包吃住，我思之再三，慨然承诺。这一尝试就此掀开了我新闻工作生涯的第一页。我担任顾先生的助理，零星杂务一力承当。“九一八”后，顾执中先生随李顿调查团去沈阳，编画报这一摊子的事就全权委托给我。次年“一·二八”淞沪战争爆发，闸北枪声大作。29日上午顾先生在采访室调兵遣将，要派记者去闸北战地作现场采访，我当时想，十九路军可以拼命，闸北的老百姓可以拼命，为什么我陆诒把生命看得如此珍贵？于是，我挺身而出，毛遂自荐，表示愿意去闸北前线采访，不要求先保人寿险，顾先生大喜，命随老记者李祖唐同去北站采访，李先生见我同行，十分高兴，表示“此去北站，不是有人请客吃饭，而是进入枪林弹雨，有你结伴，也好壮壮胆。”行至闸北中兴路，适遇敌机低空扫射，出租车司机说什么也不肯驱车前进，于是我决意弃车独往，并约定：“我此去时间超过两小时，你们就不必等我了。”至北站，见前线指挥所设在东侧一小屋内，接见我的，不是意想中的十九路军军官，而是刚从南京调来的宪兵第六团第三营营长李上珍。李营长见我冒着枪林弹雨前往采访，大加赞许。并谓他率部此行原为与十九路军七十八师一五六旅第六团（张君嵩团）调防接防，接防部署未就，日军已经杀上门来，张团长与其接通电话，询问情况，李营长简要介绍情况后征求对方意见，张在电话中幽默地反问“你看怎么办？”李营长慨然答道：“别无第二条路可走。敌人既打第一枪，我们不能不回敬第二枪。他们杀过来，我们就杀回去！”张团长在电话中纵声大笑：“那好极了！我们都是爱国军人，在敌人进攻面前，不要分什么十九路军和宪兵的界限，我做你的后盾，我立刻就赶过来！”战火纷飞中，目睹我军将士义无反顾浴血奋战的神威，我顿感胸中热血沸腾。就这样，我便身不由己地当上了战地记者。待战事结束，回到报馆，报馆正式宣布我为报社记者，月薪升为60元大洋。试想，我之成为新闻记者，是不是纯属偶然？

章：在您漫长的记者生涯中，您接触过许许多多的风云人物，请谈谈您在采访他们的过程中的感受。

陆：作为一个新闻记者，我确实接触过许许多多人，上自国民党的大人物，下至平民百姓，国民党方面，有一位张自忠将军，他曾在抗日战争中屡立战功，后来不幸为国捐躯，他的部队纪律严明，杀敌勇敢，这是与他平时身先士卒，矢志报国的带头行为分不开的。彭德怀元帅也是我所钦佩的人物，我曾对他作过四次采访，第一次是在汉口，第二次在延安，第三次是在晋东南八路军总部，第四次，我从前线回来，还是在八路军总部。1953年，我去朝鲜慰问，他正在前线，可惜未曾晤面。他最大的特点是朴素，说话朴素，为人朴素。记得我在汉口跟他首次见面时，他对我说：“武汉三镇是我旧游之地，这次我去汉阳看了贫民窟，看到老百姓吃的、住的还是同几十年前一样苦啊！陆先生，你到过汉阳，见过贫民窟没有？”我据实回答说没有。他立刻变得严肃起来，记得他当时对我说：

“我们打仗为什么？还不是为了人民的利益。就说这次抗战吧，也是为人民利益而打仗。人民的利益，人民的疾苦，我们时刻也不能忘记！记者同志，不到贫民窟走走，不了解人民的疾苦，那样行吗？”他这一席话，使我终身受益。来自人民，想着人民，把全部的爱都献给了人民，这可以说就是彭德怀元帅一生的写照吧！

章：您曾经说过，“如果我能作为一个记者留名在世，已深感荣幸了。”此言品之再三，其味无穷，您能否由此对自己新闻生涯的总结再作一点具体的注释？

陆：许多人对我说，你已经83岁，说不定哪一天会突然离去。其实，我对生死看得很淡。我搞战地采访那么多年，有许多次，敌人的子弹在我的身边呼啸而过，承蒙弹下留情，我没有死，炸弹、炮弹、机枪、步枪，都曾经对着我，但都挡不住我。我常想，人生在世，能够对社会贡献一点力量，没有虚度年华，于愿足矣，作为一个新闻记者，第一，也是最重要的，就是先要做人。做人，要使对方信得过，使别人信得过，这就够了，我一生从事新闻工作，承人们信得过我，我很宽慰，别无他求。我反对现在的“有偿新闻”，对中央和上海针对这种现象采取的有关措施，我都赞成。因为，新闻一旦成为“有偿”，即使再正确，人们也不会相信它了。这就是“皮之不存，毛将焉附”。马列主义理论修养不够，学问不深，可以学习；为人不正，则终身遗憾。我对做人的要求就是这样，很简单，也很朴素。当年，《新华日报》印刷条件很简陋，用的是嘉乐土纸，平版机印刷，为什么人们还是争相购阅，因为共产党讲真话，讲真理，因为共产党人让人信得过。

章：新闻是一门学问，作为这方面的前辈和专家，您认为，新闻学最大的特点是什么？

陆：新闻是一门学问，是理论和实践结合得很紧的一门学问。我虽然忝为复旦大学新闻系的兼职教授，但我的理论不多，关于实践，我可以讲一点，我想先讲一件我亲身经历的故事：1938年5月中旬，中国军队从徐州突围。5月16日傍晚，我和《扫荡报》记者张剑心在出发前遇上五十九军三十八师直属骑兵连的班长李长江，即向他出示军委会颁发的战地记者证件，要求随军撤退。他看了一下就退还说："老子识字不多，什么记者不记者我也弄不懂，你们如果真的愿意跟咱们去打日本，那简单，只要在我班上补一个名字就行，不用多啰嗦了。"随即，他让一个士兵记下了我们的名字，发给我们每人一支枪和一匹马，又严肃地告诫我们："记牢，听从命令，跟我们好好干！如果你们在战斗中丢失枪支和马匹，那是要枪毙的！"真是秀才遇到兵，有理说不清！我们只好向他立正报告："李班长，我们坚决照办！"立刻背起马枪，跨上战马，随队出发，途中，突破日军的围追堵截，之后又是白天休息，晚上行军，人困马乏，饥寒交加，直至突围后的第四天到达扶沟，见到黄维纲师长，才与大部分突围的记者重聚。这次经历说明，我们当新闻记者的，并不完全是"无冕之王"，有时为了得到新闻，需要提着头、豁出命去干；有时又会遇到意想不到的新情况、新问题，迫使你非学习不可！譬如那次徐州突围，我不懂骑术，就要学骑马；不会背枪，也得背枪上战场。在万不得已的情况下，什么都得学着干。现在，我们遇到改革开放，遇到反腐败，这些都是新问题，不是老问题，如果是老问题，还可以凭老经验、老资格。新闻事业没有什么老前辈、老资格。新闻记者永远面临着新的情况，新的问题，就是要学习，虚心学习，不断学习。学习才是我们终生难以完成的任务！

（摘自《群言》1993年第12期，章戈采写）

世纪老人话沧桑

——一代工矿业泰斗孙越崎先生一席谈

1993年10月16日，这个日子，对中国国民党革命委员会名誉主席孙越崎来说，是不寻常的，从这一天起，他跨越了百岁人生。在长达一个世纪的历史时期内，他经历了晚清的光绪、宣统两代皇帝，像“走马灯”一样换来换去的北洋军阀，统治中国22年的国民党政府，最后走向社会主义的新中国，越崎岖而达康庄。正如中共中央政治局常委、全国政协主席李瑞环所称道的那样：“孙越老所经历的100年是中国历史上极不平凡的100年。在重大的历史转折关头，孙越老都作出了正确的选择，毅然决然地站到党和人民大众一边，为新中国的经济建设和发展留下了一笔宝贵的财富。孙越老的历史功绩，党和人民是永远不会忘记的。”

王：孙老，您好！您是我国能源工业的奠基人、一代工矿业泰斗，当此送旧迎新之际，读者希望您谈谈学习采矿和从事工矿业的经历和感受，以及对发展我国能源工业的意见，好吗？

孙：我同《群言》是老朋友了，1988年—1990年《群言》杂志曾发表过我的几篇有关长江三峡工程的论文，编辑部采取兼容并蓄的态度，勇于发表不同的意见，这对于活跃讨论气氛，使决策建立在科学化的基础上，很有好处。

我于1913年离开家乡杭州，到上海徐家汇李公祠复旦公学（复旦大学前身）中学部读书，当时邵力子先生正在该校任教，我深受他爱国思想的影响。此时，窃国大盗袁世凯，为了做皇帝，屈服于日本帝国主义的压力，签订了丧权辱国的“二十一条”，举国同愤，定5月9日为国耻纪念日。我原名孙毓麒，也就是在那时，愤而易名越崎，音同字不同，取意是祖国正处于崎岖不平的道路上，我立志要超越艰难险阻致力于国家之富强。

1916年，我在复旦公学毕业后，考入北洋大学矿冶科。1919年五四运动爆发，我以北洋大学学生自治会会长的身份，与天津河北高等工业学校谌志笃（即谌小岑，建国后任国务院参事，已故）、南开中学的马骏（回族、中共烈士）等奔走呼号，追随周恩来、邓颖超诸先驱之后，发动组织天津各大中学校学生罢课游行示威，以响应北京学生的爱国运动，要求释放被捕的北京学生，结果被学校当局无理开除。当时蔡元培先生长北大，他和邵先生都是绍兴人，出于他对爱国学生的同情，我始得转入北京大学采矿系，完成了大学学业。

王：*请您谈一谈当年您是出于一种什么考虑，才选择了采矿专业？*

孙：我那一辈同学少年，有的去学军事，有的选了文法科，学工的不多，学采矿的尤少。旧中国的重工业，基本上掌握在帝国主义国家手里；而一个国家要真正富强起来，没有重工业不行。重工业的原料，都埋在地底下。我国的地下资源并不少，正呼唤着一代有志青年去开发。我就是怀着“实业救国”的志愿，选择了采矿这一学科，从此和工矿业打了一辈子交道。

王：*您是出了北大校门，就任职于工矿业吗？*

孙：我是1924年初应聘到吉林省创办穆棱煤矿（现为黑龙江鸡西矿务局的一个单位）的。该矿地处荒野，交通不便，盗匪横行，道路未宁，内地的高级知识分子，都视为畏途。作为国内名牌大学的毕业生，我自愿到这里来，因此备受重视，任矿务、土木和机电三个部门的工程师，历时五年八个月。通过这段工作实践，我掌握了一个煤矿从勘探、建井到产煤的全部过程，也积累了一些管理经验。1927年北京地质调查所所长翁文灏先生来矿调查，对我的才干颇为赏识，从此我就和这位我国地质学界的前辈、权威订交，以后长期和他共事，在国民党政府资源委员会、经济部当他的副手，结下不解之缘。

1929年夏，翁文灏推荐我任河北井陉煤矿总工程师，我婉谢未就。因为我从工作实践中深感到在国内大学所学的知识还很不够用，迫切需要了解国外采矿业的最新成果，决定出国赴美深造。是年秋，我到美国斯坦福大学矿科研究生院学习。

王：您在美学习数年，主要收获是什么？取得了什么学位？

孙：我出国学习的目的很明确，就是想回国后继续办矿，以学到的知识报效国家，无意于取得硕士、博士学位，埋首于研究室中成为学者。我所选读的课程，都是自己在实践中感到欠缺而亟待解决的，因此在学校休假时，绝大多数中国留学生坐进图书馆啃书本，我则请教授介绍去旧金山市郊区的金矿、洛杉矶和德克萨斯州的油矿参观学习。后来又到纽约哥伦比亚大学研究生院学习半年，实际上全部时间花在参观美国东部煤矿上。1932年3月又去欧洲英、法、德三国煤矿参观实习半年；同年8月到苏联莫斯科参观了两星期，经西伯利亚铁路回国，游学三年，最终也没有戴上博士帽子。

王：“实践出真知”，您的经历也证明了这一真理。请谈一下您回国后的情况。

孙：去国三年，回来已是九一八事变后的第二年，东北变色，悲愤难平。我回到北平之后，见到咏霓（翁文灏字）先生，当时国防设计委员会（即资源委员会前身）刚在南京成立，翁被蒋介石任命为该会秘书长（蒋自兼委员长），他推荐我到该会任专员。我说，南京是做官的地方，我不想去。翁说，我不是要你去做官，这个机关有钱，可以买钻机，你对勘探有经验，所以想派你去陕北勘探油矿。我到南京以后，初任矿室主任，旋即奉派为陕北油矿勘探处处长，这是该会成立后第一个企业单位，也是我同国民党政府发生关系之始。

王：为什么陕北油田没有开采成功？

孙：我受命之后，由上海订购顿钻钻机两台，千辛万苦，辗转运往陕北延长、延川一带，开始钻探，后因油井产量不丰，无工业开采价值，没有进行开发。1935年5月，红军解放了延长等地，当时我已到河南焦作担任中福煤矿总工程师，通过无线电指挥油矿钻探工作，下令将钻机留在原地不动，派出人员先后撤回来。

王：中福公司是怎么回事？

孙：河南焦作中福煤矿是我国储量丰富、煤质优良的一个大无烟煤矿。该矿系河南省中原公司与英商福公司合办的，成立于民国初年，由省政府派财政厅长兼任总经理，由于管理不善，工潮迭起，连年亏损，到了1934年，已经濒临破产。此事关系到英方的利益，英方股东、中福公司董事长来华，要求国民党政府派员彻底整理。1934年9月蒋介石派翁文灏为中福煤矿整理专员，规定整理期限为两年，由河南省政府改归军事委员会领导。翁是地质专家，但地质与采矿并不完全是一回事，所以他打电报到陕北油矿勘探处，邀我任中福煤矿总工程师，他不在矿上时（他大部分时间，仍在北平负责地质调查所的工作），由我代理专员，并取得蒋的同意。经过大力整顿，煤矿情况迅速好转，生产走上正轨。两年整理期满后，中福公司恢复董事会，聘任我为该矿总经理。该矿年产无烟煤达一百多万吨，打开了焦作无烟煤在华北及华中一带的市场，达到产销两旺的极盛时期，不仅还清了贷款，而且盈利很多。

王：这个煤矿在河南沦陷以后的情况如何？

孙：1937年七七事变后，日军大举入侵华北，焦作中福煤矿面临着日机轰炸和沦陷的危险，为了避免资敌，我决定把煤矿的绝大部分设备拆迁到抗战后方的四川。当时有些原中原煤矿公司的董事表示反对说："这是我们河南的财产，不能拆走。"英国人也处处留难。但我据理力争，终于说服了中方董事，排除了英人的干扰，将地面和井下的大批机器设备和材料，冒着敌机轰炸的危险，拆卸后装车抢运到汉口，又经四川民生轮船公司总经理卢作孚的大力协助，抢运入川。我就以这批运川的器材，先后与民生公司、资源委员会、盐务总局和四川银行界合办了天府、嘉阳、威远、石燕四个煤矿公司，我出任这四个煤矿公司的总经理。四川原有一些煤矿都是规模不大、土法开采的小矿，自中福机器设备及技术员工迁川并投入生产以后，开始了近代化机器开采，产量大增，仅天府公司一处的产量，就供应了战时首都重庆全部用煤的一半，对内迁工业及民用煤炭的供应，起了不可忽视的作用，也是我为抗战所作的一件有意义的事。

王：当时大后方实业界人士戏称您为“煤油大王”，上面说的是“煤”，还有“油”呢？说的是甘肃玉门油矿的开发吧？

孙：是的！我国的主要资源，有煤也有铁，而唯独缺油，战前全赖外国供应，所以老百姓把石油称为“洋油”。一个国家如果没有石油是寸步难行的。抗战开始后，沿海城市沦于敌手，港口被封锁，油源断绝。当时任国民党政府经济部长兼资源委员会主委的翁文灏，决定开发甘肃省玉门县老君庙油矿。于1940年设立甘肃油矿局，任我为总经理。当时钻机缺乏，经翁文灏商得中共周恩来同志同意，将原存陕北的两台钻机调到玉门进行钻探，开始出油。同时向美国订购了旋式钻机和全套裂化炼油厂的设备，由仰光经滇缅路运到重庆，再转西北玉门油矿，全程长达5000余公里，真是战时奇迹。至于油矿所需其他机器设备，只好由300余家迁川工厂定制，终于在戈壁滩上建立起一座石油城。这是我国第一个现代化油矿，开工后可年产汽油180万加仑，加之其他柴油、煤油等油料，可供应西北军用、交通和重庆工业、民用之需。由于有了玉门油矿的汽油，可将苏联供应的大炮，从新疆源源运到前线。1944年美国空军由成都基地起飞轰炸东京和其他敌占工矿企业时，地勤用油也是玉门油矿供应的。

当年的玉门油矿，最高年产量也不过200万加仑，和今天我们的大庆、胜利油田相比，那简直是“小巫见大巫”了。但是，“万事起头难”，玉门油矿不仅出了油，而且培养了一大批第一代开发油矿技术和管理人才，有道是：“凡有石油处，就有玉门人”。不但是大陆，而且在台湾，甚至在美国，也有玉门人。闻名全国的大庆“铁人”王进喜，也是从玉门出去的技工，说玉门油矿是“中国石油工业的摇篮”，是当之无愧的。

1942年8月，中国工程师学会在兰州举行年会。该会每届年会公推有突出贡献的会员一人，授予金质奖章以资表彰。在以前几届受到这一奖励的，有发明侯氏制碱法的侯德榜，建成粤汉铁路的凌鸿勋，设计钱塘江大桥的茅以升。我继这三位大师之后，因在后方开发煤矿和油矿以支援抗战的成绩，接受这一荣誉，我是引以为荣的。

王：抗战胜利以后，您还做过哪些事情？

孙：1945年8月，八年抗战获得胜利，我辞去四川四个煤矿和甘肃油矿局总经理的职务，以特派员的身份由经济部派往东北，接收东北地区日伪留下的重工业，办公地点设在沈阳。同时又兼任行政院河北平津区敌伪产业处理局局长，局址设在北平。我穿梭来往于平津及东北各地，一年内出入山海关九次，可说是席不暇暖。当时人们认为这是一个“肥缺”，我自问尚能做到廉洁自律，涓滴归公。

1946年以后，由翁文灏、钱昌照先后任资源委员会主任委员（隶属于经济部时）、委员长（直属于行政院时），我是他们两位的副手。1948年5月，翁文灏出任行政院长，我继任资源委员会委员长，以后行政院改组，我改任经济部长兼资委会主任委员。蒋介石虽然信任和重用我，但是政局腐败，社会黑暗，人民受难，作为一个有良心的中国人，我内心很不舒畅，终日彷徨。在人民解放战争节节胜利和共产党统一战线政策的感召下，我决心摆脱国民党，投奔共产党。1948年10月，全国工业总会在南京召开成立大会，资委会各地重要工矿企业的负责人约三四十位当选代表来宁，我利用这个机会，召集他们在会本部开会，我以委员长的身份，动员他们坚守岗位、保护财产、迎接解放、办理移交，这是我弃暗投明从思想见之于行动的第一步。后来又想方设法拒绝将资委会所属南京五厂迁往台湾。1949年6月我辞职前往香港，又策动资委会香港国外贸易事务所员工护产起义。最后，资委会下属121个总公司，近千个生产单位，32000多名技术人员和管理干部，全部留在大陆，参加了革命队伍。

王： 请您再谈谈您在新中国成立后的工作与生活，您在"文革"期间也吃了不少苦头吧?

孙： 1949年秋，我在香港发动和组织资委会国外贸易事务所起义即将正式通电宣布前，于11月初携眷乘轮北上，到青岛后经济南、天津到达北京，受到周恩来总理的接见和宴请。在我北上途中，已任命我为中央财政经济委员会计划局副局长，与钱昌照、孙晓村同为该局副局长，在陈云主任的直接领导下，分管基本建设、轻工业和天然财富三个处。建国伊始，百废待理，基本建设还没有一个章程，我与有关同志通力合作，起草了《基本建设工作程序暂行办法》28条，还应《人民日报》范长江、邓拓二位之约，代拟了《没有工程设计就不可能施工》的社论，煞住了那种边勘测、边设计、边施工的所谓"三边"做法，减少了返工浪费和不必要的损失，起了很好的作用，至今仍是基本建设中必须遵守的规则。

应该说，从旧中国到新中国，我的心情是愉快的，工作也是有成效的。

1952年秋，中央财委撤销，组织上根据我的意见，安排我到离京最近、全国最大的唐山开滦煤矿任总管理处副主任，我经常到所属各矿下井指导工作，受到全矿员工的好评，并且针对矿上存在的问题，还提出不少合理化建议。50年代中期以后，由于指导方针上"左"的影响，阶级斗争的弦越绷越紧，我这个在国民党政权中长期担任过高级官吏的人，是不会受到信任的，虽然还担负着副主任的名义，但实际处于投闲置散的地位，闲来无事，就到公园看人下棋，大好时光，白白流失了20来年。

在"文化大革命"的浩劫中，我以"特嫌"而受到冲击，隔离审查一年半才释放出来，却仍限制行动自由。但我经受住了严峻的考验。共产党和全国人民都在受难，小小的个人又有什么值得计较的呢!

1976年7月唐山发生大地震，我的住处墙倒屋塌，我和老伴双双被埋于瓦砾堆中，经过四个小时，才被邻居发现挖出，肋骨已被压断数根，所以我对老朋友说我是“出土文物”，并非虚言。俗话常说：“大难不死，必有后福。”放在我身上，倒是完全应验了。

王：中共十一届三中全会以后，党中央肯定了您对祖国建设事业的卓越贡献，并给予了极高评价。您先后当选为民革中央副主席、监委会主席、名誉主席，并被任命为国务院煤炭工业部顾问，担任全国政协常委暨经济委员会副主任，以及中国和平统一促进会会长等许多社会职务，你不顾耄耋高年，南北奔走，建言献策，您这种老当益壮、为国忘身的精神，是我们这些晚辈学习的榜样。

孙：这我不敢当。党的十一届三中全会拨乱反正，实现了工作重点的转移，我这个为了国家富强搞了一辈子工矿业的人，怎能不衷心地感到高兴呢！

王：经济建设离开能源、交通不行。您多年来一直从事煤炭、石油的开发利用，现在虽已离开了实际工作岗位，却仍关注着这一方面的问题，请您谈谈对发展我国能源工业的意见，好吗？

孙：在发展电力方面，要水火结合，因地制宜。我的总体思路是：根据我国能源分布的情况，华东地区应当火主水辅，华中地区应当水火并举，西南地区应当水主火辅。西南地区要多建水电，也需火电配合，云、贵、川三省可统筹规划，建成一个水主火辅的西南大电网。华中的煤不多，但有许多大的支流，还可建不少水电站。华东地区主要靠火电，华北的煤炭通过航运大量南下，筹建几个大火电站，就可解决华东电力的紧张状况。

我国的能源，煤最多，水能资源次之，约占各种能源总数的60%。现在煤炭供需难以平衡，存在很大缺口；另一方面是铁路运力不足，挖出来的煤不能及时运走。所以我曾在六届政协大会上建议，可以建精煤浆管道输煤。精煤浆每吨用洗过的精煤70%，水29%，添加剂1%配合，将钢管埋在1.5米深的地沟里，上盖泥土防冻，平均每100公里设一泵房压送，将精煤浆通过钢管直接送到火电站的锅炉发电，这种做法美国、前苏联早已搞过，取得成功，建设投资比铁路少一半，运行费用省得更多。

王：您对长江流域综合治理和三峡大坝工程问题非常关心，早在1985年七八月间，就以全国政协经济建设组组长名义，率领以全国政协委员和专家组成的长江流域综合治理和三峡工程调查组，对长江上中游各地进行了长达38天的调查，进行了慎重研究，写出了调查报告。您被三峡工程论证领导小组特邀为顾问，就此在相应的会议上作过专题发言，发表过文章，您的意见是人所共知的。现在施工前期准备工作已经启动，您对读者还有些什么话要说？

孙：实事求是是党所倡导的思想作风，坦率直言是我一贯坚持的做人风格。三峡工程不仅是百年大计，而且是千秋大业，党中央和国务院采取了慎之又慎的态度，组织了多次论证，前不久又组织了各民主党派、全国工商联的领导人和无党派人士组成考察团，对长江三峡库区和处于前期施工准备阶段的三峡工程，进行了为期九天的实地考察，反映良好，是决策科学化、民主化的生动体现，也是多党合作、参政议政、民主监督的重要实践。作为参政党的一个成员，我坚决支持三峡工程的建设，并为此继续贡献自己的智慧与力量。

三峡工程是前无古人、举世少见的特大型工程，技术复杂，困难不少。在建设过程中，肯定还会遇到一些尚未预料的新问题，一定要稳妥可靠，逐项解决，做到万无一失。我们民主党派一定要关心和支持三峡工程，积极献计献策，协助党和政府，共同把三峡这件大事办好，使我们的工作，能经得起历史的检验，造福于子孙后代。

加强水土保持工作是治理长江的根本大计，长江上游是全国水土保持的重点区域，这并不是老生常谈，我一有机会就要大声疾呼，要有专门机构来管这件事。大力提倡植树种草，既可改善生态环境，又是水源涵养之本，还可减少泥沙对河道、水库和湖泊的淤积，留给后代一个风景优美、人寿年丰、天地人互相谐调的环境！

库区百万移民，是一项复杂的系统工程，总结以往大型工程施工的经验，这次采取开发性移民的方针，是非常之好的。要把国家对库区的各项优惠政策一一落到实处，不打折扣。要多渠道、多形式、多方法地安置移民，使移民搬得出、安得稳、富得起，无论是库区或坝区，都能各得其所，安居乐业；使整个社会稳定、祥和。这件大事办得如何，将是影响整个工程进度和成败的关键。

总之，我们有优越的社会主义制度，有共产党的正确领导，依靠全国各族人民的共同努力，在小平同志建设有中国特色社会主义理论指引下，三峡工程一定会建设好！

时间在不知不觉中已过去了两个多小时，我站起来向他告辞，并祝愿他海屋添筹，天与遐龄。孙老说："过了10月16日，我又从一岁开始，还小得很呢！我不仅要同全国人民一起进小康，还要看到实现了第三步——达到中等发达国家的水平呢！"

（摘自《群言》1994年第1期，王奇采写）

把心交给读者

——记巴金

《群言》杂志邀约我写一篇关于巴金老人的访谈录。巴老年事已高，身体有病，已经多年不接待记者采访。我因身在北京，只是偶有机会到南方探望巴老，随意谈论过一些问题。现感于《群言》朋友的盛情，写下了这篇随感式的小文。

一

1993年元旦刚过，巴金写完了26卷本《巴金全集》的第二个后记。他在稿纸上用颤抖的手认真地用力地一笔不苟地写下了歪歪斜斜的四个字“最后的话”。那字体显得稚拙，很难辨认出他往昔有过的潇洒灵秀的书法风格。他确实衰老了。他患帕金森症已经多年。他摔过跤，腿脚不灵便。他的日常生活不能完全自理，需要家人帮助，他说话本来乡音就很浓重，现在似乎更不容易听清楚了。这位90高龄的老人一般不再接待记者采访，也不接待外国朋友。他说：“因为身体不好，怕失礼。”有一次，他还说自己病躯形象不好。他总是想着别人。然而，大家，你、我、他，中国人，外国人，始终怀着尊敬的挚爱的眼光注视着他，总想继续倾听他正在思考什么，还将诉说什么。

巴金在这《最后的话》的末尾，是这样深情地对他的读者说：

“我讲话吃力，写字困难；笔在我手里重如千斤，无穷无尽的感情也只好咽在肚里。不需要千言万语，让我们紧紧地握一次手无言地告别吧。

“……对他们我只要说：‘我爱你们。’是的，我永远忘不了他们。”

70年前，巴金在踏上文学之路开始，就把自己那颗真诚的爱心奉献给读者。他热爱生活，热爱人类。他说：“我的上帝只有一个，就是人类。为了他我准备献出我的一切。”他要在荆棘丛生的泥泞路上，“做一根拐杖或一根竹竿给他们用来加一点力”，他要“做一个在寒天送炭，在痛苦中送安慰的人”。

当他经历了漫长的艰难岁月，看到了人生的美好、真诚和爱，也饱尝了荒谬、丑恶和残暴之后，再来面对现实，面对读者时，却是更加勇敢睿智地思考和顽强地写作。他不顾闲言碎语，不顾政治上的高压和辱骂，不顾自己的病痛，依然坚持写作，相当困难地一个字一个字地写着描着，终于写完了滴淌着自己心血的《随想录》5卷。

他说：“已经到了搁笔的时候了，放下这支使用了60年的笔，我不能没有留念。”于是，他并未真正搁笔。他说：《〈随想录〉合订本新记》“可能是我的最后一篇文章。”《随想录》是他的“最后的言行”，是“告别”，是“最后的一次”了。然而，这又并非最后。他又继续写作了长篇随笔《怀念从文》《怀念二叔》，以及其他许多短文。1986年起，七八年来，他又熬过了多少酷热炎暑，严寒残冬，埋首校读26卷本《巴金全集》，多达约1000万字。去年夏天，他又写了《没有神》，虽然是一篇只有300字的随笔，但却如黄钟大吕又一次呼唤，“没有神，也就没有兽。大家都是人。”

巴金年轻时就以写作勤奋丰饶闻名。以1931年为例，创作和译作加在一起多达80万字以上。这是他牺牲了休息、娱乐，日以继夜不停地写作的成果。他狂热地投入写作中，以至忘记了自己。但是他的写作态度却是十分认真的。他说：“当初我献身写作的时候，我充满了信仰和希望。我把写作当做我的生活的一部分，我以忠实的态度走我在写作中所走的道路。”所以，他总是把他的心血、悲欢尽情地倾泻在纸上。

现在，他仍然不甘心停下脚步休息。他渴望工作，渴望把自己的感情和思考畅快地倾吐出来。因此，他常常不无苦恼地在文章中说：

“我愿意再活一次，重新学习，重新工作，让我的生命开花结果……”

“《随想录》是我最后的著作，是解释自己，解剖自己的书，但这也只是刚刚开始，本来我还想写《再思录》，却没有办法，‘来日无多’了……”

最近一两年，我偶有机会看到他时，也能听到类似的话。有一次，他听说我正在写作一本有关作家心态的书稿，就欣然说：“我也想写这样的书。可惜我老了。”

去年秋天在杭州，他又说：“我现在最大的苦恼就是生活不能自理。我本来再想写文章谈我自己。但是身体不行。”后来，他又一次遗憾地说：“我很想再写一部书，可惜身体不行。”这时，他还谈到“文革”后曾经计划写作的一部长篇小说《一双美丽的眼睛》，只写了几千字就没有能够继续写下去。

他幽默地说：“我现在愿意和老朋友谈天。多谈谈，使我也能多想想事，不会得老年痴呆症。我身体一年比一年差，我不管这些。我不想生死问题。我想的是把事情做好。”

为什么他这样不能忘情于写作。为什么他对于走过的人生道路如此严苛地不断地拷问。为什么他对于人民这样一往情深，急迫希望她进步、健康、幸福。

不久前，他在给一位友人信中，像半个多世纪前一样，又一次虔诚地说：“我有我的‘主’，那就是人民，那就是人类。”

他反复申述他的写作信念是：“把心交给读者”。1979年，他写《随想录》初就这么说，15年以后，他还是这么说。最近正在各地巡回展出的《巴金大型摄影展览》的名字就叫“把心交给读者”。

对近几年社会上出现的“以商养文”的呼救声，他明白地说：“作为作家，养活我的是读者，不是企业家。”

他深情地说：“有一点读者可以相信，你们永远在我的想念中。”

他的宽大胸怀，悲天悯人的精神，使他想到的是奉献，是付出。他早年就立志献身人民，为他们而写作，鞠躬尽瘁，九死不悔。

二

那么，90岁的巴金老人在思考什么，关心什么呢?

《随想录》是巴金晚年最重要的思想和文学的结晶，也是他后半生文学创作中最富有思想光彩的。那里面有他真诚的自我拷问，有他对于近代中国历史的深刻反思，有他对于传统文化观念的探讨和批判，有他对于人民刻骨铭心的爱。虽然，他认为《随想录》只是他反思自己的开始，但是，那里有他真诚的自我写照和解剖。所以，当研究者要探问他的心路历程时，他总是回答说：

“那么请你多看看《随想录》……”

他又说：“我总劝别人读《随想录》，最好能作为整体来看。”因为在《随想录》写作过程中，他的认识也在不断探索、变化、深入过程中。

巴金对于“文革”的教训特别重视。因为这是中国史无前例的大事，关系到整个民族的生存和发展，过去和未来的大事，对于整个世界和人类有着深刻的历史意义。因此，他在《随想录》中作了广泛的探讨。他呼吁建立“文革博物馆”。最近有人对他说，“文革”十年不过是一个梦。他反诘说：“还会再做梦吗？为什么不会呢？我的心还在发痛，它还在出血。”

他的思考和呼唤引起了强烈的反响。《随想录》是帮助人们理解巴金心灵的一把钥匙。

巴金热切地希望我们的国家能够兴旺发达，我们的民族能够进步向上，我们的社会将建设得愈来愈繁荣。他为这十多年的改革开放所取得的成就由衷感到高兴。但是，他也为某些社会现象畸变，道德、文化的堕落担忧。

他说："现在有些社会风气太坏。对于金钱的疯狂追逐几乎有点变态。有些人的生活已经有点荒淫无耻。人类社会应该是一个理性的社会，人总是应该有理想的，并不是任何东西都可以用金钱买到的。陀思妥耶夫斯基的小说《白痴》里烧钞票场面就是批判这种思想的。"

大家都熟悉这个故事。小说中的女主人公娜斯泰谢把她卖身所得的10万卢布当众烧掉，表现了对一群卑鄙贪婪之徒的轻蔑和挑战，表现了她的尊严和不可侮。娜斯泰谢要一个曾经侮辱过她的篃纳到火中取钱，这钱就可归他。篃纳终于没有去取，却被刺激得晕倒了。娜斯泰谢说："这么说，他的自尊心还比他的贪财心大一些。"

这就是俄罗斯作家对金钱的态度，对被金钱锈蚀了的人心的批判。然而，现在的中国，有些人把致富发财看作人生唯一目的，有的作家也拜倒在钱袋之下。

巴老针对轻视文化教育的现象，一针见血地说：

"经济发展当然至关重要。但是，没有文化，经济怎么发展。"

巴老怀着很深沉的感情，谈到理想的问题。

"我相信进步的社会理想总是要实现的。苏联解体给了我们很深刻的教训，值得深思。社会主义需要物质丰富，也还需要民主、自由和高度文明。苏联没有。所以，苏联是不是真正的社会主义也很难说。以前有许多先进的思想家主张'各尽所能，各取所需'，马克思也是这样主张的。这就需要极大丰富的社会物质财富。社会主义实践需要时间，也应该比资本主义好。否则就不是社会主义。苏联搞了70年，就这么解体了，我也想不到。"

"应该有理想。当然，实现理想是有过程的。历史总是在前进，会有弯路，现在中国的思想文化道德面貌，从某种意义上说，是退步了的。

我们这个社会过去普遍讲假话，现在又到处出现假货，这个现象很可怕。过去人们追求理想，有道义上的自我约束。现在有些人没有什么理想，觉得不值得去追求进步的高尚的理想。只为自己，自私自利。什么东西都可以造假。假货太多。太可怕。听说现在图书馆里的读者很少。教师工资拖欠。教育得不到重视。教师得不到尊重。人们不愿做教师。这样，国家会变成什么样呢？”

“我想起年轻时候，很多朋友受理想鼓舞，只想对社会做点贡献，对人类有点好处。我们常常自己掏钱出来做文化工作，而不是想从中赚钱。有时，我也放弃稿费版税，用来支持朋友从事文化事业。我不知道钱多了，对个人有什么用处。看来，人们的想法还是不一样的。有的人觉得不捞白不捞，是傻瓜。有的人却觉得这种疯狂地捞钱的人是傻瓜。”

巴老讲了一个小故事：

“我去法国之前，也就是1925年—1926年间，我在上海靠写文章维持生活，那时朋友们在一起常常是谁有钱就拿出来大家花。但是，我们的生活很简单，在小饭馆里两碗饭、一碗豆腐汤就解决问题了。1928年底回国后，朋友办的自由书店聘我做编辑，一个月给80元大洋，我说我用不了那么多，40元就够了。我回国的路费是在美国的朋友钟时寄给我的。我与钟时在几年前通信联系认识的，但是我们从未见过面。”

这些生活小故事使我们清楚地感受到当时年轻人之间的淳朴、单纯的风气。他们把心思用在对理想的探索和追求上。对于物质享受、金钱是如此淡泊。

三

但是，伴随着《随想录》的写作，常常出现一种叽叽喳喳的噪音。就像历来对巴金作品采取否定态度的总是来自两个方面。一种是从极“左”的、宗派的、教条的政治观出发批判他，认为他对“文革”等所作的历史反思是“自由化”；一种是从所谓艺术至上、纯艺术技巧出发，脱离特定的历史背景，讥评为煽情感伤、抽象夸张的激情通俗剧。他们不能理解，这位文学老人的独特文学贡献正在于他一生都是在为净化人的心灵，在为挖掉精神上的垃圾而努力。这样的文学作品已经感染了好几代人，影响、推动着历史和文学的进步。那些在现实和历史面前闭起眼睛，要弄陈腐的政治教条，或自命精细的艺术作品却未必有这样感人的力量。分歧显然主要不是在政治思想上的是非和艺术技巧的高低，恰恰在于作家是否把自己的一颗真诚的心灵气韵生动地灌注在作品里。

巴金在前几年的一篇《致青年作家》的信中就坚定地表达了这样的态度。因为大家都在渴望中国文学进入世界前列，那么“划时代的巨著”又从何而来呢？巴金说：

“所谓划时代的巨著也不是靠个人的聪明才智编造出来的，它是作家和人民心贴心之后用作家的心血写成的”。

但是，他对待这些批评却又采取严格要求自己的态度：

“批评有好处。批评本身就是一种探讨，会将问题的研究引向深入。说起来也有点奇怪。我从创作开始，直到现在几十年总是不断受到批判。想想，我也并不怕。我看自己的作品也觉得很一般。我对《巴金全集》责任编辑王仰晨说，其实我的作品可保留的只有一半，可以删掉一半。50%是废品。但是，我写所有作品的出发点还是为读者，为人民。我这么说并非客气话。中国人以谦虚为美德，说实话反不易为人接受。我的有些作品写的是不成功的。”

巴金和他的作品像一株饱经风雨的参天大树，根深叶茂。他的文学的根深植在历史和现实的土壤中，深植在广大读者的心底，同时也荫庇和滋养着无数的文学后人和几代读者，他没有被骂倒，更没有被打倒。

我想到今天的文学正面临挑战和危机，受到相当一部分读者的冷落，是有着复杂深刻的政治、经济、文化等原因的。但是，作家对于读者缺少深厚的同情、理解和爱心，对于人民的悲欢命运显得冷漠，面对纷扰的社会现实缺少鲜明的爱憎和激情，文学作品未能成为作家心血凝聚的结晶。这样又怎能引起读者兴趣？又能给予读者什么积极的思想和艺术的感染力？

巴金老人的文学生涯对于我们不正是一种启示和呼唤吗？

（摘自《群言》1994年第5期，丹晨采写）

白寿彝教授谈中国民族关系和中国封建社会

春节过后，北京师范大学、北京师范大学出版社为著名史学家白寿彝先生举办了85岁华诞暨《白寿彝史学论集》出版的庆祝会。白先生回顾了85年来所走过的道路，深沉地说："85年来，对于我们中国、我们的民族讲，是一个不平凡的时期，经历了很大的变化、很大的波动。在我讲，也是一个不平凡的时期，经历了很不平凡的岁月。想研究学问，但有很长一段时期很困难，不过在困难中还陆续取得一点成绩。我在新中国成立前的40年，忙于生活，新中国成立后又忙于各种活动，真正地下点功夫做点学问，还是在70岁以后。"

会后，我就中国民族关系和中国封建社会问题向白先生进一步请教。白先生说，这是他近年来在学术领域内经常思索的，他认为与现实社会有紧密关联的两个理论问题。

中国的民族关系问题，是中国民族史研究中的重要课题。它与民族团结、国家前途有着千丝万缕的联系。白先生认为在这个问题的研究上，有两个方面是首先应该重视的。一是历史上民族关系的主流，一是如何阐明统一多民族国家的理论。关于前者，新中国成立以来一直有两种意见。一种意见认为，民族关系的主流是民族矛盾；一种意见认为，民族关系的主流是民族友好。各持己见，互不相让。白先生对这两种意见进行了认真的分析，提出了他的看法。他说："民族关系的主流到底是什么，这是我们必须要解决的问题。解决的办法便是依据历史事实。我的看法是，在某些时期是以民族友好为主，在另外一些时期是以民族矛盾为主，从整个历史发展趋势上看，中国民族关系是越来越团结、越来越友好，这才是历史上民族关系的主流。这既符合历史事实，又符合现实要求。认为民族关系以友好为主，或以矛盾为主的说法都有符合历史事实的一面，但都是不全面的。”

白先生转而又谈到统一问题。他认为，中国民族关系的发展跟民族统一意识的传统关系是很密切的。是什么力量把这么多的民族统一起来？各民族在历史发展中是否有共同规律可循？统一多民族国家的理论应该如何阐述，这是他思考统一问题的重心所在。他说：“新中国成立以来，我们一直在讲，中国自古以来就是统一的多民族国家，这样讲是不确切的，因为中国历史上确实存在有分裂时期，统一是有其历史发展过程的，要把道理讲通。我在由我主编的《中国通史·导论卷》中，曾就统一的问题有过较系统的分析，提出了四种统一形式，即单一的民族内部的统一、地方性的多民族的统一、全国性的多民族的统一、社会主义多民族的统一。这主要是从统一的历史发展趋势来讲的，说明我们的统一是经过不同形式、不同阶段的发展，才逐渐形成今天的多民族的统一；说明多民族的统一的提法是一个历史的概念，经过长期发展的过程。我在《关于统一的多民族国家》这篇小文章里，还谈到统一意识的问题。我说，‘思想意识是社会存在的反映，这一点我们注意得还相当不错，但对于思想意识对社会存在的反作用，有时注意得不够’。我还说，‘在民族问题中，在民族关系上，在民族发展史上，这个思想意识问题是很重要的。中国历史上，有时候，在政治上是分裂的，在经济上是分散的，但是这种分裂和分散并不妨碍统一意识的存在。而且有时这种统一的意识反映得很强烈。这就是说，不管是分裂时期还是统一时期，中国人民都具有一个共同的思想意识，这就是民族统一的思想意识。这是我们中华民族的优秀传统。在统一时期，这种民族统一意识很清楚，在割据时期，这种民族统一意识仍旧很清楚。大家并不赞成割据，割据各方都愿意统一。这种统一意识一直到现在表现得还很突出。在统一过程中有矛盾有斗争，但经过斗争，还是达到了统一。这和民族关系的发展越来越趋向友好、团结是相一致的，这也是我们今天民族大团结的思想基础。’”

我们的话题又转到了中国封建社会。白先生对于中国封建社会的分期问题、疆域问题、土地所有制问题、分配问题、阶级关系问题，都有独到的看法和论点。重要的有：封建等级所有制，多种生产方式的并存，封建国家职能的两重性，中国封建社会分期的依据和标准等。在他主编的中国通史导论卷和这次新出版的史学论集中，对这些问题都有系统的论述。白先生说："中国的历史很长，影响最大，时间最长的还是封建社会。弄清封建社会最根本的问题，有助于我们今天解释现实社会中的问题。"他谈到对封建社会的研究和这一研究与现实的关系，说，"封建社会有许多问题我们还未弄清楚。几十年来一直在研究，但还是就一般理论研究比较多，在土地的占有制方面，在地租和赋税方面，在阶级关系方面，中国历史上都有它的特点。这些问题光是一般研究还是不够的。现实生活中有许多情况是历史的继续，优良传统继续存在和部分继承，同时，不好的东西也继续存在，还在发挥它的作用。像我们今天所看到的许多恶劣的现象，不是简单的，而是经过长时期历史变换依然遗留下来的，历史是可以重复的，不是说一直进步下去的。总的是在进步，进步中存在着许多倒退。历史的变化是正常的事情，不要看到一些事情不合适，就大惊小怪。"

由于时间关系，白先生没有深谈下去。他说："这是我近年来比较感兴趣的两个问题。想了多少年，没有深入下去。我在会上提出来，也是请大家批评指正。"他很兴奋地说："学校和出版社为我举办的这个会我感到有它特殊的意义，把祝寿和出版我的著作这两件事搞在一起，说明了85岁的人还照样可以继续工作。"话虽不多，却表现了一个学者孜孜以求的精神。

白先生近年来深居简出，谢绝了一切文字上的请托，致力于著作。他把主要精力全部投入到了主持12卷本《中国通史》的编撰上。这部大书的编写，既是白先生作为一个历史学家的使命感所为，也是时代的需要。

1972年，周总理在全国出版工作座谈会上提出了编写《中国通史》的任务，旨在教育青年同志认识祖国数千年悠久历史，树立热爱祖国的思想。后来，白先生出访巴基斯坦、东南亚和阿拉伯国家，国外的史学家表示希望看到新中国史学家编写的中国历史书。白先生深以国内无相应的通史著作为憾。于是，他在1975年提出了编撰中国通史的倡议，得到了各方专家学者的支持。从那时起，到现在，十几年过去了，中国通史的编撰工作虽然受到来自各个方面的冲击，还是坚持下来了。全书12卷将在1995年问世。一位新华社记者在采访白先生之后曾说过，这书可说是白先生整个生命的投入。中央统战部李生玉同志在会上赞扬白先生"关心国家前途和命运，也关心本民族的历史和发展进步，重视各民族的团结，并把这种高尚的政治品质融入了他的整个研究工作中。"这些评价，白先生是当之无愧的。

与此同时，85岁高龄的白先生还是另一项国家哲学社会科学重点项目《中国史学史》的学术带头人。他主编的四册《回族人物志》也是在近几年最后完成的。他说，这书的完成，也实现了他为本民族历史事业作点贡献的宿愿。

尽管白先生的贡献已受到了社会的高度评价和充分肯定，他还是觉得自己没做什么，不安地说："我这些年想多做些工作，实际上未能如愿。大家在会上称赞我的话，许多都不敢当。我愿意继续努力下去，争取再上一层楼。"短短数语，使人感受到了一个历史学家的宽阔胸怀。

白寿彝先生在治学上，有他自己的学风。他既不迎合时尚，又不苟于立异，对自己所从事的历史教育和历史研究事业始终充满信心。1989年适逢他80寿辰时，曾对自己在60年治学中的体会总结说，他认为最重要、最深刻的一点是，作为一个历史学家，一定要处理好历史与现实的关系。他说："我受传统影响很重。对于研究历史是否与现实结合，开始时是缺乏这种自觉的。后来，从国家、民族和个人经历的种种困难中，才逐步地理解到历史对现实的重要，也认识到现实有助于更深刻地理解历史。我坚信，历史研究的主流必须是回答现实生活中提出来的重大的迫切的问题，对此，我们应该有清醒的认识。”他在给《光明日报》史学版创办40年的祝词中说，读点历史有好处，人不要离开现实，也不可能完全离开现实。但也不要掉在现实堆里，只看见眼前的一些事物，闭塞聪明，成为井底之蛙。为了避免这种毛病，读点历史有好处。

他在祝词中要求大家要正确地对待历史，说：“不少年来，不断有人问，学历史有什么用，这个‘用’，如果指的是物质生产的直接需求，恐怕说不上有什么用，如果指的是对国家前途的观察，对国策的制定，对社会风气的改善，那就可能有或大或小的用处。历史不是简单的过去的事情，而是和现实息息相关的。历史是人类经验和智慧的宝库，正确地对待还是有好处的。”

他说，如果让他重新选择职业，他还会毫不犹豫地选择历史研究工作。说这话时，他睿智的目光中充满了坚定和自信。

白先生的老友、著名诗人臧克家先生，在他的散文中写道：“寿彝同志，比我小几岁，身体健康，精力旺盛。他勤于治学，态度谦逊。他对同行，总是说别人的长处，没有听到他自许什么。”他还记述了使他难忘的几件往事。一件是“雪中送炭”，说的是他在上海主编副刊《侨声报》停刊后，白先生在他孤立无援的境况下，将自己主编的《文讯》月刊让给他。一件是白先生在白色恐怖笼罩下坚决支持发表他的进步小说《小马灯》，使之得以与世人见面。一件是克家先生潜港后白先生对他家眷的关心和照料，“患难之中见友情”。一件是“四人帮”横行时期，白先生坚持以科学态度评价秦始皇的史学家的风范。

克家先生的话和他对往事的追忆，反映了白先生为人的作风和学风，也反映了一个历史学家对于历史的忠诚。

（摘自《群言》1994年第7期，薛莹采写）

一位历史学家的不倦追求

——邓广铭教授谈治学和历史研究

盛夏酷暑，大地蒸腾出一片热气。坐落在北京大学东北角的朗润园，绿树葱茏，园中一泓碧色的湖水，给人以宁静之感。循着曲折的小径，步入园中，著名历史学家邓广铭教授就住在这里。受《群言》编辑部所托，我访问了邓先生。

欧阳：邓先生，现在越来越多的人对民国学术史感兴趣，先生是过来人，您能谈一下当初自己确定史学志趣的情况吗?

邓：我小时候只读过《四书》《五经》和坊刻的一些陋刻的历史书。处在偏壤之地，自然不知天地之大，也不知还有其他什么书可读。1923年我进入山东第一师范，这时，五四新文化运动的余波未平，该校受新思潮影响很大。我受当时读书风气的感染，阅读了大量新书。所读书籍大致可分为两类：一类是文学，包括翻译和创作的各种文学体裁作品。翻译作品中，我印象最深的是林琴南翻译的小说《茶花女遗事》以及后来白话译本的《茶花女》、杨晦译的罗曼·罗兰的《贝多芬传》，创作作品中对我影响最大的是鲁迅、周作人兄弟的小说和散文。一类是史学。顾颉刚整理的《崔东壁遗书》和他编的《古史辨》对我很有启发。《崔东壁遗书》提出许多古史问题，我看了很受震动。我当时称不上是属于“疑古”派的人，我认为顾颉刚也说不上是“疑古”派，他怀疑古代的某些论断，同时又挖掘一些被湮埋的学说。通过阅读这些史学著作，我了解到历史中有许多五花八门的问题值得探讨，用不着虚构小说。1932年我考入北大历史系。进校后，我就发愿要把文史融合在一起，像司马迁写《史记》那样，用文学体裁写历史。

欧阳： 怪不得先生与一般历史学者不同，治学涉足于文史之间。

邓： 自从读了《贝多芬传》后，我就逐步迷上了传记题材的文学作品。我还读了罗曼·罗兰的其他传记作品，如《托尔斯泰传》《弥开兰祺罗传》，还有法国作家莫罗阿的传记作品。看了这些书，我也倾向于搞传记题材，动了要写一组中国的英雄人物传记的念头。记得胡适先生在一次文学史演讲中，提到对郑振铎先生的《中国俗文学史》的不满之处，因为这部书当时颇有影响，我就找来一看，感到文笔确属一般。我以为如用传记体裁写人物，需要作者文笔生动，才能打动读者，感染读者。

欧阳： 先生进入史学领域后，受到哪些人物的影响？

邓： 在古人中，一位是司马迁，他提出"究天人之际，通古今之变，成一家之言"；还有就是刘知几和章实斋。我以为"通古今之变，成一家之言"是治史的至理名言。胡适说的从大处着眼，从小处着手，也是这个意思。我自己一生治史就朝这个方向努力。我在师范时就读了胡适的《章实斋年谱》，这本书引导我读章氏的《文史通义》。唐代史学家刘知几提出治史要有史学、史识、史才；章实斋又加上史德。这也是我治史的座右铭。我以它来要求自己，我认为它是中国史家的优良传统。

欧阳： 30年代，学术界有所谓京派、海派之分，邓先生当时是否有选择性？

邓： 京派和海派是两种不同学风的派系名称。京派讲究治学谨严、扎实，言之有据；海派好发空疏议论，华而不实。鲁迅先生曾有一个说法：京派近官，海派近商。他是就两派的目标取舍而言。不过，并不是身在北京的学人就一定是京派，或人在上海就是海派。京派以北京为重镇，海派在上海有市场。但如细论个人，还得看他本人的学风。我是崇尚京派，反对海派作风的。我把那些拿学术不认真对待的人都看成是海派。

欧阳：先生能不能再具体说明一下。

邓：举一个例子吧。30年代，阿英、施蛰存在上海出了一套《中国文学珍本丛书》，这套书因校点者马虎，出了不少差错。书中所收《水经注》和公安派三袁的文学作品，许多处都有标点错误。这套书署名虽是阿英、施蛰存等，但实际的校点者是张春桥。张春桥当时流落上海，生活无着落。阿英与出版商签订合同，规定标点费1000字两元钱。然后他们又包给张春桥干，给他1000字一元钱。没想到张春桥的古文底子差，工作也缺乏踏实的精神，结果出了不少错误。我写了一篇书评批评这套丛书。施蛰存先生后来答复我，表示对我的意见该接受的都接受，该解释的都解释，唯有一条办不到，就是我说要干脆停编此书，关闭出版社，退给订书人的书款。因为他们预先订有合同。施还解释说，他们并不像有些文学家，有心干坏事。鲁迅先生当时也支持我的意见。他写了《文人类型学》一篇短文，嘲弄施说，世界上还分有心干坏事的文学家和无心干坏事的文学家两类。

北京也有海派。如有一位学者，标点康有为的《新学伪经考》，里面错误也不少。我在《大公报》的“图书”副刊里写文章批评这本书。

我写这些文章的目的就是督促人们认真、严肃地对待学问。如果我们把胡适、傅斯年、陈寅恪看成京派的话，他们都是如此，他们从不马虎地对待学问。京派与海派的区别主要是在学风上。

欧阳：邓先生与胡适、傅斯年、陈寅恪有过密切的接触，您能谈一下他们这一派人的治史特征吗？

邓：傅斯年先生对史学有一个解释，史学就是史料学。他要求治史者“上穷碧落下黄泉，动手动脚找东西。”要穷尽史料。有人对这种说法大加批判，把原话变成史料即史学。我认为这扭曲了傅先生的原意。史料学这个学字有无数学问，如辨别真伪，鉴定直接间接材料，弄通原意。用古代人的话说就是“忌虚妄”。历史学离开了史料，还成其为历史学吗？历史学要以史料为基础，在充分挖掘、利用、辨析史料的基础上，提出自己的见解。这里给各种理论留下了极大的空间。各种理论都可以运用在史料上。傅斯年先生最初在中山大学创办语言历史研究所时提出这一治史方针，后来又在中研院史语所集刊上声明这是办所的宗旨。胡适在北京大学《国学季刊》发刊词中也表达了同样的意见。他们两人一南一北，推动史学朝这个方向发展，史学界由此也形成一种重视史料的风气和氛围，我置身这样一种学术环境中，受到这种风气的浸染，逐渐在实践中养成自己的治史风格，形成自己的治史观念。

欧阳：邓先生，您的治史领域主要是在宋代。进入这一领域的原初动力与当时的时代背景有关系吗？

邓：我进北大是在30年代，当时正是日本帝国主义把侵略矛头指向我国，民族危亡迫在眉睫，从我内心讲，有一种民族救亡感和历史责任感。所以我把自己的眼光投向历史上的爱国主义者。宋朝是民族矛盾尖锐的时期，岳飞、辛弃疾、陈亮这些历史人物是这时期重要军事家、文学家、思想家，他们的爱国事迹为人民所传颂，自然也打动了我的心灵。我希望通过表现这些人的爱国形象，挖掘他们的爱国主义思想，激发人们的爱国主义热情。当时有许多史学家都这样做，陈垣身在沦陷区，写《南宋初河北新道教考》《清初僧诤记》等书，也隐含这个意向。陈寅恪也有强烈的爱国主义倾向。

欧阳：胡适之先生赞许您的《陈龙川传》足一本好书，陈寅恪先生为《宋史职官志考证》作序时，指出“其用力之勤，持论之慎，并世治宋史者，未能或之先也”，这也是难得的评价了。顾颉刚先生在《五十年来的中国史学》一书中也不惜笔墨，介绍、推许先生的宋史研究。茅盾在读了《稼轩词编年笺证》后，称赞这是一部“传世之作”。先生的宋史研究，能获得这么多大师的好评，也可以说是凤毛麟角了。

邓：我进入宋史研究领域时，专家尚少，在中国史研究中，它算是一个薄弱环节。商务印书馆曾印行过《王安石评传》《宋文学史》两书，两书均大抄前人之作，少有作者的创作。前一书抄袭梁任公的《六大政治家》一书中的王安石部分。后一书罗列《四库全书》有关部分的《提要》。所以整个宋史研究的层面很低。当时老一辈学者有金毓黼，同一辈人中有张荫麟。张是清华大学的才子，陈寅恪很赏识他，但张教书、治史都不成功，他写的《沈括年表》和一篇有关王小波、李顺农民起义的论文，在史料方面存有许多问题，留有很多漏洞。我写《陈龙川传》《辛稼轩传》《岳飞传》，还有后来的《王安石传》，下了很大气力，在挖掘材料方面，做了大量工作。自然能发前人之所未发，书出版后为行家看好也是自然的了。

欧阳：我最近看到上海古籍出版社又出版了先生的《稼轩词编年笺证》（增订本），先生已达87岁高龄，还不放弃自己的学术追求，继续修补、充实、完善自己的著作，这种精神令我们晚辈仰止。

邓：我是如古代的一句成语中所说："失之东隅，收之桑榆。"我希望能在自己的有生之年，将自己所写的四本宋代人物传记再加以修订，使其尽可能完善一些。《辛稼轩传》《陈亮传》写作时间早，修改幅度要大一些。《王安石传》《岳飞传》的修改工作小一些。我现在有力不从心的感觉，不管如何，我想尽力能把这四部传记修订好，这是我为时代、为中国人写的英雄人物传记。我相信，它们对今后的学术研究工作会有用处。

欧阳：先生已有60多年的治学、教学生涯，以个人的经历和体验，站在今天的历史高度，先生回顾过去，前瞻21世纪，一定还有许多话想说吧！

邓：的确是这样。回忆自己走过的道路，我心里很感到惭愧。我曾在北大历史系90周年系庆会上说过，论教书育人，自己虽是"桃李满天下"，但不敢居其功，如果说学生们成器是我培养的结果，我就只能称"摘桃派"了。论治学著书，我刚才说了，我研究宋史，写了一些学术著作，但它们都有待修补、改正。我很想能在有生之年，尽量减少差错，以对得起后人。

回顾现代中国历史学的发展过程，我们这一代人走了许多弯弯曲曲的路，但愿今后不要重复或少重复过去的错误。30年代中国史学界有所谓社会史论战，当时看有用处，现在考究是一无可取。两派的争论（斯大林派、托派）都不是“为学术而学术”，都有各自的政治意图。五六十年代，史学界又出现了所谓“五朵金花”（指民族形成问题、农民起义问题、社会分期问题、资本主义萌芽问题、土地所有制问题五个大问题）讨论，全国的史学界，千军万马，都投入到讨论中去，而讨论的结果，现在看来都还是问题。“文革”时期，批林批孔运动中搞“儒法斗争史”，就更不值得一提了。中共十一届三中全会以后，史学界做了大量工作，拨乱反正，但还很不够。现在，国家面临经济转轨，实行市场经济，学术界有些人又站不住了，见钱眼开，见利就争，完全置学术前途而不顾。这种现象应予纠正。在历史研究中，我希望史学工作者保持自己的学术品性，既不能死扣经典，搞教条主义；也不能单凭记诵古书，只满足作一个史料库，而毫无识断，作出别裁。还是先前说的那句话，中国史家有自己优良传统，这就是讲史德、史学、史识、史才，我觉得，对于史识，更应强调，这也就是理论水平的问题。我们要继承、弘扬这个传统，而不能忘记、丢掉这个传统。

（摘自《群言》1994年第9期，欧阳哲生采写）

心向人民，笔下有神

——九秩诗翁臧克家谈文学创作

今年10月，臧克家先生将步入他生命途程中的第90个年头。这位著名的老诗人，已在祖国文坛上辛勤耕耘了近70年。在他90华诞之际，由山东文艺出版社出版的《臧克家文集》六卷本将全部出齐，奉献于广大读者面前。这六卷文集，集臧老近70年文学创作之大成，前三卷为诗歌卷，后三卷为散文、小说、通讯、杂文、文艺评论及文艺随笔卷。作为一个作家，还有什么比看到自己丰硕的创作成果得到社会的认可、群众的赞许更高兴的事情呢？正如臧老自己所说：“‘春华秋实，秋收冬藏’，作为一个作家，我从20年代初从事写作，而今年近90，到了‘收藏’的时候了。我翻阅这六卷文集，心潮起伏，感慨万千。从文集的作品中，可以看出我的生平经历，思想情况，人生观与文艺观。至于这些作品的价值和作用，效应与影响，深信群众之目，洞察秋毫，时光老人之手，自能定盘。”

运：臧老，我曾读过您许多脍炙人口的诗篇，如《老哥哥》《老马》《三代》《生命的零度》，等等。这些诗给了我一个深刻的印象，那就是在您的文学创作中，反映得最多的是中国最广大的人民群众，特别是生活在社会最底层的农民。翻看您的六卷文集就可以看出，您的诗文处处体现着时代精神，体现着您对现实生活和人民疾苦的深切关注。是不是可以这么说，您以您的创作实践自始至终地提倡着为人生的现实主义创作手法？您能结合您的诗歌创作和我们谈谈您对诗歌的看法和主张吗？

臧：当然可以。我从事诗歌创作已快70年了。由于我从小生长在农村，青少年时期的生命，在泥土里扎根，所以，对旧中国农村的阶级对立、贫富悬殊有着极深刻的了解，对广大贫苦农民的悲惨生活抱有极大的同情。旧中国的农村在新旧军阀的统治下民不聊生的惨状，那么强有力地抓紧着我，撼动着我。正因为如此，在我的笔下，才有了那些受压迫、受饥寒的贫苦人民的形象——“老哥哥”、炭鬼、当炉女、洋车夫、贩鱼郎、神女……在写他们的时候，我都是饱蘸着浓情，经过长时间的孕育和呕心沥血的锤炼。这样，我写出来的东西，才能打动人，引起人们的共鸣。所以，我认为，一个诗人想要在他的作品中反映某一种生活现实，那他必须对这种生活现实有着深刻痛切的感受和体验。他欲描写人物，就必须对这些人物了如指掌。以走马看花的态度看待生活，是不会创作出形象深刻、亲切动人的诗篇来的。

当然，光有对生活的深切体验还是不够的。作为一个诗人，还要熟练地掌握写作技巧。在我新诗创作初期，对于当时诗坛上有的情调低沉、离大时代很远而影响却较大的作品，我看不惯；对于那些思想内容较好但表现力低弱或口号化太重的诗篇，也觉得不足取法。由于我很小就接触古典诗歌，上大学又跟闻一多先生学诗，所以，在表现方法上，我向古典诗歌和闻先生的《死水》学习，刻苦努力地学习那种精炼、含蕴、真实、朴素的表现风格，尽可能地使自己的作品别具一格，不流于一般化。当然，新诗的表现方法是多种多样的，我所钟情的只是其中的一种。但我认为，中国的新诗应该有自己的民族化、群众化的气魄和风格，其基调应是健康的，引人向前看，向前走的。

目前，在商品大潮的冲击下，纯文学处于低谷，而诗歌更是低谷中的低谷。常听人说，现在写诗的人比看诗的人多，这种现象颇令人忧虑，也颇令人深思。我们有志于新诗创作的同志们应该深刻反省，增强诗人的责任感和使命感，发奋努力，使诗歌创作冲出低谷，创造出更多群众喜闻乐见的、有中国特色的社会主义时代的优秀诗篇来。

运：臧老，我觉得，不仅您的诗歌在诗坛上占有很重要的地位，而且您的散文和其他体裁的作品也写得相当精彩。尤其是您的散文，含蕴质朴，于平易中见神奇，从中可以看出您深厚的古典文学功底。是不是由于您的“诗名”太大，而掩盖了您的“文名”呢？

臧：一般读者都知道我是写诗的，可是他们也许不了解，我第一次在大报刊上发表的是一封信，也就是散文作品。70年来，我的散文创作（我指的是广义上的散文，是相对于韵文而言的）几与诗歌平分秋色。尤其是近20多年来，由于我年岁大了，不能深入到火热的现实生活中去，激情少了，新诗也就写得很少了，转而创作一些散文作品，有诗为证：“灵感守株不可期，城圈自锢眼儿迷，老来意兴忽颠倒，多写散文少写诗。”

我喜欢散文，始于少年时代。我出身于封建文化家庭，七八岁就延师就学，十岁左右，就能背诵几十篇古文，这对于我后来写散文有很大的启发、指导作用。

我觉得，要写出一篇有特色的散文来，不是一件容易的事情，不肯苦心经营，把散文视为任意走笔是不对的，至少是对散文的一种误解。凭个人几十年来从事习作的一点体会，认为要写好散文，必须生活厚，印象深。我的散文中，缅怀亲友的占的比重相当大，写得较能动人的，是交深情厚的人物。有的相交几十年，不但对他的人格性格了解深刻，甚至笑容与愠色，一闭眼即活现眼前，使我内心为之大动，热情为之奔腾。所以说，要写出叫人感动的文字来，自己一定先感动过。即使是写景的文章，也不应范山模水，而应以景表情，对大自然有个人感受，有厚意深情。

我觉得，散文要求的条件与小说、诗歌有共同之处，那就是对生活、对人物、对事件，观察要深刻而细致，构思要新颖，写起来不但要抒情味重，而且要有章法，注意集中表现，讲求结构，使散文不“散”。这个“不散”，就是不松松垮垮，要精美，长短适度，不枝不蔓。抒情的，能感人；写景的，能动人；写人物的，能见精神；评文、记事的，不干巴。

在语言风格上，应注意朴素、精炼、亲切，力戒雕琢、空洞、言之无物。

运：臧老，经常在报刊上拜读您的旧体诗词，在您的文集中也为它留了一席之地。您旧体诗中的许多佳句，如“老牛亦解韶光贵，不待扬鞭自奋蹄”、“凌霄羽毛原无力，坠地金石自有声”等，已在群众中广泛流传。作为一个新诗人，您是怎样作起旧体诗词来的？您认为新旧体诗之间的关系如何？

臧：五四运动提倡写新诗，反对旧诗的封建内容、陈词滥调，把这种有着悠久历史传统、为历代人民所喜爱的形式也连带反对掉了。后来，新旧体诗又弄成了对立的局面。绝大多数写旧诗的人把新诗看成旁门左道，嗤之以鼻；而新诗的作者，则认为旧诗落后，根本不屑一顾。事实证明，双方的心胸都未免狭隘。新旧体诗，各有所长，也各有所短，彼此以长补短，两得其利。新诗，运用口语，表情述志比较方便，规律不严，群众性强，能够很好地表现时代精神，如果能学习旧体诗词的表现手法，可以使作品含蓄有味，言简意赅；旧体诗，精美含蕴，字少味多，它也应学习新诗之长，贴近时代，以增强自己的生命力。

至于我，在没有接触新诗的少儿时代，就已能背诵几十首古诗了，而且，祖父、父亲、族叔都能诗，在这种环境气氛中，我幼小的心田上，萌生了诗的苗苗。后来上大学，又师从闻一多先生，使我对古典诗歌有了更深的欣赏能力，视野宽广了，心胸开阔了，但那时我也并未动手学写旧体诗。我写旧体诗，始于70年代初。至于为什么写起旧诗来，与写散文相同，也是由于年龄大了，深入生活少了，只有写点旧体诗，抒发情感。加上我本来就对古典诗词有着浓厚的兴趣，所以就尝试着写起来。

近几年，旧体诗词蓬勃发展，声势不小，诗社、诗刊之多，从未有过，这是好现象。我认为，今天的旧体诗，不应仅仅是传统的继续，更应该要求它突破樊篱，富于社会主义的时代特征，做到“三新”，即思想新、感情新、语言新。要务去陈词滥调，读了使人奋发，真正成为社会主义时代的新型旧体诗。

运：臧老，今年10月就是您的90寿辰了，看到您思路敏捷，步履轻快，身体如此健朗，我们都十分高兴。我代表您的热心读者祝您健康长寿，青春永驻！

臧：谢谢！

（摘自《群言》1994年第10期，运河采写）

如是我闻

——访金克木教授

在北京大学校园里记者见到了82岁满头白发的金克木教授。他一听说我是为《群言》写《专家学者访谈录》，便连连摇头摆手不肯接受，说："我不是专家学者，无可奉告。"但在我的坚决追逼之下，他无可奈何地说："我不是专家，也许可称杂家，是摆地摊子的，零卖一点杂货。我什么都想学，什么也没学好，谈不上专。学者是指学成功了一门学问的人，我也不是。说我是教员也许还可以。因为我从乡间小学教到初中、高中、大学，除了当过图书馆员和报馆编辑以外就是当教员。"

尹：您不是专家学者怎么教书，更怎么能教大学？

金：我这摊子卖的不是假冒伪劣货物。我教书是货真价实的，会多少教多少，还可以多教一点，但不是掺水分，是我教三分，让学生能得到四分，让他自己多得，算是有点效率吧。我教小学语文时自以为会中国的汉语汉文，后来才知道还差得远。现在我也不敢说我会中国语文。许多书看不懂，北京话不会说，能自称会汉语汉文吗？可是我也能教，教我会的那一点。我教过的课杂乱没法说。比如我教过五种外国语（英、法、梵、印地、乌尔都）外加世界语，实在不敢说是会，只求能把学生引导入门。我觉得教师的任务是引导学生去学。本领不是教会的，是学会的。搬着学生手指教弹钢琴能行吗？我会的少，教的多，这有什么奇怪？学问究竟不是货物，是大有伸缩性的。

尹：这倒很有意思，您能举个例子吗？

金：我在山东德县师范讲习所当过教员，教语文。师范课程中必须开教育学和儿童心理学。不料那位教员选了课本，教了不久，突然走了，急得教务主任团团转。他是我的朋友，刚把我从北京请去。我不能见死不救，便要来课本一看，心理学太浅，太陈旧，教育学又太深。我告诉他，我可以试试兼教这两小时。虽然学校和学生并不重视这两门课，我还是认真教的。讲了课本，又讲了课本以外我所知道的有关知识。这就是杂家当教员的好处。这是当“听用”，“救场”，专家学者决不肯干的。

尹：您的广博知识又是从何而来的呢？

金：说来话长，处处有学问，人人是老师。

我当图书馆职员，没学过，不会，只好逢人便学，还自己学到了不少的东西，又养成一种习惯，在书库架上迅速看书。书库里中文外文书任我翻阅，只是要快，不能久留。这对我以后大有好处。我当报馆编辑，也没学过，不会。曹未风经过香港去英国，在船上给我一张名片介绍去见萨空了。萨所主持的《立报》刚从上海搬到香港。他见我手中拿着一本英文书，便说你晚上来帮我翻译外电吧。那晚上他只对我说了一下美联社的“原电”的种种简化说法怎么读，路透社的和报上一样就不必讲了。说完便匆匆走了，因为他是经理，忙得很。两次见面他不过说了十几句话，什么也没有问我。通讯社陆续来电讯，我陆续译出。快到半夜，他来了，翻看一下，提笔就编，叫我次晚再来。第二天晚上他对我说，他实在忙不过来，又找不到人，要我连译带编这一版国际新闻（约相当于《新民晚报》半版）。桌上有铅字号样本，还有报纸做样子。说完又匆匆走了。我又译又编，有了一条便照另一版编辑左笑鸿的样送给总编辑盛世强看。他一声不响看过对我望了一眼就去发交排字房。我很感谢他，不知这是规定。快到半夜时电讯猛然全来，我慌忙追赶，居然没误上版时限。第三晚萨便约定我当编辑兼翻译，一人干两人的活。我干得下来，可能是我在书库中看书打下底子。在长沙借住《力报》社，除有时代社长写社论外，曾去编辑室看人编报，见过样子。这一年（没有休息日）无形中我受到了严格的训练，练出了功夫，在猛然拥来的材料堆积中怎么争分夺秒迅速一眼望出要点，决定轻重，计算长短，组织编排，而且笔下不停（《立报》要求篇幅小容量大必须重写，规定只用手写稿），不能等排字工人催，不能让总编辑打回来重作。这一套无意得来的功夫，后来我在印度鹿野苑读汉译佛教经典时又用上了。这是被逼出来的，没有取巧余地，说穿了毫不足奇，不值一分钱。这和专家学者也毫不相干。

尹：您学外国语、教外国语，还能用图书馆报馆练出的功夫吗？

金：要我交代这一方面，那就更可笑了。别人说我学外国话发音不错，可是在北京这么多年还不会说北京话，笑我是外战内行，内战外行。我从小跟哥哥学英文，到北京时还是不通。在德县，朋友订了一份英文报（天津出版的《华北明星》）。他没工夫看，我看，所以后来会译英文电讯。在沙滩北大认识了沈仲章。他是北大物理系毕业，跟刘天华学过音乐，在刘半农的语音乐律实验室工作，对学外国语有兴趣。英文从小就会，还学别的。他说自己现在头脑不行，只能学学外语，因为学外语不用脑筋。他这句话使我从天上落到了地下，才知道费脑筋的是语言学，不是学语言。从此我学外语再不用脑筋了，轻松愉快，不费力量。结果是要用什么，就学什么，用得着就会了，不用就忘了，再要用又捡起来。这本是小时候大嫂给我发蒙时的读书法，也是印度人念经念咒的古老办法。学外语不能照我这样，还是得走正道用功。那才是学者之路。

尹：听到您说念经，很想请您谈谈佛学，不管您是否承认，您确是公认的专家学者。

金：我连续几年专读一种书只有两次。一次是在1949年到1951年，专读马、恩、列、斯和毛主席的著作，得了不少益处。另一次是在40年代前半，在印度读印度书，包括汉译佛典。这时才知道欧洲从古希腊毕达哥拉斯起就和印度不知怎么结下了不解之缘。双方不仅语言，而且思想，有相通脉络。反而是中国虽有大量翻译却进来得太晚，彼此各自成型格格不人，思想难得通气，往往以己解人。这时有两件事可以谈谈。

一是在鹿野苑跟在美国、苏联教大学后退隐乡间的印度老人法喜居士学读古书。先是东一拳西一脚乱读，随后我提出一个问题引起他的兴趣。他便要我随他由浅追深，由点扩面，查索上下文，破译符号，排列符号网络，层层剥取意义。本来他只肯每天对我背诵几节诗，用咏唱调，然后口头上改成散文念，仿佛说话，接着便是谈论。我发现这就是许多佛典的文体，也是印度古书的常用体。攻读他提议的经书，他的劲头大了，戴上老花镜，和我一同盘腿坐在大木床上，提出问题，追查究竟。他还要我去找一位老学究讲书，暗中比较传统与新创。他说，43年前，前世纪末，他来这古城读古书时就有这种问题和想法，一直没有机会实现，现在去了心上一块石头，照他的说法是还了债了。当时我们是在做实验，没想到理论。到70年代末我看到二次大战后欧美日本的书才知道，这种依据文本，追查上下文，探索文体，破译符号，解析阐释层次等是语言学和哲学的一种新发展，可应用于其他学科。

另一件事是在浦那和印度戈克雷教授校写《阿毗达摩集论》。他帮我读梵文，我帮他校勘。贝叶经文照片放在长几中间。我二人盘腿并坐木榻上。他面前是藏文译本。我面前是玄奘的汉译。起先我们轮流读照片上的古字体拼写的梵文。读一句后各据译本参证，由他写定并作校勘记。这书实际是一本哲学词典。不久我们便熟悉了原来文体和用语。我也熟悉了玄奘的。有一次在他念出半句后，我随口照玄奘译文还原读出了下半句，和梵本上一字不差。他自己读了汉译才相信。于是我们改变办法，尽可能用还原勘定法。他照藏译读出梵文，我照汉译读出梵文，再去用梵本三方核定原文。这一来，效率提高，速度增加。他要教书，我要读书，每天只能工作约一小时，不过三个月，他便将残卷校本和校勘记写出论文寄美国去发表了。序中提到我，但没说这种方法。我由此学会了从译文读原文以至于从一种语文读出另一种语文。口头读古文，心头自然读出白话。进而明白欧洲人怎么能从印度古书中读出康德，还能从法称菩萨著作读出罗素。

可是他们无法这样读中国书。我也想试，但不行。用外国语表达中国原有思想（不是学外国的）非常困难，不能“对口”，只能近似。外国喜确切。中国重模糊。

经过这两件事，我有点明白了，为什么佛典原文比译文顺口，而中国人著作中用汉字写出的梵文文体不易还原。所以注疏往往比本文更难。因此我不敢自认是佛学专家。对于中国佛学可说是一窍小通。无论中国和印度，古书总是注上加注，越注越难。我在武汉大学和北京大学教过印度哲学史都是直解本文，注疏另算。

尹：金老，实在对不起，打断了您的话，因为我对佛学是门外汉，是否能请您先谈谈佛学入门。

金：我自己也是门外汉，只能作门外观，这也是一言难尽。佛学和佛教不同。我一接触佛教徒，一读佛典，立刻发现自己的错误，明白了几点应当知道的常识。首先是佛不止一位，因而教派、理论、仪轨等大有不同……

尹：怎么佛不止一位?

金：平常只说释迦牟尼佛，可是大家拜的是阿弥陀佛。听说日本有人要在中国建一座世界最大的佛像，那是大如来佛，也就是毗卢遮那佛。有人认为雍和宫里大佛就是他。有人说那是卢舍那佛，又说是未来佛弥勒佛。拜哪位佛，哪位菩萨，念什么经，就讲什么佛学，很不一样。还没认识佛，怎么讲佛教、佛学?

尹：听您讲得越来越玄虚，您能不能把话讲得使我们这些门外汉也能听明白。

金：这就是你的批评和我的失败。我从少年时期便因失学而求学，逐渐有了一种意愿，那就是做学术的通俗工作。我翻译出版的第一本书便是《通俗天文学》。我是为和我一样求学不成的人着想的。后来又想到另一种“通俗”，便是在由分科而形成的“科学”的基础上打通学科，可说是另一种的通俗经。现在我才明白，问题不仅在于“通”，更在“俗”的方面。对不同的“俗”有不同的“通”。我讲了半天话，你说不懂。可见我失败了，全是白说。不过你也没有成功，访问记写不成了。

尹：我并没失败。您再三声明不是专家学者，可是您谈的越来越专门。您说是一生力求通俗，您说的话我听不懂。因此，不论您承认不承认，我都得把记下来的仍旧作为专家学者访谈录。

金老哈哈大笑，不置可否。我想他是无话回答也不必回答了。

（摘自《群言》1994年第11期，尹茗采写）

肯把壮怀销了，做个闲人？

——记夏衍老人

一

1994年10月30日，夏衍同志度过了他的95岁华诞。这位与世纪同龄，亲身经历了时代风云、国事沧桑的老人，在夕阳晚霞中依旧不减当年的光彩。第二天，在北京医院特为他布置的寿堂里，老人坐在轮椅上，面对前来祝寿的新知旧雨，平静而满怀深情地说：“尽管我的年纪已经很大了，但是我仍要奋斗到最后时刻。这是我青年时就树立的理想：要一生报效祖国和人民。”

毕竟年高体弱，他说话的声音很轻。但这几句话却如黄钟大吕，掷地有声，长久地在人们耳际回荡。言简意赅，表达了这位时代文化巨人毕生为国为民的高山般品格和大海般襟怀。

我想起另一次庆祝盛会上已故的李一氓先生说过的一番话。那是1985年冬，在人民大会堂举行的庆祝夏衍从事革命工作55周年大会上，李一氓谈起夏公刚出版的回忆录《懒寻旧梦录》，用他所赠的一副对联中四个字作书名，使他十分高兴，接着便朗声念了那副集宋人词句的对联：“从前往事都休，懒寻旧梦；肯把壮怀销了，做个闲人？”一氓先生特意说明：下联末尾若是加标点符号，应是问号，不是句号，才符合夏公心意：虽然已届高龄，却决不肯、也绝不会销了壮怀，去做个闲人的。到会者大都熟悉并且景仰夏公为人，一听此话，全都深有同感，顿时掌声如雷，欢声如沸。那天夏公精神抖擞，笑容满面，心情非常之好。此情此景，恍如昨日。那一年他刚步入86岁，担任着中共中央顾问委员会委员、中国文联副主席、中国电影家协会主席和其他一些社会职务，不时还参加一些外事活动。他仍然高瞻远瞩，思维清晰而敏捷，一点不像已届耄耋之年的老人。会场上许多到他座位前握手问候的人，几乎不约而同地都表达共同的祝愿：祝他健康长寿，五年、十年以后，再来庆祝他的九十、九十五诞辰。今天，这个祝愿果然实现了。

1994年10月下旬，我因为要去外地，不及参加10月底的庆祝活动，便提前一星期到北京医院拜寿。谈话中我又提到一氓先生的对联。夏公谈起这副对联有个小背景：粉碎“四人帮”以后，党中央决定要他主持对外友协的工作，他由于“文革”中身体遭到摧残，目损肢折，对接受这项任务有点踌躇。有一次对来看望他的李一氓谈起，李一氓竭力劝他担当起来，随后就书赠上述那副对联。两位多年知交好友同声相应，同气相求，彼此的心意都是相通的。

从那次庆祝会后，转眼间又过了九年，又经历几番阴晴风雨，几度花落花开。老人身体羸弱，这年夏季以来不得不住院休养，但他依然壮怀未销，关怀民族命运、社会进步和人民疾苦，关怀改革事业的得失，拳拳之心无时或已。从他平和沉静的神色中，你几乎觉察不到黄昏的暗影，只会感受到坚韧、自信和乐观的人格力量。

二

夏衍老人诞生在内忧外患交困、神州濒临危亡的灾难年代。动荡不已的20世纪，带着他同时来到古老的中华大地。同许多老一辈爱国知识分子一样，他经历了世纪的风霜，也承受了世纪的磨难、世纪的呼唤。年方弱冠时，在故乡杭州，他亲身目睹末代封建王朝的昏聩腐朽和民国初年军阀的黑暗统治，他从国外先进思潮和五四运动的巨浪中寻求到真理，看到了曙光，于是毅然走上立志报效祖国和人民的奋斗道路。那时，在前面引路的大旗上，闪耀着“民主、科学”四个大字。那是鼓舞、激励着20世纪初叶一代有志之士为之献身的金色理想，谁曾料到要实现它竟会如此艰辛，如此崎岖，要迈越如此漫长的道路，而且还需要付出如此多的汗水、泪水和血水作为代价！

“从五四运动到现在已经过了一个‘花甲’。然而当时提出的民主和科学的口号，却依然是我们要为之奋斗的目标。当时以为不难推倒的封建主义，它的经济基础今天已经摧毁，但它那长达两千年之久的思想意识，到现在还极其顽固，阻碍着社会主义的民主和法制。”

这是夏衍老人1979年4月所作《五四杂忆》一文中的话，那年他79岁。从杭州读高中时办刊物《双十》（后改名为《浙江新潮》）鼓吹爱国救国、抨击社会黑暗起，也已度过了一个“花甲”。青年的爱国者会想到60年后还需要深沉地呼喊“为社会主义条件下的民主和科学尽力，是历史赋予我们的任务，也是对五四最好的纪念”吗？类似的话，这些年来，仅就我所听到和看到的，绝不止十次八次。他一直呼吁尊重科学，尊重知识，阐明这是使国家富强、民族振兴的根本之道。远的如50年代，他就曾以培根的警句“知识就是力量”为题写过一篇名文。近的如1988年秋天，他应《瞭望》杂志记者之请，说了一番话，大声疾呼“中国当前最紧要的问题是提高国民文化素质，也就是要认认真真地抓教育事业，尤其是抓中小学教育的问题”。他认为80年代是信息时代、电子激光时代、生物科学的时代。新技术、新材料不断出现，科学技术日新月异，高科技迅猛发展。如果我们没有一个作为世界公民的常识，就会落后，就会挨打，就会被开除“球籍”。他以自己熟悉的日本为例：日本是一个国土小、资源少的国家，为什么1945年战败后很快就富强起来，成为经济大国，人均收入已超过美国？靠的就是1868年明治维新之后狠抓了教育，明治时代用于教育事业的经费比用于工业建设的还要多。一句话，日本致富之道，靠的就是国民的科学文化水平。

说到这里，他实在难以抑制心头的感慨：我们有些地方一方面办教育没有钱，一方面却大把大把地钞票往外扔。他说在他的家乡浙江，以前农民下地，渴了就喝河里的水，新中国成立后提倡卫生，就喝开水。党的十一届三中全会以后渐渐富起来，能喝上茶。如今农民下田，要带上几瓶啤酒了。这当然说明农民生活富裕，同新中国成立前不可同日而语，想喝啤酒也是应该的。但是啤酒是用粮食生产的，建那么多啤酒厂，每年要用掉多少粮食？引进设备要用掉多少外汇？易拉罐每年要消耗掉多少铝皮？这些原料大部分靠进口，又要花掉多少外汇？仅从这一件事，就浪费掉多少钱？谁计算过呢？似乎都没有计算过。

老人一再痛切陈词：我最担心的是全民文化素质问题，特别是从领导干部到基层干部文化素质的提高，是提高全民文化素质的关键所在。他建议不妨搞一次抽样调查，看看今天的乡村党政干部究竟是什么样的思想文化水平。这使我想起解放初期他担任中共上海市委常委、宣传部长兼市文化局长时，曾在市委宣传系统处科级干部的小范围中搞过一次文化测验，出的都是极普通的政治、时事、历史、地理等方面的常识性题目，中学生都能答得上的。他只想用这个方式引起大家的警悟，因此不署名、不公开。他本想能有一大半人得六七十分就不错了，不料测验结果，一半以上的人都不及格，得分在80分以上仅有两人。此事使许多干部受到震动，感到羞愧；当然也引起一些人的非议和反感，认为是“出工农干部的洋相”、“打击工农干部的威信”。事情反映到陈毅市长那里，陈老总问清原委，明确支持这场测验，还对夏衍说：“你们文人办事就是小手小脚，要我来办，考卷上一定要署名，测验的结果公开发表，只有让他们丢一下脸，才能使他们知道自己的无知。”

当年是在小范围内进行，尚且惹起一场风波，如今想到县、乡、村党政干部中去进行，谈何容易！不过可以体会到老人对提高全民文化素质特别是干部文化素质的殷切之情，是几十年一以贯之的。

三

一方面，国民文化素质尤其是干部文化素质亟待提高，以适应时代的要求；另一方面，知识分子几十年来一次次遭到歧视、打击和摧残。这是夏衍老人最悬心、最痛心以至最伤心的解不开的情结。近十几年来，我曾多次听他谈起这个问题，听他发过感慨和喟叹。邓小平同志1979年10月代表中共中央在第四次全国文代会所作祝词中的那几句引起全场暴风雨般掌声的话："文艺工作者理应受到党和人民的信赖、爱护和尊敬。斗争风雨的严峻考验证明，从总体来看，我们的文艺队伍是好的。有这样一支文艺队伍，我们党和人民是感到十分高兴的。"夏公在以后的文章和讲话中时常引用，因为这是党中央在经过多少年、多少次正反面经验教训以后所作的正确的符合实际的评价。在近年撰写的作为《懒寻旧梦录》续篇中的一章《〈武训传〉事件始末》中，他详尽地回溯了那场新中国成立后第一场"文艺大批判"、第一场思想文化领域大风暴的始末，回忆了周恩来同志对电影《武训传》有关人员的关怀和爱护以后，又写了这样一段："……我接触最多的是知识分子，最使我感动的也是中国的知识分子。后来我被攻击得最厉害的也是我对知识分子的'态度问题'。我青年时代到过日本，新中国成立后访问过苏联、印度、缅甸、东南亚、东欧和古巴，就我亲身经历，直到现在，我还是认为世界上最爱国、最拥护共产党的，是中国的知识分子。知识分子爱自己的民族、自己的祖国，这在全世界都是很普遍的，但像中国知识分子那样真心实意地拥护中国共产党，这就很不寻常了。"

作为一名从30年代初就投身于革命文化战线的老战士，作为一位半个多世纪以来从事文学、电影、戏剧、新闻事业，著作等身、功勋卓著的作家、电影艺术家、报人、翻译家，作为一位多年来担任文化部门和文艺团体的领导人，他的感受是深沉而深刻的。他说到俄国十月革命后不少作家演员纷纷跑到西欧和美国，我们的老舍和曹禺在中国大陆刚刚解放后就中断在美国的讲学，很快回到祖同，钱学森冲破美国重重阻挠扣押，经过艰难斗争，万里迢迢奔回祖国母亲怀抱。他还列举了1949年上海解放后接触过的那些在国内外享有盛誉的科学家、学者、文学家、艺术家的名字：吴有训、周予同、徐森玉、傅雷、钱钟书、茅以升、冯德培、梅兰芳、周信芳、袁雪芬，等等，他们不仅拒绝了国民党的拉拢，不去台湾，坚守岗位，而且真心实意地拥护共产党的领导。这种种显示了中国现代知识分子的高贵品格，使他深深感动和感佩的人和事，都足以为邓小平同志所作的评价作真实生动的例证。

1993年初秋，有一次我去看望老人，他又提到知识分子的事。他说前些年曾向当时担任中央主要领导工作的胡耀邦同志谈到这个问题：中国的知识分子绝大多数都是真心地热爱祖国、拥护和支持中国共产党，而40年来，他们许多人的遭遇却是一次次地挨整，挨了那么多年。从批判电影《武训传》、批判《红楼梦》研究、批判胡风、反“右派”、反“右倾”、“拔白旗”、文化部整风，直到史无前例的“文化大革命”，首当其冲的都是知识分子，而且大都从文艺界开刀。他说对这个问题想了很久，究竟是怎么回事，总没有找到顺理成章的答案。胡耀邦同志建议他多写回忆录，详细写写中国知识分子的悲剧性命运，一定会有很深刻的教育意义，可以给后代人作历史教训，永远不要再让悲剧重演。

我赶紧接着他的话茬说：“许多同志，许多读者，都在热切地等待着读《懒寻旧梦录》的续篇。那本书只写到解放初期，您赶快接着写这40多年的事吧！”老人微笑摇摇头，说写总是要写的，也陆陆续续写了一点，现在要比前一本困难得多了，身体情况和记忆力都远不如十年前，好些事已经记不清楚。更麻烦的是不少当事人都还在，有些事还不便说明白。前一本断断续续写了两年，大部分时间用在查阅核对资料上，现在用两三年能不能写成，很难说。我说可以用录音带口述，请别人帮助整理成文，您自己再过目修改。他又摇摇头说：不习惯。老人几十年来一切文字都是自己动手，即使担任领导工作时，报告、讲话、总结也都从不曾让秘书起草代笔、自己照本宣科。如今视力大大减弱，他仍然拒绝使用录音机或电脑，仍然坐在沙发前的小茶几上，一个字一个字地写出来。只有偶尔由于卧病在床，无法执笔而又不能不写的情况下，请别人代为起草后他自己再修改定稿，为数极少。《懒寻旧梦录》续篇这样的书，那是必得自己动手的。何况，他一再说过的“历史的责任”，一定时时萦绕心头，耀邦同志以及许多朋友、后辈、读者的建议和期待，一定也会得到他的重视。终于，1993年年底到1994年年初，我们欣喜地读到了续篇的前二章：写上海解放初期文化战线百废初兴最初脚步的《新的跋涉》和前文提到的《〈武训传〉事件始末》。看来，只要体力许可，老人一定会陆续写下去，直到完成。使人酸楚的是：曾经积极而又郑重其事地建议他多写回忆录以留下历史教训的胡耀邦同志，已在五年前猝然长逝，再也不及亲睹了。至今老人说起他，依然满怀哀伤惋惜之情。

四

近几年来，夏衍老人饮食起居安定，子女照料周全，晚年岁月宁静恬适。90以后，体力不可避免地渐渐衰弱，记忆力也不如前，但幸无大的病症。虽然早已不再担任任何官方和民间的职务，身居斗室，心里却依旧装着国际风云，神州波浪，也关注文苑艺坛新人的出现，中国足球和女排的升沉。每次到他的寓所拜访问候，总见他安详地坐在西窗下那只小沙发上，手持放人镜仔细披阅报刊（这时候我总要想起他过去常说的一句话：“报纸上字那么小，对老年人简直是一种折磨。”），或者抱着那只心爱的黄猫听半导体收音机。谈到沿海经济特区的飞跃前进、浦东开放的新信息、新的铁路线铺轨完成和城市改造，浙江苏南一带乡镇企业一日千里地发展，拍成《周恩来》《重庆谈判》《凤凰琴》《情满珠江》《潮起潮落》这样的好影片、好电视剧……他的欣喜之情都会形之于色，总要说：“中国这么个国家，能弄成现在这个样子，很不容易。争取到这么一个好的环境，要珍惜啊！”谈到经济失控，市场混乱，物价飞涨，环境污染，自然生态破坏，尤其是教师长期欠发工资，大批学龄儿童流失，总不免蹙眉叹息，忧思如焚。老人也常痛心地谈到有些地方富起来的农民学地主老财的样子，热衷于造坟墓、做道场、搞封建迷信，婚丧喜庆大摆酒席，一掷千金万金毫无吝色，认为这仍旧是愚昧落后的意识和心理在作祟。这种时候，他也只得废报长叹，想再写点杂文随笔也已力不从心了。

老人毕生正直不阿，一清如水。他最容不得那些权钱交易、擅权谋私、贪赃枉法、官官相护、拉帮结伙、违法乱纪、鱼肉群众、草菅人命、高高在上、漠视民情、公款吃喝、假冒伪劣等等损害共产党威信、破坏党群联系、导致人民群众离心离德的腐败现象。然而此类人人切齿痛恨的事竟然屡禁不止，在有些地区有些部门，在有些职位并不低的干部身上，竟然愈演愈烈，花样翻新，甚至为一己私利丧失人格国格。每逢接触到这类话题，他那嫉恶如仇的愤激之情立即像火一样迸发，此时若有一把利剑在手，这位文弱书生型的老人说不定会毅然仗剑去驱邪除恶的。不少去看望他的人常劝他少烦些心，超脱些，别再去管那些事，管也管不了。但是他还是要管，还是要说。所谓“不说白不说，说了也白说，白说也要说”。去年他还对我说过一句语重心长的话：“关键在民心。老百姓都看着你，光唱高调、说空话是不行的，老百姓见得多了！”

人们都以为过了90高龄，能吃能睡无大病，就属难能可贵。夏衍老人近些年却很少想到或对人谈起个人的健康问题，也很少服用补品补药。亲朋故旧来探望，多送这送那，一瓶又一瓶，一盒又一盒。而他除了早晨吃一点蜂乳精之外，其余一概不吃。他自有保养身体、延年益寿的良方，那就是他多次对人宣告的：“我是一个乐观主义者，我从来不悲观！”

那天在北京医院病房，谈了一会，护侍老人的小林和小芳一再劝告他上床休息，保养精神，准备应付几天后诞辰来祝寿的大批客人。他只好中断谈话，带点歉意地连声说“对不住，对不住了。”躺上病床，还轻声微笑：“我真是不知老之已至。”

夏公啊夏公，您到此刻才感到“老之已至”吗？

是的，他是一个乐观主义者。一个真正的历史唯物主义者，一个洞察历史进程的人，无论对什么事，大而至于国家民族的未来还是小到个人的明天，都是一个乐观主义者，都不会也没有理由悲观。

《群言》编辑部几个月前就要我写一篇关于夏衍老人的访谈录，受命之际，很有点诚惶诚恐，因为对他实在所知太少；而且他几个月来一直住院，无从访起谈起，只能就近年来同老人接触中印象最深、感受最烈的敷衍成篇应命，给读者提供一些认识和理解这位文化巨匠的资料罢了。稿成之日，正因事路过杭州，住处距夏公旧居庆春门外严家衖不远。透过窗外绵绵秋雨，分明又听到老人的那句话：我从来不悲观！

（摘自《群言》1995年第1期，袁鹰采写）

徒法不能以自行

——林亨元谈法制建设

金风送爽，丹桂飘香的季节，我在京城一座寓所里访问了法学家、全国政协法制委员会副主任、民盟中央参议委员会副主任兼法制委员会主任、全国律师协会顾问林亨元老先生。林老八十有六，童颜鹤发，满面笑容，和蔼可亲，不乏学者风范。他从事法律工作和法学研究已有半个多世纪。40年代初就和法学前辈沈钧儒、沙千里等在重庆、上海合组“平正法律事务所”，从事律师职务；1949年后曾任最高人民法院民庭、刑庭副庭长。1957年被错划为“右派”，受到不公正待遇；1978年底平反后，担任全国人大法制委员会委员，全国政协委员，第六、第七届全国政协常委，中华人民共和国香港特别行政区基本法起草委员会委员等职务。

和法学家谈话自然离不开法。

惠：在您50多年的法学活动中，经历了由旧法到新法的转变时期，了解中国法制建设的历程，请您谈谈这方面的感受。

林：古往今来的政权无不把法律视为治国安邦的手段而给予特殊的重视。具体到我国的情况，在建国后较长的历史时期内，由于受“左”的影响，往往强调法律是镇压阶级敌人的武器，这在法学理论上是不完整的，法制建设也走了很长一段时期弯路。党的十一届三中全会确立了发展社会主义民主，健全社会主义法制的重要方针，进行了法学战线上的拨乱反正，法制建设取得了举世瞩目的成就。我们不仅重新制定和颁布了宪法，而且还制定和实施了刑法、刑事诉讼法、民法通则、民事诉讼法、经济合同法、行政诉讼法、消费者权益保护法、公司法、反不正当竞争法、国家赔偿法等一大批重要的法律。司法工作得到进一步的发展，比如人民法院审判工作从原有刑事、民事审判扩展到经济、行政、交通运输等五大审判。法学教育和研究也出现了百花齐放的可喜景象，我们的各类政法院系培养了一大批法学人才，出版了众多的法学论文和著作。回顾建国45年的历史，我切实感到，没有民主和法制就没有社会主义，就没有社会主义现代化。随着经济的发展，政法工作为经济建设和改革开放服务的职能越来越明显，也越来越重要。社会主义法制不仅是惩治犯罪行为，维护社会秩序的武器，而且具有调整社会关系，促进物质文明和精神文明建设，推动社会进步的功能。同时，它还要满足人的需要，尊重人的价值，保障人的权利，使人有公正感、安全感、信任感、主人翁责任感，最大限度地调动人的积极性，发展生产力，增强综合国力，不断地改善人们的物质和文化生活。

惠：社会主义法制建设最终目的是为了促进社会生产力的发展，目前我国法制建设的现状能否适应这一要求？

林：党的十一届三中全会以来，我国在法制建设方面取得很大进展。现在有了一部适合国情的宪法，有了刑事、民事和国家机构等方面的基本法律，制定了一批有关经济、科技、教育、行政、国防、民族、环保等方面的法律、法规，使各个领域的工作都具备了行为规范。但是应该看到，法律在任何国家都有一个不断完善的过程，都要随着政治、经济形势的变化而不断丰富充实。我国也是这样。由于过去我国在立法的指导思想上存在“宜粗不宜细”、“需要什么制定什么，成熟一个制定一个”、“重刑轻民”等观念，以致许多法规定的太原则、太笼统、太粗糙，从而削弱了法的科学性、民主性，带来了贯彻落实的困难。党的十四大提出，我国经济体制改革的目标是建立社会主义市场经济，这就需要在经济体制上进行全面而深入的改革，既要保护市场经济的健康发展，又要防止它的弊病发作和蔓延。因此在法制建设方面还要下狠功夫和作大量的改革和更新，使之与市场经济的发展相适应。一些不适应这种发展要求的法律、法规亟须充实完善，现在中央提出要加快经济立法的步伐，要在本世纪末形成适应社会主义市场经济体制的法律体系的框架，这是非常明智的，也是非常正确的。

惠：您曾参加过民法四稿的起草工作，请您谈谈民法为市场经济服务的重要性。

林：只有充分发展市场经济，才能把经济真正搞活，促使各个企业提高效率，灵活经营，灵敏适应复杂多变的社会需求。市场经济是按照等价交换、平等、自愿、公平竞争、优胜劣汰的原则来配置社会资源的经济体制，而这是单纯依靠行政手段和指令性计划所不能做到的。市场经济在某种意义上说是法制经济，没有法律引导、调节和保证，市场经济就会缺乏应有的稳定性和运行活力。民法所调整的对象和范围正是产生于市场经济之中的财产关系和人身关系，也就是调整横向的经济关系，民事当事人之间不是隶属关系，而是平等的关系；它的调整方法是平等的、自愿的、互利的。目前我国用以调整市场经济关系的法律主要是《民法通则》和其他一些单行的法律、法规，对这些法律、法规，我们要很好地、认真地加以贯彻执行，要认识到民法是调整商品经济关系，为市场经济服务的最重要的法律。但是，我们也要看到，我们的民法还不够完善，《民法通则》是在计划经济为主、商品经济为辅的历史条件下产生的，它的规定未免粗略，在立法上也有局限性，不利于堵塞市场经济中产生的各种漏洞，也不利于对在市场经济中产生的新的民事法律关系做具体的调整和指引。例如，其中关于对债的租赁、借贷、买卖和物的所有权、抵押权、质权、留置权等等都缺乏具体的规定。而且通则的范围和内容不能适应市场经济的要求，更不能适应今天在市场经济发展中所出现的新情况。所以，我们必须把握住市场经济运行的客观规律和改革、开放的实际情况，首先充实现有的《民法通则》，使其成为一部为建立充满生机和活力的社会主义市场经济体制，促进生产力发展服务的民法典。制定民法典，用民法典来保障和促进市场经济的发展，是世界上大多数国家的成功之举。我国法学界现在要求制定民法典的呼声很高，研究也很活跃，我认为这应当引起有关部门的重视。

惠：有一句古语：“徒法不能以自行”。请您谈谈执法工作如何和立法工作配套进行，才能搞好社会主义法制建设？

林：我也认为如果执法不严，立法再完整也无用。邓小平同志曾经说过：“我们国家缺少执法和守法的传统”。这话非常中肯，切中时弊。要严格执法，必须建立法制权威，一切依法办事；在法律面前人人平等。不管是什么人，老百姓、干部、领导人，谁违反法律，就要受到制裁。而现在“以言代法”、“以权压法”现象的存在严重削弱了法制的权威性，地方保护主义和部门本位主义也大大损害了法律的统一性，助长了有法不依、执法不严、违法不究的不良风气。这是执法中最关键的问题，我们对此不能没有紧迫感。

我们现在必须充分认识到，严格执法是当前加强法制建设的关键一环。最重要的是彻底地、百分之百地做到审判独立，检察独立。任何机关、团体、个人都不得干预审判和检察的独立。法官在审理案件过程中，要在思想上没有任何牵制、任何压力、任何顾虑时才能客观公正，作出正确判断。检察机关也不应该受来自任何方面的干涉和影响。检察工作必须依靠法律，铁面无私地进行，真正做到依法治国，杜绝人治。

惠：有一种观点认为，独立审判会削弱党的领导，您对这个问题怎样看？

林：独立审判，只服从法律，是加强了党的领导，不是削弱了党的领导。我们的法律代表了人民的利益，也就体现了党的意志。法律把党的路线、方针、政策用法律形式固定下来，是党的路线、方针、政策的法律化。服从法律就是服从党的领导。独立审判，只服从法律，是说审判具体案件不受外来的任何干涉。这样做，才能彻底贯彻法治原则，保障社会稳定发展，经济有秩序地运行和人民的权利。这也就是最彻底地贯彻党的路线、方针、政策。因此我们现在对这个问题要有清醒的认识，我们很长时间法制不健全，原因很多，独立审判，只服从法律的原则没有很好地贯彻，是重大原因之一。

惠：独立审判，只服从法律，法律都早有规定，为什么还会出现侵犯独立审判的现象？

林：实际上可能侵犯独立审判的多数是属于有权有地位的负责人。因此在法律上应当增设利用地位权力侵犯审判、检察独立行使职权的应受处罚的条文，以杜绝“以言代法”、“以权压法”的现象。在法院各级之间，也有侵害审判独立的问题。按诉讼原则，上级法院只能通过审判程序对下级法院进行监督，决不能用程序以外的任何方式对下级法院发号施令。但实际上有的法院也有向上级法院先请示后判决的行径。这种做法无形中剥夺了当事人的上诉权，妨害了审判独立，也是一种“以言代法”、“以权压法”的违法行为。这些流弊，都应当严厉禁止。

惠：律师制度是司法体制的重要组成部分，您如何评价律师在健全法制中的作用。

林：律师制度对于发扬民主、健全法制、保障审判正确起到积极作用。我们知道，法律有程序法和实体法之分，执法不但必须根据实体法，还要严格依照程序法，才能保证判决正确。建立律师制度，可以保证程序法中的公开原则、辩论原则、回避原则、言词原则的有效实施。律师执行职务，不但可以保护当事人的权利，而且还可以辅助审判人员作出正确公正的判决。在审判过程中，律师与审判和检察起到互相制约的作用。在办案过程中，律师广泛接触社会，接触大量案件，特别是在深化改革，发展市场经济的今天，律师的工作对调整社会关系，保障人民权利，促进商品流通，宣传法律知识，稳定社会秩序，促进生产力发展，更具积极意义。近几年来，律师制度有所改善，这是可喜的现象。不过，随着改革和民主法制建设的发展，今天的现实与党的十一届三中全会后恢复律师制度时的形势相比，已大为不同，有必要尽快制定律师法，明确规定律师工作的性质、社会地位、职能、编制，尤其是隶属关系，以适应当前形势发展的需要，我认为，律师主要是社会工作者，不能将其视为国家司法机关的干部。他们应由律师协会来管理，律师协会由司法部领导，使律师有相当的独立性，能够理直气壮地发挥保护公民法律权利的功能。

惠：为适应市场经济需要，司法机关正在进行改革，司法体制改革应突出什么问题？

林：在司法人事方面，选拔干部要德才兼重，要选拔坚持真理、刚正不阿的干部来担任审判和检察工作；选拔领导干部尤为重要，不能以其昏昏，使人昭昭，在司法工作上瞎指挥。对司法人员要严格进行考试、甄别，没有大专以上法学程度的绝不允许充任审判、检察人员。各级审判、检察人员一概由中央任命。在司法财政方面，对法院、检察院的财政分配制度要进一步完善，司法工作的一切费用完全由国库开支，不受地方支配。要做到审判独立，是系统的工程，司法体制、审判制度还得进行多方面的改革。为贯彻公开原则、直接原则，在法院组织法、检察院组织法、刑事诉讼法、行政诉讼法，甚至宪法都得有所修改和补充。例如，有些地方保护主义严重，程序法上必须补充有转移管辖的规定，以防止地方滥用权力，对审判独立的侵犯；法院组织法里面规定法院设有审判委员会，这对审判直接原则显有违背，因此，法院组织法也需要加以修订。在司法监督方面，人民代表大会要建立切实有效的制度和健全的机构，把对法律监督的实施放在重要位置，有计划、有重点地开展执法监督，努力提高执法监督的效果。同时，全国人民代表大会还要联系全国政治协商会议、各民主党派和工会、妇女等人民团体，以及农民群众、新闻媒介共同深入调查研究，制定出法律制度，以保证各方面群众不怕任何威胁，打破一切顾虑，进行民主监督。

惠：您今天围绕法制建设要为社会主义市场经济发展的需要服务这个中心谈了很多，说明了法律在保障国家稳定繁荣方面的巨大作用。今后，随着市场经济的不断发展，还会出现许多新问题，需要由法律来调整和规范，我们将随时向您请教。谢谢！

（摘自《群言》1995年第2期，惠存采写）

罗大冈教授谈翻译和外国文学研究

罗大冈先生是中国社会科学院外国文学研究所研究员、北京大学兼职教授，是我国著名的翻译家、外国文学评论家、诗人、散文家。他虽然已经85岁高龄，仍然笔耕不辍。罗先生早年负笈法国，获巴黎大学文学博士学位，先后在法国和瑞士居住了14年，1947年偕夫人齐香教授一同回国。笔者与罗老的谈话就从这个话题开始。

罗芃：您1933年从中法大学毕业，作为公费生赴法国留学，直到1947年回国。您决定回国时心里是怎么想的？

罗老：我回国之初就曾有人问我为什么要回国，我回答他说，你的问题问得有点怪，不回国才有一些特殊原因，而回国是理所当然的事，何需问为什么？你想，国内有我的父母亲，兄弟姐妹，骨肉同胞，我怎么能离开他们？我取得博士学位后不久，正赶上第二次世界大战爆发，回国受阻。第二次世界大战结束后由于某些原因，我和老伴幼子又继续在法国滞留了二三年，岁月飞逝，不觉已经和祖国阔别14年，我能不归心似箭吗？回国前，还有人对我说，国民党不行了，眼看共产党要上台，共产党主张不劳动者不得食，你这一介书生，回去干吗？我说，不劳动不得食有什么不对？我看很好。说来有意思，回国前为了准备自食其力，我真到法国的一家皮革厂当过工人，皮鞋、皮包都学着做过。当时想，就是叫我扫街，我也要回去。当然，共产党并没有叫我扫街。要说扫街，我也真干过，不过是在“史无前例”的那些日子中罢了。

罗芃：国内外许多人都知道您是罗曼·罗兰研究专家，您翻译了罗曼·罗兰100多万字的长篇小说《母与子》，发表了几十万字的专著《论罗曼·罗兰》，另外还撰写了多篇论文，评介这位法国作家。您是什么时候开始研究罗曼·罗兰的?

罗老：回国后到上海，一份南开大学的聘书已经放在我桌上——顺便说一句，到现在我不知道是谁推荐的我。到南开外文系开法国文学课，那时罗曼·罗兰的《约翰·克利斯朵夫》和他的若干剧本已经译介到国内，许多学生对这位去世不久的诺贝尔奖得主感兴趣，希望我给他们讲讲，我对罗曼·罗兰的研究可以说从那时就开始了。后来，这项研究继续下去，和国内的政治气候也有一定关系。

罗芃：我记得您说过，罗曼·罗兰并不是您最喜爱的作家。

罗老：是的。我的研究领域是20世纪法国文学，更准确地说，我感兴趣的是两次大战间的法国文学。罗曼·罗兰，如果从他创作活动的主要部分看，是属于这个时期的作家，对于这样一个重要的作家，我当然觉得有必要研究他，可是从个人爱好说，我并不特别喜爱他，我更喜欢纪德、瓦雷里等。我很钦佩罗曼·罗兰的为人，钦佩他的品质。他最了不起的品质是真诚。他不媚俗，淡泊名利，绝不为了迎合时尚而掩饰真实的自我。他的文学创作也贯穿这条原则。他晚年写的《内心旅程》里说他自己最大的优点是说想说的话，这是对他自己实事求是的评价。说到他的作品，其思想力量和艺术成就都是不可抹杀的。但是在我看来，他的作品有一个大缺点，就是经常把抒情和抽象说理糅杂在一起，使他的文字有时显得很滞重，甚至有点晦涩，影响了他的作品的艺术感染力，这一点也往往给翻译造成一定的困难。

罗芃：说到翻译，您是知名的翻译家，您译的《波斯人信札》《母与子》都以高质量的译文深得翻译界和读者的好评。您在翻译这个园地里辛勤耕耘数十年，积累了丰富的经验，您能谈谈自己的体会吗?

罗老：翻译是很辛苦的。人们常说，写诗是戴着镣铐跳舞，翻译又何尝不是呢？有人把翻译看得很轻松，这是误解，某些译者自己也以为翻译可以游戏为之，这说明他们根本不懂翻译。一个真正的翻译家必须有一丝不苟的工作态度。我在翻译中遇到疑难处，决不敷衍搪塞，不弄个水落石出决不罢休。当然我有一个有利条件，我的老伴(按：罗先生的夫人齐香先生是北京大学西语系知名教授，也是著名翻译家。）可以同我“疑义相与析”，我的译文都经过她校对。她比我还认真严肃，经她校过的稿子，一般说可以放心地拿出去。

翻译理论界提出过许多翻译标准、译文质量模式，都有一定的道理，但是说到底，翻译质量还是取决于译者的文化和文字修养。有中外文化的良好修养，有比较扎实的中外文功底，在这个基础上，还要认真阅读、体会、领悟原文的真正意思。举个小例子，雨果的*L'homme qui rit*，当年曾译为《笑着的人》，出版社把译稿送来让我校阅，我改成《笑面人》，这个译名现在已经成了定译。为什么这么译呢？因为小说主人公格温普兰的那张笑脸，是被人残酷地用手术造成的畸形，笑脸后面藏着巨大的痛苦。笑脸实际上是一张面具。译《笑着的人》，光从文字上看，没有错，但是没有表达出真实含义。译《笑面人》，从文字看好像与原文有差距，其实倒是准确地传达了原文的意思。

罗芃：早在50年代，您就出版了《阿拉贡诗文钞》《艾吕雅涛钞》，您也翻译过法国另外一些大诗人如阿波里奈的诗。有一种流行的看法，认为诗是不可译的，因为诗的韵脚、音律、节奏很难从译文中得到反映。您是怎么看的？

罗老：翻译难，译诗更难，这是毫无疑问的。可是我喜欢诗，所以禁不住总想把我喜欢的法国诗介绍给中国读者，这里面有一种创作的冲动，也有一种责任感在驱动。诗的美不但表现在思想感情的蕴藉上，也不但表现在意象的创造上，还表现在语言的韵律、节奏上，因此，译文应当考虑传达原诗在这方面的审美特征。同时我觉得，由于这种传达必然面临语言差距造成的障碍，所以应该避免为了照顾语言的音韵美而牺牲其他方面，例如思想和情感的内容，形象的美感作用等。在二者不可得兼的情况下，不必要也不能够死守原文的韵脚、节奏，应该有所变动，应该把原诗内容的传达放在首位。

罗芃：这几年来，各出版社纷纷组织重译外国古典名著，翻译界人士和广大读者对此褒贬不一，您的意见如何？

罗老：我曾经说过一句话，“只有不朽的创作，没有不朽的翻译”，意思是说，再好的译品，二三十年后，都有被新译品替代的可能，因为语言在不断发展变化，每个时代的读者都希望读到符合他们时代语言风格和语言习惯的译作。因此，原则上我赞成古典文学名著的重译。这里就提出了一个是否能够超过前人的问题。既然是再译，甚至是三译，四译，那么质量一般说应该比已有的译本好。但是，由于大家在译文质量问题上各有各的标准，所以怎么样才叫超过前人，似乎也很难有定评。在这种情况下，对译者，特别是中青年译者，应该多加鼓励才对。需要注意的问题，不是应该不应该重译，而是能够不能够以献身人类文化事业的严肃态度投入这项工作。无论从出版社来讲，还是从翻译者来讲，都要力戒市侩作风。如果把赚钱放在至高无上的地位，那肯定只会给外国文学翻译事业抹黑。

罗芃：改革开放的十几年来，外国文学的翻译和研究有了长足发展。您对外国文学研究的现状和前景有什么看法？

罗老：文学研究在中国归属社会科学，在法国一般归属人文科学。总之，它被称为一种科学。文学研究的科学性表现在哪里？对这个问题，我感到，有些人，包括某些社会科学的领导者，没有弄清楚。一项研究，它是否能得出科学的结论，不在于它的结论是否符合某些规范和要求，而在于是否坚持了实事求是的原则，也就是说，是否能够掌握翔实的材料，然后用正确的方法对这些材料进行分析研究。我在法国念了六七年书，对法国大学教育最佩服的一点，那就是学生论文写出来，教授们首先不是看你的结论是什么，而是看你的材料是不是翔实。缺乏充分的、可靠的材料，结论再高明也不会得到好评。而我们有些人往往喜欢先看结论，这不是科学的态度。法国人把自然科学称为Sciences Exactes，即精确科学，社会科学、人文科学，虽然不称为Sciceces Inexactes（非精确科学），但是实际上有这个意思。就是说，社会、人文科学没有可以量化的衡量标准。那么，作为社会科学或者人文科学一部分的文学，它的一项研究，究竟是真科学还是伪科学，我认为，主要就在于是否建立在研究具体事实的基础上。举例说，法国五六十年代的诗歌，多有艰深晦涩，甚至离奇怪异的，应该怎么理解这个现象呢？原因很复杂，其中一个很重要的原因是社会心理状态。二次大战后，西方人有两大怕，一怕再爆发像二战这样的大规模战争，二怕扔原子弹。这是一种相当普遍的担忧。我们研究这个时代的诗歌，就必须和社会心态的基本事实联系起来，具体研究这种心理状态对诗歌创作的影响。

外国文学研究中，还有一种倾向我认为不可取，就是把文学简单地当做意识形态来看待，完全从观念出发来研究文学。文学固然受到政治潮流、思想潮流的影响，但是文学还要讲究艺术表现。法国诗人、诗学理论家瓦雷里说过．写散文好比走路，写诗好比跳舞，走路嘛，走到目的地就行了，没有美不美的问题。跳舞没有目的地，它的意义就在舞蹈动作本身，它要追求美。他这里说的散文，不是我们平常说的那种抒情记事类的专门文体，而是泛指与诗相对立的各种文体。其实，我们可以把他所谓的诗理解得更宽泛些，把整个文学都包括进去。文学是要追求美的，这是文学的主要特征。是一首诗、一部小说、一出戏和一篇社论根本不同的地方。我写过一篇文章，题目就叫《文学是艺术》，意思就是反对那种舍弃文学的艺术特征，舍弃美，把文学当做概念游戏的所谓研究。

罗芃：您这样重视文学的艺术特征，我想和您自己是诗人、散文家有一定关系。您早在30年代就在瑞士发表了法文诗作，前几年，法国又出版您的法文诗集《破盆中的玫瑰》。法国人把您列为受法国文学影响的中国诗人，1981年邀请您到法国讲学，请您在颇负盛名的法兰西学院作了题为

《清醒的呓语——关于诗的命运的思考》的报告，这对一个外国人来说是很高的荣誉. 巴黎第三大学还授予您名誉博士学位，这一切都足见您作为一个诗人、法国文学专家在法国的影响，在国内您也出版过好几部诗集和散文集，如《无弦琴》、《淡淡的一笔》等。您能谈谈为什么给您的法文诗集起了这么一个有点超现实主义味道的书名？您在诗歌和散文创作上有什么体会？

罗老：超现实主义？也许有一点，其实这个题目百分之百来源于现实。那是一次巨大的天灾之后，我来到乡间，眼前是一片萧瑟凄凉的景象，就在几堵残垣断壁间，我看见一个衣衫褴褛的妇女蹲在那里，在用一个破碎的净壶栽玫瑰花。这个反差太强烈了，顿时使我的心产生无法遏止的震颤。在天灾和贫穷重压下，这个妇女还执著地热爱生活，追求生活的美，这不是反映了我们中国人性格中最本质也是最美好的东西吗？要说写诗、写散文的体会，那么无妨说，这个叫我终生难忘的景象是我全部创作的源泉，至于法国人说我是受法国文学影响的中国诗人，这个说法并不太准确，正确的说法应该是“用法文写作的中国诗人”。我也写中文诗，在我的中文诗里，法国文学的影响并不大。

罗芃：您现在还写诗么？

罗老：不写了，法文诗、中文诗都不写了。因为没有诗的感觉，那种诗的运动，韵律、节奏在心中盘旋、冲突，不吐不快的感觉没有了。现在只写写散文、评论。毕竟85岁了。但是我总还是要写，人不能无所为，只要还能做事，就要做下去。这是我的信念。

（摘自《群言》1995年第3期，罗芃采写）

徐中玉教授谈文学研究与文学创作

去年12月17日，上海作家协会、民盟上海市委、华东师范大学联合为上海作协主席、华东师大中文系名誉主任、民盟上海市委顾问徐中玉先生举办了一次“庆贺徐中玉教授八十华诞暨从事文学与教学六十周年”活动。当时就想访问徐先生，但由于他社会活动多、工作忙，加上又临近春节，所以一直未能约定时间。今年春节一过，一个初春的上午，徐先生在他那间十分简朴的客厅兼书房中，接受了我的访问。

汪：徐先生，您60年来先后曾主编过《益世小品》《新地》《艺文集刊》《文学周刊》《语文教学》，现还在主编《中文自学指导》《古代文学理论研究》《文艺理论研究》等刊物，并还主编了《古文鉴赏大辞典》《中华文史知识辞典》《中国近代文学大系·文学理论卷》《大学语文》《中国古代文学作品选》等书籍，撰写出版了《抗战中的文学》《论苏轼的创作经验》《鲁迅遗产探索》等十多部专著，最近又出版了您的论文自选集《激流中的探索》。先生在文学研究与教学事业上已辛勤工作了60年。请问您是怎样走上这条道路的？

徐：我读高等小学时就喜欢看《东周列国志》《三国演义》《水浒传》等小说，虽看不大懂，仍很感兴趣。初中阶段我是在梁丰中学就读的（当时属江阴县，今归张家港市），这所学校在清代梁丰书院的基础上建立而成，藏书不少，林琴南翻译的小说也有很多，我几乎都读了，使我大开眼界，觉得新鲜。学校师资条件好，但还没有讲过语体文。老师们喜欢教桐城派文章，教材大都从《唐诗三百首》《古文观止》《古文辞类纂》中选出来。他们旧学很有根底，教时击节称赏，大声朗读，也要求我们课后朗读背诵，不时点名考查，为此，我能背出不少诗文，有些至今仍还记得。只是道理讲得不多，印象难深。高中阶段进了省立无锡中学。无锡中学有普通科和师范科，师资条件是一样的。我因家境困难，读的是师范科。省锡中的前身是江苏省立第三师范，图书馆藏书更多，特别是有许多新文学作品。我开始读到如鲁迅、胡适、郭沫若、郁达夫、施蛰存等的作品，觉得又是一片新天地，同自己更贴近了。语文教师中有位马仲殊先生，是用白话写小说并已出版了两个集子的新文学作家。在这样的环境中，我的兴味更倾向于文学了。我自己订阅了邹韬奋主编的《生活周刊》和施蛰存主编的《现代》。这阶段正在九一八事变前后，我参加了无锡学生赴京（南京）请愿坚决抗日，回来即积极下乡宣传。感到练习写作既能用来表达自己的思想感情，又对下乡宣传有作用。这时起即不断习作，开始在江阴县报的副刊上发表。

我走上文学道路，也有我家庭的影响。两个姑母家各有一个表哥，他们先后都在著名的常州中学就读。大表哥郭斌和（洽周）未毕业就被南京高等师范挑去了，南高师没毕业又被挑到香港大学读书，同朱光潜先生是同班同学；二表哥郭斌佳考上了圣约翰大学，后转到新成立的光华大学，师从新文学家徐志摩、梁实秋、余上沅等。后来两个表哥先后都一举考取了清华公费留美，去哈佛大学，一位专攻希腊、拉丁文学，一位专攻西洋史，都属文科。他们回国都成了著名的专家学者。两个表哥对我的影响很大，大人经常要我以他们为榜样，既是鼓励，也有压力。我的近亲中读书没有一个学理工的。我在六年中学时期显然爱好文科，不喜欢数理化，课外只读文艺书籍。

从师范科毕业后，根据当时规定，立刻去进教会大学或私立大学是可以的，如要报考收费低、师资设备条件好的国立大学，就必须教满两年小学，取得服务期满的证明。我因家境关系，只能先去当了两年小学语文教师。1934年才考入当时设在青岛的国立山东大学中文系，算是正式走上了学习文学专业的道路。

汪：请问在您的文学道路上，对您影响最大的是谁？

徐：山大中文系的教授老舍、游国恩、叶石荪、台静农、颜实甫和外文系的洪深教授对我都很有影响。他们都鼓励并指导我积极写作；都说有思想有感情就该写出来，写出来才有成果，在写的过程中才得深化；不断练习才能不断进步，怕失败、没勇气就永远不能写、写不好。我发表了不少习作，曾编成《芭蕉集》，老舍和王统照两位先生都给我写了“序”。这本集子后因抗战爆发未能出版。幼稚之作，并不可惜。两位先生给我的鼓励则至今未忘。幸而他们的序文当时曾发表过，得以保存，当提供作为他们文集的补遗。至于我走上文学研究的道路，则出于叶麐（石荪）先生的指导为多。

叶先生是留法、留美学心理学的，原在清华大学心理系任教，乘度假一年之便，他应邀到青岛山大来开设“文学批评原理”和“文艺心理学”两门课。叶先生家学渊源，兼能作诗填词，听他的课使我大开视野、频添新知，也培养了我独立钻研的能力。我从叶先生的教学、研究以及和他的亲切接触中得到了很多启发，对我后来的研究最有影响的有四点：一、要有个适合于自己认为真有意义、极有兴趣、而且力所能及的目标；二、要用卡片形式尽可能掌握与研究目标密切相关的丰富的第一手资料；三、对不同学派、不同意见要在积累、比较的基础上逐渐培养、提高自己的分析、辨识能力，对合理的东西应兼收并蓄，也要有自己的看法；四、不能为研究而研究，学习理论不能不读文学作品，不能毫无创作经验，一定要重视人生的改良，关心国家、社会的进步。应该说，我起先还只是对文学有兴趣，爱习作，并没有多少宏观的眼光和认识。后来走上了这条道路，我永远不会忘记叶先生热心、切实的指导。

文学研究要有正确、进步的观点，这一认识同我参加抗日救亡活动分不开。我开头实际是乱投稿，《论语》《人间世》《宇宙风》《逸经》

《大风》等杂志都有我的文章发表；后来受到进步同学影响，读了不少进步书刊，目标比较明确了，投稿也就有了选择。在大学学习期间，我没有一味钻进读书和学习文学创作中去，而是参加了如下乡宣传、深入农村等活动。后来知道，进步同学中不少已是地下党员，他们有的在抗日战争中牺牲了，有的建国后担任了重要的负责工作。他们是我对革命认识的具体榜样。那时他们确是冒着生命危险，没有任何私利可言地在奉献一切的。

汪：最近出版的《激流中的探索》一书，收入了您70年代末至今发表的主要文学论文，其中不少都涉及当代文学研究中的重要论题。请问，您看近年来的文学界情况如何？

徐：这个问题很大，看法不易一致，我只能简单地说一点自己的感受。

改革开放以来，文艺的大环境比过去宽松多了。创作积极性提高后，出版了不少作品，也有了些好作品；各种类型的文艺评奖也较多，起了推进和鼓励作用。但比之形势发展、群众需要，真正优秀、能震撼人心的力作却还太少。原因是多方面的。

文学缺少批评精神，是重要原因之一。文艺作品如果很少反映生活实际，很少说真话，回避矛盾，尽管作者动机不错，艺术表现能力本有底子，作品也难有生命力。现在全国上下都承认，在取得重大成绩的同时还存在很多消极腐败的现象，这些现象还未得到有效的遏制。问题很复杂、很严重，需要有忧患意识，居安思危，不要以为已可高枕无忧。这是很对的。但这样的生活真实在文学作品里极少有所反映，这就不真实，不能使人民有危机感，头脑清醒地对国家负责。人们从文学作品中看到的与自己感受到的有很大距离。或许有人认为，生活中的某些阴暗面不必曝光，曝光有损于形象，会影响安定团结。我认为必须曝的还得曝，捂着改不好，应该欢迎、鼓励正当的、意在改进的批评，发挥人民群众的监督作用。文学史上的所有优秀作品之所以受到欢迎，留传下来，就因有这种批评精神。这是非常积极、奋发向上的精神。

文艺有没有、要不要主旋律？有、要。坚持改革、深化改革，这就是主旋律。写任何题材都可以，都应该体现主旋律。鲁迅主张选材要广，开掘要深，很有道理。社会生活是非常丰富多样的，要如实反映出社会生活，文学题材应该丰富多样。作家写他熟悉的题材，只要有宏观的视野，深刻仔细的观察体验，上述主旋律同样可以在包括家庭生活、子女教育等在内的各种社会关系描写中反映出来。现在人们对有些写主旋律的作品不满意，有些作者不愿承担要他写主旋律的作品。为什么？问题就在前者基本回避矛盾，不够真实，起不了真正推进作用；后者不愿照写这种作品，并无恶意。这个问题不是理论复杂，而是实践难行。只有权衡清楚了才能解决。

力作甚少，作者身上也有原因。商品经济冲击下一切市场化，分配不公，生活考虑太多，理想追求少了，世俗化导致缺乏思想深度。有些作品对琐碎生活可以写得相当细腻，但像在无休止地闲聊、炫耀、迎合，而没有什么激情，因而也就没有震撼人心、耐人思考的力量。有些作者对过去长期亲身经历的生活，如上山下乡等，是熟悉的，也理解较深，所以写出了较好的作品；现在身居城市，专事写作，对当前城市生活巨变不过只有一般了解，缺乏深入体会，写当前生活，底子显然不厚，当然也就难以写出优秀作品。有些作者，放下创作较大作品的计划，而改为各色报刊写千字小品，什么都侃，随手可就，当然也可以补助些生活费用，无可厚非，但就人才资源、创作潜力的损耗来说，我认为很可惜。

我觉得文学必须是为人生，并为改善人生、推动社会进步的，作品应有感悟读者、使读者获得愉悦的艺术力量。

王朔的作品流行一时，他将过去很长一段时间奉若律令、视如神明的东西，用俏皮的语言进行调侃、戳穿，实际是在批评，这在一段时间里有其意义，现已证明，仅此而已就长不下去，还得重建或新建更积极的东西。文学作品不能一味地调侃、指责，必须有所建树，有所创新。

现在我们民族的文化素质情况很严峻。原因是多方面的，非一日之寒所造成。要有个仔细研究过的提高规划，怎样标本兼治，逐步认真实施。再不要谈得很多，做得极少，情况依旧了。目前有些文化繁荣现象，例如提倡各种“文化”、办各种“节”，花钱可观，表面热热闹闹，但主要是在为经济招商搭桥，对文化实效很少，因对绝大多数人来说几乎没什么关系。而教育滑坡，文盲增多，公德沦丧，知识不值钱，图书馆、文化站大批收缩等现象则更加严重。市场经济大潮的消极负面影响开始未受重视，过于忽视，至今仍有发展，对严肃、高雅的文化事业确实冲击太大。应该看到，没有精神文明为辅佐，物质文明是不可能持续上去的；民族文化素质上不去，经济发展会没有后劲。

汪：您的这些意见，对我很有启发。最后我还想问一个问题。反右前和70年代后期以来，您培养了不少研究生，他们中有些在文化战线上已作出了相当显著的成绩，请问您是如何培养这些学生的?

徐：不能把他们的成绩归功于我。对研究生我总是先指定若干必读书籍，让他们在精读和把握必要资料的基础上提出问题，然后要他们共同充分讨论，相互启发。我也参加他们的讨论，各抒己见。我从不将自己的观点强加给学生，他们对问题完全可以各自独立思考，作出判断，不同见解尽可保留，不求匆下断语。我在讨论中也很受益，扩大了视野，增长了知识。

一个人的想法、看法，谈过了如不写出来，还不是成果，印象也不会深。所以我总是鼓励他们，讨论后各自再整理，扩展思路，写成文章。写作过程中必然会进一步加以思考。有些起先还不太明确的会更明确，不太完善的会有所完善，还能想到一些新的问题，思考能更深入。评定学生学习成绩，我不要他们非得符合我的意见，韩愈早说过：“弟子不必不如师，师不必贤于弟子”，他们可以而且应该充分发挥自己的才能、创造性。我鼓励他们多多锻炼，对有见地的文章，尽力推荐、介绍。我又常提醒他们切不可自满。我作的大要就是这些。

近两小时的访问很快过去了。在同徐先生握别之际，我突然想起了在庆贺活动上著名作家赵长天所讲的一段话。他说，“徐先生的心态是一种成熟而不失激情，厚重却依然清纯的境界，是一种难以达到的境界。人生八十不稀奇，八十而能保持这样的人生状态，那就如金子般的珍贵。”是啊，祝徐先生健康长寿，永远保持这样的境界，在改革开放的“激流”中不断“探索”前进！

（摘自《群言》1995年第6期，汪寿明采写）

毕生尽力，无愧无悔

——访农学家、翻译家叶笃庄教授

积水潭医院综合病房的活动室里，初伏的暑气被关在窗外，阵阵清风在室内流动。叶老穿一身病员服，脸上却毫无病态，行动自如，提起这次因脑血栓住院，叶老朗声大笑。

叶：是脑血栓，但没栓住，医生做了全面体检，除血色素偏低外其他一切正常，估计活到90多岁没有问题。

王：我很奇怪，您曾因冤案坐牢和劳改连续长达20年之久，身心都受到严重创伤，但您现在的身体状况和精神面貌与您的年龄和经历都极不相称。

叶：是的。很多人都向我请教养生之道，其实我什么秘诀也没有，只有一条就是心胸开阔，从不患得患失，这就是孟子所说的“养生之道无他，求其放心而已矣。”回想自己的一生，虽磨难不少，但可说是仰不愧于天，俯不愧于地，没做过一件对不起国家、人民、朋友、亲人的事，如此则心安，心安则神宁，神宁则体健。

投身革命，九死而不悔

王：您的父亲是天津很有名望的实业家，但您兄弟几人都很早就投身于革命事业，且个个学业有成，许多人对您的家庭背景很感兴趣，您是否能简要介绍一下？

叶：一个人老了，就喜欢回忆过去的事情，回忆自己的亲人和朋友，我今年87岁了，真正到了其言也善的年龄。近来我也在想，我这样一个家庭，怎么会出现我们这几个和家庭好像很不协调的兄弟？确有其偶然性，但也有必然因素。

我父亲在清朝时是做官的，做到道台，可以说是少年得志。但后来他看到世道不稳和官场的腐败，到民国以后，就坚决不做官，一心一意在天津办实业，参加了周学熙财团并成为主要成员，开办了华新纱厂、启新洋灰公司（即唐山水泥厂），最后死在华新银行总经理的任上。父亲生前特别注意子女的教育，注重智力投资。家里经常请有四位家庭教师，两个教国文，两个教英文、数学，开支很大，我们兄弟几个都没有上过小学，在家里念到初一或初二直接上南开中学，因此我们几人的中、英文都经过严格的训练，有点基本功，父亲的本意是要我们每个人都学点真本领，学理工、学医，不要做官、搞政治。

王：但最终你们兄弟5人却都走出了封建家庭，走上了革命道路。

叶：父亲虽然办实业，但我们的家庭生活仍然封建气味很浓，我们兄弟5人都是庶出，虽然生活条件优越，但待遇上的不平等和思想上的压抑使我们对封建家庭深恶痛绝。所以父亲一去世，我马上就搬出来住到学校里。

更主要的原因是九一八事变后，蒋介石采取不抵抗政策，出于义愤和爱国热情，我参加了当时共产党的外围组织“读书会”，读一些马列主义的书，看共产党的文件，思想“左倾”进步，积极支持抗日。我记得非常清楚，1931年冬天，家里给了我18块银元让我做件呢大衣，我拿到钱后马上到大公报社捐给了马占山。从那时起，我就基本上划清了国民党与共产党、帝国主义与中国这两条界限。

1936年我家酝酿分家，我们兄弟几人商定将这笔钱“用之于民”。在中共北方局的支持和领导下，组织开办了“天津知识书店”，这是我为革命事业做的第一件事。

1937年抗战开始，我参加了八路军，在129师386旅搞敌工工作，后来转到晋东南军政干部学校，任敌工班负责人，主要教日语，自编了口语和文法教材，在艰苦的条件下为党培养了近百名敌工骨干力量。我是1939年山西“十二月政变”时被迫离开的，这不是“交代历史”，用不着详说了。

王：难怪您的几位兄弟一致认为您是第一个背叛家庭，引导他们走上革命道路的人。

叶：哪里，其实和他们相比，无论哪一方面我都很有差距，不久前我还写了两句诗给自己一生作了小结：“严寒阅尽人已老，却惭无实入书林。”我真感到自己是书剑两无成。就拿参加革命来说，现在给我定的是1936年参加革命，我也确实是觉悟得较早，但后来为什么反而走在了他们的后头？我想是因为无论搞学术还是干革命，我都不是一心一意，也不是三心二意，而是二心二意。一心要参加革命，一心又舍不得学术研究，一心二用，所以一辈子两方面都没有做出大文章，没成大气候。和自己的兄弟比，我是半瓶子醋。读书做学问，我不如笃正，论革命，我比不上哥哥笃义和弟弟笃廉（现名叶方）和笃成。

我这一生对革命、对学术研究，虽说是做到了尽力而为，但毕竟没有达到当时自己想象的目标，究竟有多少成就，实在不敢说。

毕生奉献于农业研究、翻译事业

王：当年南开中学的毕业生大部分学工，很少有学农的，而您却考入了金陵大学农学院，且一生未改初衷，请问您怎么会作出这种选择？

叶：很简单，当时觉得中国农民太苦，想直接为农民做点事，我们是一个农业大国，把农业搞上去，才能富国强民。先考入南京的金陵大学农学院，但因实在适应不了当时南京的沉闷空气，于1934年秋季东渡日本，在东京帝国大学农实科研读。解放后，新中国成立了华北农业科学研究所（即农科院前身），组建编译委员会，分配我当编译委员会主任。本以为革命成功了，想一心一意搞专业研究，但接到组织任命后，二话没说，全身心地投入了科技翻译工作。我们白手起家，从油印搞起，创办了《农业科学通讯》《中国农业科学》《苏联农业科学》三个杂志，还编译了不少农业科技丛书，由中华书局出版。由于国民党统治时期不重视农业科研工作，当时在这个领域几乎是一片空白，我们的工作，对我国农业科学技术的普及推广起了积极的推动作用，并成为当时农业科学出版的一个中心。

王： 您曾写过《华北棉花及其增产问题》《华北农作物栽培制度》《西北黄土高原种草种树与控制人口问题》等多篇影响深广的学术著作，从您的谈话中我也感觉到，如果让您自己选择，您还是倾心干农业科技研究工作。

叶： 是的。献身农业科技工作是我早年立下的志愿，但对祖国的需要和组织分配的工作，我也是心甘情愿无条件接受的，不光是我一个人这样，这是我们那一代知识分子的共同特点。

王： 翻译和主持组织翻译《米丘林全集》和《达尔文进化论全集》，花费了您大量的心血，您认为这项工作的意义和它们在人类社会发展中的作用是什么？

叶： 最早是在1951年著名记者徐盈送给我一本英文版的《米丘林选集》，我立即着手组织翻译，两三个月后就出版了。接着当时的新闻出版署副署长周建人先生就托吴晗同志找我，请我帮助重译《物种起源》。我立即带着对新中国的无限热爱和对本职工作的极大热情和浓厚兴趣夜以继日地投入了这项工作，经常工作到夜里两三点。所以1957年把我划为“右派”，1958年又升级为“反革命”，我一下子被打蒙了，非常伤心。我自从投身革命以来，党分配干什么就干什么，从来没说过二话，何曾会有过二心？当时我的名字被从出版物上删去，代之为“等”，后来我一直想起个笔名叫“叶等”。

不说这些，还是谈《物种起源》。我最早是在日本读书时看到的日本译本，一下子就被吸引住了，只有用达尔文的学说，才能将自然界的现象和它们之间的关系，阐释得这么清楚。达尔文不仅是伟大的科学家，而且是伟大的思想家，他的进化学说为人类发现、认识、思考、分析问题开辟了一条新路，不仅改变了生物科学，而且对于其他自然科学领域，乃至社会科学、哲学和文学都产生过深远影响。

达尔文学说标志着生物科学领域内的一个旧时代的结束和一个新时代的开始，他的学说虽然经历了100多年，但至今仍闪耀着不可磨灭的光辉。

王：您对现阶段翻译和重译科技经典著作有什么看法？

叶：我一向主张重视翻译经典著作。无论哪一门科学研究，都不能割断历史，翻译工作者要甘当“二传手”。在这方面，我国做得还不够好，以生物科学为例，如赫胥黎的五卷文集，法希尔的《昆虫记》，杜布赞斯基文集等，我们都还没有翻译过来。而日本人则很重视这项工作，仅《物种起源》，日本从明治维新起直到现在，就有7种不同的译本，即使是在最困难的时期，他们也没有放松这项工作。这种大工程，不是一个人或少数人能够办到的，应该由国家统筹办理。我曾多次提议国家应成立“翻译馆”，把退休的自然科学专家组织起来，从事专门科学的翻译，同时要设立经典著作出版基金，光靠出版社是负担不起的。

政府应重视翻译事业，要知道一个开放的时代，必将伴随着一个大的翻译高潮。历史已经多次证明了这一点。唐朝的“译场”，五四时代的翻译高潮，改革开放后翻译事业的兴起，仅科技翻译大军，就有几十万人，大亚湾核电站、宝山钢铁厂等等单位的技术翻译资料，以“斤”计，甚至以“吨”计。翻译工作者为我国的各项建设事业都做出了无私的奉献，是无名英雄。但他们却没有得到相应的待遇和地位。如“中国翻译工作者协会”本应与，作协、文联地位相同，现在却只挂靠在文化部的外文局这个司局级单位，经费困难，与作协和文联无法相比。

治学先立志

王：在读您的译著时，我完全没有一个外行容易产生的枯燥乏味的感觉，尤其是新近出版的《达尔文进化论全集》第一卷《达尔文自传与书信集》，立刻为其文字的顺畅优美感动。您的翻译作品一直受到专家学者和同行的赞誉，请您谈谈文学翻译和科技翻译的异同点，您认为一个合格的翻译工作者应具备哪些修养和基本条件。

叶：严复的“信、达、雅”同时也是科技翻译的标准。科技翻译工作者应具备三个条件：一是精通本专业的知识，否则往往会闹出笑话，如有人把“银河”译成“牛奶路”就是一例。我在翻译《达尔文进化论全集》时，对达尔文学说作了全面而深入的学习和研究。有人认为只要懂得了外语，就什么都能翻译，这是笑话，只有熟悉了本专业知识，才能发挥文字的作用。译书是“再创作”，并非易事，凡是深入其中的人们都会体验到它的难度和劳苦。二是要有扎实的中文基础。三是最好要懂一门以上的外语，凡译一部书，不应拿过来就译，要把它们彻底读懂才可动笔，这样就需要读一些相关的书，如我在翻译《物种起源》时，就参照了几种日文译本。

王：请您进一步谈谈您在治学上是如何处理专业知识与相关学科，理论与实践，博古与通今的关系的。

叶：在谈这几种关系之前，我想先谈一点最重要的：一个人治学最重要的是要先立志，要有献身这门科学的无私的奉献精神。我的观点是无论搞哪一种学科，都要立志为这门学科留下一个“小记号”，为这门学科添一块砖、垒一块瓦，要有这样的信心和决心。我的这种观点在“反右”时被定为右派言论之一，说这是丁玲的“一本书主义”的翻版，但几十年过去了，我仍坚持这种认识。

再谈你说的几种关系，我认为无论研究什么学科都要懂得一点你所研究领域的历史。科学发展是不能割断历史的，不能光看到最新的东西。如搞生物科学的，不能只盯着分子生物学、分子遗传学，还要了解最基础的有划时代意义的学说，如达尔文及其以后的著作。这也是我一向主张要比较全面地翻译自然科学经典著作的原因之一。

另外搞自然科学还一定要懂得一点哲学。我以为最有效最科学的哲学还是历史唯物论和唯物辩证法，掌握了这个武器，就可以比较容易地洞察事物的发展规律和各种事物之间的联系。

在治学方法上我的主张是要大量收集和占有材料，钻进去，找出规律，让材料活起来，这就要用哲学，把哲学作为一个推进机，钻进去再脱出来，如此才能有创造性。达尔文写的进化论就是用的这个方法，我国的书法艺术也是如此，基本功训练时要临帖，而且不止一种，颜、柳、欧、赵、苏、黄、米、蔡都要看看，更基础的要写八分，写魏碑，这就是大量占有材料，然后脱出来，写出自己的风格。凡大书法家莫不如此。

积累材料的过程就是一个学习和增长知识的过程，也就是辩证法中由量变到质变的过程。做学问常会出现一种境界——山重水复疑无路，柳暗花明又一村。要有坚持不懈，锲而不舍的精神，浅尝辄止的人，在治学上不会获得成功。著名的生物学家赫胥黎以德国诗人歌德的诗句为座右铭“正如一座星辰啊，永不匆忙，也永不休止。”其意义就是锲而不舍。

你刚才说的博古，是纵向地看问题，研究一门学科，要懂历史，但这不够，还要通今，通今是横向看问题，从其他学科领域汲取营养，找借鉴。如达尔文的生存竞争学说，就是看了马尔萨斯的人口论理论之后才受到启发。生存竞争是达尔文的理论支柱之一，由此可以看出社会科学和自然科学的相互影响。

还有一点简单说就是一切从实际出发，具体问题具体分析，这也是治学最基本的方法。对此我曾有过多次深刻的体会。如1975年在白湖农场劳改期间，对甘蓝型油菜“花而不实”的病因与防治措施所做的调查研究报告，就是采用广泛搜集事实资料，实事求是的科研态度，从而推翻了过去人们认为的甘蓝型油菜“花而不实”是由于土壤中缺硼的理论，而得出另外一种结论：这是一种生理病，是由于植物本身碳氮比失调。硼只是“药剂”，可以转变或防止其生理机能失调，而不是造成这种生理病的原因。当时在农场，我不但在思想和心理上负着重压，实验条件也简陋到了常人无法想象的程度，但我仍坚持了一贯的治学方法和实事求是的态度。这篇论文曾在《中国农业科学》上发表，用的是“白湖农场试验站”的名字，那时我的名字在社会上已被勾销了。

应重视普及进化论教育

王：您多年前就提出过“要普及进化论教育”，在市场经济高速发展的新形势下，您认为普及进化论教育是否还有意义？

叶：目前，许多国家围绕进化论的研究非常活跃，虽然有许多新发现、新看法，但达尔文的自然选择学说仍是不可推翻的基础。无论哪一部门的科研工作者，读一读达尔文的主要著作《物种起源》，必能从中获得启发，汲取教益。

近年我看到有许多年轻人在思想上空虚，精神上没有寄托，浮躁、盲目，进教堂作弥撒，进庙宇烧香拜佛，相信宿命论。我想如果能在社会教育中做好进化论的普及工作，可以使青年一代破除迷信，树立科学的世界观。起码可以唯物地、正确地认识自己认识世界，不会再到“神”那里去找安慰。

50年代，高校生物系及中学普遍设立了达尔文主义的课程，当时考大学规定要考“达尔文主义基础”，可见受重视的程度。当然那时也受到苏联模式的影响和禁锢。但现在是否还应在学校教授进化论，是单独设立课程还是将内容分散在各有关学科中，我认为还是一个值得讨论的问题。

王：由此想到您还提出过要重视跨学科的综合研究，扭转重理轻文的状况。

叶：一定要扭转重理轻文、文理分家的传统观念。在教学上应扩大专业知识面，彻底改变50年代遗留下来的前苏联那一套教育体制和科研体制。清华大学过去是综合大学，新中国成立后学苏联的教育制度，我看是吃了亏，专业分工太细，学生知识不博，基础太窄，适应性差。现在有很多边缘科学，不仅边缘到自然科学的外沿，甚至边缘到人文科学和社会科学之中。在一些国家，大学中念自然科学的，一定要学够一定学分的社会科学，学社会科学的也要选修自然科学，我以为这个办法对。特别是生物科学，与社会科学更接近，不能完全分开。

作为农学家和翻译家的叶老，还有着极其丰富的内心世界和精神生活，他喜欢诗词书法，酷爱音乐和戏剧，尤其钟情于贝多芬的《田园交响曲》和《命运》，他带着诗人的激情背诵贝多芬的一句话：音乐应从男人心中烧出火来，从女人心中带出泪来。

叶老说他晚年的全部生活并不光是音乐，继13卷的《达尔文进化论全集》出版之后，他还决心将美国1994年出版的《达尔文传》译出，目前正在寻找翻译伙伴，他把这项工作叫做“蜡烛将尽时最亮的一跳，春蚕吐出的最后一根丝”。

（摘自《群言》1995年第10期，王册采写）

教学科研相辅相成，基础深厚触类旁通

——唐敖庆教授谈教学与科研

在唐敖庆教授80岁寿辰和从教55周年之际，作为唐教授的学生，我们到他家中去祝贺，表达我们对老师多年培育教诲的感谢之情。同时就科研和教学问题请教了唐教授。唐教授结合自己50余年的实践，概括了从事科研和教学的主要经验，并阐述了搞好科研和教学的主要思想。唐教授说："我从1950年回国，始终从事教学和科学研究工作，如果说有什么经验的话，总结起来大致四点：1. 教学和科研工作是相辅相成的，缺一不可。2. 要搞好教学和科学研究工作，学科基础要宽厚。3. 科学研究要重视科研质量。4. 教学和科研工作者要有辩证唯物主义世界观和方法论，要有科学精神和科学道德。"

李：唐老师谈的四条经验很重要，譬如说，现在有一种倾向，高校的不少教师愿意搞科研，不愿意搞教学，认为搞教学是"输出"，或者说"输出"大，"收入"少，而搞科研则相反，主要是"收入"。或者说是"收入"多，"输出"少，这种看法是不正确的，那么怎样处理好这两者的关系呢？

唐：认为搞教学"输出"多，"收入"少，而搞科研"输出"少，"收入"多。因而都愿意搞科研，不愿搞教学是不对的。首先，无论是教学工作还是科研工作，主要目的是统一的，都是出人才、出成果，这都是"收入"，只是前者着重人才成果，后者着重学术成果而已。得到好的人才成果和学术成果，都得要有大的投入，没有专心的投入，想得到好的人才成果或学术成果都是不可能的。

其次，仅对教学来说，或者说对教师的知识来说，说是“输出”多，“收入”少也是不恰当的，因为教学过程也是教学相长的过程。教师在教学工作的过程中自己也学习了很多东西。例如：我在1963年—1964年讲了两年的群论课程，对我的收获很大，我的李群李代数知识，就是那个时候打下的基础。后来我搞的配位场理论，实际上就是把李群李代数方法用到分子中去。因此，那种认为教学“输出”多，“收入”少的想法，是不符合事实的。实际上，教学内容一般是一个学科或者一门课所涉及的内容比较博，要求知识面宽广。而科研工作比较起来要求更深入、更专，要就某一个科学问题深入钻研。但是教学工作中获得的广博知识面，对科研也有好处，使解决科学问题时思路宽途径广。只搞科研，长期总是钻研某一个问题，对扩充知识面和拓宽思路都有影响。在教学上获得了比较宽的知识面，就容易触类旁通。此外在教学中要用启发式，避免注入式。搞过科研的人，一般在如何分析问题、解决问题上都会有提高，有了这种提高，教学上也就相应地有所提高。

我是1950年初回国的，始终坚持兼顾教学和科研工作。并且不只教一门课。拓宽了知识面，这对我搞科研很有好处。因为一个人的科研方向不能一直不变，要随着科学的发展而改变，知识面宽改变起来就容易些，否则就困难。我已经变了多次，也对“输出”和“收入”的多少问题经过了几番的思考和认识，我个人认为：搞教学的人如果有条件可尽量多从事些科研工作，教学是培养人才，也要培养分析问题、解决问题的能力，不搞科研就难以获得这种能力。拿什么去教学生呢？科研到什么程度，教学生分析和解决问题的能力就能到什么程度。因此，科研搞得好，教学才能讲得深，才会深入浅出。因为科研实际是深入的过程，而教学则需要浅出，两者相结合，才能深入浅出。

李：要能做到深入浅出，打好基础很重要，您能否再谈打好基础对搞好科研的重要性。

唐： 搞好科研工作，基础要深厚。我自己搞了40多年科研，如果说工作有一些成绩，应归功于我的基础。我1936年考上北京大学，1937年抗战开始，1938年北京大学、清华大学和南开大学共同成立了西南联大，我在那里完成学业。1940年毕业后当助教，1946年出国。在西南联大念的化学系，由于西南联大是三所学校组成，化学系的师资力量很强，特别是有机化学，当时开出四门高等有机化学，使我有机会读四门高等有机化学课，同时我还听了两门高等物理化学。留校当助教时，我先做无机化学的助教，又做有机化学助教，后来做物理化学的助教。当助教时，有关数学和物理的课也都听了，当时数学系有很多名教授，如华罗庚、陈省身老师，物理系也有很多名教授如吴大猷、王竹溪、马仕俊等老师，他们的课我都听过，得益很多。

由于我在大学打下了较好的基础，出国到哥伦比亚大学读化学博士生时，半年多就通过了博士资格考试。那时要修60多个学分的课程，其中要求20个学分以上读外系的课程。我选了30个学分的化学系的课程，30个学分的数学系的课程。数学系对硕士研究生不要求有论文，只要求听30个学分的课。实际上我已达到了数学系硕士研究生要求的学分水平，只是我没有申请学位而已。那时我也听了物理系的一些课程。纽约是个大地方，暑期有许多著名的学者来讲学，如海特勒、塞茨、尤卡娅和彼得等。物理系本身也有很多著名学者。修完60个学分后，可以随便听课，学校不再管，我又听了物理系诺贝尔奖得主拉毕和拉姆的课程。我后来能在教学上开出很多课程，科研上取得一些成绩，首先得益于这一时期打下的坚实的数理化基础。

李： 基础确实重要，要打好哪些基础呢？

唐： 我想今天读化学的人，不仅要化学好，数学和物理也要好，现在生物也要好。这样的人，我相信他发展前途很大。那时由于分子生物学还没有今天这样发展，我当时只注意了数理化，没有注意生物。打好基础，正如要建筑多大多高的高楼大厦，必须有多深多宽的基础。学科的发展是综合的，理论化学必须要有数学物理，现在还涉及生物基础。对化学来说，化学基础要宽厚，有些人有机化学基础差，就要吃亏。打好基础，就要学习一些高深的数学。有些数学很抽象，像我念书时，学过抽象空间、拓扑群，当时看不出用处，但现在是很有用的。我的群论的基础是大学时打好的。要知道，学科在发展，也在相互渗透，在这方面用过的方法，也可以用到别的方面。解决新的问题，就是触类旁通的问题。打基础或者说学习是一辈子的事，当学生时主要的任务是学习，到了工作岗位后是一边工作一边学习，要更新知识，继续接受教育，打基础是没有终止的，要在工作中不断充实巩固基础。

李：基础打好了，如何做出高水平的工作呢？或者说，如何提高科研质量呢？

唐：基础研究要注意质量，就是说，基础研究时发表的论文在于质量，而不要只顾数量。保证质量重要的前提是选题，选得好，才能得到重要成果，选得不好则反之。选题是提高质量的关键，不是随便做什么课题都行，要结合科学研究的前沿来选题。选题可以显示我们出手的高低，出手低，选题低，出手高，才能选题高，才能有高质量的成果。选题后，要解决这个科学问题，还要有个解决途径和方法的选择，是否能选择好的方法，也能显示水平的高低差异。

所谓高质量的成果，关键在于创新性。即是：1. 有新思想和新概念。2. 新方法。3. 新成果。自然，新成果也是有创新性，但是新方法的创新性是更高层次的，而新思想新概念比新方法的创新性又高了一个层次，提高质量就是要在新思想、新概念、新方法上下功夫。要提高科研的质量，还要注意成果的评估和鉴定，对基础研究的论文最好能拿到国际刊物上发表，在国际上竞争，即在国际上来评价。对应用研究，要在生产中去检验，要适用生产，在国民经济建设中发挥作用。最初，由于我国闭关，文章只能在国内发表，80年代开放以后，就注意在国外发表，特别是

90年代以后，一些论文能在第一流的国际杂志上发表，参加国际竞争，这样通过国际评估，更能够确切评价，对继续进行科研有好处。

李： 最后，请唐老师谈谈关于提高科研质量要有辩证唯物主义世界观和方法论的问题，要有科学精神和道德的问题。

唐： 学习辩证唯物主义世界观和方法论，不仅对教学和科研有关系，对做人，理解党的方针政策、政治上不断进步也有关系。这个问题很大，实质上是涉及怎样做一个公民、怎样做一个党员、怎样做一个教师和科研工作者的问题。辩证唯物主义世界观和方法论是与化学教学和科研密切相关的。教学和科研工作者必须是唯物主义者，客观世界是什么，就是什么，必须实事求是。马克思主义哲学，就是科学的世界观和方法论，有了这种世界观和方法论，就会事半功倍，否则就会事倍功半。科学精神和科学道德体现在教学和科研工作中就是职业道德和职业精神。中国科协总结出的八个字"献身、创新、求实、协作"，就是这种精神和道德的体现。科研工作者真正贯彻了这八个字，他本人的精神和道德就达到了一定的水平，不能很好地贯彻这八个字，往往会犯这种或那种错误。可以说，这八个字就是我们的准则。

李： 唐老师的一番话，是对我们这些教学和科学工作者的谆谆教导。我们一定要在今后的教学和科研实践中，以唐老师为榜样，注意知识的积累、充实，同时加强对辩证唯物主义世界观和方法论的学习，争取做一个合格的教育、科研工作者。

（摘自《群言》1995年第10期，李前树采写）

科学研究需要开创精神

——访著名桥梁结构力学家李国豪教授

李国豪教授是我国著名的桥梁结构力学家、土木工程学家和杰出的教育家。他曾担任同济大学校长、上海市科技协会主席、上海市政协主席。他毕生致力于教学和科学研究，培养了中国几代土木工程科学技术人才。在教学和研究工作中，他崇尚实事求是的作风和严谨科学的态度，并特别注意理论联系实际，他以刻苦坚毅和富于创造性的精神解决了结构理论中的很多难题。在学术上的最突出成就是对大跨桥梁结构中的空间和非线性分析方法以及稳定和振动问题所做的开创性工作，从而赢得了国内外同行的赞誉。

受《群言》杂志编辑部的嘱托，我前往他的寓所拜望了这位德高望重的知名科学家。年逾八旬的李老是个大忙人，我不便过多地占用他的宝贵时间，谈话很快就转入了正题。他把自己坐的沙发移近了我，使我这个晚辈对学界泰斗原有的拘束感顿时消失了，谈话显得更加亲切和热烈。

方：李校长，大家都很关心您最近都在忙些什么？

李：近几年来我国桥梁建设的形势非常之好，可以说是历史上罕有的繁荣时期，这就使我作为一个桥梁结构力学工作者有了更多的用武之地。上海的南浦大桥、杨浦大桥、江阴长江大桥、广州虎门大桥、汕头的海湾大桥我都参加了专家顾问组，并主持工作。最近汕头又在建第二座海湾大桥，所以我在这方面的工作这几年来接连不断。

方：李校长，您一生中的两个最艰苦的时期却是您最为发奋、作出卓越贡献的时期，请您谈谈这两段时期的经历好吗？

李：回顾一生，我出成果一个是在留学德国时期。1938年到1945年共7年，主要是前5年。当时我在德国达姆施塔特工业大学进修，由于我大学学习成绩比较突出，德国校方破例批准我直接考博士学位，跟随钢结构克雷帕尔学派开创人克雷帕尔教授做学问。当时工程实践也比较多，我也没有什么可分散精力，所以能全力以赴，时间和精力都集中在科学研究上了。1939年春，汉堡要修建一座主跨800米的公路铁路两用悬索桥，我就结合这座桥的实践开始我的博士论文研究工作。在做模型和试验的同时，进行理论探索和演算，通过研究悬索桥加劲梁变位理论（二阶理论）的弹性弯曲微分方程悟出悬索桥的受力相当于一个受竖荷载的梁同时受一个轴向拉力的道理，由此演引出从概念到方法都十分新颖的《悬索桥按二阶理论实用计算方法》博士论文，并用模型试验加以验证。不到一年工夫，我也由此得到工学博士学位，并得到了"悬索桥李"的名声，当时我才26岁。第二次世界大战爆发使得我没法回国。我于1940年初担任克雷帕尔教研室的研究工作，一直到1944年9月大学校舍被炸。在这一时期，我除了从事钢结构焊接问题的研究外，主要负责研究工程建设中出现的各种桥梁结构方面的新问题和老难题，从中对悬索桥、桁梁桥和结构稳定的分析都作出了有创造性的研究，发表了近10篇重要论文。这个时期，由于年纪轻，精力充沛，思想非常活跃，加上工程实践多，出的成果也比较多。1942年我以《钢构分析的几何方法》的论文成为第一个获得德国"特许任教工学博士"学位的中国留学生。1946年回国以后，我满怀激情想参加桥梁工程建设，但那个时代我能干什么？于是又回到同济大学去教书，生活一直不安定。新中国成立以后，我担任了同济大学教务长，以后又是副校长，学校行政工作比较多，加上运动太多，所以心有余而力不足，有成果，但不多。我第二个出成果时期倒是在"文化大革命"期间。这个时候我有时间了，我被关在隔离室里有两年多，1968年的一天，我从广播里听到南京长江大桥通车的消息，作为南京长江大桥技术顾问委员会的主任委员，我当然很高兴，但也使我想起当年武汉长江大桥通车典礼时出现的晃动现象。由于对晃动的原因一直没有科学的解释，后来影响到南京长江大桥的设计。在逼供、批斗的间隙，我在隔离室里开始做艰难的研究工作。当时两手空空，能够利用的只有报纸的边角和夹缝，好在我的记忆力还不错，我把脑子里储存的知识运用出来，参考过去的成功经验，加上创造思维，我把桁梁桥这种空间离散体系化为连续体模型，建立弹性弯曲和扭转的微分方程组去求解。经过近一年偷偷地推导和计算，取得了理论分析的初步成功。隔离室生活结束后，除了写检查、监督劳动之外，没人来管我做什么事情了。我把时间和精力都花在了研究武汉长江大桥的振动问题和南京长江大桥的稳定问题上了。我在家里做桁梁桥模型和扭转试验，并继续完善理论分析计算，1973年我写成了专著《桁梁扭转理论——桁梁桥的扭转、稳定和振动》。与此同时，我得知交通部要修订公路桥的计算规范，我就着手公路桥荷载横向分布的研究，进行理论分析，做模型试验，并将研究成果写成专著《公路桥梁荷载横向分布计算》，受到广泛欢迎。后来我又将用于梁式桥的方法推广于研究拱桥和曲线桥的荷载横向分布，取得了成功。这样，就建立起一个基于同一原理和力学模式，适用于各种公路桥梁荷载横向分布计算的统一方法。此外，我还研究拱桥和斜拉桥的空间振动问题，发表了被广泛引用的研究成果。唐山大地震后，我开始从事桥梁抗震的研究，并取得一系列成果。所以“文革”时期是我感到第二个取得比较有分量收获的时期。

方：您在从事科学研究的近60年的时间里，不断探求、勤于思考、刻苦工作，对结构理论的许多领域都有所建树，“悬索桥李”和“李氏理论”被学术界广泛引用，您能谈谈它们对工程技术发展的影响吗？

李：在我的博士论文发表之前，悬索桥也有计算的分析的方法，我的计算方法应该说是更形象更简洁，不能说我是开创了一种理论，这种说法是不好的，应该说我对分析的方法有所改进和创新。在博士论文完成后，我继续对汉堡拟建的悬索桥进行深入的研究，揭示出三跨连续加劲梁不设中间支座的体系无支承弯矩高峰的优点，这种体系在70年代美国修建的一座斜拉桥上被采用了。所谓“李氏理论”是外国人叫出来的。1958年我发表了题为《斜交各向异性板弯曲理论及其对于斜桥的应用》的论文，我针对斜桥的实际构造，将正交各向异性板理论，通过斜交坐标延伸为斜交各向异性板的弯曲理论，使各向同性斜板理论和斜交梁格系理论成为它的两个特例。这项成果较有开拓性，很快就引起国外力学工作者的重视，他们引用时就冠以“李氏理论”的名称了。

方：那么上海的“杨浦大桥”和“南浦大桥”的建造是否运用了您的理论？

李：不能这么说。但是这两座桥设计方案的诞生还是很值得说一说的。当时日本人提出愿意为我们免费做可行性设计，目的是将来他来承包建造。我认为这种跨度的桥我们完全能够自己造，我就向当时的市委书记江泽民同志反映，江泽民同志很重视，他还亲自到同济大学召开座谈会，大家都认为我们自己能做。江泽民同志由此作出决策说这个桥还是我们中国人自己来造。我们上海人自己设计，亚行贷了一点款。南浦大桥的方案还是我提出的方案。当时上海市政设计院已经有了一个方案，叫依列混凝土梁的斜拉桥，我的方案是叠合梁的斜拉桥。所谓叠合梁就是钢梁上面依列混凝土桥面板组合起来的梁。后来采用了我的方案，这个方案有什么优点呢？第一是桥面比较轻，这样基础就比较轻了，可以节省开支；第二是架钢梁比在现场浇混凝土梁要快得多，很多工作可以在地面上做。在黄浦江上架桥一定要在两个台风季节之间合拢，不然的话，桥的稳定性就要受到台风的影响，叠合梁造得比较快，能保证在第一年的9月开工，第二年的6月台风到来之前合拢。斜拉桥的计算方法和悬索桥不一样，所以和我的理论没关系。

悬索桥和斜拉桥各有优点，悬索桥两边的索要有锚柱，上海的地基比较差，做锚墩就不经济了。像汕头的海湾大桥两边都是山，岩石上做锚墩就好做了，虎门大桥也是这样，所以那里就采用悬索桥。悬索桥的跨度比斜拉桥大，日本的悬索桥是一千九百九十多米，斜拉桥现在还没有达到这个程度，最大的跨度只有九百多米。

方：听一些学者介绍，在您的学生时期，常常以令人吃惊的速度完成教授交给的艰巨任务，同时又用创新的方法找到简明地揭示问题本质的钥匙。您的学生说，从您的身上学到了您实事求是的作风和严谨、科学的态度，那么您的治学原则是什么呢？

李：我认为我们搞工程技术科学的，一定要注意理论联系实际。我一贯坚持科研选题“必须具有工程背景，必须解决实际问题”，主张理论意义和实用价值相结合。工程技术科学工作者是很难凭空搞科研的。我搞悬索桥研究、两座大桥的振动和稳定问题的研究、公路桥荷载横向分布的研究，都是当时的实际需要提出了要求。所以大环境的需要还是很重要的。我国的工程技术人员有很高的聪明才智，新中国成立前，建设项目少，实践就少，成果出的也就少。新中国成立后特别是党的十一届三中全会后，工程建设多了，在这个时代，就看你是不是跟得上实际需要，通过探索重要问题提出新的工程建设理论。除了大环境和自己的志向外，还要有实力。我们的研究主体是工程，需要专门的知识，左右臂是数学和力学。你若缺乏这些知识，当你遇到问题时，你就无法搞清问题的关键，遇到了问题的关键，你也无法去解决问题。有了专门的知识，又有了数学和力学知识作为基础，还需要专心致志，锲而不舍的精神。我就喜欢研究老难题和别人尚未涉足过的新问题，这样才能培养自己的思维方法富于开创性。有些难题一时不能解决，但是你老是去想它，过了一段时间如一个月，三个月，你对问题的认识和酝酿的程度就跟你刚开始接触这个问题时不一样，有时会突然触发一点解决问题新的思想出来。抓住这个想法，你的思想就上去了。要锻炼自己从纷繁迷离、错综复杂的现象中敏锐地看到问题的本质，要抓住重点，以独创的新颖的简练的手法去解决新问题和老难题。勤奋也是我一贯主张的。不管是在德国时期还是在“文革”时期，我解决许多比较新的课题，都是经过非常艰苦的思维、反复的推导、大量的运算才得到成果的，那时我利用的只是一部手摇的计算器。要取得科研的成功，没有勤奋和成年累月的积累是办不到的。

方：在科学技术与生产实际相结合方面，您是大家学习的楷模。您作为宝钢的首席顾问，在避免一期工程下马和解决工程中的桩基水平位移问题时，曾以您的远见卓识和出色的理论分析作出了重大的贡献，您能谈谈当时的情景吗？

李：遇到重大工程问题时，我们工程技术人员应该服从真理，服从科学来进行工作。1980年春天，正值国民经济进行调整，人大代表的呼声很高，要求宝钢一期工程下马。夏秋时节，中央派的工作组已经到了宝钢工地，与宝钢领导商量怎样安排下马。宝钢工程技术顾问委员会成员应邀参加了一个座谈会。在当时的气氛下，大家都不大敢讲话了。我首先发言，我说宝钢不能下马。第一，宝钢建设到这个时候，已经不是从零开始了。一期工程共需120个亿，已经投入80个亿，下马盖仓库还要花10多亿，不下马再加一些钱就可以建成了；第二，那时我国钢产量只有3000多万吨，我国至少需1万吨钢，从长远看，我国钢铁工业必须发展；第三，宝钢下马，不光宝钢工人需要安置，为宝钢配套的一些企业如加工设备的工厂等都要受到影响。我发表意见后，宝钢工程指挥部将我的意见反映到市里，中共市委觉得很有道理，又转到中央。国务院开会时听取了这个意见，并采纳了，决定缓建，不是停建。一年以后，工程又上马了，1985年9月正式投产。第二个问题是桩基水平的位移。宝钢建设在长江边上，打了桩后，工人就在旁边挖基坑，之后就发生了桩基水平的位移。1980年春，我去视察后，就提出了问题的解决办法。第一，做试验、测量；第二，我提出理论分析的方案。同年夏天，试验的指示出来了，我利用一个暑假的时间进行分析、计算。写出了《关于桩的水平位移、内心和承载力的分析》的论文，提出了如何加固、哪些需要加固、哪些不需加固的意见。报告完成时，正值我方与日方进行工程谈判，宝钢工程总工程师专门来拜访我，表示感谢。他说，李校长，有了您的报告，我们谈判时心里就有数了。这就是科学技术与生产实际相结合，帮助生产部门解决实际问题的例子。对重大工程我们工程技术人员有责任从宏观的科学技术的角度，实事求是地发表意见。中央虽然有决定了，但应该怎么说，还是要怎么说。工程技术人员要敢于服从真理，讲真话。

方：作为老一辈科学家，您对青年学者有什么期望和要求？

李：现在的青年科技工作者，多数是非常勤勤恳恳的。在工程实践、设计方面，作出了非常显著的贡献，国家应对他们在生活条件和工作条件上给予更多的改善和支持。作为青年科技工作者，应该看得远一些，有较大的抱负。目前，市场经济正在发展中，出现了各种思潮，希望青年科技人员不要被某些错误的倾向所误导。

做学问是一项很艰苦的工作，应该意识到，没有很舒坦的路给你走。我在德国留学时，为解决一个桁架的分析问题，一直搞到失眠，神经衰弱，休养了一个星期，回来再进行。在生活上也不可能有更多的要求。不过有一点，我们从事科学技术工作，取到成功时，那种满足和愉快不是任何什么所能代替的，金钱也是买不到的。我做校长时，让我给毕业同学讲话，我说：你们毕业后，究竟追求精神财富呢，还是追求物质财富？要两个财富兼而有之恐怕不太容易，要是追求物质财富，就得不到精神财富；要下决心追求精神财富，就要淡泊物质财富。我想，现在的青年同志还谈不上物质很丰富，有些人还有些困难，要国家多多关心。作为个人来说，这方面要淡泊一些，还是要以事业为重。

（摘自《群言》1996年第3期，方荣采写）

师生一席谈

——马大猷教授的治学育人观

马大猷教授从事科研和教育工作近60年，他的治学育人口碑甚佳。《群言》想把这位声学界一代宗师的治学思想、育人经验介绍给读者，以便在普及科学、发展教育和实现现代化的今天，使老一辈科学家的宝贵经验和光辉思想得以继承和发扬。这才引出了我们与马大猷院士这师生一席谈。

张：我是学工科的出身，1956年在“向科学进军”的号召下，中国科学院首次公开招收副博士研究生。我考马先生的研究生时，物理考得很糟糕，只有无线电基础和电信网络答得不错，40年来能够独立地在科研领域里做出一些工作，是与马先生这位导师分不开的。

刘：大师兄……

张：不敢当，在我们那一届，我算是马先生的开门弟子（研究生）吧，我是最小的，真的大师兄李沛滋教授今年该70岁了！

刘：你曾说过马先生带学生好比放羊，给羊群找到肥美的草地，就任你去吃喝了。

马：我曾跟老张说过，我的指导原则就是不“管”，只提要求。你要想别人教给你怎么做研究工作，这是没法教的。多大本领的导师也都没法教。我在美国待了几年遇到好几位导师都是世界闻名的，都是了不起的人物，但没教给我做过一样东西。但是他们都对我有要求、有启发，使我有一个较好的环境。去了“管”，才能突出“导”，对于初入科学殿堂的人来说，指明方向给予启发最为重要，中国的传统形容师生关系密切，常说某某是某某手把手教出来的。我想手把手只能教出匠人，是培养不出来科学家的。刚才你说你物理基础差，尤其轻视基础，这是中国大学教育长时间存在的普遍问题，特别是工科教育。后来学习苏联，又把专业越分越细。我在哈工大当教务长，有个苏联顾问，是位讲师，问他五分制是怎么回事，有什么好处，他说不清楚，只说长时间就是这样过来的，一切只是食而不化。良好的基础教育，对于培养一个人的独立工作能力是十分重要的。

刘：那么研究工作是什么呢？

马：现在对研究这个词用得有点儿滥。真正的科学研究工作，应当是系统地、创造性地来处理一个问题，以得到新的思想、新的知识，就是发明、发现。当然，这也许是一个理论，也许是一个方法，也许是一个新的现象，或者新的材料等等。人家都知道的东西，你只是学习，还研究什么呢？没有必要研究，也没什么可研究的。所以这研究的前提，就是得先有充分的学习，得具备丰富的基础知识，又得比较全面地了解在某个领域里别人都做过了什么工作，有些什么结果，孤陋寡闻的人最容易做一点儿工作就说“首创”或“填补空白”之类的话。现在的研究生论文就普遍缺乏对别人工作的综述与评论。做研究工作，知识积累很重要。我到UCLA去做研究生以前，就通读了七年来在美国声学杂志（1929年创刊）发表的文章，还做了笔记。当时建筑声学是声学的前沿和重点，曾有人打算把美国声学学会就叫做建筑声学学会，值得注意。

张：我想也正是因为您在北大物理系打下了坚实的基础和出国前做了充分准备，所以您到美国不到一年便在低频简正频率分布上建立了一个新公式，胜过您的美国师兄波尔特(Bolt，R. H.)一筹。我记得您曾对我说过，什么是水平？要能用最简单的方法来解决最复杂的问题。这次编辑《现代声学》，读了您的《我的青年时代》一文理解才更加深刻了。

马：包括对待设备也应如此，毋庸讳言，“工欲善其事，必先利其器”。没有工具，就做不了工作。但是设备好并不表明你的本领大。一个最好的科学家要能够用最简单的设备得出最重要的成果。最重要的是科学分析、设想，也就是创造性思维。

张：您对创造性一向是很强调的，您可知道弟子们在答辩时最怕您问的就是这创造性，您可否对于如何取得创造指点一二，以便学生得窥科学之堂奥。

马：我们要想在科学上得到一项重大的发明创造，集中精力这一点是绝对必要的。整个研究工作，要系统要深入，还要特别注意，不要放过任何一个小的可能。我们在工作中间常常会忽视一些现象。认为它不太正常，但不是什么大问题。殊不知，有的时候就可能丢掉一个大问题。就拿居里夫人(Curie，M. S.)发现镭来说吧，她用了几吨的沥青矿经过富集提纯，在一个车棚里用了好几年时间，最后得到几毫克镭，并测出镭的原子量。很多工作都需要深入、细致、系统地去做才行。

张：您在70年代领导气流声学小组，创立的喷注噪声辐射的压力关系，也是个例子。

马：当时我们利用原有的空压机气罐放气，看到了记录下来的噪声级，在一定范围内基本上是直线，但没有放松研究一直深入下去。从而在广大的压力范围（0.01—100大气压）内获得了以前没人得到的喷气噪声的压力关系。

张：我们在“运动”不断的年代里，正常工作经常被中断，还常变更方向。所以我们研究了几十年也只算有“万金油”之功而无“一扫光”之效。

马：一项工作被打断总是难免的，我做声场起伏断断续续近50年，这是始料所不及的。这是从长时间来说。在短时间内也是一样，比如低频简正频率分布问题。我看了波尔特的结果，总觉得公式太复杂，不符合简单性原则，就老是琢磨它。一天吃饭的时候忽然想起了一个概念，于是马上就算，结果很满意。后来就写成了第一篇论文。

张：这使我想起了欧阳修的“三上文章”，实际上是锲而不舍之功啊！

刘：没有当您的研究生以前，就听说您对学生很严。到了这儿又亲历了您几次招生不够标准就是不收，宁缺毋滥。有的人就不敢作您的研究生了。也使我平时要是不做出些什么结果，都不敢来见您。

张：马先生确是一位严师。一提到严师，在中国就会令人想到“科班”和“不打不成材”。其实严与厉是两码事。多年来在马先生身边学习和工作，对他的“严”有了一些体会。马先生的严是要求严，或者说标准高，80分才算及格。有点儿像国家队训练运动员。

马：不过做科学研究要容许失败。其实常常是失败多成功少。我和波尔特一起做双耳试验就失败了。不过失败得总结经验。所以说一位年纪大的同志经验丰富实际上是失败的经验丰富。比如说，一个人假如能做到，知道某种做法不可以做，这样做了就要失败，另一种做法可能不失败，但也不能保证准不失败。能达到这样程度，也就已经是大科学家了。要超过这个是不可能的。说到这里就有一个对待科学的态度问题了。我对伪科学是深恶痛绝的。科学与神灵学本来就是势不两立的。现在不是有人（本人不是科学家）竟然宣传连返回卫星的溅落地点都预测得很准吗？现在中央提倡要宣传科学，首先要在领导层中宣传普及。

张：马先生不但做学问如此严谨，为人也是刚直不阿。尽管对周围同志在生活上可以热情相帮，但哪个学生想借先生之便在晋升职称哪怕是发表论文（马先生是《声学学报》主编），也是办不到的。与当今的“官场”相比，在马先生的“学场”上是找不到后门的。这是您对我们行的不言之教。扯得远了一点儿！

刘：国际上非线性声学的权威布莱克斯托克（Blackstock）参观了我们实验室以后，不但对我们的工作非常赞赏，而且对您能从简正波理论所做的奠基性工作，转而在非线性声学领域攀登感到惊异。

张： 我想可能是胡适说过一句话：为学要如金字塔，要能广大要能高。我等晚辈还差得远呐。

不觉时间已近中午，今日司机有事，老先生还得自己打道回家，我们也就赶紧道谢告辞了。

（摘自《群言》1996年第4期，张家騄、刘克采写）

为了祖国的明天

——访人口学、老年学家邬沧萍教授

人民大会堂小会议厅内传出阵阵掌声，第二届中华人口奖颁奖仪式正在这里举行，这是中国人口方面的最高奖。当中国人民大学邬沧萍教授代表获奖者发言结束后，人们纷纷围了上去，向邬教授、向获奖者们表示祝贺。在休息室里我采访了这位蜚声中外的人口学、老年学家，并请他就我国的人口问题和老龄问题谈了自己的看法。

孙：首先向您表示祝贺。听说您把所获奖金全部捐献给“幸福工程”了。您是我国现代人口学和老年学的开拓者和带头人，担任着中国老年学会会长、中国人口学会副会长等30多个国内外重要社会和学术兼职，是我国第一批有突出贡献的专家。每当我国人口与计划生育工作的关键时刻，您总是要在报刊上或重要会议上发表您的见解，提出对策，促进了人口与计划生育事业的发展。这就是人口学家的责任感和使命感的体现吧?

邬：人口理论研究就是要回答新形势下提出的新问题。1978年我和同事撰写了《关于控制我国人口增长的五点建议》，这是我们最早写给国务院的人口研究报告，受到国务院的重视，后来在计划生育工作会议上专门就这个报告提出的一些问题，进行了讨论。我们在建议中提出的“提倡一对夫妇只生一个孩子，坚决杜绝生三个孩子”的建议，至今仍被认为是最符合国情的建议。

孙：实事求是是马克思主义唯物史观的精髓。在1983年全国人口地区规划会议上，您坚持实事求是、不怕风险、力排众议的精神，受到了许多人的称赞。事实证明，您的看法是正确的，并已成为今天大多数人的共识。

邬：一个人口学家最重要的就是要坚持实事求是的科学态度，否则误国殃民。1983年我作为人口专家应邀参加了全国人口地区规划会议。当时的规划方案，把我国人口发展百年远景定为6.5亿—7亿。这一数字比当时的我国人口还要少3亿左右，这是否科学和可行？我反复思考着。如果规划通过了，肯定难以贯彻，而且将会产生很大的负面影响。这个大幅度减少人口的规划，忽视了我国人口发展的实际和人口发展的规律，它实质上要求我国连续几代人都只能一对夫妇生一个孩子。如果强行实施这个方案，我国可能出现空前绝后的最高人口老化水平，人口年龄结构将为倒三角形，会给社会带来难以估计的后果，这种急于求成的人口战略是不可取的。我们要从国家的根本利益出发，要对后代对祖国未来负责。

我认为，我国唯一可以选择的人口战略是：在半个世纪内，先逐步实现零增长战略。我的这个看法已体现在我国的人口规划中。

孙：您多次在全国政协会议和国务院召开的专家会议上发言，就人口与计划生育和老龄问题提出建议。您在政协七届五次会议闭幕式上的发言受到了李鹏总理和与会者的重视。

邬：计划生育不光是妇女的事，男同志也有责任。因此，在闭幕式上，我在发言中提出“计划生育，丈夫有责”的建议，引起很大反响。第二天，李鹏总理在全国计划工作会议上说“政协委员在会上的讲话很有道理”。其后，国家计生委、《中国人口报》召开了“计划生育丈夫有责”的座谈会，并开展了征文活动，我为这个活动写了第一篇文章。

孙：作为国家计生委特邀专家，您参加了国务院召开的《政府工作报告》征求意见稿的讨论。1995年，您对讨论稿提出了六七条修改意见，如重视人口素质、老龄问题、体育以全民健康为主等，均被采纳了。目前，我国在计生工作上取得了举世瞩目的成绩，针对我国人口发展的新形势，您有什么看法?

邬: 目前，我国已进入低生育率国家的行列。但是，全国的平均低生育率掩盖了地区之间、城乡之间生育率的巨大差别。从低生育到人口不再增长还有一段很长的路要走，而且达到低生育率又要面对老龄化、独生子女教育、局部地区青壮年劳动力短缺等一系列新问题的挑战。在《中国社会科学》杂志上我发表了《低生育率的研究》一文，阐述了我的看法。

孙: 控制人口增长与人口老龄化是一个问题的两个方面。过去人们把老龄问题只当成个人或家庭的问题看待，没有把它作为社会问题来认识，没有引起人们的普遍注意。您是我国最早倡导研究老年学的学者，并为创建有中国特色的老年学提出了指导性意见。面对人口老龄化我们应该采取什么样的对策呢?

邬: 人口老龄化是一个带全球性的发展趋势，中国也不例外。预计到2000年前后，我国65岁及以上老年人口将占7%，中国将进入老龄化社会的行列。这是一种不可避免的趋势，关键的问题是，我们如何去实现一个健康的老龄化社会。

孙: 实现“健康老龄化”是进入90年代以来的一项全球发展战略，目前正在一些国家中推行，您认为这是一项迎接老龄化的最积极的对策。请您谈谈“健康老龄化”的内涵和意义。

邬: “健康老龄化”命题的提出有着深远的意义。健康老龄化的实现使我们对老年人的社会价值必须进行重新评估。老龄化的社会并不一定是衰老的社会；老年人并不一定是社会的“包袱”。对老年人来说，最为重要的是拥有健康的体魄，健康将使他们拥有自助自立的能力。同时，也将促使老龄化社会保持足够充沛的活力。实现健康老龄化可以减少老年人对卫生资源的需求，减少国家的负担，同时又能改善老年人的生活质量，增强他们的幸福感。正是在这个意义上，“老有所健”较之“老有所医”等是更为积极的。

健康老龄化的着眼点是老年群体中大多数人的健康长寿，体现在老年人口预期寿命的提高上，而不着重在个人的长寿纪录。当然，群体的健康长寿是以个人的健康长寿为基础的。因此，健康的老龄化既包括健康的个体老龄化，也包括健康的群体老龄化。从个体和群体增龄的过程中看“老龄化”，就不应当把“健康老龄化”仅仅理解成老年保健问题，认为只与老龄工作和卫生保健部门有关。恰恰相反，我们应当从“全民健康”的高度来认识和把握健康老龄化的过程。这是因为，老年人健康是全民健康状况最集中的和最终的体现。老年人的健康状况实际上是对过去中青年人口健康状况的一种测度和反映；换言之，从“增龄”的角度来观察，重视今日少年儿童和中青年的健康问题对于逐步实现未来社会的健康老龄化有着未雨绸缪的深远意义。

孙：郐教授，在我国现阶段应该从哪些方面着手去实现健康老龄化战略？

邬：实现健康老龄化战略，实际上是同各年龄人口、各行各业都有密切关系的一项全民性健康的社会系统工程。我认为：

第一，要保证生育质量。这将是奠定“健康老龄化”战略得以成功实现的必不可少的基础。

第二，倡导全民健身，增强国民体质。不同出生队列人口的健康状况决定着“健康老龄化”的广延性和可持续性。所以，就“健康老龄化”的目标来说，倡导老年人健身十分必要，但毕竟是即期行为，仅能收到“亡羊补牢”之效。意义更为深远的，是要在准老年人或潜在老年人群中开展各种健身活动。从系统动力学的角度看，这种做法是实现健康老龄化的根本动力。

第三，不但要健身，而且要健心。世界卫生组织关于“健康”的定义已使人类认识到：健康的老龄化不仅仅体现为寿命的长度，而且更重要的是体现为寿命的质量。健康不仅仅指免于疾病和残疾，而且也指良好的心理状况和社会适应状况。在我国，心理疾患及精神卫生的指导问题亟须引起关注。从身心合一的健康角度出发，最重要的是建设人类健康的生活方式及心态秩序。面对人口老龄化和诸多现代疾病的挑战，人类现在比任何时候都更加需要健康的生活指导。

第四，健康老龄化社会指的是：社会经济富有活力，代际和谐，正常的世代交替和有序的社会继承，保证社会经济健康运行。

孙：邬教授，在人口学和老年学的研究中您取得了丰硕的成果，发表了200多篇文章，出版了近20本各种著作。先后到国外参加国际会议和进行学术交流活动50余次。但听说早年您在美国留学时最先获工商管理硕士学位，回国后是研究统计学的。1972年才开始完全投入人口学研究，您的治学态度是很值得我们学习的。您是怎样治学的呢？

邬：党的十一届三中全会确立的解放思想、实事求是的思想路线和改革开放政策，为我们创造了一个良好的研究环境。马克思主义哲学、马克思的思维方法对我观察问题、分析问题非常有帮助，使我们能站得高、看得远，“哲学家们只是用不同的方式解释世界，而问题在于改造世界”。1979年我在马克思墓前看到墓碑上刻着这句话，给我留下了深刻的印象，指导着我的行动。马克思主义是我们认识世界改造世界的锐利武器，我国的人口学研究必须学习和借鉴国外对人口的定量分析方法，但更应当在马克思主义的指导下，为认识世界、解释世界，特别是为改造世界服务。

孙：在治学方面，您那敢于啃硬骨头的精神，受到了大家的赞赏。俗话说“三十不学艺”，而您五旬又开始了新的领域的研究，并成为这一领域的佼佼者，您能谈谈体会吗？

邬：俗话说“世上无难事，只怕有心人”。我国虽然是世界上人口最多的国家，但人口学研究基础十分薄弱，当时急需一批基础好的学者加强这方面的研究。党的安排是从国家全局出发的，我坚决服从。我有英语好、善于处理数据和社会科学知识面较宽的优势，但也有自然科学基础知识较弱的劣势。在参与《人口理论教程》一书的写作时，我承担了《人口与生态环境》一章，感到很难。因为生态环境学是门新学科，自己不熟悉，且人口与生态的关系的研究涉及自然科学中的物理、化学、生物生态等知识。于是，我求教于书本和专家，把人口和生态的相互关系弄懂了才动笔。经过努力，我原来的“弱项”变得不那么生疏了，还被国内外有关单位多次邀请做这方面的报告和参加学术讨论会。1990年，在北京市作的《人口国情（含自然资源、生态环境）》的报告被评为“灵山杯”（中共北京市委奖）优秀报告一等奖。现在从事的老年学研究，特别是研究健康的老龄化必须是跨学科的，需要不少生物学和老年医学、社会心理学知识，为此我每天都要汲取新的学科知识，希望能为我国老龄科学添上一砖一瓦。

另外，坚持实事求是精神，是人口学家尤其应具备的素质。只有不断探索新问题，开拓新领域，在学术上执着追求，才能不断前进，不断取得新成果。

采访结束了。望着年逾古稀却充满青春活力的邬教授，我不由想起他说过的一句话：“生命在于运动，而运动便意味着工作……”老骥伏枥，志在千里，为了祖国的明天，他仍在奉献着，奉献着……

（摘自《群言》1996年第7期，孙惠莲采写）

钟情科教育桃李

——访中国科学院院士叶培大教授

叶老已是81岁高龄，但他那快节奏、高效率的工作仍然不减当年，日程表总是排得满满的。我们的访谈是在他那间16平方米的办公室里进行的。室内一应陈设简朴得体，如同室主的为人，有一种庄重恬静、平易随和的亲切感。话题就从叶老的工作日程表开始。

李：您刚刚主持过“信息基础结构国际学术研讨会”，就抽空接受我的采访，实在是打扰您了。

叶：现在经常是两大难题：一是社会活动多，身不由己，一般应酬活动只好告假，有许多活动，又不好意思只挂个名，不去还不行。二是带研究生经费拮据。现在不比过去，研究生导师要掏自己项目费，给学生发补贴，兄弟院校也都这么做。实际上，学生学习都很勤奋，研究生又不能不参加科研，所以工作也很辛苦，少不了加班加点，年轻人光靠国家发的生活费很有限，只好由导师发点科研补贴。我现在带了8个博士生和2个硕士生，一个月少说要发好几百，只能保持一个低水平。因为我搞的都是国家纵向项目，经费开支规定很严，抠得很紧。这些年报考我的研究生很多，考分都很高，但不敢多招，有些很优秀的考生，也只能忍痛割爱，推荐给别的导师。“囊中羞涩”是不敢多招的主要原因。

李：叶老长期在高校工作，又是国务院批准的首批博士生导师，您对教书生涯一定是情有独钟吧？

叶：也算是一种缘分。如果自1946年从美国学习回国后兼任金陵大学（即今南京大学）电机系副教授算起，至今有半个世纪；新中国成立前夕到的北洋大学（即今天津大学），1955年北京邮电学院正式成立，随天大电信系来北邮干到现在，差不多当了一辈子的“教书匠”。虽清苦一点，但乐趣也不少。看到学生一个个成材，很高兴。民族振兴，国家建设，都需要人才。年轻时有人主张“科学救国”，被称为“曲线救国”。因为那是在旧中国，国体政体没有解决，当然不现实，是书生意气。现在不同，以经济建设为中心，实行“科教兴国”非常之英明；还有“可持续发展战略”，都是非常之有远见，造福子孙，深得民心。教书就是直接为“科教兴国”作贡献，我们高校是第一线，为中华民族贡献力量，很光荣。如果光从个人考虑，教师是个清苦差事，收入比不上办公司的“大腕”。但要真正富国强民靠办公司不行，还是那句话：“老九不能走”。所以，我干一辈子“教书匠”并不后悔，倒是自得其乐。

李：叶老，您是从系主任、院长助理、副院长、院长，直到名誉校长，一步步走过来的，您对治校执教感触最深的，或者说觉得最重要的是什么？

叶：论感触和印象，最深的要算是教学科研并重这一条。高校的教师，尤其是重点高校的教师，必须既教书又搞科研，就是平时说的“两个中心”。小平同志1978年就提出了高等教育的“两个中心”的思想。社会上有些人有误解，认为高等学校搞教育，科研院所管科研；把高校教师队伍总当做教育队伍，很少人把它作为科研队伍，他们把教育与科研脱离开来。小平同志纠正了上述错误思想，提出高校应是两个中心。二者必须结合，科研是领导我们教育方向的，也指导着教师教学的方向。高校，尤其是重点高校的教师，必须既搞教学，又搞科研，不搞科研不能算是合格的高校教师。高校搞科研有很多好处，也有很多优势。不仅能出科研成果，直接为经济建设服务，创造社会财富，而且能提高教师水平，锻炼教师能力，活跃学术空气，丰富和更新教学内容，提高人才培养质量。一举两得，既出成果，又出人才。这些“人才”，既包括学生，也包括教师。相反，不搞科研，教学的水平质量肯定上不去。特别是现在教育思想、观念的更新，培养人才的目标、模式也在变：从授技型向育人才型转变；从专业技能型向素质教育转变；从传授知识为主向培养能力为主转变。所以，搞科研就更重要。对于一位称职的高校教师，应是集教学科研于一身，相辅相成，互相促进。高校搞科研有自己的优势，人才济济，学科齐全，图书资料丰富，交流切磋机会多，研究氛围很好。与条件好的科研院所相比，只是仪器设备和制作工艺有些跟不上。除了这些硬的方面，软的方面要克服只重视学术理论价值，而忽视社会经济效益的片面认识；要提倡“顶天立地”，既钻高新理论，又出实际成果，重视转化为现实生产力；还要在科研中大力倡导和培养“公正、献身、求是、创新、协作”的“八六三”精神。所以，能不能坚持“两个中心”，是直接关系到一所高校的办学水平、教育质量能不能上水平、上台阶的关键所在。

李：叶老，您身在高校却是国内一位研究微波通信与光纤通信的开拓者，科研上成果累累，深受同行的敬重。若不是既教书又搞科研，真不可想象。叶老能否谈点您的科研经历？

叶：我是电机系毕业的。新中国成立前做过10年广播电台实际工程工作。1955年开始研制微波收发信机；1958年与人合作研究“毫米波圆波导H_{01}通信系统”；进入60年代，国际上发明了激光器，大气光通信的研究随之开始，我是1964年与中科院电子学研究所合作，研究大气光通信。这些研究工作在国内都算是很早的。“文革”期间中断了几年，1972年开始参加邮电部960路微波中继Ⅱ型机的研制工作，在国内最先研制出微波波导校相器、直接耦合滤波器和微波分并路器，获得全国科学大会（集体）奖。1978年恢复光纤通信研究工作，研究相干光纤通信，也是当时世界性前沿课题。后来又承担了“六五”、“七五”攻关项目，进入“八五”主要是国家“八六三”项目和国家级软课题项目，先后完成了国家“八六三”通信高技术研究主题、国家“通信网大系统理论及相关基础理论与技术研究”、国家“高清晰度电视战略研究”、“发展我国高速信息网的对策研究”等咨询课题。在“高速信息网”咨询课题研究报告的基础上，以中科院的名义，就建设我国“国家信息基础结构”，向党中央和国务院提出了咨询建议，为党和国家宏观决策尽了自己一份绵薄之力。

李：叶老带的研究生有很多都已有所建树，博士生大多已为教授，特别是有四位荣获德国洪堡奖学金，这是很不容易的。尤其有趣的是听到几个留学回来的说，外国一些名牌大学很看重您的名字，有您的推荐签名比学校图章还管用。

叶：可能有过这种事。因为熟悉的同仁多，他们当中有许多造诣很深，很有名望，许多事他们一人说了算，比国内的事简单。这种现象，表面上看来是一种人缘关系，实际上决不只是一种单纯的人际关系，更不是国内某些俗气的人情关系。其实，一些“外国佬”，尤其是一些做学问、有身份的，都很讲信誉，责任感极强，说话办事都很讲信用。中国有句话，“人而无信，不知其可”。我们之间交往的私人关系，基础是同仁之间学术交流与切磋，在同一研究领域有共同的真理追求，有共同语言，心照不宣。甚至有许多是“相见恨晚”，哪怕是忘年交。不比一般酒肉朋友，也不比商贾之交。更深层次的信誉基础是研究的水平和培养学生的质量，因为学生质量是导师水平的反映。尤其是一些所谓得意门生，他们的学风和素质，带有很浓的导师风韵。同仁之间的直接交流切磋很有限，平时只能靠书札，别看字不多，但却很精彩，像诗，像抒情散文，读起来是一种欣赏，一种享受，值得回味；别看他们搞的是理工科，却很有文采，知识面很宽，语言丰富、幽默、诙谐。现在我们的教育也意识到这一点，开始重视学生的文化素质教育，把它列为“三大工程”之一。我非常赞同。所以我们都有同感，能与同仁的弟子共事也是一种间接的交流，同样是件快事。这也许是一种偏爱，但比我们说的“爱屋及乌”的感情色彩少得多，更多的是科学蕴味。

说到底，我们之间许多共识的基础，都源于对研究水平和学生质量重要性的认识。

李： 请就这个问题具体谈谈您的看法。

叶： 上次，在北邮教育发展战略研讨会上我讲，衡量教育发展战略成败的标准之一，就是在该战略背景下培养出的人才质量。按通常理解，重点理工科院校本科生要基本完成某个工程的系统训练；硕士生必须完整完成某个工程的系统训练；博士则除此之外，还必须具有不断创新的能力。目前，博士培养主要受到三个方面的制约：其一是对当代国际国内科技发展动态及趋势的了解和判断程度；其二是博士生自身运用知识进行创造的能力；其三是博士生所在环境的总体科研水平及实验设备等各种硬件。一般而言，博士要想有较突出的成就，必须对当代国际国内的科技发展，尤其自己所在领域有较全面的了解。通过了解就会发现哪些是当今领先的，哪些属于中游。这里既可利用国外国内已取得的科研成果，避免浪费时间和精力，“借别人的腿，走自己的路”，又可以进一步判断科技发展（主要是自己从事科研领域）的未来走向，将自己的主攻目标尽可能地放在前沿地带，不至于事实上自己的研究早已落后而茫然不知。博士生能否运用所学知识或者在多大程度上运用知识进行创新的能力直接制约着博士的水平。与国外学生相比，中国学生对知识掌握并不差，相反通常要好，但动手操作能力、创新能力都落后于国外学生。培养博士的创新能力是件难度较大的事，但必须抓。首先要有科学的、切实可行的培养计划，而且以能力培养为重点内容。当然这种计划不是一成不变，相反要根据博士能力的发展随时调整，以“跳一跳，能摘桃”为调整的极限。其次要加大学生实际操作力度。既要主张学生多参加项目开发，走出书斋，积累实际操作经验，又要尽量鼓励学生创新，跨越导师给定的范围。作为导师，不要担心是否按照自己既定的路线走路，而要看到学生是否在走他的创新之路。这是教育观念的大突破。过去，我们在这方面做得不够，以后必须加倍努力作出尝试。

显然，环境的总体科研水平及设备等硬件对博士水平同样起到极大的制约作用。环境的总体科研水平的“切面”是学校整体水平和教研室的集体水平，以及课题组与导师个人水平三部分。稍加综合，实际上就是师资科研水平。

李：这个概括很深刻，很精辟。那么提高教师科研水平应从哪些方面着手呢？

叶：提高师资科研水平，关键是：一要稳定教师队伍，二要激发教师科研情趣，三要严格管理。一流的教师不一定能培养出一流的学生。清华大学在国内培养的学生、博士质量高，其中主要的一条是得益于它的总体水平高，师资队伍强。所以，当务之急是稳定骨干教师队伍，这是培养出高质量学生的第一步。除此之外，还要激发教师的科研情趣，以浓厚的情趣推动科研水平的提高。科研是一种理性极强的创造活动，必须辅之以情趣，做到“情”“理”结合。至于实验室、实验设备等硬件的建设也要加强，“小米加步枪”，打不了现代化战争。有的博士生能力极强，选的科研项目处于领域前沿，但自己学校做不了，要拿到校外、国外去做，这浪费了宝贵的科研时间，影响着学生的进一步发展。

至于要培养本科生的创造性，关键在教师。教师对学生影响很大，教师知识面宽，有远见，学生也有远见；教师因循守旧，坐井观天，教出的学生就思路窄，成长不了多少。要培养学生成为有创造性的人，必须提高教师的水平。有些教师不关心本门学科的发展方向，“不进则退”，跟不上时代。所以，要求教师要知道自己的专业当前发展有几个焦点、几个生长点，这些生长点国际上哪儿在做？谁在做？他的观点是什么？同时对与本专业有关的其他学科发展概况也应了解。这个要求对于重点理工院校的教师并不高，只要教师经常到学校图书馆去看看杂志与原版书就能达到。现在，我们有的教师知识面太窄，知识老化。一个有创造性的人知识面一定要广，要多了解相关学科的发展状况，同时要注意知识更新。

李：听叶老这么一讲，要做一位好的教师着实不易，您能否通过自身体会，谈谈教师的自我发展要特别注意些什么？

叶：教师的自我发展，对中青年教师来讲，组织上的培养，老教师的提挈和传帮带固然很重要，但都是外因。根本的、起长远作用的是教师本人自我发展的内因，是勤奋刻苦、锲而不舍、勇于开拓的进取精神。教师的自我发展也离不开德、智、体。德者，这里主要表现为师德，要为人师表。没有这一条，要完成教书育人的任务很难。现在的大学生都很“务实”，愿意讲“真格的”，不再是听话的“小绵羊”，不喜欢卖狗皮膏药、耍嘴皮子的。智者，就是专业知识、学术水平，要真做学问。除了前面讲的要勤奋刻苦，要既教书又搞科研外，还有一条非常重要的，就是要注意切磋和交流。尤其是现在，“知识爆炸”，信息时代，光闭门读书还不行，不能“两耳不闻窗外事”。书本上的东西优点是比较成熟，但许多新东西，新知识书本上学不到，只有真正交流、切磋的东西往往是最新的东西。体者，就是身体，是人的聪明智慧和精神财富的载体，是革命的本钱，没有好的身体，心有余而力不足，一切都枉然，再大的抱负也将付之东流。教师是脑力劳动者，坚持锻炼非常重要，要持之以恒，不仅锻炼体魄，也锻炼毅力和意志。毅力和意志对搞自然科学、对做学问的人同样都很重要。

（摘自《群言》1996年第10期，李秀峰采写）

把壮志写在蓝天上

——记空气动力学家沈元教授

中国科学院院士沈元教授，是我国著名的空气动力学家和航空教育家。他对跨音速飞行空气动力学的研究，以及发展我国航空教育事业，都有突出的贡献。

1978年3月，全国科学大会在北京举行。沈元教授和我都住在京郊西山之麓北京军区招待所，这里是参加大会的人民解放军和国防工业代表团住地。一天晚饭后，沈元告诉我，他要去看一个人。我问他看望谁。他说："陈景润。"

30年前，由于一个偶然的机会，当时已经担任清华大学教授兼航空系主任的沈元，于1949年回母校福州英华中学教了近一年的课。陈景润就是当年沈元任课时高三班上的学生。是沈元当年在课堂上讲过的话，深深影响了陈景润献身科学事业的道路。著名的报告文学《哥德巴赫猜想》中，提及陈景润在沈元的课上听到的这样一段话："自然科学的皇后是数学。数学的皇冠是数论。哥德巴赫猜想，则是皇冠上的明珠。"这段话成为激励陈景润毕生攀登数论高峰的起跑线。不过沈元对我说，他已记不清当时在课堂上讲的话了，也许是言者无意，闻者有心。沈元从报纸上读到了久违音信的高足的事迹，写信给陈景润表示热烈祝贺。信里说："你的卓越成就，是你在党的培养和老科学家的支持下，不畏艰苦，勇攀高峰，辛勤劳动的结果。至于文章中提到我的作用，我感到是对我过奖了。当然我也为有你这样的学友而自豪。"

作为一位长期从事教育事业的科学家，没有比看到自己培育的桃李在祖国大地开花结果更高兴的事了。当1978年春天的那个夜晚，沈元驱车来到北京友谊宾馆，在一间灯光明亮的休息室里见到陈景润的时候，就是这样的心情。这次会见在座的还有著名数学家华罗庚。华罗庚和陈景润都是出席全国科学大会的中国科学院代表团成员，住在友谊宾馆。陈景润在两位老师面前，简直变成了一个孩子，兴奋得连声叫道：“沈老师好！”“华老师好！”又是敬烟，又是端茶，恭恭敬敬地把两位老师扶到沙发前坐下。他们畅谈了别后的生活，畅谈了在科学大会开幕式上听了邓小平同志重要讲话后的感想，沉浸在幸福的友谊之中……

在战乱中求学

沈元于1916年出生在福州一个著名的漆器世家。1935年，他从福州英华中学高中毕业。1936年夏天以优异的成绩考取清华大学机械系学习航空工程。

沈元的大学生活是在战乱中度过的。1937年7月7日爆发了卢沟桥事变，日本帝国主义开始全面侵华战争。清华大学仓促撤退到湖南长沙，1938年又辗转迁到昆明。与北京大学、南开大学联合起来成立了西南联大。

沈元于1940年毕业。被西南联大留下任航空系助教。从此，他就把自己献给祖国的航空科学和教育事业。1943年，沈元考取了英国文化委员会提供的奖学金，被推荐到英国伦敦大学帝国理工学院航空系当研究生，攻读博士学位。

在英国攻读哲学博士学位，一般要三年时间。英国博士学位的授予一向以严格著称。当时英国的博士学位有两种：一是在科学研究的基础上写出高水平的论文，经考试答辩通过，获取博士学位；二是从事科学技术工作多年，取得显著成就并发表有多篇著作，经申请批准，授予博士学位。

前者称为哲学博士，其专业可以包括理科和工科，是要经过注册入学并进行论文答辩才能获得；后者称为科学博士或工程博士，不需要注册入学。

沈元到英国后，为了争取在取得学位后留出时间去研究机构工作，取得一年实际工作经验后回国，决定用两年时间获取博士学位。他的导师同意帮助他实现这个很难达到的目标。结果用两年时间拿到了哲学博士学位。

出色的学位论文

沈元的专业是空气动力学。40年代中期，航空科学技术面临着革命性的变革。这个新的突破有两个特点，一是飞机的动力装置从活塞式发动机向喷气式发动机发展；二是飞机的速度由亚音速向超音速冲击，这两个特点又互相关联。没有喷气式发动机的发展，飞机不可能达到超音速；而没有飞机外形设计方面的重大改进，有了喷气式发动机，也不能突破阻力的障碍，研制出超音速飞机。因此，使飞机的外形适应提高速度的要求，就是摆在空气动力学研究人员面前重要的理论课题。当时的战斗机，最大速度约每小时700公里。要进一步提高速度，就碰到所谓“音障”问题。音障是在气流的速度接近音速时开始产生的，时速700多公里的飞机，迎面气流在流过机体表面的时候，由于表面各处的形状不同，局部时速可能比700公里大得多。当飞机再飞快一些，局部气流的速度可能就达到音速，产生局部激波，从而使气动阻力剧增。

沈元的研究工作，就是要从理论上探讨处在高亚音速气流中的物体，在什么情况下会出现怎样的局部超音速和激波。

1945年夏天，沈元的博士论文《大马赫数下绕圆柱的可压缩流动的理论探讨》通过了答辩，在伦敦大学接受了哲学博士的学位。他的论文第一次从理论计算上得出高亚音速绕圆柱体流动的流线图，得出速度分布，以及在某一临界马赫数以下，流动可以加速到超音速而不致发生激波的可能性。通过这方面的研究，可以掌握高速气流的规律，了解机体形状和产生激波阻力之间的关系，探索是否可能让飞机在无激波的情况下接近音速，从而为设计新型高速飞机奠定理论基础。这个成果，虽然带有近似性，但在沈元之前，还没有人从理论上算出来，因此是一项首创性的成果。根据这项研究成果写成的学位论文，获得答辩委员会的很高评价，被推荐在英国皇家航空研究院第9873号报告上发表。沈元本人被接纳为英国皇家航空学会副高级会员。

可以说，沈元的研究成果对当时航空科学在高亚音速领域内的发展，起到一定的推动作用。

迎接新中国的诞生

沈元具有爱国知识分子的正义感。1935年冬天，他在北平参加了“一二·九”学生运动，进一步激发了反帝爱国的热情。抗战时期大后方的艰苦生活，抗战胜利前后在异国他乡的孤身钻研，都没有冲淡他热爱祖国，献身祖国航空事业的热情。他谢绝了英国大学待遇优厚的聘请，于1946年夏天回到了战后的祖国。

新中国成立前，航空科学研究工作由国民党的航空委员会所把持。要想进入这个机构，都必须加入国民党。但是沈元对于国民党统治的腐败，早已深恶痛绝，两度顶住压力，拒不接受国民党拉他下水的企图。他虽然很希望继续做研究工作，但由于不愿与国民党同流合污，只好放弃进入航空委员会的机会。

沈元的一位堂叔，担任着中国航空公司的经理，如果想到这家薪金丰厚的公司去工作也不困难。但是商业性的民航运输，不符合沈元献身科学的理想。沈元曾经对我谈起：“这个时候，我的脑子里只有‘科学救国’和‘工业救国’，不愿意把时间浪费在公司里。”

这时，沈元接受了母校的邀请，回到清华大学航空系。开始是副教授，一年之后升任教授。时年31岁。在清华，沈元继续做他在英国开始的研究工作。1948年4月，他发表了《高亚音速下可压缩性流体绕椭圆柱体的流动》的论文，他还计划进一步扩展对翼型体的高亚音速流动进行研究。与此同时，为了开展教学与科研方面的实验工作，他在当时经费和设备极为困难的条件下，为清华大学设计并建造了一座低速回流式风洞。这是当时国内高等院校中最先进的风洞。它的试验段截面是椭圆形的，在其他相同条件下可以进行模型尺寸较大的吹风试验。直到现在，这座风洞仍然在教学和科研中发挥作用。

1948年12月，解放战争的炮火在清华园里清晰可闻。国民党当局仓促胁迫清华的教授们逃生南方。当时沈元和一批进步教授坚决反对逃跑，积极参加了护校活动迎接解放。在航空系地下党员何东昌、屠守锷等人推荐下，沈元被推任清华航空系主任。

1949年2月北平和平解放，这时，沈元突然接到父亲病故的电报，便从北平绕道香港回到福州料理后事。8月17日福州解放后，海陆两路暂不通行旅客，沈元不能北上。当时英华中学校长邀请沈元回母校教课，他欣然应聘，同时还兼任一个班的班主任。陈景润就是这个班上的学生。那时沈元常在学校的教员宿舍过夜，陈景润和其他一些同学常来他宿舍聊天。沈元买一些花生米和糖果招待，同他们谈青年人的理想和追求，启发他们对科学事业的志向。

忠诚党的教育事业

1950年沈元回到北京。华罗庚领导的数学研究所和清华大学联合聘请沈元任教授。第二年，清华大学成立航空工程学院，沈元被任命为院长。

1952年全国院系调整，成立了北京航空学院（现改名为北京航空航天大学），36岁的沈元被任命为副院长。建院初期的任务非常繁重，沈元全心全意地投入到这一所新中国自己建立的航空高等学府的建设中去。这当然会影响到他个人的研究工作，但是他愉快地服从了党的教育事业的需要。几十年来，他从我国航空教育的实际出发，根据长远的需要，在师资培养、新专业设置、重大科研项目的开展和实验设备建设等方面，都起了重要领导作用。

沈元家里珍藏着一件形式朴素的聘书。这就是1952年聘任他为北京航空学院副院长的文件，下款签名是：中央人民政府主席毛泽东。这是由毛主席直接交给他的重担。这份聘书凝聚着党的信任和期望，给了沈元巨大的力量。

1956年他参加制定国家科学技术远景规划后，和学院领导一起，预见到宇航事业和导弹工业需要人才的紧迫性，采取了果断措施，克服很多困难，组织建立了火箭导弹方面的一套新专业。这些专业的大批毕业生已经成为我国航天事业的技术骨干。

1958年沈元决定在北京航空学院自行设计制造国内第一座中型的超音速风洞。利用争取到的有限经费，经过不懈的努力，风洞终于建成，在教学和科研上发挥了很好的作用。1958年以后，北京航空学院开展了新型飞行器、高精度陀螺以及测试技术等方面的研究和设计试制工作，设计制造了超音速风洞、高空实验设备、液体火箭发动机和冲压发动机试车站、热应力实验设备等重大教学科研实验设备，填补了我国当时在这些领域的空白。这些成果的取得与身为主管教学科研的沈元副院长的亲自指导分不开，从初始的规划到开创条件付诸实践，沈元都费尽心血。

党的培养和信任，使沈元在进步的道路上满怀信心地前进。两度拒绝参加国民党的他，于1956年成了光荣的共产党员。1962年春节，党中央和国务院在人民大会堂举行盛大宴会，招待在三年经济困难中同党和人民同心同德、共渡难关的在京高级知识分子，刘少奇、周恩来等党和国家领导人同大家亲切会面。在接见厅里，前国家科委副主任范长江把30多位优秀科学家一一向少奇同志介绍。当介绍到沈元时，范长江说：“这是空气动力学家沈元。”少奇同志握住沈元的手，说：“很年轻啊！”的确，这时沈元风华正茂，只有46岁。

1964年2月，中国航空学会在北京成立。这是新中国航空和宇航科学技术人员的第一个全国性团体。由当时领导全国科技工作的聂荣臻副总理提名，沈元被选为中国航空学会第一届理事长。同年，《航空知识》月刊根据聂副总理指示，交中国航空学会主办，沈元兼任该刊编委会主任委员。

相信群众相信党

“文化大革命”期间，沈元受到很大冲击。他被诬为“反动学术权威”，遭到轮番批斗和侮辱。但是由于党的长期培养教育，使他保持了坚定的信念。他坚持实事求是的态度，相信党和群众。

1966年秋天有一个时期，沈元和我都被迫从早到晚关在教学大楼的两个办公室里“交代问题”。两个房间中间有一道门，能清楚地听到“造反派”轮番向他谩骂和逼供的斥责声。他们问他：“你是不是反党反社会主义？”他答：“不是。”又问：“你是不是反毛泽东思想？”他答：“不是。我是拥护毛泽东思想的。”他们就大骂他混蛋……我觉得，当时要作出这样坚定的回答，是需要很大勇气的。1969年冬天，我被下放河南农村劳动，在学校操场上集合启程之前，沈元跑来送我，帮我提着行李，一直到车开了，他还站在那里。从他深沉的目光里，我感到他虽然心中有痛苦，但是更有一种坚强的信念。他相信乌云终会散失，前途是光明的。

1973年，在三机部副部长兼航空研究院院长段子俊等同志的支持下，三机部向中央呈送报告，建议恢复中国航空学会活动，恢复《航空知识》月刊的出版。这个报告得到叶剑英、李先念、余秋里等中央领导同志的批准。这是在“文革”中，全国性自然科学学会被林彪、“四人帮”一伙当做“资产阶级组织”撤销以来，首次由中央领导正式批准恢复活动。

在中央批复的文件中，指定沈元以原理事长的身份主持学会的恢复和活动。由于当时“四人帮”推行极“左”路线的干扰破坏，学会虽然恢复，却很难开展学术交流。沈元就积极领导我们开展科普活动。他说：“不让我们搞学术交流，我们就抓普及，向工人、干部、学生普及航空科学技术知识，这也是当前的迫切任务”。

在“四人帮”被粉碎前的两三年，航空学会组织了多次巡回讲演团，到全国航空工业集中的地区，向工人和科技人员普及现代航空科技知识；为了办好复刊后的《航空知识》，从内容到封面，沈元都不厌其烦地同我们再三研究，有时连吃饭都耽误了。

最使我难忘的是，在敬爱的周总理逝世以后，为了寄托哀思，我为《航空知识》设计了一幅“蓝天白云”的素色封面。沈元不但亲自撰写纪念文章，而且同意《航空知识》撤去彩色封面，采用这幅蓝天白云的素色封面，并刊登周总理遗像，同“四人帮”不准悼念总理的禁令对着干。我在听说有的刊物由于刊登悼念总理的内容而被勒令销毁的当天晚上，曾连夜同沈元商量《航空知识》怎么办。他支持我们即使被迫停刊，也坚持不撤总理照片和素色封面。该期杂志发行之后，在读者中引起了强烈反响。

老骥伏枥，壮心不已

粉碎“四人帮”以后，沈元虽已年届花甲，却以更大的热情投入到工作中去。他在1979年举行的中国航空学会第二次全国代表大会上，再次当选为理事长。1980年在中国科协二大和以后的三大上连续当选为科协全国委员会常委。同年被任命为北京航空学院院长、党委副书记。

1980年，沈元当选为中国科学院学部委员（现中国科学院院士），任数理学部常委。他还被国务院任命为国家学位委员会委员，同钱学森一道负责这个委员会的航空及宇航科学技术分科的学位评议组工作。1983年，沈元改任北京航空学院名誉院长（现北京航空航天大学名誉校长），并担任全国政协常委。

沈元对科学技术发展的新动向十分关注，50年代末他就注意到电子计算机将会对整个工业包括航空航天工业起革命性的作用。他组织选派教师到中国科学院计算技术研究所进修学习，并批准购置了一台刚试制成功的国产第一代电子数字计算机。“文革”末期，在他组织领导下，克服了重重困难，使北京航空学院于1975年从国外引进了FELIX-0256第三代中型电子数字计算机，建立了计算机应用专业。粉碎“四人帮”后，北京航空学院又继续从国外引进一些更先进的小型计算机并购进一批国产计算机，为培养人才和推广计算机在各专业的应用起了重要的作用。

1982年他积极鼓励组织可靠性学科理论研究，这对推动航空工程传统学科专业的改造，对我国航空产品可靠性设计及国产飞机延寿的改进，对可靠性学科理论在我国传播发展，起了推动作用。

沈元一贯强调理论联系实际的教学原则，培养学生的动手能力。1978年恢复招收研究生制度，北京航空学院首次一年招收了128名研究生。沈元对研究生培养提出了“精选苗子、宁缺毋滥、打好基础、严格要求、能力培养和科研任务结合”的方针。在繁重的行政工作之余，他还亲自指导培养了四届研究生。

由于沈元在学术上有较深的造诣，在教学、科研、管理方面有丰富的经验，曾应邀参加了历次国家科学技术远景规划的制定工作。1983年后沈元从事我国交通运输战略决策问题的研究，为我国决定立项研制国产干线飞机起到重要作用。

由于沈元对我国航空航天事业做出的突出贡献，他多次获得国家的奖励，并获得国际荣誉。1990年12月被国家教委授予“从事高教科技工作四十年成绩显著”荣誉证书。1991年被授予航空航天工业部“劳动模范”称号。1992年被授予航空航天工业部“有突出贡献专家”称号。1993年被英国剑桥国际传记中心授予“1993年世界杰出知识分子”荣誉称号及金质证章。

1996年2月12日，中共中央政治局委员、国务院副总理李岚清等领导同志，专程前往沈元家中，看望这位年届耄耋之年的老科学家。李岚清在谈话中充分肯定沈元在半个多世纪里对发展祖国航空教育和科学所作的贡献。是的，这位老人已把毕生精力献给他所忠诚的事业。

（摘自《群言》1996年第12期，谢础采写）

衰荣随遇，宠辱无惊

——记启功先生

写启功先生，说容易也容易，说难也难。容易，是说就表面来讲，他的书法、文章有口皆碑，行止、操守令人钦佩。难是难在他独有的个性，他在书法、文章、行止、操守诸方面所显示出的独有之处。我因家世关系得与启先生接触得比常人略多一些，故不揣冒昧，将所闻见成此小文，不敢妄称访谈，只云侧记而已。

衣食住行

谈及某人，总免不了要说说他的衣食住行。启先生的衣，可说是毫不讲究。出外，衣装挺括，派头十足，那是因为他外出赴会并不只代表自己。但回到家，则马上宽衣解带，怎么痛快怎么来。居家时，冬天的棉袄，袖口处半尺多长的口子，先生也照穿不误。春秋的毛衣，同样在袖口处，有很不小的洞，先生也仿佛视若不见，穿得心满意足。至于吃，我所常见的是一杯啤酒，一碟花生豆，一碟菜码，一碗炸酱面或热汤面，只看先生抿一小口酒，食两三粒花生米，沉思且微笑，那怡然自得的样子，仿佛正在腹中吟诗。说起吃，还有一事可记，有一次，我去先生家闲谈，先生拿出芦柑招待，我们边吃边谈，我吃完一个，先生刚吃完半个，忽有人来访，且来访者级别甚高，有众多随员。我见桌上什物凌乱不堪，便顺手将芦柑皮和先生吃剩的半个一齐丢进沙发旁的字纸篓里。客人走后，先生坐下来，眼睛到处瞧，我问：“您找什么呢？”先生说：“我记得我那个芦柑没吃完，怎么就没了？”我大窘，忙说：“让我给扔了。”先生一愣，说：“别扔，那个还可以吃。”随即起身到厨房去，我也赶忙追过去，先生正在厨房的簸箕里寻找。先生见我来了，问：“怎么这儿没有？”我说：“我扔在客厅的字纸篓里了。”先生又转身回到客厅，一边弯腰从字纸篓里找出那半个芦柑，一边说：“用水冲冲还可以吃。”我连忙去夺，说：“我来吃，我扔的我吃。”先生却拿得紧紧的，道：“不，不，你们年轻人哪能这样，我来我来。”随即先生走到厕所，用凉水冲了冲，吃了。说到住，先生更是漫不经心。头一样，家中不装修，无高档家具。坐老式木椅及普通之绒面沙发，睡卧之具不过一小木床而已。第二样，书多且乱。室中书架书橱林立，旧书新书杂糅。不过以上两个特点作为当今老学者之家，也大都同样光景，而能体现先生特殊之处的，乃是一只书橱的上半部却无一本书，而放了整整三排各式小动物玩偶，其中以小熊小兔为最多，形态大多是圆圆的、胖胖的、傻乎乎地瞪眼瞧着来客，仿佛有说不出的惊奇，一副世道人心满不懂的样子，分外招人怜爱。书橱玻璃门上尚贴有一张字条，“只许看，不许动！”可见小动物玩偶们在家庭中的位置。在先生卧室中的一张桌上，也摆了几个个头较大的玩具熊和兔，一个个同样是瞪圆了天真的大眼睛，好奇地望着先生，使人顿生温柔怜悯之情。先生又言，备有不少录像带，全部动画片，时时瞧。除此嗜好外，先生还另有一样嗜好，有《贺新郎·癖嗜》为证：“癖嗜生来坏，却无关，虫鱼玩好，衣冠穿戴。历代法书金石刻，哪怕单篇碎块，我看着全都可爱。一片模糊残点画，读成文，拍案连称快。自己觉，还不赖。西陲写本零头在，更如同，精金美玉，心房脑盖。黄白麻笺分软硬，晋魏隋唐时代。笔法有，方圆流派。烟墨糨糊糊沾满手，揭还粘，躁性偏多耐。这件事，真奇怪。”现实中的先生也确实如此，几十年节衣缩食，“俸禄”全用于购买碑帖法书上。家中至今除了一些常用必备的图籍，别无长物。而更值得称道的是，先生又把大量具有文物价值、在世人眼里可值大钱的图书文玩随手捐了出去，对此，先生老友张中行某次曾同我提起，说："我喜欢收藏砚台，几十年好砚台见过许多，唯独启先生的两方御砚，一方康熙自用的，一方雍正赏田文镜的，可称是无上神品，没见过那么好的。后来启先生捐给也算他老家的辽宁博物馆了。"在与先生闲谈中，我曾问及先生为何自奉如此微薄。先生并未正面作答，只是说："我觉得有件事挺怪，我不知怎么挺信奉人道主义。比如我对我父亲、我母亲、我姑姑、我老伴儿，与其说我对他们有亲人的感情，不如说是人道主义。我觉得他们太苦了（先生的父亲在先生一岁时便因病去世，先生由其母亲和姑姑抚养成人），我应该多受点罪才对得起他们。我现在老了，反倒得劲了，我心里并不觉得舒服。我这种思想由哪儿来的，我自己也不知道，但我真是这么想，这么觉得。"听了先生这番话，也使我明了了先生对小动物们的爱心所自，同样源于对人道主义的追求。有咏兔诗为证："吾爱诸动物，尤爱大耳兔。驯弱仁所锺，伶俐智所赋。猫鼬突然来，性命付之去。善美两全时，能御能无惧。"再如咏猫，"老翁系囹圄，爱猫瘦且癞。七年老翁归，四人势初败。病猫绕膝号，移时气已寒。人性批既倒，猫性竟还在。"又如《题黄胄画驴五首》咏子母驴："膝下依依感最深，谁将善恶属人禽。分明驴性通人性，论即无心画有心。"又一首则道："尾秃蹄纤世所轻，低头负重每先行。千鞭百叱充庖去，可惜毛驴利物情。"从诗中可以看出，先生的爱并不仅是体现在动物身上，兔、驴也不仅是动物中的弱小者，他们实际上象征了世上那许多成为他人刀下俎上任意鱼肉的小人物。以上几首诗中，有爱、有憎、有不平，更有"其性使然"的慨叹，这就是先生的人道主义所在。

苦乐自知

先生是著名书法家，既是书法家就不能不写字，何况还是有大名的书法家，于是为人写字便成了先生生活中的一件大事，用先生自己的话说，是“将白的写成黑的。”但我想说一点，也是我平时在心中暗暗替先生不平的：世人皆知先生的书法好，岂知书法只是先生多种学问中的一种，多种技能中的一技。若依我的愚见，书法还不是最能显露先生才华与功力的那一技。先生于文学、史学、音韵学、语法学、金石学、文物鉴定等均有精深独到的见解，尤其是他创作的诗歌，我以为，可以独步于当今文坛，不敢说无后来者，但至少领数十年风骚没有问题。而这一切在大多数人眼中，被书法的光彩遮没了。我想说其中至少有一个原因是，书法可换钱，而学术，不可用金钱衡量，故也只能守着寂寞。

也许就是我说的这个原因，远近求字者蜂拥而至。前些年，在一定的范围中曾流传先生的一段名言；“人家求你写字，那是人家看得起你，你怎么能不给人家写？”孰料以后求者日多，门庭若市，于是先生戏称：“我现在哪是写字呀？我这叫刷字。”这几年其势更猛，如洪水泛滥，吓得先生高挂免战牌，叫道：“我这儿不收活儿，有事找侯刚。”（师大出版社副社长，代先生接待处理文字事宜。）即便如此，先生也仍摆不脱四面八方以各种关系前来求字者。而想求得先生的字，先要跨进先生的门，跨门的形式可分两种，一种叫叩门直入式，一种叫电话预约式。先说电话预约式的来客。

一日，我正在先生家，电话铃声忽然大作。先生正处理文稿，犹犹豫豫本不想接，但打电话的人极有耐心，先生又恐是老朋友们或公家部门打来，接了，一问对方姓名，并不认识。问何事，对方称先生曾为某书题签，现此书已出，欲明日亲自送来。先生当即说：“谢谢。不过这样的小事，你也不必跑了，通过邮局寄来即可。”对方不干，非要前来，称为探望。先生解释道：“我现在很忙，身体又不好，你来我也无力接待，请原谅，书还是寄来吧。”对方不肯，先生索性挑破窗户纸，单刀直入，问：“你说你还有什么事吧。”对方称，没事儿，就是想看看你。先生答道：“你既然那么想看我，也行。我给你寄张相片去，你可以从从容容地看。”此人仍不罢休，几个回合之后，先生被逼到“墙角”，于是说：

"好吧，你明天何时来，说个点儿。认识不认识我这儿，不认识我告诉你地址。明天到这个点儿，我出门，就在大门口，你也不用进我的门，你不是就为看我吗？咱俩就在门口对着看，你看我，我瞧你，你要近视，戴上眼镜，我也带上花镜，好好瞧瞧你。看半个钟头，够不够，若不够，看俩钟头也行。"对方听先生动怒，又拉出一张"虎皮"，说先生的某某老友也要同来。先生再一细问，对方又说先生的这位老友前些日子出差在外，不知明天能否回来。先生气得不得了，好容易才挂上电话。我一看表，半小时还多。心想，亏得先生今日没在作诗，否则肯定没了诗情。

再说一说叩门直入式的来客。

一日，我正与先生闲谈，敲门声起，先生刚一拉门，一位青年女士未等先生问话，将身一闪便进了屋，其动作之快使先生都未看清她是谁，我不禁暗暗佩服这位女士的胆量和机敏。女士望去30岁上下，服饰淡雅，举止大方，满脸是笑，满口先生长先生短，只见亲密不见做作，似是与先生关系至近的朋友。进入客厅落座后，先生正襟危坐，盯住她的脸，女士说自己居于外地某市，这次进京，特意造访先生。正说得热闹，先生忽然说："可我不认识你呀！"女士听了神色不变，坦然答道："您忘了，我与××先生一同来过。"随后为唤起先生的回忆，便又大谈自己与××先生的深交，并极力渲染自己与××先生对启先生崇拜得不得了。先生等她说得告一段落，瞧了她两眼，道："你有什么事就直说吧。"

女士于是吐真言，道，她有一亲属，因为某事需打通关节。过关斩将后，碰到最后一关，守关者为儒将，不好金银，只喜书法，尤其爱先生的大作，故女士特来求一幅字，斩得此将落关，以助亲戚成功。先生告以现时身体诸般不适，又忙，女士静听、微笑，依然重复自己的要求，形成一种你说你的、我说我的局面，以致后来大有你若不写，我便就地安营之势。先生无奈，最后应以过几天再说。女士倒也未再勉强，只是从挎包中取出册页一大本，请先生题诗留念。先生动怒，道："你还要干什么，一块说！"女士微微一笑，果然又取出一个什么本子，大概是要先生签名。此时恰逢另一屋电话铃声大作，先生走开去接电话，女士则开始查我的户口，问我是谁、为何看着和先生较熟、住哪儿、祖上是何人，等等。忽然，她亲切地向我微笑了一下，说：“麻烦您。”随即动作麻利地从大挎包里掏出一架相机，“请您待会儿帮我跟启先生合个影”。我则应以：“帮不了，您没见先生书案上立着醒目的木牌，上写‘请勿照相’？”女士不罢休，再三鼓动我的勇气，但我终不敢应命，她看看不能，只好算了。先生接过电话回来，女士又重复说了一会儿，方才告辞离去，我替先生送到门口。当我们互道再见后，我莫名其妙地对她有了一种敬佩，这就是从她进屋到离去，脸上总挂着自信、从容、优雅的微笑。

既然如此，找先生写字，难？不难？据我所知，社会上多年来一直流行着这样的评论，“书法家中，启功还是最好求的，因为他最没脾气”。这话细琢磨，是褒，也是贬。他几乎整日笔不停挥。他都给哪些人写字呢？仅以我的所知，除去受上级领导委派和先生的熟人老友可略而不谈外，可说的，第一，是先生喜欢为广大的平民阶层提笔。这里面包括接送先生的司机、宾馆饭店的服务人员、各部门陪伴先生外出办事的职员以及书画店的老师傅们。举两例。

一例是我妹妹亲见。前些年有一回先生参加政协会议，某日有余暇，不知为什么事动了笔，写完应写的，先生又乘兴挥毫，一连写了十余张，然后对身旁围观的机关和饭店的工作人员、服务人员说：“你们谁喜欢谁就拿去吧。”

一例是我亲见。我的祖父病重住院时，先生前去探望，是向学校要的车。回来后，司机周师傅小声试探着问，他有位老朋友因家庭纠纷心情不好，想请先生抽暇写“难得糊涂”四字。先生连道好好，现在就写。进了屋，先生说干就干，研墨铺纸，笔走龙蛇，不但写了“难得糊涂”四字，还作了一段跋语。周师傅喜出望外，连连称谢而去，而先生绝不以为意。

第二，是有恩义于先生的人。

如某户人家有一小孩，欲入某有名的小学，然而碍于规章制度，被拒之门外。但门未全闭，留有缝隙，可容钱神出入。而此家偏又困顿，因识得先生，便来求援。先生急索箱箧，也仅得万元，与所需数目相差尚遥。于是当即挥毫，“刷字”四幅，一并送去，门然后开。我问先生何以如此，先生淡然答道：“人家早年有恩于我。”先生不仅与人讲恩，而且与朋友重义。如有一出版社的某老先生因病住院，后因病重需动手术，手术前家人打点医生，不知怎么一来，需先生书字两幅。先生闻言，当即写了，由人拿去。谁知天有不测风云，手术前一天，医生又换成另外两位，家人惶惧，计无所出。先生得知后，当即连书四幅，以应急需且备不虞，又担心来人取走不及，便亲自送去。老先生见到先生后，拉着先生的手，说不出话来，就是哭。

世外情怀

某日，我与启先生闲聊，乘间问：“您对人生怎么看？”先生应声道：“我不知道。”说完，意犹未尽，又补一句：“我也不配知道。”言罢，一笑。

这情景使我想起前不久某日我陪当代散文大师张中行先生去琉璃厂逛旧货市场，见各处摊位上皆悬挂有启先生落款的书法，其势如潮，颇使人忆起当年“红海洋”，真伪自然可知。后与一掌柜的攀谈，掌柜的说，启先生来过此处。张先生忙问，如何说？掌柜的答：一笑。

如果以佛家的观点看，笑即不笑，不知即知，先生的人生观则尽在笑与不言中。

记得某次与先生闲谈，谈及生命的起源。先生认为，人的生命由精卵二子结合而成。卵子在多少倍的显微镜下还可望到，而精子则比卵子更渺小多少多少倍。而且人的一滴精液中有上亿精子，不知哪一个与卵子偶然相遇，便偶然地形成生命。这偶然的生命最终会形成一个有思想有情感的血肉之躯，而这个血肉之躯在其长短难测的一生中又要遭逢许多吉凶未卜同样偶然的悲欢离合。这一连串偶然的必然结局是，重又回到空寂的“无”的世界。天地万物，莫不如此，人生亦然。那么，天地万物人间万事既然都是偶然的合成，而用偶然既解释不了产生生命的原因，那么自然也无法议论生存的意义。这种“偶然论”也许就是先生“我不知道”的原因。作为这一观点的佐证，可从先生的词中找到。如《踏莎行》三首：

“造化无凭，人生易晚，请君试看钟和表。每天八万六千余，不停不退针尖秒。　　已去难追，未来难找，留它不住跟它跑。百年一样有仍无，谁能不自针尖老！

“美誉留芳，臭名遗屁。千千万万书中记。张三李四是何人，一堆符号A加B。　　倘若当初，名非此字。流传又或生歧异。问他谁假复谁真，骨灰也自难为计。

“昔日孩提，如今老大。年年摄影墙头挂。看来究竟我为谁，千差万别堪惊诧。　　貌自多般，像唯一霎。故吾从此全抛下。开门撒手逐风飞，由人顶礼由人骂。”

细细品味先生这三首《踏莎行》，很有意蕴。第一首讲人的生命在永远流动的时光中的位置，第二首讲人的作为在不断变化的空间中的位置，第三首讲人的命运在永恒的时空中的位置。三首词中，先生论及了人的生命、人的作为、人的命运。再大而言之，由人生而宇宙，先生则以为：“宇宙一车轮，社会一戏台。乘车观戏剧，时乐复时哀。车轮无停辙，所载不复回。场中有醉鬼，笑口时一开。”先生笑的是什么呢？笑的是：“古史从头看，兴亡成败，眼花缭乱。多少王侯多少贼，早已全都完蛋。尽成了，灰尘一片。大半糊涂流水账，电子机，难得从头算。竟自有，若干卷。　　书中人物千千万，细分来，寿终天命，少于一半。试问其余哪里去，脖子被人切断。还使劲，断断争辩。檐下飞蚊生自灭，不曾知，何故团团转。谁参透，这公案。”

由人生而宇宙，由宇宙而历史，先生眼中所见，真是“白茫茫大地真干净”，万物纷陈，万物寂灭，而将其认识体现于现实生活中，我以为先生由此具有两个特点：

第一，先生正是以宇宙无穷大为中心来看待世间万物，故心里常能坦荡无忧。

我的观察，先生有一点与一般老年人极不一样。人到老年，多要伤情。究其原因是，老的结果，只剩下回忆，眼中死去的人比活着的多，孤独岑寂中，只有记忆为伴。而那些旧人旧事，不管曾是欢笑，还是泪痕，或是当初“天生我材必有用”的豪迈，其作用此刻都是共同的，即：只能引起悲伤。悲伤而情不能已，由情不能已而越发悲伤，乃至一发不可收拾，终于折寿。而先生不同，先生谈话中极少回忆，即便回忆也只是些文坛掌故名士逸闻，并无伤感之情外露。草木以时荣枯，岁月以季往复，人亦如此，土里来土里去，实则说易做难。但先生能做，因他能将自己置于宇宙的浩瀚苍茫之中。再深一步说，先生真的没有悲伤吗？回答又是否定的。先生有悲，但悲的是天地古今，是无限的时空。这样的大悲反倒能够把一个人从自我得失成败的小悲中解脱出来，转化成一种养生之道，这就是先生为何年已八秩而仍精神健旺的原因，这就是宇宙精神的作用。

第二，衰荣随遇，宠辱无惊，从不大发一通牢骚或时时来一番感慨。

人生世上，逆顺二境，物我两界，常令人欢喜令人悲哀令人如痴如醉，而先生则对之以淡泊宁静，超然物我。有时我与先生对坐，听先生纵论古今，谈艺评文，兼及时事新闻，乃至街谈巷语，望着先生圆而不露棱角的面孔，老佛爷般祥和而神秘的笑容，洒脱而无拘束的动作，边听着先生幽默风趣的语言边怀想先生几十年生命历程中经历的风刀霜剑与冬温夏清，竟常令我心中涌出宋人程颢的《偶成》一诗：“闲来无事不从容，睡觉东窗日已红。万物静观皆自得，四时佳兴与人同。道通天地有形外，思入风云变态中。富贵不淫贫贱乐，男儿到此是豪雄。”

前不久，启功先生因病住院，我去看望。闲话中偶然谈起我的手得了腱鞘炎，不能写字。先生听后，说：“这个病我也得过，我常爱说，祖师爷不让咱们这摇笔杆的吃饭了！”笑过之后，我想，虽然我也算是个靠摇笔杆混饭的文人，但怎及得上启先生之万一。先生这一句话里，实际上仍于无意中透露了他思想深处那无处不在的平民意识。我以为，他的受人尊敬，并不仅仅在于他的学问和书法，而在于他把自己看作平民，并按照一个平民的方式去思考、去生活。

（摘自《群言》1997年第8期，陆昕采写）

辛笛谈诗

日前我有幸登门拜访了著名老诗人辛笛先生。已届耄耋之年的辛笛先生依然保持着敏锐的思维，他是我极为敬仰的九叶诗人之一。

曹：辛笛先生，您是从何时开始诗创作的？当时您是怎样理解诗的？

辛：对这个问题，我在《辛笛诗稿·自序》（1982年）中作过回答。在那篇自序里，我提到我对我小时候写诗有三个具体印象。我写诗是从写旧诗开始的。我大约从五六岁就开始写诗了，但那说不上是诗，只能算是学习。到了十岁左右，我就可以写旧诗写得比较好了。我真正写白话诗是在升入中学以后，16岁，我第一次试写白话小诗。这说明我写白话诗起步很晚。我是先学会了写白话文，然后才写白话诗，而接触白话文很晚。起初我是写文言文和古体诗的。当时对诗最有兴致。

曹：到了20世纪80年代，您的诗写作展示出新的勃勃生机，一些诗作，比如《群瓶中间》《洛杉矶夕话》《洛杉矶的多元性格》，表现出蕴味丰富的现实性，甚至包涵有特别的先锋意味，那么，今天您对诗又是怎样理解的？

辛：对，我的诗的风格是有所改变，但不在这三首诗上，而是在这三首以前。你怎么会对我这三首诗颇感兴趣？

曹：我对这几首诗是很偏爱的，我觉得它们在您80年代以来的诗中是很有代表性的。80年代以来，您的不少诗篇体现出静穆的哲思，有冷静客观、感情克制的描写等特色。这些诗既圆润又饱满，像雕塑品一样具有实感。在写洛杉矶的那些诗里，您把当代的日常生活写入诗歌，让意义蕴涵在现实生活的细节中。如“在音乐中心殿堂的左近／正麇集着流浪汉和墨西哥人／痴呆地蹲在灯柱下抽烟／悄悄地在等／等待好莱坞传奇建筑／——‘中国戏院’的下一个剧目”这样的诗行，我极为喜欢。坚实的生活细节、当代生活的意义、诗人自己的感觉与想象，在此得到极好的融合。这样的诗歌甚至是今天一些青年诗人写作的理想。您认为做一个诗人应当具备哪些方面的素质呢？

辛：这个问题，我在《辛笛诗稿·自序》里也谈到过，比如要有真情实感，要有丰富的感情，要敏感等。当然，首先要坚持“做人第一，写诗第二”的基本点。

曹：您早年留学英国时，曾和斯本德、刘易斯、缪尔等诗人交往甚密。请谈谈他们的诗以及他们是否对您的诗写作产生了影响，好吗？

辛：我到英国时，跟他们几位年龄都差不多；他们那时也不过二三十岁。我发现，他们都是艾略特的学生。最崇拜艾略特的是奥登，奥登当时到中国来旅行，同行的有依修伍德。他们写了一本书《战地行》，里面有奥登著名的十四行组诗《在战时》。我到英国时，奥登正在西班牙参加反对佛朗哥反动的法西斯将军的斗争。其后他到了中国，再后来就到美国去了。他从此离开了英国，入了美国籍。他与艾略特的情况正好两样，艾略特开始是美国籍，后来跑到英国，成了英国籍的诗人，他接受了英国的传统。自1936年至1939年我在英国的三年当中，我想见见奥登，但未能如愿，至今犹引以为憾。当时见到的是斯本德、刘易斯、缪尔等人。这些诗人既受艾略特影响，又跟艾略特有差别，到底是下一代诗人，年轻一代诗人。至于他们的诗，我当时还是接受艾略特的多一点，奥登也多一点（说到这里辛笛先生取来英文版的纪念奥登的文集，里面有斯本德等人的文章）。奥登这个人的诗比较机智，智性成分比较多，诗比较深刻。

曹：辛老，对不起，我插一句。艾略特是从美国到英国，也就是他从一个没有文化根基的国家去寻找欧洲的悠久传统、根基；而奥登则是从英国到了美国，您是怎么看奥登去美国这件事的？

辛： 对这个问题，我是这样看的，在艾略特年轻的时候（他的祖先是英国人，是由英国移民到美国的），他就发现美国的文化是很初级的，尤其是文学方面，美国在科技方面还比较先进一些。一定要去英国寻根，这是艾略特的想法。所以，他自己就到了英国，而且很投入，以至于在那里定居下来，入了英国籍。艾略特的思想后来变得很保守，他相信天主教。奥登的情况很不同。奥登亲自参加了西班牙内战，帮助理想主义者。当时英法美等国家的许多反法西斯的青年理想主义者都参加了这场战争。而当时西班牙佛朗哥反动政府是有希特勒支持的。希特勒的策略是他在北面、东面攻打法国，西班牙在南面夹击法国。当时很多有革命倾向、左倾的诗人都支持西班牙人民军。奥登亲自参加过战斗。

曹： 奥登最初到西班牙参加反法西斯内战，可以说他是抱着一种理想与热情，后来他又到了中国，可能是在寻找某种东西。如果把他的情况和艾略特比较，很有意思。艾略特是从美国这样一个没有“根”的国土到欧洲发源地寻根，而奥登则还继续抱着一种理想才到了美国。当然，那时欧洲战云密布的背景也起了作用。

辛： 有关情况你可以参看这本《奥登纪念文集》。在英国这些诗人中，我觉得，除了艾略特，我佩服奥登。奥登的诗充满机智，有时也有些冷嘲热讽。他对美国，对美国文化也并不满意。

曹： 我读您早期写的诗，如《珠贝集》《手掌集》，时常联想到法国诗人魏尔伦。当时您读他的诗吗？对他的诗有何看法？

辛： 你的联想很好。的确，我当时是很受魏尔伦影响的。他的诗我很喜欢，他抒情诗写得很不错。不过，后来的问题是太抒情，就难免单调，不够深入。所以，我后来感到抒情诗要有机智，要有智性。我在《诗是什么》里也讲过这个问题。我认为抒情诗一定要有理性内涵介入，否则就缺乏深度。

曹： 您曾翻译过波德莱尔的诗，这对您自己写诗有何影响吗？

辛：波德莱尔是颓废派诗人，他的《恶之花》描写都市的一些问题，是属于揭露性质的，他将丑恶、腐败的一面揭露出来，还是为了歌颂美。我当时是反对国民党时代那种腐败现象的，对现实不满意，但又坚持自己的追求，而这追求又无法与工人大众合在一起。所以，波德莱尔“看云人”的态度对我有很大影响，看云人实际上还是第三者的态度。他的诗体对我没什么影响，他的散文诗对我有影响，他自由诗的写作方法、格调方面对我没什么影响。前面谈的几位英国诗人也一样，他们在思想上影响了我，但在诗体、形式方面影响不大。但艾略特是个例外。

曹：中国现代诗人当中您喜欢谁的诗？您对戴望舒、卞之琳、冯至的诗有何看法？

辛：这几个人中，我佩服戴望舒。特别是他后期的诗作，我认为非常之好。冯至后来是位学者，比较稳健。我认为他的《十四行集》写得最好。在他诗的写作历程中是个顶峰。他曾留学德国，《十四行集》好就好在富有哲理。卞之琳的诗，有些我很喜欢，有些虽写得比较晦涩，但仍有诗味。现在很多人写诗连自己都看不懂，而且毫无诗意。所以，诗、新诗的一个问题就是怎样拥有读者。把读者忘记、不跟读者沟通，是不可能把诗写得很好的。

曹：请问促使您走上写诗道路的是语言，还是生活感受？

辛：应该说最初我学古文，学写旧诗是从语言开始的，如格律、音韵、对仗都是从语言开始追求的。但写到后来，诗要写得有一定内容，就不能是吟风弄月，不能是风花雪月，不能像辛弃疾讲的“少年不识愁滋味，爱上层楼；爱上层楼，为赋新词强说愁”。到了这种时候，就觉得写诗必须有生活感受，诗无内容，单靠形式、语言是不行的。可当然，生活感受不用精巧、精美的语言写出来，诗也是不能传世的。因为，诗终究是诗，不是散文。所以我认为促使我下决心写诗是两方面因素均有，既有语言的，也有生活感受。

曹：新中国成立以后，您有段时间专门写了一些古体诗，您是在怎样的背景下写古体诗的？其中有无实验写作的意味？

辛：我写旧体诗，在年轻时，少年时，主要是学习。当时家里让念什么就念什么，白话也不懂。但后来，当我喜欢写点旧诗的时候，我是真心喜欢。一个唐诗，一个宋诗。学宋诗的人要比学唐诗的人年龄大一些才能体会宋诗的好处，因为宋诗里面理性的东西很多。至于宋词则分豪放和婉约两路，在此不具论。我真正喜欢写旧诗，把旧诗与新诗一样看待是在“文革”开始以后。这当中有些客观情况，即在“文革”期间，看戏只有八个样板戏，写诗只能写毛主席诗词那样的诗，别的诗不能写，写了就非吃官司不行。旧诗体裁有个优点，就是可以写得含蓄一点。有些人因为文化程度不够，水平不够，他就看不懂，等他想批判我时，他抓不到根据，就批判不来。这可以说是我以逃避的方式，逃避的精神状态，逃避当时的苦闷来写旧诗的。到了今天，我还有这类情况。有时，写白话诗，人家不容易接受，我就写点旧诗，不管他们看懂看不懂，只要我自己觉得说出了心里的想法就可以了。

曹：也就是说，您是写给自己看的。

辛：是的，写给自己看。至于说这其中有无实验的意图，我这人也很保守，我不大喜欢拿旧诗来实验。把旧诗当做实验体的诗，我是不写的。旧诗与新诗是两回事，千万不要把旧诗写得跟新诗一样。现在有人还提倡什么新古体诗。中国诗有中国的传统，有中国的味道，是不能乱来的。不管怎样，旧诗需要有一定的功底，在表达上也有一定的局限性。尽管今天的新诗走在很困惑的道路上，摆脱不出来，但新诗还是时代的产物，给它时间，它总会有好的前途。应该承认，今天我们诗人的很多感情是旧诗代替不了、包办不了的。我之所以有时用旧体诗写写我的感情，是因为有些东西还可以用旧诗来描写。但有些内容用旧体诗是描写不出来，非用新诗来写不可的。三脚猫的实验还是不要搞，我认为有些实验搞得很糟糕。比如中国旧诗很多是四句一首或八句一首，新诗也把八行或四行当作诗体，我觉得也太简单化了。另外，现在有人要写十四行诗，这是外国的东西，当然也可以写，但不及写旧诗容易写得成功。

曹： 现代汉语或者说白话由于受近代以来西方思维方式、文化类型等方面的影响很大，致使今天中国文人对来自西方的一些文化意象，诸如维纳斯、玫瑰、郁金香、教堂等愈来愈显得熟悉和亲切，而对中国古代的、传统的一些文化意象，比如伏羲、女娲、梅花、荷花、海棠、道观等则愈来愈陌生和疏远。这情况必然影响到汉诗写作。而您的诗却闪现着东西文化相融合的特点，一些传统的意象在您的诗里依然占有极重要的位置。请您就这方面谈谈，好吗？

辛： 我同意你所谈的情况。我现在年纪大了，有这么个体会，就是我感到中国人写新诗或者搞文学研究、写理论文章，首先还是应该把中国传统的东西好好吸收、消化，然后再与新的东西融合起来，这样才能既具有时代的气息，又有比较长久的生命力。我觉得“五四”以后写新诗的人对新东西看得太多，旧东西实在看得太少。旧东西浮光掠影地看一看是不够的。但也不妨试一试先去学新的，把新的学到家后，将它丢开，再去学旧的；学旧的的时候，把新的放到一边；然后将它们融合起来，这样才能到家。现在包括我自己在内都有个毛病，我们都是新不新、旧不旧，新的懂一点、旧的懂一点，结果都是半生不熟。这样写出的东西就不够味道。要想写出真正好的诗，一定要两样东西结合起来，才能做到。中西融合是个很大的问题，不管是诗的问题，还是文化问题，大家都面对如何把西方文化与中国文化结合起来。

曹： 请谈谈您对古诗传统与新诗写作的关系的看法。

辛： 谈到这个问题，我觉得有一种偏见需要解决。一些写新诗的人认为自己是写新诗的，所以自己就不写旧诗；自己是革命的，不能走复古保守的道路。他们看不起写旧诗的。实际上这是不懂旧诗是怎么回事，不懂旧的传统。这种虚无主义的态度是不足取的。

曹： 您对穆旦的诗评价如何？

辛： 穆旦有属于他自己的风格。我认为，从他自己来讲，他的看法是可行的。但别人要借用他的理论来写作也是要上当的。有一个穆旦，就不可能有第二个穆旦。穆旦后来的遭遇非常坎坷，他在中国刚解放的时候就回到国内，参加建设新中国。他对新中国有无限的向往，后来到南开大学教书，结果被戴上了“反革命”帽子，实在冤枉啊！他的东西主要是新的，旧东西是不太多的。虽然他对旧体诗评价不高，但他的文字功底还是不差的。穆旦可惜死得早，他是我们“九叶”当中最有希望的。今天写诗人身上的另外一个偏见，一个最大最普遍的偏见，就是觉得中国方块字妨碍写诗，不是诗的语言，是妨碍产生优秀新诗的语言。这是错误的。中国的方块文字语言，我认为就是比拼音文字好。它有象形，有说文六义。中国人仓颉造字有六种，象形、指事、会意、形声、转注、假借等。我认为中国语言的音乐之美是很独特的，它的节奏、语音也非常之好。如果一个人不爱自己祖国的语言，是写不好新诗的。假如用汉语拼音来写诗，我看也一定写不好，根本没有希望写出中国的好诗。

曹：中国文字有形、音、意，而西方语言缺乏“形”这一点。但是从语言学角度看，任何一种语言从本源上讲无不是诗性的。

辛：西方拼音语言，例如英语，有许多复杂的文法上的说法。现在英语有点向汉语靠近，一些繁杂的文法上的因素减少了，如关系词、介词等。中国语言利用的是字在语言中的地位，例如“我打人”和“人打我”，各自本身就说明了问题；而不一定因为你是主语，就必须用主格词来表达，你是受动位，就必须用受动格词来表达。两个句子所用的字完全一样，但由于字的位置不同，两句的意思就不一样。而英语当中，两个句子则分别是“I beat you”和“You beat me”。其中，由于表达的意思不同，字就有了变动，如“I”和“me”。这就多出了很多麻烦。所以，中国的语言有其独特的优点。当然，中国语言也需要变化，需要改进。但是，只有掌握了中国自己的语言，诗才能写得好。不然，诗就不可能写得好。

曹：辛老，作为九叶诗人之一，您认为九叶诗人是一个诗歌流派，还是一个诗人群体？

辛：我认为“九叶”开头是个诗人群体，大家没有什么宣言和主张。但是，“九叶”他们的风格逐渐形成了一个自然的流派。这个流派的主要人员尽管风格各异，但有一个主要的共同倾向，就是把现实主义加上西方的新的东西，有时代的气息。现实主义要有时代气息，还有抒情、感觉、具体形象，这些都是我们共同的东西。这就是九叶诗派。我们曾创办了两个诗歌杂志，即《诗创造》和《中国新诗》。当时在上面发表诗的不只九个人。“九叶诗派”从诗派名称来讲是比较有偶然性的。所以王圣思在编《九叶之树长青》一书时，特别编了第二辑，收入了好些人的诗。新中国成立以后，他们当中成名的很多。但最初都是从《诗创造》和《中国新诗》出道的。所以，九叶诗派影响的范围很广，“九叶”可以说不只九个人。中国字中“九”也指多数的意思。“九叶”还有一个长处。现在九叶诗人已经去世的有四位，但活着的五位仍在继续写作。这一点很不容易。

（摘自《群言》1997年第9期，曹元勇采写）

迎接挑战，不辱使命

——访北京大学校长陈佳洱

叶： 陈校长，我是怀着浓厚的兴趣来对您进行采访的。因为我知道您的父亲是老一辈儿童文学作家陈伯吹先生。这首先就使我对您产生了一种好奇和亲切感。

小时候看您父亲写的童话，尤其是那篇《一只想飞的猫》，因为骄傲，倒栽着从树上摔下来，“好久好久爬不起来”，一直活动在我的脑子里。还有《算术国里来的小人儿》，这些故事使我们受到了最初的善恶美丑的启蒙教育。您父亲的作品影响了我们这一代人的成长，这样的家庭环境是不是对您以后从事科研、教育工作和担任北大校长起了一定的作用？

陈： 你讲到《一只想飞的猫》，我今天想起也很亲切。这是因为我小时候特别喜欢猫，父亲就专门以猫为背景写了这篇童话。父亲虽然一辈子从事儿童文学创作，但他从小就向往科学，只是因为贫穷，没有办法读大学。他把他的这种向往在充满亲情的气氛中传递给了我。记得在我6岁的时候，一次震耳欲聋的雷声把我吓哭了，我一直相信隔壁老奶奶讲的这是因为雷公发怒，要劈死不孝的人。父亲把我搂到他的怀里，叫我别怕，耐心地给我讲雷电形成的原因，看我不大明白，就讲什么是电，讲摩擦生电。父亲要母亲剪一个小小的纸人，找来玻璃板用两摞书架在桌面上，用擦眼镜的绸布包住一块积木在玻璃上快速擦动，只见板下的小纸人随着板上的擦动上下跳动，我惊奇快乐地鼓起掌来。这个难忘的游戏，在我幼小的心里播下了热爱科学的种子。父亲鼓励我做任何自己感兴趣的事，并不单纯在学业上要求我。他常说，先有文学的丰富想象，然后才有发明创造。整个社会的进步，科学起了促进作用，而文学又推动了科学的发展。记得在我很小时，上海电影院刚开始放《发明大王爱迪生》，他马上放下手头的工作带我去看。有一次他冒着大雨，把我从寄宿制的位育中学接出来，带我去看电影《居里夫人》。他和我当时都没有想到，这部影片对我一生的志趣、信念产生了巨大的影响。

至于说当校长，这和父亲的影响没有关系。我上大学的时候是在解放初期，父亲怀着非常简单朴素的感情鼓励我到老解放区去，他向往苏联，希望我能到老解放区去学习工业。我就毫不犹豫地报考了大连大学电机系（大连大学是党创办的第一所大学），1952年院系调整，我转到吉林大学物理系，毕业后留校当教师。1955年国家决定在北京大学建立第一个培养原子能人才的基地，我被调来参加筹建工作。此后就一直在北大工作了四十多年。

叶：你长期从事科研教学工作，是成功的核物理学家，中科院院士。在您当了北大校长之后，思想上有压力吗？

陈：当然有压力。北大的校长不好当。我这个人不大善于和人打交道，而当了校长，就要处理许多复杂的事情，这对于我实是勉为其难。但既然已经当了，就要努力做好，否则上对不起领导的信任，下对不起这么多学生。我时时提醒自己“任务艰巨、担子重大”，千万不要辜负了上上下下对我寄予的厚望。

叶：北大有人文学科的传统优势，您担任校长后，一直很关心文科建设，您认为这是缘于一种社会责任，还是带有家庭背景的个人感情？

陈：我到维也纳大学去访问时，曾有人向我提出过这个问题。我自幼受父亲的影响，当然对文学及人文学科都有浓厚的兴趣，但对一所具有百年历史的大学的人文学科的重视，决不能仅凭个人的兴趣和感情。我想，人的思维方式、方法，决定着人的世界观、人生观、价值观，这些都离不开人文教育。越是社会需要依靠高科技发展，越要强调人文。人文和科技相比，人文更带有导向性，科学家本身的思维，也离不开他自身的人文素质。科技是第一生产力，这其中也包括了人文，因为社会的主体思潮和政府的决策都会对学术和科研方向产生影响。学生的创新精神和动力，源于他们对探索未知、追求真理的强烈兴趣和不懈追求，源于他们对于社会、国家乃至于人类的高度使命感和责任感；而学生的创新能力，又决定于他们的知识基础、视野及思想方法和推理能力。北大在五四运动时，如没有新文化运动，不提出“欢迎德先生、赛先生”的话，也就没有后来的进步发展，从某种意义上讲，人文成果的影响比科技还大。

叶：也就是说人文教育和素质教育是紧密相关的，高校是培养高素质创造人才的基地，请您谈谈北大是怎样注重素质教育的？

陈：素质教育的主要目的就是要树立个人对于国家、社会、民族的强烈的使命感和责任感。居里夫人为什么能在那样艰苦的环境中坚持几千次的实验，重要的一点是她想到要使波兰摆脱贫困苦难，就必须掌握科学。她研究镭的科学报告首先寄往波兰，结果的论文是在波兰和巴黎同时发表的。现在我们的一些人过分强调个人价值、个人成材，是为全人类还是陷在个人的小圈子里，素质的高低在这里可见分晓。所谓素质好，就是德、智、体全面发展。学位越高，人文和思想道德品质的素养也应越高。北大生源相当好，进校后，我们首先注重增强文科学生的科技素质和理科学生的人文素质，使他们对中国的传统文化和外国文化精粹有比较深入的理解和规律性的掌握，同时了解我国国情和世界形势的发展，把人文教育和“两课”（马克思主义理论课、思想品德教育课）密切结合，使学生不觉得枯燥。适当调整课堂教学的分量，增强“第二课堂”的作用，北大组织了中华文明之光、艺术与美育、自然科学前沿等系列讲座，很受同学们的欢迎。改革开放以后，“小平您好”的横标是北大学生打出来的，这种感情从哪儿来？就是一种使命感。“团结起来，振兴中华”又是北大提出来的。近年，针对社会上的不良风气，又首倡成立“爱心社”，直到组织“邓小平理论学习小组”，这是北大的一条主线。这一切都是强烈的责任心、使命感在起作用。

叶：您认为“科教兴国”这个口号的提出，和当年提出“欢迎德先生、赛先生”的意义一样吗？

陈：“科教兴国”当然要深刻得多。当年提出“欢迎德先生、赛先生”是为了反封建复古，想依靠科学推动社会发展，但没有明确意识到是第一生产力。在知识经济时代，科技是各生产要素中的主导要素，知识创新的速度、水平决定着我们在国际竞争中能不能站在前沿，抢占制高点。谁先掌握了新知识，掌握得更深刻、更多，谁就能领导潮流。“五四”时虽还没有这个明确的概念，但如果没有当时的思潮影响，也根本谈不上会有今天的形势，它们之间是连贯的。

叶：最近（1998年12月25日）李岚清副总理在与高校咨询会议代表座谈时，强调指出，在迎接21世纪的挑战和实施科教兴国的战略中，高校承担着十分重要的历史使命。您认为北大应在哪几方面加快深化改革的步伐，才能不辱使命？

陈：我认为最主要的是教育科技体制、管理制度、人事制度三个方面的改革。

教育改革有两个方面，首先要改善学生的知识结构。以往受前苏联模式的影响，学科高度分化，学生的知识面太窄。而在知识经济时代，高新技术需要相关学科的交叉渗透。如我大学时学的电机，现在就和微电子、计算机、物理有关。克隆生物的问题，不但与人文、伦理道德有关，还与环境有关。必须拓宽知识结构，避免专业设置过窄。有很宽的视野，才能有较高的文化素养。另外，要使学生有一个较宽松的个性发展环境，不能用一把尺子衡量所有的学生，要因材施教，改变课堂上满堂灌的做法，让学生敢于善于提问题。居里夫人有句名言：“每个人都要相信我自己有一定的天赋。”北大的学生有个传统，不管谁来做报告，都提问题，谁的问题提得好，大家就鼓掌；提得不好，就“表示不满”。要让学生活跃起来，不要师道尊严。

叶：不要师道尊严？

陈：对这个问题要一分为二。要尊敬老师，尊重他的劳动，但也要敢于超过老师。在中国的传统伦理道德中，都是讲师傅一定比徒弟强，最明显的是练武功，师傅一出来，徒弟就全不行了。我们一定要鼓励徒弟超过师傅，这样才能有发展。不要趋同，都从一个模子里出来的。教师的水平高低在于他能否发现学生的长处，并启发他发挥出来。不要以为教学生是单方面的付出，不是的！教学相长，一个好的教师，在与学生交流时，会受到好多好多新鲜的思维、活力和信息的刺激。教学的过程，也是将教师的研究课题系统整理的过程，可以从中得到升华。师生之间的教学相长以及教育与科研之间相辅相成、相得益彰的关系是高校的优势和生命力所在。

叶：提到了教育与科研之间的关系，是不是就涉及了您所说的改革的第二项内容，管理体制的改革？

陈：正是，从宏观上讲，我们的教育和科研还是两张皮，校内如此，社会上更如此。校内，教务处管教学，科研处管科研，常有这样的矛盾：教务处说你冲击了教学，科研处说你影响了科研。两者的关系不是相辅相成而是相互制约，这很不利于教育与科研的发展。人类即将跨入21世纪，知识经济的劲风指面而来，知识在社会发展中的重要作用日渐明显，学生正处在创造力最旺盛的时期，他们既是培养对象，又是科研的一支生力军。我们应将科学研究作为必要的教育环节，使他们得以增长实际知识，提高创造性地解决实际问题的能力，同时应充分利用学校的各种资源和条件，通过科学实践，出一大批高水平的科研成果。培养高素质的创造性人才是高校教育改革的核心。

叶：国外的大学是不是有可以借鉴的经验？

陈：让学生更早地进入科学实践已成趋势。例如在斯坦福大学，进校一年后的学生就可以参加科研实践。斯坦福大学校长说：“在研究和教学全然分开或部分分开的国家，大量的创造力是被闲置了。”美、日、德、加拿大等国把一些大型国家实验室交由大学管理，取得了很好的效果。国外许多著名大学就是依靠学和科研紧密结合的力量培育了一大批高水平的人才。有一次在德国的一所大学访问，他们直言不讳地说，你们的致命伤就是高等教育与研究分开。还有一些人认为，中国的学生善于解题，但缺乏洞察力、创造力，这和长期缺少实践有关。

叶：北大在这方面做了哪些改进和尝试？

陈：我一直主张大学生要不同程度地参加科学实践，在实践中学到真知，并对复杂多变的情况有较强的适应性，能抓住机遇，发挥自己的创造性。我们作了一个实验，李政道先生把他夫人和孩子积蓄的30万美金捐献给北大等四所大学，成立了一个“箬政奖学基金”。得到这笔基金资助的文、理科学生可以和学者、科学家一起参加社会调查和科研实践，效果很好。有的同学已提前一年写出了达到发表水平的毕业论文。哈佛大学曾有学生讲：“我从老师那儿学到的东西不如从同学那儿学的多。”哈佛校长说：“我们听了一点不脸红，这是哈佛的特点，哈佛的长处。”我们也很鼓励同学之间的相互学习，北大现有各种社团200多个，是非常好的课堂。最近我校还和中科院通过优势互补，联合建立了“北京天体中心”。在这里中科院的研究生和有关人员充分享用北大多学科，特别是文理交融的良好学术资源和环境，北大的师生则充分享用中科院精良的大型设备，并得到院士们的悉心指导，双方都感到得益匪浅。

叶：人事制度改革操作起来难度是不是大一些？

陈：这首先涉及对教师的评估标准问题，如理科当前流行的对科研的评估标准有相当大的弊病。通常以发表文章的数量，特别是列入科学引文索引（SCI）的数量作主要指标来排序。我以为SCI收录的数量固然是一个重要指标，但它绝不是最主要的，更不应是追求的目标。SCI数量相同，但工作的难易程度、创新性、对学科发展所作的贡献和学术上的建树却可以有天差地别。像一些实验学科，建实验基地，研制和安装大型设备等基础性工作需要投入大量的精力，这些很难从SCI的数量上反映出来。如果过分强调，这方面的事就没有人干了。而且学科不同、国别不同，被SCI引证的机会也大不相同。被SCI引证的我国期刊的数量很少，然而国内期刊上发表的论文水平未必都比SCI引用的差。有的甚至审查得更严，我校已故院士廖山涛先生关于微分动力系统的论文，首先发表在未被SCI列引的北京大学学报上，但水平很高。他的贡献为国内外公认。第三世界科学院为此奖励了他，吸收他为院士。如果只用SCI的量来衡量，那可能他连当教授都困难。我国基础研究上的小型、分散，低水平的跟踪多，而原始性的创新少、重大的建树少，与评估标准上的误导可能不无关系。SCI是一个量的指标，是科研活跃程度的一个标志，而我们应更加重视在质上的突破。

叶：不看质，只看量，是误导。但衡量一个教师的水平高低，贡献大小，尤其是关乎职称、级别和与之相关的各种待遇时，没有一个量化的标准，也很难做到公正合理。

陈：我历来主张，对教师的评估应全面考虑他的贡献，其中最重要的是对学科的发展做出了什么。具体到教授，我主张有三个标准：综合考察他在教学工作和培养人才上的成绩，研究成果和创造能力以及对校、系建设的贡献。

叶：评职称前非常努力，职称一到手就懈怠了，这似乎是一种比较普遍的现象。

陈：这是体制造成的。现行的一些评估制度一锤定音，一次定终身的办法不科学。职称一到手就什么待遇都有了，干不干都一样。同样是院士、教授，有的人很轻松，有的人承担了很多任务，待遇却完全一样，这合理吗？这种评定方法只是对一个人的过去做出了评价，对现在、将来如何做出贡献缺乏激励。

叶：聘任制是不是可以减小这种弊端？

陈：不完全是聘任制可以解决的。北大正在改革，将一部分待遇和所承担的任务挂钩，激励他去争取大项目上，多做贡献。我国申请国家自然科学基金的竞争非常激烈，每年的命中率只有18%，我曾有个提议，应该给中了项目的人在原有工资外再加一份，虽然有关领导同志很赞成，但因为体制问题，一直没有解决。我们的现行政策是“打酱油的钱不能买醋”，这不是开玩笑吗？在国外，你得了一个项目，项目经费中的相当部分抽头给学校，可以调剂使用。还有相当一部分给个人，可以用来提高工资或雇人。这样做的最大好处是可以激励人的工作热情和竞争精神。人事制度的改革必须与分配制度、财务制度的改革配套进行。

叶：您是科学院院士，核物理学家，在没担任北大校长之前，可以说您是一位纯粹意义上的学者，科学家。我很想知道您在担任了学校的行政领导之后，对产学研之间的关系有怎样的看法？

陈：我认为这是有史以来发生在高等教育领域最深刻的变革之一。大学融知识的创造、加工、传播和应用于一体，通过高素质人才的培养和科技成果的转化，为经济建设和社会发展提供服务是它的一项重要历史使命。产业部门为谋求发展和参与市场竞争，就必然要寻求与大学的合作，以获得所需要的科技成果和高素质人才。对于处于社会发展中心地位的大学来说，不仅要适应社会发展的需要，进行内部结构的调整，更要针对今天和未来社会发展中可能存在的问题，不断地探索解决问题的新概念、新理论、新技术、新方法和新手段，有效地实现科学与人文的结合，理论与实践的结合，人类与自然环境的结合，促进社会向着高度文明和可持续发展的方向前进。

叶：北大的方正、青鸟、未名等五大集团，不但开风气之先，而且是产学研结合的成功范例。

陈：所以有此成绩，是因为我校的校办产业及早地介入到科学实践中，加速了转化过程。学校对高新产业发展所起的作用主要有两点，即人才支持、知识贡献。

叶：就是说，教育科研和市场紧密结合，高校直接介入产业？

陈：我不赞成让高校直接介入到产业中去这个提法，重视成果转化，不等于将学校变成企业，学校儿企业是两种不同的机制。企业面对的是市场，市场所反映的是现实的需要。一味满足市场需要，就忽视了长远利益。中国有句老话，根深叶茂，源远流长。我觉得我们现在对科技成果转化的有些做法过于急功近利，只考虑现在的需要，缺乏长远的技术储备。如果没有很深的根基，将来的发展会受到限制。学校中的基础研究、应用研究、高新技术应协调发展，而不能片面强调某一方面。如果学校搞产学研基地只是为了满足市场需要，就不会有长远的生命力。

叶：从您的话中我感觉到，您把市场经济条件下这种新兴的产学研之间的关系和中国文化连在了一起。

陈：我认为它们之间是有联系的。中国历来强调人本文化：人需要什么，就研究什么；对于逻辑推理，定量规律，客观真理，兴趣不大，知之不深。明朝前，中国的科技是世界第一，明后衰落，其中有政治上的原因，也有中国文化的弱点。对“探索未知”缺乏热情和钻研。这样就没有后劲，容易低水平的跟踪。在这一点上，西方文化有它的长处，他们对“探索未知”有浓厚的兴趣，他们在对“未知”探询时，往往并不知道会有什么作用。如居里夫人经过艰苦卓绝的努力发现镭，并没有想到这个发现会对人类有那么大的用处。国外一些人对我们的学生的评价是：“对需要比较敏感，对未知缺乏兴趣”。在成果转化上，如一味急于求成，缺乏纵深部署，许多深刻的东西就难于发现。

叶：如何把握好这个度？学校和企业应是什么样的关系最为恰当？

陈：我认为“建立紧密的伙伴关系”的提法比较适宜。学校主要是在人才支持和知识贡献上发挥作用。大学应该在为社会服务的过程中，保持相对的独立性，保持学术活动所必需的自由，始终保持一种超越于眼前利益之上的警觉，一种追求真理，不随世俗的科学态度。世界上没有任何其他组织能够像大学那样始终如一，即使存在着各种利益诱惑，也不放弃追求真理的根本目标，它能够超越现实的功利性，致力于探索未来社会发展的规律。这是大学的价值和生命力之所在。

叶：听了您的话，我很振奋也很感动。北大建校百年来，最引人注目的一点是不论在历史上还是新中国成立后，她都汇聚了一大批最优秀的学者，他们中有北大自己培养的，也有相当一部分是慕名而来，这和北大的魅力很有关系，您认为北大魅力的内涵，是不是在随着时代的变化而有所改变？

陈：北大有一种精神的魅力，吸引着大批优秀的学生和老师，这精神的魅力没有改变，它的核心就是爱国、进步、民主、科学。有这样一句话：好的教师是为好的学生而来，好的学生是为好的教师而来。每年都有大批全国最优秀的学生考进北大，这也是北大的魅力。杰出的科学家、学者、教师都渴望有好的学生，他们视这样的学生为知音，有了知音，他们的学科才能发展，这是一种互动的关系。斯坦福大学校长说过这样一句话："当年轻一代认真或天真地发问的时候，学术本身也会因此而大大丰富。"

叶：江泽民主席在庆祝北大建校100周年大会的讲话中说："为了实现现代化，我国要有若干所世界先进水平的一流大学。"您认为北大与世界一流大学的主要差距在哪里？

陈：我认为主要是缺少年轻的、影响大的国际著名学者，缺少开辟新领域、引导学科发展的重大成果，缺少处于国际前沿的、一流水平的学科和科学研究基地，还有因长期投入不足积累的一些问题。

叶：作为一个处于社会主义初级阶段的发展中国家，要建设世界一流大学，一定要克服许多困难，您认为应主要在哪几方面做出努力？是否很有信心？

陈：我对于北大是有信心的，北大有很好的基础。50年代，北大和科学院合作研究的牛胰岛素，本来是极有希望获得诺贝尔奖的，但诺贝尔奖不允许以集体名义申报，而我国在当时的历史条件下又只能集体申报，结果失去了这个机会。当然现在的情况完全不同了，在现阶段，教育的竞争已上升为国际竞争的战略重点，国家把创建世界一流大学列入了"面向21

世纪教育振兴行动计划”，创建一流大学的任务对于我们来说既光荣又艰巨，同时又是重大而难得的历史机遇。高校经费不足是制约缩短差距的一个瓶颈，尽管如此，我们也要知难而进，在有限的资源条件下，集中力量调动多方面积极性，从重点学科入手，脚踏实地创造条件，肩负起这个历史使命。

要使学校的学术水平迈向世界一流最关键条件是要有一支造诣高深、品德优良的教师队伍。“名师出高徒”在当今信息时代仍然是有效的。我们通过实行特聘教授、骨干教师、访问学者、客座教授等制度，吸引、留住和培养一批具有国际先进水平的优秀学术带头人和青年拔尖人才，建立有利于人才成长的激励机制，加速形成一支具有知识创新和攻坚能力的人才梯队。

建成一流大学很重要的一点是开放，我们不但和科学院联合办学，而且和多所大学实行了联合。如北京医科大学的学生在北大念一年级，协和医科大学的学生在这儿读两年半，和北航等学校也有合作。我们的光华管理学院与美国的西北大学联合办学等。另外和国际、国内的著名企业建立联合实验室等，如方正研究院，摩托罗拉与微电子系的联合实验室，这对于优势互补、充分利用相互资源、交流学术思想都很有好处，有利于学科发展和多出人才，也有利于提高学校的社会地位和国际声望。

另外，国家给予持续高强度的投入，采取特殊政策予以重点支持，也是创建一流大学必不可少的条件。

叶：这是一次难得的采访，占用了您不少时间，很对不起，希望以后能有机会再采访您。谢谢！

（摘自《群言》1999年第3期，叶稚珊采写）

抓住机遇，争创一流

——访清华大学校长王大中

曲：综观当今世界强国，无一不拥有世界闻名的一流大学，这些大学直接影响和推动着本国在经济、社会、科技、教育乃至军事等各个领域走在世界的前列。清华大学提出要在2011年建校百年时，建成世界一流大学。请王校长谈谈清华实现创建世界一流大学的目标是什么？

王：创建世界一流大学是我国实施科教兴国战略，实现中华民族新的辉煌的重大举措，也是清华人的共同心愿。

我校实现创建世界一流大学的目标是：成为培养高素质、创造性骨干人才的摇篮；成为国家可持续发展的知识创新和技术创新的重要中心；成为推动科技成果转化为生产力和高技术产业的孵化基地；成为国家科教文化交流的重要桥梁与窗口。

在建设世界一流大学的过程中，我们研究和分析了世界著名大学的办学经验，根据国家和学校的实际，努力将世界一流大学发展的普遍规律与清华的历史传统和特色相结合，提出了“综合性、研究型、开放式”的办学模式。

综合性是基础，是知识经济时代科技发展本身的需要，也是21世纪培养高素质人才的需要，还是建设高水平学科，使学校向高水平方向发展的需要。深厚的文化底蕴和强大的学科综合实力是世界一流大学形成、发展和保持蓬勃生机的根基。世界一流大学几乎都是综合性大学，不仅学科齐全，而且有世界领先的水平。下一阶段我校学科建设面临着双重任务，一是按照综合性大学的模式调整学科结构和布局，二是建设一批具有世界一流水平的重点学科。今后几年我校学科建设的指导思想是：保持与发挥工科的优势；加速发展理科、经管学科和人文社会科学学科；着重在生命科学与医学学科方面有所突破。

研究型是核心，世界一流大学都是研究性大学，都把科学研究放在突出地位，要求不断有重要的科学发现和重大的科技创新成果。为此，我们要以国际先进水平为目标开展基础研究和科技创新，力争有所突破；应用研究的重点放在承担更多的国家重大科研项目和面向经济建设主战场上，使我们的研究工作融入国民经济和社会发展的大循环之中。

开放式是学校的活力所在，一方面是加强与国外的交往，使学校成为东西方文化和科技交流的桥梁，另一方面加强与国内各地区、各企业的交往，把学校的发展与国家和地区的经济、社会发展紧密结合，发挥为社会服务的功能，努力成为新思想、新技术的源泉，信息汇集的交流中心和经济增长的发动机。同时，我们还要融入国内外各大学交流和竞赛的大环境中，不断赶超世界先进水平。

曲： 良好的国民素质是21世纪中国繁荣发展的基本保证，作为社会中坚的高层次人才，尤其要具有良好的综合素质。面向新世纪，清华大学的人才培养目标是什么？有哪些具体措施？

王： 一流大学最重要的标志就是培养出在各个领域具有重要影响的杰出人才。清华大学曾经为国家培养了大批栋梁之材。面向新世纪，我们要发扬清华的优良传统，为国家培养出高素质、高层次、多样化、创造性的骨干人才。为此，学校在师生中开展了教育思想大讨论，进一步转变教育思想，更新教育观念，深化教育教学改革。

我们特别强调要切实加强学生的综合素质教育。首先要教育学生做人，然后是做事和做学问。就做人而言，要求具有正确的政治方向、高尚的道德情操和严肃的敬业精神；就做事而言，要求具有较强的解决实际问题的能力和善于与人合作共事的能力；就做学问而言，要求具有宽厚的知识基础、基本的专业知识和技能、较强的创新精神。

创造性，在高素质人才培养过程中应放在突出的位置。要把创造性作为人才质量观的重要标志，从本科教育开始，到研究生，特别是博士生阶段，要十分重视学生创新能力的培养，使之具有强烈的创新意识，丰富的创新知识，科学的创新思维方式。为此，要注重启迪学生思维，发展学生个性，开发学生创造力，拓宽学生知识面。还应注意培养学生主动获取和应用知识信息的能力，把对学生独立思维能力的训练置于教学活动的中心，引导学生学会构想未来事物发展变化的方向，增强学生学习的主动性、创造性。

加强创新能力的培养，重要之点是要使学生的个性得到充分发展，正确理解个性发展和全面发展的关系。用一个标准、一个模式来要求每个学生，忽视发挥学生的个性和特长，这正是学生创造性不足的一个重要原因。因此，因人而异，因材施教，使学生在选科、选课及转学方面有较大的自由度，使教学计划更有弹性以及教学内容更加丰富多样，应是大学教学改革的方向之一。

这些年来，学校坚持开展教育教学改革，实行本科生、硕士生统筹培养的教改新方案，本科加硕士生学制由7.5年缩短为6年，优化培养过程。制定和实施新的教学计划，加快实现教学内容、课程体系改革和教学手段现代化，以提高人才培养层次和效益。同时，学校还注重高层次、特别是博士生的培养，使之在数量和质量上同步增长，使研究生的比例逐步增大。

曲：世界一流大学都有一批非常优秀的师资，其中不乏国际知名的学术大师。您认为清华在创建世界一流大学过程中，应如何吸引顶尖人才，建设高素质教师队伍？

王：创建一流，以人为本。吸引、稳定、培养一流人才，造就一支一流的师资队伍，是建设世界一流大学的关键，也是我们面临的最大挑战。现在许多大学的师资处在新老交替阶段，因此，创造相当优越的工作条件、生活条件和较好的待遇来吸引和补充拔尖人才非常重要。人才要在竞争、流动中才能选得准。要从全国乃至世界范围内聘请一流师资，是清华必须解决的一个实际问题。我们对青年教师一般先定3年合同，并提出“非升即走”的原则，就是如果在规定年限不能正常提升，就动员他离开清华。最近学校又出台了三个“百名人才计划”，筹集上亿元专项经费，进一步吸引国内外顶尖人才。我们要面向国内外招聘100名青年骨干人才和学术带头人；在校内选拔培养一批中青年突出人才，招聘100名国内外一流大学的著名教授作高级访问学者，来校讲学和开展研究工作。我们要在师资队伍建设中树立“一流、竞争、流动”的观念，形成吸引人才的良好机制和环境。

曲：不久前，李岚清副总理在作科教兴国报告时，曾热情赞扬了清华大学研制的集装箱射线扫描仪器。我还看到清华大学与英国萨瑞大学合作，将于1999年底前研制发射我国第一颗微小卫星“清华一号”的报道。请您结合清华的情况，谈谈推动产学研结合，加速科技成果产业化及高新技术产业发展等问题。

王：在科学技术迅猛发展的今天，我们从美国斯坦福大学创造的硅谷奇迹、英国剑桥大学科技园区形成的产业化优势中看到，一流大学在产学研结合、高新技术成果转化、新技术产业兴起、培育新的经济增长点等方面发挥着越来越突出的作用。清华大学一贯重视科研工作，学校有一批高水平的学科和较强的科技实力。我们坚持一方面抓好科技攻关、高技术研究和基础研究，进一步提高我校科研工作的水平；另一方面发挥优势，面向地区、面向企业、面向经济建设主战场，投入更多的科技力量，使科研和经济紧密结合，促进科技成果转化为现实生产力。为此，成立了清华大学与企业合作委员会，加强学校与骨干企业之间的合作，双方在合作中共同受益。在与地区合作中，我校先后同10个省、直辖市和40多个地区市建立合作关系，合作形式包括成果转让、联合开发、共建基地、合办企业等。

目前，清华大学在科研上具有很强的实力，学校有近2000名专职研究人员，还有6000多研究生，以及高年级本科生投入到科研工作中，每年学校承担的科研项目、得到的科研经费、获奖数目、发表论文数目等，均处在全国高校之首。然而，要将这些科技人力资本和知识创新成果转变成实实在在的生产力，需要我们在产学研结合和科技成果的转化方面进行大量的探索。集装箱检测系统是清华的一项大型研究成果，实现产业化后，可解决货运集装箱整体监测，在当前反走私斗争中有着重要的现实意义。今年7月，第一台集装箱射线扫描仪器将在塘沽新港安装，随后还将在全国几十个港口安装使用。这个事例说明，一些重大创新成果的产业化，对国家建设和发展起着重要作用。今后，清华要重点建设10个以科技开发和转化为目的的综合工程研究开发基地，取得一批对国民经济发展有重大推动作用的成果；探索可持续发展的技术创新体制和产学研结合的新模式；融入到国家经济大循环体系中，为国民经济培养新的增长点，为区域经济发展做贡献。

同时，要建好清华大学科技园，形成在国内外有竞争力和自主知识产权的高科技产业集团，在发展我国的知识型高新技术产业中起示范和带动作用。通过股票上市筹集资金，建立科技风险投资机制，将学校技术优势和从市场筹集资金的优势结合起来。推动科技成果转化，参与国有企业技术改造，为探索我国高新，技术产业化道路做贡献。

曲：江泽民同志曾指出："创新是一个民族进步的灵魂，是一个国家兴旺发达的不竭动力。"当前，国家的知识创新和技术创新能力越来越成为它在国际竞争中所处地位的决定因素。您认为高校在国家创新体系的建设上怎样作出突破性贡献？

王：高校在国家知识创新体系中的优势在于有一批又一批新生入学，他们在学校既是学习，又是进行创造性劳动，再加上一批优秀教师融合在一起，不断产生出创新成果。他们使大学的科研像一池活水，充满活力和动力，使高校成为国家知识创新和可持续发展的知识创新和技术创新的重要源泉。正如哈佛大学校长所说，世界上没有一个大企业可以在350年里长盛不衰，但哈佛却做到了，因为大学是不断产生人才、不断地创新知识的地方，是社会永远需要的。

纵观人类科学发展的历史，我们可以发现，世界重大理论成果，科学发现和科技发明大多出自一流大学，历届诺贝尔奖获得者大多是一流大学的著名教授，或受过一流大学教育的知名学者。据统计：诺贝尔奖成果中有70%是在一流大学做出的；世界上对国计民生产生重大影响的科技成果，也有70%是在一流大学做出的。我国的许多重大科技成果也大多产生于重点大学，这表明一流大学作为研究性大学在科技和知识创新中具有不可替代的作用，它既是知识创新的重要场所，又是国家创新体系的重要组成部分。我们创建一流大学就是要站在世界科学前沿，取得世界级水平的科研成果。

曲：清华大学是一所以工科为主，兼有理科、经管学科和人文社会科学学科的大学。近年来，学校注重人文教育，最近又提出建设“绿色大学”，请您谈谈其意义所在。

王：近年来，随着经济的发展，环境越来越恶化，已成为人们关注的焦点。我们觉得，清华大学作为培养各行各业骨干人才的学校，应从培养人做起，把国家环境保护基本国策和可持续发展战略落到实处。为此，我校提出创建“绿色大学”的创意，并已被国家环保总局批准为示范工程。

绿色大学的内容包括三个方面：一是绿色教育，通过开设《环境保护和可持续发展》等公共基础课，办好环境科学与工程等专业，培养具有环保意识和可持续发展思想的高素质人才，使他们成为“绿色种子”，播撒在祖国各地，成为环境保护的骨干力量；二是绿色科技，就是将环境保护和可持续发展意识贯穿到科技工作的各个方面，推动环保科研，发展环保产业，使清华大学成为我国环境保护和可持续发展领域中一个重要科研和开发中心；三是绿色校园，综合运用和展示先进的环保技术，如污水处理回用工程、烟气污染治理、节能技术等，建设环境优美的生态清华园，以形成良好的文明育人环境。

我们的目标是在2006年把清华初步建成绿色大学，为我国的环境保护和可持续发展战略的实施，起到良好的示范和带头作用。

曲：清华大学在长期的教学和科研实践中，形成了优良的校风和学风，形成了自己的办学特色和传统，您认为它的核心是什么？

王：展望21世纪，清华要建设世界一流大学，保持和发扬清华的优良校风和学风非常重要。我们的校风是“自强不息，厚德载物”。我们的学风是“严谨、求实、勤奋、创新”。这两句话基本概括了清华的传统。在这种传统的影响下，许多学生感到在清华这种环境的熏陶下，他们的思想和境界都得到了升华，这一点我自己也深有体会。我们的校风、学风实际上是一种无形的力量，它激励着广大学生树立振兴中华、富强祖国的责任感、使命感和自强不息、开拓进取的事业心；形成厚德载物、严于律己的凝聚力和务实求真、一丝不苟的认真学风。这些都是我们的宝贵财富，是经过几十年发展形成的，我们应当继续发扬光大。

（摘自《群言》1999年第4期，曲伟采写）

让教育托起中国的21世纪

——访北京师范大学校长袁贵仁

自19世纪末20世纪初，以南洋公学师范院、京师大学堂师范馆等学校的创立为标志，中国的师范教育已走过了百年的发展历程。经过几代人的努力，特别是改革开放20年来的建设，北京师范大学已经成为我国培养高层次人才的主要基地之一，为我国的教育事业作出了很大贡献。面对21世纪，百年老校将以怎样的面貌展现在世人面前？为此，本刊记者特于“五一”假期采访了新任北师大校长袁贵仁教授。

目标：国内一流，世界知名

曲：您作为新一任校长，将带领北师大跨入21世纪，请您谈谈北师大的发展目标，以及近期将有哪些举措和重点工作？

袁：北京师范大学即将迎来百年校庆，百年师大是中国高等师范教育发展的一个缩影。面向新世纪，我们的目标是把北师大建成综合性、开放式、有特色、国内一流、世界知名的重点大学。

综合性有三重含义：一、当代科学技术发展的突出特点，是多学科的相互渗透和综合，边缘交叉学科大量涌现。科技迅猛发展，不断地改变学科的分类和组合，也不断产生新学科。脱离了其他相关学科的发展，任何一门学科都很难“单科突进”，取得突破性的进展。从世界高等教育发展趋势看，学科间的文理渗透、理工结合、多学科交叉的特点十分明显。教育应该适应科技发展的需要；二、现代社会发展对人才综合素质的要求越来越高，高校教育应该适应人才培养和全面发展的需要；三、在知识经济时代，任何社会问题都不是单一学科的问题，而是综合性的，因此，作为大学职能之一的社会服务也要求我们向综合性方向发展。

开放式就是牢固确立教育要面向现代化，面向世界，面向未来的思想。拓宽办学思路，改变人才培养模式，实行对内对外全方位的开放，克服关门办学的弊端。

有特色是指我们要保持和强化在教育学和心理学方面的特色以及人无我有、人有我优的学科特色。我们在师范教育方面应始终保持全国最好的水平。

国内一流，世界知名是确立学校地位的目标。2000年是世纪交替之年，对于北师大来说，面临着难得的发展机遇。当前，各高校都在进行改革，北师大也要改革。很多人担心改革的步伐太快会造成学校不稳定。而我认为，学校发展的根本出路在于改革。改则进，不改则退。学校不稳定不是因为改革快了，而是慢了。当前改革是学校的首要任务，任重道远。我们要以改革求发展，以发展促稳定。

曲：北师大首先从哪些方面进行改革的？

袁：我们首先进行的是学校内部管理体制改革。一是机关改革。这项改革历时46天，其涉及面之广，变动之大，影响之深是前所未有的。通过改革，进一步理顺职能关系，精简、调整机构和人员编制，优化结构，提高工作质量和效率。改革后现有机构19个，机关工作人员由原来408名减至200名。改革实现了干部队伍年轻化。我们在全国重点高校中率先完成管理干部的新老交替，为今后学校的发展奠定了基础。

这次改革在精简的同时增加三个虚拟单位：本科生院、终身教育院、科学技术院，这在全国高校是首创的。过去，本科生和科技工作一直很分散，由很多部门分管，成立本科生院和科学技术院是要强调和突出教学、科研工作的中心地位。终身教育院负责非学历教育和继续教育，以便协调全校力量为社会服务，这几个学院没有专门编制，院长由副校长兼任，副院长由有关处处长兼任，这样许多工作在一起商量协调，避免了过去经常出现的矛盾。

二是后勤改革。由于是与机关改革同时进行，人员调整时，可以把全校干部作整体考虑，我们对机关干部和后勤干部一视同仁，没有厚此薄彼。每一个职工都是公开招聘，竞聘上岗。有些职工最初没有被聘任，尽管后来找到岗位，但是他们压力很大，觉得再干不好就没有岗位，因此责任心明显增强，很多人换了新岗就像换了新人。虽然后勤改革难度很大，但通过转变机制，逐步实现后勤服务社会化，减轻学校负担，提高为教学科研、为教师学生服务的水平，使全校师生业务上有用武之地，生活上无后顾之忧，学校面貌焕然一新。

有所为有所不为

曲：师资队伍建设是高校建设的根本任务。最近，北师大在师资队伍建设方面相继出台了一系列措施，请您谈谈这方面的情况。

袁：高水平的大学需要高水平的师资。可以说，谁能聚集一流学者，谁就能办成一流的大学。为此，北师大有目的、有计划地在一些学科引进一批一流的学科带头人。个别同志担心引进一流人才会伤害学校其他教师的感情，这是片面的。现在，学校缺乏的正是一支能创造性地为现代化建设服务的、并能和国内高校竞争、能在国际上对话交流的著名学者。这些人才的引进不是挤占现有的校内资源，而是给大家带来更多的资源，引进一个人会带动一批人。况且，有些学科在最近几年再上不去，被别人占了地位，就从此失去了机会。

曲：北师大同时引进三位院士，此举在全国高校是绝无仅有的。您在欢迎三位院士的讲话中说：“有一流的学科带头人，才有一流的学科；有一流的学科，才有一流的大学。”您认为北师大学科建设发展目标是什么？

袁：学校工作千头万绪，最根本的就是学科建设。当今急剧变化的时代背景对学科建设提出了一系列新的要求，学科的改造和重组势在必行。现代大学的人才培养、科学研究、社会服务三项职能，都是以学科为基础的。世界一流大学之所以著名，正是有赖其拥有一流的学科，如哈佛的商学、政治学，斯坦福的心理学、电子工程等，所以建设高水平大学必须要建设高水平学科，学科建设是北师大各项建设的核心，是我们工作的重中之重。

曲：那么北师大学科建设的基本思路是什么？

袁：第一突出学科。要改变现在普遍存在的重院系所轻学科的倾向，改变按国家机关模式建设学校，把学科局限在壁垒森严的行政单位之中的观念和做法。今后必须突出学科带头人的地位，发挥学科带头人的作用，给学科带头人更多的发展学科的自主权。

第二突出重点。学科建设的原则应当是：需要加强的加强，应当调整的调整，适合合并的合并，必须淘汰的淘汰。否则，思路不清，主次不清，该上的上不来，该下的下不去，结果是大家一起平庸，一起落后，一起沦为三流。为了学校的整体利益，我们只能“有所为，有所不为”。

第三突出综合。综合是学科发展的一个基本趋势。今后，我们要在学科设置的综合性方面下功夫，建设、营造更加多样的学科氛围，提高学校的学术水平、服务能力和人才培养质量；要改革校院系体制，加速院系调整工作，提升学科整体实力，促进已有学科的交叉综合。

用人不养人

曲：曾有媒体在报道北师大的师资建设时引用了您的“用人不养人”的话，引起多方的关注。

袁：这句话是对选留、引进、聘请人才三者相较而言的。多年来，我们每年补充近百名教师，这对学科和队伍建设，改变年龄和学历结构起到了很大作用。今后更要把好入口关，进一步提高补充人员的层次和水平，加强补充人员的管理，确保留人、进人质量。要适当压缩应届毕业生留校人数，把力量用在较高层次人才的引进上。最近学校引进三位院士，从中科院引进两位副所长做系主任，还引进一批中青年骨干；选留毕业生要面向全国，按岗招聘，择优引进；同时要制定规划，规范程序，尽可能减少师资队伍建设中的盲目性和主观随意性。

如果说在选留毕业生和引进人才的关系中，我们更加重视引进人才，那么在引进人才和聘请知名学者兼职上，我们要更加重视聘请知名学者兼职。由于条件有限，学校不可能大量引进优秀人才。聘请兼职教授我们不用提供住房、工资以及福利条件，只要付给相应报酬就行。只求所用，不求所有。北京有中科院、社科院和一批著名高校，人才资源十分雄厚，我们要充分地加以利用。把学校师资队伍建设完全寄希望于自己的毕业生，这是下策；完全依赖于大量引进，这是中策；在今天，用人不养人，才是上策。

学校在本学期还要启动定岗定编工作，严格按岗聘人。如果一个学科人员过多，将会有教师要转岗，或者高职低聘。因此留人进人都要从严掌握。在此基础上，要实行工资总额包干。在任务、贡献不变的情况下，各系所增加教师并不增加单位工资，减少教师也不减少单位工资，留人进人必须慎之又慎。否则，一时失误，就会直接影响到大家的待遇。

淡化身份优劳优酬

曲：您在许多场合都反复强调，学校的发展根本在于人才，学校的活力主要在于人的积极性。那么您将采取什么措施克服用人方面的弊端，发挥人才的特长和优势呢？

袁：用人制度的改革是学校一切改革的核心，其主要思路是：第一由身份管理转向岗位管理。二者的不同在于，身份是针对人的，岗位是针对事的；身份是固定的，岗位是变动的；不是岗位随着人变，按人设岗，而是人随着岗位变，按岗聘人。学校择优聘任，通过签订聘用合同，确定劳动关系。如果当事人双方在聘任合同执行期间所提供的条件发生重大变化时，双方可终止合同。如果合同期满，任何一方都有权决定是否续签。淡化身份，强化岗位，将破除职务终身制，解决职务能上能下的问题。

第二，由重晋升评审转向重平时考核。要变原来晋升前的一时的重视、紧张为在岗时的一生的重视、紧张；变一阵子的压力、动力为时时都有压力、动力；变铁饭碗为泥饭碗或金饭碗。每个人随时都有发展的机遇，也随时都面临着挑战，从而增强人们的工作责任心和紧迫感。考核要严格、科学。例如教学，既有对教师个人教学的考核，也有对课程、专业建设的考核。又如科研，既有对个人成果的考核，又有对课题组、系所中心管理的考核。考核要和个人利益直接挂钩。一次考核优秀的，给予一次性奖励；连续多次优秀的，可以增加权重；若干次优秀的，可以晋升工资，或授予特别荣誉称号乃至终身教授待遇，杜绝轮流坐庄。年度考核一次不合格的，停止一次晋升机会；连续两次不合格的，降一级聘任；若干次不合格的，则不再聘任。

第三，变国家用人制度为单位用人制度。既要解决能上能下的问题，还要解决能进能出的问题。现在学校进人难，出入更难，进出口两头不畅，学校难有生机和活力。我们要通过人事改革，在全校营造竞争、流动、择优，既有奖又有罚，既有动力又有压力，人人珍惜岗位，个个争当领头雁的生动活泼的局面。

曲：去年，北大、清华率先进行人事和分配制度改革，这项改革将扭转高校普遍存在的一劳永逸、低水平平均分配的状况，使教育科研骨干的待遇大幅度提高。北师大在分配制度上又有哪些改革呢？

袁：这次分配制度改革主要内容是调整校内津贴，落实中央支持创新、鼓励冒尖、多劳多得、优劳优酬的精神，促进学校事业的发展。分配制度改革的基本思路是，把工资分为国家工资和学校津贴两大部分，要增大学校津贴发放的数量，在学校津贴部分、增量部分做好做足文章：拒绝平均，津贴有多有少；反对固化，津贴可多可少；年龄和工龄在津贴中不具有意义，职务和职称在津贴中不占太大比重。真正做到能者多劳，多劳多得，优劳优酬，上不封顶，下不保底，按每人的劳动数量和质量拉大分配差距。

分配的政策是，淡化身份，突出任务。按事情的轻重、难易分配，也就是按岗位、按任务、按业绩、按贡献分配。每个人的津贴是计算出来的，不是评出来的。在全校范围内营造一种公开、公平、公正的环境和氛围，岗位、任务、业绩、贡献面前人人平等。每个教职工要在北师大得到报酬，唯一的办法是干活；要得到更多的报酬，唯一的办法是多干活，干好活。这样真正把个人、单位、学校利益和国家利益统一起来。这项改革大大提高学校投入的效益，投入多，说明大家活干得多，学校发展快，解决以往花了钱却不见效果的做法。最重要的是可以大大减少主观因素、人为的干扰。鼓励冒尖，在这次津贴改革中显得格外突出。假定一个教师获得国家科研成果奖励10万元，按1：3学校将给予30万元的津贴。对于完成相同工作任务，取得相同成果的各类人员，无论是在职或者退休、兼职、研究生、本科生以及进修教师，均可享受津贴。

培养“匠才”造就“大师”

曲：北师大作为全国师范院校的排头兵，将怎样培养造就一批具有创新精神和实践能力的“教学大师”？

袁：面向21世纪，不仅要培养大量能“传道授业”的“匠才”，而且要造就一批懂教学、会管理的教育家；不仅要培养知识型的师资，而且要造就具有创新能力的“教学大师”。目前学校正在进行教学改革，本学期出台的“4+0”、“4+2”、“4+3”培养模式，通过选择和分流培养，改变单一的4年制本科人才培养体制。

“4+2”是此次改革的重头戏：学生（包括师范专业和非师范专业）

获得专业学士学位后，经过选择和选拔，进入教育专业硕士阶段学习两年，获得教育专业硕士学位。这项改革对学生吸引力很大。他们毕业后就可直接从事教育工作，成为重点中学的骨干教师。

教学改革还包括其他几项政策，一是学生挑选任课教师；二是学生评估教师，公开分数；三是成立教学督导团，由几十位德才俱佳的退休教师组成，他们可随时旁听任何教师授课，及时反馈教学中的问题；四是压缩课时，允许学生跨系跨校选修课程，倡导鼓励学生选修辅修第二专业，并颁发证书。

在此基础上，学校将实行弹性学分制，允许落后，鼓励冒尖。学习好的学生可以提前毕业；在校学习2年后，可以先出去工作一段时间，再回来读书；学习不好可延长学习时间。这样可以给学生更多的机会，充分发挥他们的潜能。人的潜能是无限的，我们很难说哪个学生将来能干或不能干什么，关键是学校和社会是否为他们创造施展才能的条件和机会。我们应当让学生按照自己发展需要做出选择，想当科学家就要扎扎实实地读专业，想当教师就要读教育心理专业，想早就业可以先出去闯荡。有些学生是很富于创造性的，但过去必须按部就班地读完4年，尤其是那些考试把学生的棱角全都磨平了。我认为现代教育一定要充分尊重教师和学生的创造性，这样学校才能充满生机和活力。以往我们最大的弊病就是简单化、单一化，任何事情都一刀切。像比尔·盖茨，他不需要读完大学就可以去创业，结果成为世界首富。这在我们过去是根本行不通的。要通过改革；实现人才培养模式、教育观念以及教学内容、方法、手段的转变，把教学质量提高到新水平。

此外，学校决定设立“北师大讲座教授基金”，利用3年时间，每年拨出专款，在社会上聘任100名国内外知名学者到学校重要的本科公共基础课、专业主干课和学科前沿讲座中担任主讲教授，同时还聘校内中青年教师担任课程联系人，并随堂听课，逐步建设100门左右可以在全国产生影响的名牌课程和一批高质量配套教材。

国运兴衰系于教育

曲：面对新形势，高校承担着科教兴国的历史重任，您认为，高校怎样才能不辱使命，成为科教兴国的强大生力军？

袁：随着知识经济发展，作为兼具人才培养、知识创新、知识传播和推动知识应用作用的高等学校，越来越清楚地显现其基础地位和关键作用。现在有人担心扩大本科、研究生招生规模会影响今后的就业。这是一种片面的观点，它把社会岗位设想为一个有固定等级的固定常数。岂不知劳务市场是人开辟的，岗位是可以创造、提升的。高质量的毕业生不仅是合格的就业者，而且是成功的就业岗位的创造者。他们不仅有更多的就业机会，而且会对未来劳务市场做出贡献，为社会提供更多更好的就业岗位。

高校还要成为培育未来新的经济增长点。据统计全世界诺贝尔奖获得者大多是一流大学的著名教授，诺贝尔奖成果中有70%是在一流大学做出的；世界上对国计民生产生重大影响的科技成果，也有70%是在一流大学做出的。这表明高校在科技和知识创新中具有不可替代的作用，我们应有更多的大学参与经济建设，促进科技成果转化，形成科技与经济结合、产学研结合的新机制，使科技为经济的发展作出更大的贡献。同时高校也可为国家的科教兴国战略提供对策研究服务。

在计划经济年代，高校处在经济社会的边缘，世界科技高速发展，知识经济兴起，经济全球一体化趋势，对人才提出更高要求，各国都把高校摆在国家经济社会的中心或基础地位。国运兴衰系于教育。

文理渗透全面发展

曲：从去年开始，北师大在全校推出自然科学选修课，请您谈谈学校为什么如此重视科学素质教育？您又是怎样看待对学生人文精神的培养问题？

袁：大学生活只是人生中的短暂过程，我们在传授专业知识的同时，应该多教给学生一些终生难忘、终身受益的东西，使其形成科学的世界观、人生观和价值观，学会如何做人，这些都可以包含在素质教育这个大的范畴中。对素质教育要有正确的理解和认识，素质是在知识的基础上经过长期内化和升华丽养成的。一个人学历很高，但不一定很有素养。我们很多学生不是缺死记硬背的知识，而是缺乏综合素养。素质教育的提出符合现代社会的需要，素质教育是一种教育思想，一种教育理念。它是以提高人的素质为目标的教育。素质教育的内容很多，包括思想道德素质、科学文化素质和身体心理素质教育，科学文化素质教育中有科学素质和人文素质教育。培养学生既具有较高的科技水平，又具有较高的文化素养，是21世纪大学教育的重要目标。从未来社会发展的需要和高等教育发展的规律来看，高等教育要适应培养高素质人才的需要，必须注重文理渗透，全面发展。

科学素质包括科学知识、科学方法、科学精神。文科学生尽管将来不搞自然科学，但是要了解科学常识，懂得科学方法，讲究科学精神。所谓科学精神包括求实精神、创新精神、协作精神和奉献精神。我们希望北师大的学生应具备一些科学素质，为培养创新精神和实践能力打下良好的基础。

作为理科学生应该具备人文素质。第一要有人文知识，了解中国优秀的传统文化；第二要有人文精神，学会关心人、尊重人、爱护人。科学不能解决一切问题，我们要用人类全面发展和进步的观念考虑各种问题。一切都要有利于人类的发展的观念是每一个科学家都要具备的。他们从事的研究是为了人类的进步，他们掌握的技术要有利于人类的发展。否则科学技术未必造福于人类，科技发展未必解决人与环境的协调发展。现在我们开设一部分素质教育选修课也是希望广大学生能够更加全面、深刻地认识世界，改造世界，为中华民族的伟大复兴练就过硬本领。

应是师范教育的排头兵

曲：第三次全国教育工作会议确立了开放性的师范教育新体系，培养教师不再是师范院校的“专利”，今后所有高校均可培养教师，这就意味着师范大学将面临激烈的竞争与挑战。北师大将怎样发挥优势，迎接挑战呢？

袁：师范教育是我国的特色，新中国成立以来，我国独立的师范教育体系为国家教育发展做出重要贡献。但从世界范围看，多数发达国家没有独立师范院校体系，从长远看，这是一种发展趋势。但在目前我国高等教育还没有实现大众化，教师尚未成为令人羡慕的职业的情况下，国家还要继续发展师范教育。开放性的师范教育体系固然给北师大带来挑战，但是，打破“垄断”也将促使我们改革，为学校发展提供动力。现在学校各项改革，都是为了学校事业的发展，是以积极的姿态迎接挑战。过去人们常说北师大是师范院校的排头兵，这不准确，北师大应是全国师范教育的排头兵。要担当起这个任务，就要竞争。不仅是和师范大学竞争，而且要与所有大学竞争。与综合大学相比，北师大具有多年来形成的教育学科的专业优势和特色，我们应发挥自己的优势，突出办学的特色，力争在开放性的师范教育体系中发挥主导和示范作用，获取更大的发展空间。无论将来教育怎样改革、发展，北师大的传统一定要继承，优势和特色也一定要发挥。全国师范教育排头兵的位置一定要保持。继承和保持都要在改革和发展中实现。因为传统是流动的，优势和特色是变化的。因循守旧，故步自封，既继承不好，也保持不了，更谈不上发展。

曲：听了您的一席话，使人分明感到了百年师大又迸发出了青春的活力，深受鼓舞。一幅老校新貌的蓝图仿佛就展现在我们面前。

袁：21世纪是教育立国、科技竞争的世纪。北师大将为民族的振兴、国家的富强和我国教育、科学事业做出更大的贡献。可以预想，从北师大将走出更多的思想家、科学家、教育家……在北师大的校园里，将诞生更多的推动人类和中国社会进步的研究成果。国内外的有为青年，将在这里找到人生的目标、前进的动力和做人治学的导师。北师大的校训是“学为人师，行为世范”，它将时时激励和鞭策师大人开拓进取，完善自己，通过辛勤劳动，实现“国内一流，世界知名”的光荣与梦想，让教育托起中国的21世纪。

（摘自《群言》2000年第7期，曲伟采写）

如何培养有创新精神的人

——钱伟长教授谈教育创新

永远是一副笑脸的钱老，很多人说像童话故事中的“太阳公公”。初冬的上海，已露寒意，走进太阳公公的寓所，却是暖意融融。在充满阳光的客厅里，我们谈论着太阳底下最神圣的事业——教育。

创新精神不是拍脑袋

方：钱老，今天我们的话题是如何培养有创新精神的人。您能跟我们说说，什么是创新精神吗?

钱：创新首先要有科学性。创新精神不是拍脑袋，科学创新要搞清楚有什么局限性。科学实践告诉我们，真理有普遍性，也有局限性，超过这个局限，真理就成了谬误。自然科学中的定理就有很多限定，所以实验时必须在符合必要的条件时才能重复。“法轮功”不能重复，水变油也不能重复，一些特异功能没办法试验、所以它们是伪科学。科学就是在同样的条件下，谁都可以通过实验来证明。什么叫科学发展进步了呢?就是某些条件变了，把从前的科学真理加以改造，突破原有的局限，这叫进步，叫创新。创新是生产和实验等自然界经验的总结，这个总结是有条件的，社会在发展，生产在发展，实践也在发展。发展就是不断地创新。

科学是有条件的，条件不同，结果就会改变。所以，所有的科学都有创新问题。创新就是要认识到条件不一样，所有客观规律都是有条件的，我们永远按不同条件进行改革，进行创新。科学技术也是一样。你实验失败了，就会想办法去改变，寻找客观规律、用符合客观规律的方法去改变。例如，力学中牛顿三定律是有局限性的；能量传播在原子里不是连续性的；热力学适用的范围都是可逆反应，有很多不可逆反应不可以用。科学的进步就在于根据不同的条件不断修正。所以绝对真理是没有的，只有相对真理，人们总想努力把相对真理修正得符合其他各种条件，这个过程就是我们努力的方向。科学是这样的，你能实现的，只要我达到你的条件，同样也能实现。科学的创新是这样的，就是在不同条件下达到我们所要求的目的。要看到我们有落后性，不完备性，就要去改变它，完备它，使之得到更进一步的条件，比如计算机技术。

方：听您这么说，我觉得创新除了强调精通本专业外，还要强调知识的广博性，触类旁通。

钱：你说得对。真正有创新精神的人必须眼观四方，对于各种进步都要去了解，使之为自己的工作服务。创新精神有一条，要借别人的刀来杀自己的猪，所以对科学各方面的进步都要很关注，只有这样的人才会有更多的创新精神。

关键在于“授之以渔”

方：创新精神是需要培养的。您如何看待“培养有创新精神的人”的问题？

钱：教学改革更深层次的问题还是怎么教与怎么学的问题。前几年国家颁布的《高等教育法》里明确提出：高等教育要培养有创新精神的人。有创新精神的人与没有创新精神的人不能同日而语。没有创新精神的人主张单纯传授知识，知识是人家创造你来传授，所以我们教育界曾认为教师只是传授知识，现在教师要培养有创新精神的人，性质完全不一样了。我们必须全力推进创新精神的培养，有创新精神的人就是不断学先进的人，有些人连新的知识也不学，怎么培养有创新精神的人。教学一定要有科学实践，有创新精神。作为教师，一定要了解本学科最前沿的动态，要经常翻阅科技杂志、论文集，要动手做实验、做数值研究。在课堂上，注重的不是解题过程、公式运用，而是提出问题、解决问题的思路，这才是教师的真本事。教，关键在于“授之以渔”；教书，关键在于教给学生一种思考问题的方法。也就是说，教师给予学生的，不应是“鱼”，而应是捉鱼的方法。教学的过程，就在于让学生搞清“模型”的意义。因为“模型”反映的是事物的本质，是对客观事物的近似描述。我们要引导学生提出“模型”，通过抓“模型”，教给学生一种提出问题、分析问题、解决问题的方法。学，则要加强自学能力。我讲的自学，是在老师引导下的自学。抓“模型”的教学，可以使学生在自学过程中事半功倍。孔夫子讲，要循循善诱，其含义便是引导。以前有个学生曾问我：怎么才能学得好？我说，你先自己看书，开始肯定有很多东西弄不懂，不懂就记下来。然后继续看书；那些不懂的地方，学到后来自己就懂了。你把已弄懂的部分划掉，这些部分就成为你的知识了。这个学生后来一直坚持用这种方法学习，现在已经是院士了。手把手教，是教不出有灵气的学生的。说句老实话，高校里还有些教师是不合格的。试想，他自己没有创新能力，怎么培养得出有创新能力的学生？

方：由此可见，培养一支具有极大的创新精神的教师队伍是培养有创新精神的人的重要条件。那么，学校在这方面还应该做哪些工作呢？

钱：首先，我们要为教师成为有创新精神的人创造条件。要督促他们熟练掌握外语。学外语决不只是为了同外国人做生意，而是可以与外国同行沟通，了解他们的工作情况，他们在创新什么，他们的创新成果已经得到公认了的，我们不必再重复走一次，引进就可以了。有些教师外语水平低，长期抱着一本过去编好的教材，不去努力掌握国内外最新的科研成果。要帮助这些教师过外语关，还要督促教师学习现代计算机技术。通过现代信息手段，在网上学习、交流、了解情况、开阔视野，不断补充新的知识，发现新的问题，进而促使教师研究新问题。第二，要认真总结经验，再以此指导实践，把培养创新精神的工作做得更好。我主张对毕业生就业以后的情况作调查，看哪些人在工作岗位上有创新精神和创新成果。对照我们的教育，就能找出有针对性的改革方案。

我非常强调自学。终身教育不错，但要学就得有人教你，而学习能力的培养更重要的在于自学。所以，我提倡终身自学，不断完善自己的知识结构。有创新精神的人一定有很强的自学能力，善于思考，自己获取新的知识。很多大科学家都是自学成才的。

我是不相信有天才的

方： *您谈到自学，使我更感受到学生是学习的主体，您对学生的学习有什么要求吗?*

钱： 对学生的学，我已经有了一个设想：今年入学的上海大学新生，将不会有固定的专业学习楼；四人一间公寓，也不会是同专业同年级的学生同住，为不同年级学生、不同专业的相互渗透创造条件。我是不相信有天才的，我只相信勤奋，只要刻苦钻研，一定会取得好成绩。学生要掌握科学的分析方法，教师讲案例，就是教学生提高认识能力、分析能力，考虑问题应该有几个过程，这就是要调查研究。毛泽东同志一直强调调查研究的重要性，他本人就是创新的典范。马克思认为，革命首先会在工业高度发达的资本主义大城市出现，毛泽东同志经过调查研究，把马克思主义的普遍真理和中国革命的具体实践相结合，走农村包围城市，最后夺取政权的道路，这是极大的创新。所以，他是很有创新精神的。本科生的教学过程中要多让学生参加讨论，讨论可以启发大家思考问题，让学生由等待老师提问变成主动找问题，有些问题教师无法回答，一种是学生没有学到这个程度，另一种是教师自己也不是很清楚，但是学生的问题提得好，大家可以讨论。还有实验要加强。在实验室里，学生不是重复老师的示范，要让学生了解所做实验的目的。我在清华读书时，吴有训老师教大学普通物理，他亲自指导实验课。第一堂实验课，他给学生一根约10公分长的尺子，要求去量一根长木条，连续量三遍，看结果是否一致，有没有误差，合理的误差是多少，有没有规律。他告诉我们，所有实验测试都有误差，天下没有绝对正确无误差的实验结果，这样的实验是最基本的训练，并不需要花费多少钱。我们每个实验都有目的，都在培养学生认识事物的本质规律，都在培养有科学精神的人。

方：那么研究生阶段的教育呢？

钱：研究生要会研究，会研究的最大问题是会找题目，知道什么该研究，什么不该研究，哪些需要研究，哪些不需要研究。科研工作并不是教授给出题目，而是研究生自己找题目。优秀的科研人员应该满脑子都是问题，了解这个学科哪些方面还很薄弱。本科毕业生，就应该有问题，研究生毕业后更应会提出和抓住问题，工作以后通过研究自己解答。现在世界上仅科技杂志就有14万多种，这些杂志能使你了解所提出问题的最新进展情况。科研有三种：第一种是新的理论和方法，解决新的领域中的新问题；第二种是用新的理论和方法，解决了一些原来不能解决的问题；第三种是应用老的理论，在应用方面前进了一步，解决一些产业中的应用问题，这也算是科研工作，也是一种创新。我们应该让学生懂得我们这个学科里永远有许多没有解决的问题，很多人正在用各种办法解决。我们要培养学生能自己挑选问题做科研，这有利于学生的锻炼和提高。做过一次就会有体会，做与不做是大不相同的。别人已经解决的问题也应该学，不知道什么问题已经解决，还在重复做，这是白费心机。但是一定要知道人家是怎么解决的，在哪里做了，方向是什么，解决什么问题，用的是什么办法？掌握了这些内容，可以借鉴和参考，进而发现其研究结果中尚有什么欠缺之处，哪些方面还有待改进等等。找题目是科研工作的重要部分，我主张应该培养博士生自己出题，这是很重要的一条。我们不是单纯培养专家，而是要培养解决问题的人。所解决的问题可能是自然科学领域的，也可能是社会科学领域的。我到上海工作以后，培养的第一个力学博士生，毕业后分配到国务院，从事社会发展研究的领导工作，学习的专业和从事的工作完全是两码事，但是他干得很好，关键是他掌握了科学的方法论。

创新是有目的的

方：这就是创新精神在实践中的运用。

钱：创新是有目的的，创造一种新的手段，来解决科研生产发展过程中必须解决的问题，或者解决所从事的领域中科学发展的问题。这需要各种知识的援助，应该广泛地了解各方面的发展情况，隔行如隔山，这不是一种好现象。美国哈佛大学教师维纳，是学电机的，他跟生物系等其他学科的几位教师一起座谈时，讲各自的学科里需要解决的问题，他将有关问题同其他学科的问题放在一起研究，后来他成为信息论的创始人。还有一个学科叫系统工程也是这样出来的，它是在一个SEMINAR(研时会)上提出来的，不同学科的教师碰在一起研究这个问题，这是管理学科最需要的东西。自然科学和工程学里很多学科是交叉的。例如，第二次世界大战后发展起来的导弹和宇航，就是综合性的交叉的学科。我们现在的问题是太强调专业了，对于其他的专业毫无兴趣，这种状况很难培养具有创新精神的人。

方：您说得太精辟了。那么，作为上海大学的校长，您是如何考虑改变这种现状的?

钱：我们应该鼓励教师和学生积极开展各个层次的、创新的科研工作。我有几点倡议：第一，今后每二至三个星期，请一位教师在全校做报告，谈本学科研究现状，发展前景，谈自己的想法和见解，让教师们都能及时了解各个学科发展情况，促进共同思考问题。第二，关于研究生培养问题，首先尽量引导他们自己提出问题。现在的研究生都是教师出题目让他们去做，这不利于他们的成长进步。要让他们自己选择，教师可以给出范围，教他们怎样去查找、阅读文献，让他们自己归纳总结，这叫调查研究，这是研究生开始阶段必不可少的环节。有的研究生已经决定了题目，就让他作开题报告，大家可以讨论，促进相互交流，讨论可以产生很多有益的思路，产生思想火花，这是创新的一个很重要条件。创新必须交流，关起门来是不能创新的。第三，引导研究生自觉地查找文献，指导他们怎样阅读文献。有的文献只需看看题目和摘要就够了，有的文献必须精读，先看绪论，了解作者为什么做这个题目，其他人用了什么方法，作者有什么创新；最后要看结论，知道解决了什么问题，还有哪些问题有待解决。阅读文献是调查研究的一个重要方面。教师应能判断学生是否适合做这个课题，例如课题的理论难度是否太大，做题目所涉及的设备要求是否太高，现有条件能否解决，等等。如难度确实太大，三年里可能完不成任务，导师就应该提醒学生缩小范围去做，经过努力，保证能够做出来，严防走过场。我还主张博士生论文要公开，公开了可以请其他院校的教师来帮助我们提高质量。我们学校已经出版了40多位博士生的毕业论文，并分头向全国相关的博士点赠送，听取兄弟院校师生的意见。我还在考虑扩大博士生导师队伍，博士生导师不一定是教授，有一定水准的科研项目的主持人都可以让他们做博士生导师。现职博导不是一个职务，但有责任。没有博士点的学科可以挂靠在邻近的博士点上，还要努力增加博士点。这样一来，可以进一步提高我们的教学质量。

方：您的这些思考，除了对上海大学的发展很有好处外，我想，对其他院校实施创新教育，也一定有启发和借鉴作用。

钱：我一直强调要培养“合格的人”，其定义是：不说假话，严于律己，宽以待人。只有培养出来的人各方面都是健全的，才算是真正搞好了大学的素质教育。

（摘自《群言》2001年第1期，方荣采写）

侯祥麟院士的科学追求

作为一个中国人，我为今天的中国感到骄傲；作为一个有60多年党龄的中国共产党党员，我对自己的政治信仰终身不悔；作为一个新中国的科学家，我对科学的力量从不怀疑，我为自己一生所从事的科学工作感到欣慰。

——侯祥麟

侯老说："我与石油有缘。"一个"缘"字，让他为中国的石油事业奋斗了一辈子，多少艰辛曲折，都在此"缘"中了。

见到侯老那天，京城酷热难当。刚刚从千里之外出差归来的侯老，在他那间不算宽敞也不算凉爽的办公室，正忙个不停。问侯老为什么这样忙，他乐呵呵地说，人老了，精力不行了，以前一天可以工作"三个单元"，现在只能干"一个单元"，效率不高，能不忙吗?

侯老的忙是出了名的。不是他自谦的"精力不行了"，而是他要做的事太多了。这位89岁的两院院士、石油专家，身上似蕴藏着不竭的能源，每天仍来到中国石油天然气集团公司他的办公室，去处理那些大大小小与石油有关的事情。

最感欣慰的是参与了全过程

王：侯老，很想知道您最近在忙些什么。

侯：刚刚在福建开完一个审稿会。十年前，我主编的《中国炼油技术》，现在有些内容陈旧了，但大家感到还有用。这就需要修订一下，淘汰老的技术，增加新的内容，换上新的数据。120万字，很厚一本书，要一章一章地改，已花费了两年多时间。

王：我国的炼油技术这些年的主要变化是什么？

侯：全世界的炼油技术都在发展，中国也同样在发展。炼油技术的发明基本在国外。20世纪五六十年代，他们有技术，但不卖给我们，我们就自己搞，搞成了中国人自己的炼油技术。从80年代开始，我国比较热衷于引进国外的技术，事实上，那种你掏钱，人家把什么都搞好后给个钥匙，是世界上最落后国家的办法。一个国家，一定要有自己的基础。所以，我们在炼油技术上始终坚持走自己的路，以自己的技术为主。

王：与国际相比，中国的炼油技术还有哪些差距？

侯：炼油技术已和国外差不多，差距在管理上。

王：管理上的主要问题是什么？

侯：这个问题很复杂。在改革过程中，虽然强调科学管理，但许多方面还受到来自体制的制约。世界竞争越来越激烈，而且是全方位的，每一个环节都在竞争。所以，各方面都要具备竞争力，才能立于不败之地。

实际上，社会主义制度搞管理是有优越性的。我们过去搞过一个“鞍钢宪法”，但轰轰烈烈搞了一阵子就过去了。倒是日本有的企业觉得这种办法有用，采用了一些措施，如调动职工的积极性，让职工热爱自己的企业，同时也提倡企业关心职工，改变了以往纯粹的雇佣关系。当然，在资本主义制度下，难以根本解决问题。社会主义制度本该如此，因为职工本来就是主人。但在职工热爱企业、企业关心职工这方面，我们做得还不够理想。

王：作为与石油打了一辈子交道的科学家，今天您最感到欣慰的是什么？

侯：是我们的炼油工业从无到有，并且已具备了国际竞争力。从前外国人一直瞧不起我们的炼油技术，认为我们没有炼油工业。有，也是“小茶壶”式的，不成规模。我们并没有气馁，经过努力奋斗，我国的石油和产品，60年代中期就实现了自给。我从1950年回国到清华大学任教和在燃料研究室工作至今，中国石油工业半个多世纪的发展过程，我都参与了。这是最让我感到欣慰的。

博有助深，深带动博

王：您被认为是“百科全书式”的科学家，您怎么看待这个说法？

侯：这要从两个方面看。好的一面是知识广博，不好的一面也可以理解为“万金油”，都知道一点，但不深入。我从石油研究院副院长到石油部副部长，中间在不少部门工作过、需要熟悉和了解的东西越来越多，所以许多知识都懂一点。知识面广的好处在哪里？一项工作要发展，必然会和边缘学科相交叉，需要吸收其他学科的知识进来。各方面的知识都有一些，有利于学科间的交叉，不至于陷入一个过窄的领域，限制了发展。

科学研究开始要深，深入钻研一门学科;然后要广，拓宽知识领域。光钻一个很小的范围，深到一定的程度，就很难再深入下去。吸收了别的学科的新知识，才能使自己研究的学科得到进一步的发展。对于科学家自身来说，不但要熟练掌握本专业知识，也要懂得其他专业知识，既要深也要博。

深和博是辩证关系。博有助于深，同样，深也会带动博。深入研究理解一门学科后，再了解第二门学科就比较容易了。对第一门学科研究得越深，越有能力探索第二门学科。

王：您认为科学家最基本的素质是什么？

侯：很强的思维能力，有思维才能创新；敏锐的观察能力，善于发现事物的细微差别和变化；坚韧不拔的精神和毅力。

怕失败，就不能创新

王：多年来，您一直关注和提倡科研创新，什么才是理想的创新环境？

侯：创新的重要性和必要性是不言而喻的。做科学研究必然要创新。不创新，还谈什么科学研究？关键是如何创新，在什么条件下才能创新。

我一直认为我们的创新环境不够理想。值得高兴的是，大家对创新有了新的认识，现在又提出“原始性创新”的观点。原始性创新，就是从来没有过的，自己创造出来。问题在于，没有任何人搞过、谁也不知道的东西，有人想搞，是很难得到理解和支持的，因为无人知道这是创新还是想入非非。所以，用我们现在那套确定研究项目的办法，是很难出原始性创新成果的。因为想搞一个项目，必须申报，说明理由，再通过评定，确定有无可能。如果是一个从来没有过的概念，又怎么判断它行还是不行？评委会评定一个项目，都希望这个项目成功。否则，搞了许多年，花了许多钱，最后一无所获，这样的项目是通不过的。

王：怎样才能出创新成果？

侯：创新不是单靠行政命令所能奏效的，重要的是要营造一个有利于创新的环境。要出原始性创新成果，我认为应该挑选一些人，给他们一些经费，不要过多地审查他们的题目，放手让他们去做想做的事情。这样有可能失败、但一旦成功，就有可能出大的成果。怕失败，就出不来原始性创新。科学研究的发明和发现，一搞就成功的可能性很小，开头一般是不成功的，需要经过不断的总结经验，修正错误，调整方向，才有可能取得成功。要想出原始性创新成果，就要有胆量，要冒很大的风险，投资多半得不出什么成果。要有气魄，支持你，让你去试试。开始的投入并不一定很多，可根据情况慢慢增加。本来科学家搞创新就有顾虑，担心搞不成无法交代。如果再不鼓励，就等于失去所有出成果的可能性。

科学研究允许假设。假设得对，就可能成功；假设得不对，此路不通，也是结果。因为这个结果的意义在于告诉后人，不要再重复走这条路，对于科学研究，同样是结果，是收获。

王：老话不是讲失败是成功之母嘛。

侯：话是这么说，但要从失败的工作中看到成功的可能，并加以支持，还是很不容易的。

创新离不开理论的指导

王：您长期从事应用科学研究工作，却特别关注基础科学理论研究，二者是怎样一种关系？

侯：为什么特别强调基础理论研究？因为我是搞应用的，了解基础和理论对应用研究工作的重要。以前我们搞应用，国外已有的技术我们搞；如果他人没有，自己创新就困难。因为创新需要理论的指导，不是凭空想出来的。只有新的理论，才能指导研究出新的成果。理论研究属基础性研究，没有基础理论的发展，就不可能有应用科学的发展。现在我们搞应用研究，都是用国外已有的理论做指导。我们要发展自己的基础理论，这才是最根本、最关键的。

另外，应用基础研究，对指导应用此基础理论研究更直接。比如搞应用化学方面的研究工作，化学工程学就是应用基础研究。化学工程学的发展，对设计化学工程项目非常重要。没有基础性研究，要实现跨越式发展是很难的。大的应用研究的创新，离不开基础性工作。基础和理论不行，应用是搞不好的。

王：您为中国的石油事业一生殚精竭虑，信念和动力是什么？

侯：年轻时的动力来自爱国救国，想走科学救国的路。后来信仰马克思主义，追求一个理想的社会。当然距离目标还很远，但要从点点滴滴的事情做起。虽说年龄大了，还要尽力而为。目前社会上还存在很多问题，但历史总是往前走的，我相信前途是光明的。

要培养获取知识的能力

王：年轻时，您读化学专业，却选修了哲学、社会学、经济学等学科，这些知识对您有哪些益处？

侯：那时是在探索真理，也不知什么是对什么是错。只是对当时的政府极其失望，想寻求一条救国之路。选修这些专业，对我学习马列主义，对我人生观、世界观的形成，对拓宽知识面，都有很大的帮助。

王：现在学生的知识面好像越来越窄了。

侯：现在许多学生读书主要是为了升学。初中考高中，高中考大学，大学毕业考托福，准备留学；学校培养学生，许多也是为了升学，考虑最多的是这个学生能考上什么学校，而不是怎样培养人。这样下去，学校培养出来的就不再是人才，而是会考试的人。一些学校，连历史地理的课程都没有，学生对自己国家的历史地理一无所知，怎么行呢？这恐怕也是现在爱国主义观念淡薄的原因之一。我们上学时，无论主攻哪个学科，历史地理都要学。不仅学中国的，还要学世界的。学知识，要讲知识面。学得太偏，学生的知识面就会越来越窄。

王：您认为学校培养学生最重要的一点是什么？

侯：除了如何做人外，最重要的是走出校门后自己获取知识的能力。学校培养学生的关键是培养学生的思维能力，要让学生掌握自学能力。一本书，不需要老师讲，自己就能读懂。如学化学的，拿到一本新书，无论有机无机，看了就能理解。进一步，不仅能读懂化学，还可以读懂物理学。再进一步，生物学的书也能读，并能理解。如果具备了这样的能力，就是理想的大学毕业生。大学不仅要教会学生怎么念书，怎么做研究，还要培养学生毕业后具备自学能力，能创造性地进行研究工作，这一点很重要。

搞清原理，道理很容易明白

王：您在燕京大学读书时，一位外籍教授每节课前都让学生做5分钟的测验题，要求学生把工夫用在搞清原理上，他的用意在哪里？

侯：现在学校多半还是填鸭式的教育，教学生背书、背公式、背结论，这些主要靠记忆。会记忆，就能考高分。但一碰到实际问题，就很难触类旁通。因为记忆是有限的，而事物的变化是无穷的。当你碰到新的问题，新的情况，是以往学习中没有学到、没有碰到过的，就很难解决。如果明白了原理，就懂得如何处理。尤其是科学研究工作，碰到的问题大多是未知的。未知的东西怎么解决？原理搞清楚，道理就很容易明白了。

王：能否举个例子？

侯：我在麻省理工学院工作时，化工系给学生出这么一道题。严寒的冬天，为什么玻璃窗糊上纸，室内温度就下降得慢。当时学生正在学习辐射的课程，能够根据辐射的原理说明道理：屋子里的热量靠辐射透过窗户传出去，如果用纸挡住，辐射出去的少了，屋子里温度自然就下降得慢。懂得辐射的原理，问题就很容易解决。如果不知道原理，根本无从想起。

王：理论知识在实践运用过程中，哪件事给您印象最深？

侯：在国外实习搞设计时，导师要求学生用以往学到的理论——反应动力学、热力学数据搞设计，结果搞得很好。后来回到国内，有个设计单位搞轻油回收装置的设计，我告诉他们用理论数据搞，他们不干，他们只相信实际经验。而取得实际数据是一件十分麻烦的事，不仅效率低，得来的数据也不一定很准确。五六十年代，我们过于强调劳动创造一切，偏重实践，不重视理论，思想上对理论指导实践重视不够。事实上，千百次实践得出的理论才最有普遍意义，经验往往是狭隘的。一对比，感到用理论指导实践的方法更科学、更有意义。

心境一片明朗宁静

王： 侯老，大家都关心我国目前的石油状况，能谈谈吗?

侯： 中国的石油资源显然满足不了长远发展的需要，今后的发展仅靠国内的资源很困难。现在除了开发自己的资源外，一个是从外国找石油，与国外合作开采那里的石油。还有一个是研究替用燃料，替代石油资源，如人造石油，天然气制成液体原料等。现在使用石油最多的是运输，可以研究替代品，如燃料电池，用氢气做燃料。我们的需要量太大，只有多渠道解决能源。

王： 我们有没有发现新的油田?

侯： 有啊，但地质学家估计、石油的产量不会有太大的增长。

王： 目前的开发会不会影响到子孙后代?

侯： 到子孙的时候，还会有子孙的办法。现在科学预测，深海的天然气储备十分丰富。总不能为了子孙后代，放着地下资源不去开采利用。当然，这个开采应该是合理的，适度的，还要有战略储备。将来核聚变的问题解决了，许多能量问题会随之解决。所以，不必太为子孙担忧。

王： 在您的书里读到一件有趣的事情，您看见南十字星座时非常惊喜，为什么?

侯： 那是1945年，我赴美留学。船顺着印度洋往南行，等跨越赤道，夜晚，在浩瀚的星空里，我突然看到了南十字星座！我以前就特别喜欢看星星，认识了许多许多星座，但那时只能看到北半球的，知道南半球有星座，就是看不到。那次在太平洋上，噢，一下子看到了，这是多少年的向往！就像你很想得到一件东西，很多年没有得到。突然得到了，能不惊喜吗?

王： 在科学探索中，是否有过同样的心境?

侯： 是的。在科学研究过程中，每一个难题的攻破，都会伴随着这样的惊喜。那是需要无数次挫折失败，不断探索寻找才能得到的。现在我已年近九旬，能和中华民族一起走过20世纪几乎全过程，能投身新中国的石油事业，站在新世纪的起点上，人生的风风雨雨都已成为过去，我的心境一片明朗和宁静。

1986年，侯老在意大利的罗马接受了“马太依国际科技奖”，他把2.5万美元奖金全部捐给了国家。1996年，他又获香港“何梁何利基金科学与技术成就奖”，又将50万元人民币奖金献给了国家。这位晚年称自己是“社会服务家”的科学家，常为不能再从事创造性的工作，不能直接贡献科研事业而遗憾和不安。于是，一离开科研、行政领导岗位，便责无旁贷地担负起难计其数的社会责任和义务，为科学和社会的发展奔走呼吁，如从事他钟爱的科研工作一样，尽心尽力，无悔无怨。

（摘自《群言》2001年第8期，王娅妹采写）

望七了，仍觉得无法做到不惑

——在昆明与傅聪聊天

傅聪于今年2月下旬至3月下旬离开英国赴东亚演出，首先应南洋艺术学院的邀请在新加坡举行了一场钢琴独奏会，演奏了莫扎特、肖邦、舒伯特、贝多芬等作曲家的后期作品。2月底即到达香港，与香港小交响乐队合作并指挥莫扎特的三首钢琴协奏曲，排练并演出了两场，历时两周。3月13日下午飞抵昆明时，傅聪已经疲惫不堪，然而他仍然打起精神，稍作休息，接受了昆明众多记者的采访，晚饭后又与马桂林先生赶赴剧场试琴。

马先生是一位出色的钢琴调琴师，这次是受傅聪特别邀请从北京赶来，马先生告诉傅聪，云南艺术剧院的钢琴很好，是前年从德国买来的史丹威，就是保养得不好。傅聪说，“现在美国的史丹威很好，跟过去的不一样了。去年九十月份，我去美国巡回演出，弹的都是美国的史丹威，都非常好。现在美国史丹威的经理换了人，由于去美国的钢琴家都不愿意弹美国的史丹威，所以他着急了。于是对整个工厂作了很大的调整。现在美国的史丹威反而比欧洲的史丹威要好，琴都有一种quality control，而且弹起来很平均，有一种弹性，现在的美国琴里面的木料重。过去弹美国琴可真是受罪。”

在第二场成功的演出后，傅聪拍着马先生的肩膀，对马先生表示了由衷的佩服和感谢，说：“你真是个了不起的调琴师，今天演出的成功，你立了头功！”事后，马先生对我说：“傅聪弹琴跟别的钢琴家不一样，他的感觉特别敏感，对触键的感觉要求非常高，所以他演奏的幅度特别大。”傅聪也说：“马桂林完全了解我的要求，了解我对键盘的要求”。后来，我问傅聪：“在欧洲这样的调琴师多不多？”他说：“不多，很少很少！好的调琴师是非常懂音乐的。”我深深地感到傅聪尽管已经进入大师的领域，然而他还是有一颗平常人的心，有一颗非常真诚的心，对调琴师非常尊重，而且把自己的成功首先归功于他，真是难能可贵！

在昆明演出了两场，钢琴虽然保管不善，经过马桂林先生的调教，这架德国的史丹威，在傅聪的手下显示出了优质的声音。然而第一场演出傅聪非常不满意，由于台上没有音罩，傅聪根本听不清自己的琴声，难以控制音量和音色，他说“自己不知道在弹什么！”第二场演出时，承办单位云南龙跃文化传播公司从云南交响乐队借来了简易音罩。结果傅聪的第二场演出极其成功，旅美中国钢琴家许斐平先生听了傅聪的演奏后说：“难得听到这么精彩的演奏，他真是达到了艺术的顶峰。”许斐平先生是应邀来与云南交响乐队合作，演奏拉赫玛尼诺夫《第二钢琴协奏曲》的，在下榻的东陆饭店与傅聪不期而遇。

傅聪在演出后，顺便游览了大理、丽江、还有虎跳峡，我跟他相处了近一周的时间。现将他陆陆续续的谈话整理于后。

“昆明那段荒唐的日子对我还是很重要的”

由于傅聪与昆明有着不解之缘，许多人很想知道他那一段的生活。傅聪怀着深情说：“我记得第一次到昆明是53年以前，那是1948年的11月，跟父母弟弟一起到的昆明。父母带着弟弟1949年七八月份离开，我一个人留在了昆明，我在昆明呆了差不多三年，大概是1951年春天，也就是差不多这个季节我离开了昆明，整整50年了！我当初到昆明时才14岁，那个年龄是特别美好的。我在昆明那一段时光是我的浪子生涯。小时候父亲管得很严，这回把我一个人留在了昆明，我就忽然一下子自由了！所以可以说我很早熟，14岁进了昆明的粤秀中学，不久给学校开除，是那时的国民党的军训教官非要开除我不可，因为我不是那种听话的孩子，不服管教，那个教官恨透了我，见我就骂，我当然不干了，经常起冲突，此外那时候还有闹学潮等等好多事情。然而那时候粤秀中学的校长是许地山的弟弟，他很想保我，可那个可恶的教官非开除我不可，那时我好像在念高二。离开粤秀中学后，大约在1949年的夏秋之际，我15岁，就以同等学力考上了云南大学外文系。在昆明的那一段是我一生中最荒唐的日子，昆明那段荒唐的日子对我还是很重要的，我想人总是要荒唐一下才行，不然就没有什么人生经验了！我是1951年回到上海，发奋用功练琴，1953年19岁在罗马尼亚布加勒斯特的'世界青年联欢节'上得奖，20岁去波兰留学，21岁在华沙得奖，1959年底于华沙音乐学院毕业后就到了英国。在英国我已经住了有42年了！"

"昆明这一段生活对我的一生有决定性作用"

"我这一辈子过得还是很辛勤的，再也没有过过像14岁到16岁那种日子。昆明这一段对我的影响不小，尤其是像我搞音乐艺术的人，总要有点成熟，对很多东西的感受总要敏感一些。那么在14岁到16岁之间，我是少有的成熟。在昆明，我所有的朋友都是20多岁的大学生。就我一个人才十四五岁，也奇怪，我14岁时，忽然一下子就长得像现在这么高！还有，昆明这一段生活对我的一生有决定性作用。那时我整天糊里糊涂，在大学不是很自由吗！我几乎没上过课，沉迷于打桥牌……那时我爸爸已把我放弃了，认为这儿子没办法，不可救药了，也就不管了！那时昆明有一个教堂，叫锡安堂，那儿的唱诗班常常唱韩德尔的《弥赛亚》，发现我会弹琴，就把我找去弹伴奏。就是因为这个原因，我才开始又接触音乐，又激活了我对音乐的渴望！云大的同学发现我的琴弹得很不错，就鼓励我回上海继续去学钢琴，他们在锡安堂给我开了个募捐音乐会。那时，我就拿了一本《名曲一百首》，那是一般学琴的人都用的，对职业弹琴的人来说，那不是什么正经的曲谱。我就从头到尾弹了一遍，然后一个同学就上去讲演一番，说：这儿有一位年轻人，很有音乐才华，他很渴望能去北京或上海正式学音乐；很可惜他流落在这儿，希望大家帮帮忙。就这样教堂里的募捐箱很快就满了，我就一下子有了路费。我爸爸当年离开昆明时把我托付给他的一个老朋友，是个医生，我叫他吴医生，我那时没敢跟他提出要路费回去，我想他肯定是不同意的，因为那时我爸爸对我完全是放弃了！云大的同学帮了我这个忙，没向家里要一分钱，我只身回到了上海，开始了我的音乐生涯。1951年春天，也就是这个时候我从陆路回到上海，我爸爸是又惊喜又很欣慰，他同意我继续学琴的原因是：他认为我有独立的能力，而且有骨气，没向他要一分钱。”

“我救过你的命”

在回忆当年浪子生涯时，傅聪不无感慨的很懊悔的谈到了他的救命恩人，因为只记得他姓杨，名字忘了。傅聪说：“1983年我来昆明演出时，住在翠湖宾馆，那个救我的同学就住在我隔壁，他是大庆的一个总工程师，正好来昆明开会，跟我不期而遇。一见面他就指着我说：‘啊！傅聪，我救过你的命！’记得那时我们许多同学去大观园玩，一起下水游泳，其实我不会游泳，可也下了水，同学给了我一个救生圈，他们会游的都游出去了。我一个人套在救生圈里，上上下下漂浮在滇池里很得意，后来不知怎么的救生圈滑掉了，那个同学老远发现水面上有两只手，忽上忽下的，于是就游过来把我救了！”

“他从一开始就培养我的独立思考能力”

傅聪要来春城演出的消息一传出，许多人又把《傅雷家书》翻出来，或者去书店买了新版本（第五版），《傅雷家书》在昆明很快就脱销。他们对傅聪讲这次是带着问题去看这本书，非常看得进去，觉得傅雷先生真是个大学问家，对艺术的见解非常深刻，但写出来又非常浅显。有一位记者就请傅聪先生谈谈在他的艺术道路上父亲对他的主要影响。傅聪笑着说："这个问题许多人都阔过，其实很简单，我爸爸对我影响最大的，也是最重要的，归结起来就一句话：他从一开始就培养我的独立思考能力。还有他的活榜样，他如何待人处世，我在七八岁时，忽然有一天，他说我不用去学校了，由他自己教；因为他对当时的学校教育很不满意。如果他还活着的话，不知他会对今天的中国教育有什么感想。他当初就讲：知识是重要的，可更重要的是思考的能力，你有思考的能力，知识才有用；有了思考的能力，可以不断地获取知识，更新知识。否则，知识有什么用！我记得第一天爸爸给我上课，就是《论语》的'吾日三省吾身'中的三句话：'学而时习之，不亦说乎？有朋自远方来，不亦乐乎？人不知而不愠，不亦君子乎？'当时我当然不懂，而且在这之前，我也没有学过什么文言文，看那三句话，当然莫名其妙！什么也不懂。可我爸爸从来没有给我解释过一个字，他就是启发我。他是一个伟大的教师，这一点恐怕很少有人知道，他有一种诱发人，启发人的本事。当然我也吃过很多苦，有时候他也很不耐烦，譬如有时候他问的问题我答不上来，显得很笨，往往就得挨打。然而这些我都不记得了，真的不记得了，我只记得，最后的答案总是由我口里出来的。我爸爸从来没有把知识灌输给我，而是启发我自己去获得知识。所以我一辈子对音乐，对艺术，对社会，对人，对国家，对所有的问题，基本上跟我爸爸是一致的，因为我们俩人都是绝对的在独立思考，绝对不会人云亦云，更不会陷入盲从！对我来讲，西方世界也好，东方世界也好，我永远保持我独立的思维；所以尽管我在西方生活了近50年，在我身上，你感觉不到我是一个从西方来的人。"

"中国文化就像高山大海那么深厚，给了我很多养料"

傅聪在父亲的培养下，对诗词、小说、戏剧、绘画，甚至于网球、足球，以及一切美的事物都有非常强烈的感受，无形之中形成了他在钢琴演奏艺术上的独特性。他的这种独特性是从中国文化艺术传统里脱胎而来的。在他的演奏中你会感受到里边有唐诗宋词，里边凝聚着很多文化。傅聪演奏的是纯西化的音乐，那么他是怎么把东方的文化化进去的呢？傅聪自己说：“我可不是故意这么做的！一个人的气质，内心的修养，是无形中带有的。作为一个中国人，假如我身上有了中国人的文化修养，我在演绎西方音乐时，就多了一个角度去理解西方音乐。中国的文化就像高山大海那么深厚，给了我很多养料，无形之中一直在给我一种想象力，或是一种境界。很多西方评论家说我很Chinese、很特别，像是有自己的话要说，然而这不是哗众取宠的东西，在我的精神境界里有另一个文化的根，从我的眼睛看西方音乐，必然有许多不同的角度，但这不是故意加入的，而是无形中存在的，我的演奏因此和一般人不一样，但我绝对没有去故意‘东穷化’或‘中国化’。其实，全世界的文化艺术在最高处和最深处都是相通的，人类的理想应该是所有的文化都互相的、尽量的nourish（滋养）和stimulate(激励)。我从小就记得爸爸跟我讲罗素怎么看中国的哲学。罗素是英国的哲学家，正因为他是个西方的哲学家，看问题就有一种特殊的角度和深度，看到我们中国人看不到的东西。这是一样的，中国人学音乐，一定要有中国人这个根，否则太可惜了。我们中国人的文化是不得了的深厚，在世界上，中国文化是唯一能跟欧洲文明相抗衡的一种文化。”

“我很讨厌感伤情调的东西，因为中国人的艺术很讲究哀而不怨，乐而不淫，但这不仅仅是东方的，西方的理想也并非与此相违背，只是我们东方特别强调而已。比如我这次弹的莫扎特《回旋曲》，一般来讲结束部分都会慢下来，作品是很哀怨的。但我很反对，我认为绝对不能慢下来，而且还要从头到尾维持一样的脉搏，这样才有诗的境界。诗不是句号，不是终结，而是延续。这是一种哲学，美学上的东西，是我的一部分，无形中透过音乐表现了出来。”

“现在中国钢琴家的技术条件非常好，但文化艺术水平并不比我们那个时代好，或许还要更差。我们那一代人对东西方文化，包括文学、哲学、美术都有接触，但现在年轻的一代，很多人对这些都不感兴趣，太急功近利。也许现在的社会有太多的电视、电脑，人都变成了机器的奴隶，不思考，缺乏独立思考的能力。这很糟糕，尤其是艺术家。艺术家要走自己的路，不能人云亦云。但现在学音乐的人，一天到晚听CD，这容易先入为主，或者因为模仿而忘掉了追求音乐的无穷含义，演奏也就失去了最重要的气质和个性。”

“望七了，还是觉得没有做到不惑”

傅聪这次演奏的曲子，不管是莫扎特，还是舒伯特，或是肖邦的乐曲，都是他们后期的作品。我就问他为什么这么选择。傅聪叹口气说：“唉！我喜欢这些作品，大概是因为我自己也到了后期了吧！我60岁时说过：孔子说四十而不惑，我却觉得六十而不惑，到了60岁，才真正懂得了音乐，现在望七了，还是觉得没有做到不惑。有时候自己以为做到了，可是发现不过是幻觉而已，现在只能说稍微懂得多一点，可是离开完美还差得远呢！完美是一辈子也追求不到的，也是永远达不到的。音乐是所有艺术中最无止境的，永远会有新的东西出来。所以我最反对评论家说什么‘绝对的演奏’(definite performance)，音乐不存在绝对，你可以说在那次你听的时候觉得十全十美，可是一定还有新的内在东西可以发现，作曲家本人都不知道他的作品有多少可能性。越是伟大的作曲家，他的作品越有机会出现新东西。”

“最好的音乐会是身体不好的时候！”

傅聪这次来东亚演出前，我嫂子卓一龙正好在厦门开独奏音乐会，她在电话里告诉我，傅聪从年初开始，天天练肖邦的《二十四首练习曲》和《二十四首前奏曲》，天天喊手疼，劝他也没用，他一意孤行；最近又是失眠又是前列腺问题，闹得他情绪很坏，所以这次在昆明机场见到他，确实显得疲惫不堪，好像一个皮球泄了气似的。然而一谈到音乐，他仍然是那么投入，滔滔不绝。本来我很担心在这样的状态下他在香港演出的效果。他说：“香港这十多天把我可累坏了。自己要练琴，还得亲自指挥训练乐队。刚开始时，这个香港小交响乐队可把我吓了一跳！水平较差。可是经过十多天的排练，居然还像样。许多人跟我说，好像变了一个乐队。我自己觉得第二场比第一场要好。这个乐队的木管不错，当然跟世界水平相比还不是最好的，也不是国际一流的，但国内还没有这样的木管！尤其是吹长笛的那个西班牙人，音乐感好得不得了，跟她合作真是一种乐趣！整个演出的反映相当好。事实上，我倒觉得我手坏的时候，不见得弹得比现在差，因为那个时候反而心理负担少。马友友最近在香港跟记者说：最好的音乐会是身体不好的时候，因为那时候心里没有什么负担。这话很对，我那时候手不好，老是顾到手的问题，音乐上的负担就没有了。艺术家有个毛病，心理负担很重，越是地位高了，越是负担重！心里老想着：我得弹好了，不能弹坏了。这就糟糕了！”傅聪谈到这里，他在中国的经纪人刘燕插话说：“马友友曾经去哈佛学哲学。他说人的技术到了一定程度，就没有飞跃了，但是人的思维是无限的，所以要有素质、要有修养，一定要去学。音乐家不能光弹琴拉琴，一定要去学其他的。所以国内许多演奏家其实充其量不过是些琴匠而已！”傅聪听了深表同意。由此傅聪谈到了如何对待钢琴的问题。他说：“布伦德尔（Brendel）说过：现在的钢琴家好像什么钢琴都一样，什么样的钢琴都可以弹，还引以为荣，他们就是没有什么观点，因为如果你有观点，你一定会有特殊的要求，你就必须要达到这个要求。可是钢琴往往跟你作对，使你做不了。你要响，它反而轻，你要轻，它反而响，你要声音亮，它却暗，要它暗，反而亮。总之弄得你一点办法都没有。如果你没有自己的观点，那当然对他们来说什么琴都一样！所以我觉得你越是要求这要求那，就需要有正常的钢琴，能按你的要求去做。可是正常的钢琴，全世界一千架里头，有九百九十九架是不行的。我们是整天在跟钢琴打架！要是钢琴不跟你作对，那已经很好了，如果能跟你做朋友，那是太少了！可是，钢琴大部分时候是我们的敌人！可见我们弹钢琴的人有多苦！”

“不能把比赛看成是衡量艺术成就的唯一标准！”

在谈到这次肖邦钢琴比赛的情况时，傅聪说：“这次肖邦钢琴比赛时我正好在美国巡回演出。回到伦敦后评委朋友把录音都给我听了。当然，李云迪得了第一我也很高兴，希望他再接再厉，以后成为一个真正的演奏家。音乐是长期的考验，比赛得奖不过是刚开头而已。他的技巧不错，但音乐修养还是小儿科呢！参加比赛的其他中国选手，如陈萨的音乐感就比他好得多。比赛是最可怕的，打平均分数。他是个孩子，什么也不怕，也没什么怯场，从头到尾都差不多，发挥得比较平均，这样他的平均分数就高了。陈萨是在最后一轮太紧张，出了错，结果分数就下来了。这次所有的选手中就数他发挥得正常，没出什么错，这样分数相对就上去了。玛塔告诉我这次为是否要给第一名的问题，争论了很久，最后是因为连续两届没有第一名了，就说给个第一吧！玛塔就是这么主张的，但她说：李云迪弹肖邦是no suffering！可见要弹好肖邦，没有点人生经历是不行的！前一届即1991年那届肖邦钢琴比赛，得第一的越南人邓泰松，那是名副其实的第一，他是真正有肖邦修养的，他就有过很苦难的人生经历，小时候在越南就有像我们中国知识分子所受的苦难。这次中国派去的选手的整体水平给人留下了深刻的印象，听说波兰人听了第一轮比赛后就很兴奋，因为中国去的选手表现都很好，我觉得这一点更具意义！”

“比赛或多或少要和运气扯上点关系，因此不能把比赛看成是衡量艺术成就的唯一标准，事实也证明，很多在比赛中名落孙山的人，后来反而成为了不起的音乐家，所以我一直认为，音乐是很严肃、很高深的学问，不适宜比赛，尽管它提供一个出台和成名的机会，但其目的跟音乐艺术的本质并不一致，现在比赛太多了，每年有大大小小上千个国际性比赛，到处都是第一名。当然比赛逼着你准备一套能够拿得出去的曲目，对年轻人来说还是很有用的，但在整个音乐生涯中，不要把它的分最放得太重。我当过很多比赛的评委，看到很多所谓的‘专业’选手，他们到处去比赛，而且专门有一套应付比赛的弹法。这是很危险的，也很不健康，绝对不值得鼓励。”

有一位记者说：“《傅雷家书》中多次提到：第一是做一个真正的人、第二是做一个艺术家、第三是做一个音乐家、第四才是做一个钢琴家。”就这个问题请傅聪先生谈谈现在的音乐教育问题。傅聪想了想说，“重要的是出发点。现在学钢琴的人很多，可是他们并不懂得弹钢琴是一辈子的苦差事。李云迪也不过刚刚开始，要经过很多很多的考验，不要以为这样就可以平步青云。这是不可能的，他不过才迈出第一步。搞艺术没有那么简单。我在香港听刘诗昆告诉我，深圳要盖一个音乐厅，要塑一个李云迪的铜像在那儿，刘诗昆就说这不光害了李云迪，而且会害了整整一代年轻的学钢琴的人。这是搞个人崇拜，这种风气很不好！还有在香港听说很多恐怖的故事，刘诗昆告诉我，×××公然在海报上，在节目单上，自己说自己是几个世纪才偶然出现这么一个。怎么可以这么说呢？就是肖邦、李斯特，别人也没有这么说过他们！怎么狂妄到这个程度！这说明一切都是为了他个人的名利服务，这些跟音乐毫无关系，对我来讲，他这么做，他就是音乐的叛徒！×××还公然说他是柴可夫斯基国际钢琴比赛的金牌得主，这是骗人，他才得了个第六名吧！刘诗昆还讲×××也是这样，公然说她是埃乃斯库比赛的金牌得主，她明明是第四或第五么！这是欺负一般的中国人不知道！有本事到国际舞台上去说说，那真是笑话！这是公开的欺骗，这是跟整个国家出现的一些什么假文凭、假药……种种做假的风气有关！这很可怕！刘诗昆还告诉我在上海大剧院还有一个什么××办公室，真可怕，他们在国际上站不住，根本没办法，结果都跑回来了，××本来比×××要强，可现在也这样了，都来搞这一套，商业化到如此程度！音乐是一辈子的学问，要一辈子战战兢兢地做学问，我回过头来看看自己，21岁得奖后，我爸爸第一件事就是害怕我会被胜利冲昏头脑，骄傲自大。虽然他说我还可以，没有那么自高自大。可是我回过头来看看当年写给爸爸的信，现在看来还是很狂妄，不行！太笑话了，那时我懂得什么呀！真是不知道天高地厚！这大概年轻人都免不了，多多少少都会这样！可是也没有像现在那些年轻人那么狂妄到公然的骗人！我真是谢天谢地有这样一个爸爸，还有我从小所受的教育，至少文化根底放在那儿，还不至于一下子把自己毁掉了！我生活在欧洲，学的又是西方音乐，长期在那个环境中，一天比一天感觉到音乐艺术的高度和深度，我越老越觉得自己的不够，懂得越多越觉得自己是刚刚起步的人。音乐真是一辈子的学问，真是要活到老学到老。我现在真是觉得可惜，深深感到人在这个世界上真是个过客！一下子就过去了！回过头来看看，时间所剩不多了，精力也不如以前了。”有人认为，只要掌握正确的方法，演奏到了一定程度，就不需要多练琴。但傅聪认为：“有些人可能行，但我不行，随着年龄的增长，手的灵活性不如以前，要保持一定的水平，我就更需要加倍下功夫苦练。”傅聪感慨地说：“时间是无情的，尤其对钢琴家来说。像我这样陪着黑键白键做一辈子奴隶的人，感悟必然要多一些，追求的境界也要高一些，可从生理上来说，总是不如年轻时那样，因而对我来说显得特别困难。”

俄国钢琴家康斯坦丁·利夫歇兹说：“我的老师是上海人”

在陪同傅聪去丽江的路上，我问了傅聪一件事，我说：“听说有个在欧洲很有名的年轻钢琴家到上海演出，说‘我的老师是上海人’，就是你。有没有这回事？”傅聪笑着说：“噢！你说的大概是康斯坦丁·利夫歇兹(Constantine Lifshitz)，他是个俄国人，现在欧洲很有名，对他的评价很高。1996年我在英国皇家音乐学院开大师班课，他从头至尾都来上课了。

而且多次设法与我联系，结果阴错阳差，不是我不在，就是他没有空，他想单独求教的愿望始终未能实现，没办法他只好回莫斯科去了。我后来给设在意大利的国际钢琴基金会推荐了这位年轻钢琴家，让他去意大利高莫湖区的基金会进修一年。他的一位老师是卓一龙的同学，这样通过他的老师通知了他去基金会进修。我每年去那儿讲课两次，他都认真参加了，而且我给别的学生上课他也来听，是个很认真，很严肃的钢琴家。一年进修结束后，他自己还在附近租了房子，继续来听课，长达两三年之久。这个人很聪明，很有才华，而且很会动脑子思考，很谦虚。那时他已经很有名了，在欧洲到处开音乐会，我给他上课，那是一点不客气的，好些地方评论说他好的，我却提出了完全不同的看法，他都能认真经过思考后接受。后来他的演奏变化很大。”我说：“据说你把中国的文化带给了他，给他讲中国的古诗词、中国的书画、中国的哲学，让他感受中国文化的意境。讲肖邦的《夜曲》时，你还给他讲李白的诗，‘花间一壶酒，独酌无相亲。举杯邀明月，对影成三人’（《月下独酌》）。”傅聪说：“是，是！我常给他讲这些，因为他能理解，能接受，我是要他跳出技巧的局限，从别的角度去理解音乐，使音乐更丰富。”

我想像康斯坦丁·利夫歇兹这样既年轻又谦虚的钢琴家，将来必然会大有出息，会成为一个大师级的钢琴家、艺术家，这也许是我国年轻学子的楷模吧！

（摘自《群言》2001年第9期，傅敏采写）

生命中必须承担之责

——再访潘文石教授

“当我带领我的年轻的研究生们跋涉在雪飘的森林之中时，我总是在想：如果我不能参与缔造人类的第三次文明，我将感到于心有愧。”这是当今在国际上享有盛誉的“熊猫专家”、北京大学生命科学院博士生导师潘文石教授，在最近出版的学术专著《继续生存的机会》的扉页上写下的题记。当我读完这部书再次采访潘教授的时候，仍像十几年前一样，感受着他对科学、对自然界孜孜不倦的追求与探索和对祖国、对人类无尽的热爱。面对潘文石教授，我的心灵又一次受到强烈的震撼，在他身上我看到的是一个科学家凝重的历史责任。

人类第一次走进“熊猫社会”

“国宝”级珍稀动物大熊猫曾经给科学界带来一个悬而未决的问题：当代的大熊猫是否已经走进了进化的死胡同？如何帮助它们度过严峻的生存危机？

1984年秋天，潘文石教授率领一支队伍来到秦岭，对大熊猫继续生存的机会进行深入的研究。这是一支主要由硕士、博士研究生组成的多学科的队伍。他们通过为大熊猫佩戴无线电跟踪颈圈取得了关于它们的活动地点、活动概率、季节性迁移、扩散路线、巢域与领域、发情、交配、产仔、觅食等的数以万计的最直接可靠的数据。从1994年2月，他们使用一套特别设计的具有红外线装置的微型闭路电视摄像、录音系统，记录了产仔母熊猫与初生幼仔的行为关系；收集熊猫挂在树干上或竹枝上的毛发以及取得的少量血样，分析这个种群的遗传多样性。

秦岭生物多样性十分丰富，大熊猫是这个生物群落的旗舰物种，保护它就是保护千万种从遥远的过去生存至今的生命形式。潘文石和他的科研小组整整15年的研究结果为加深人们对大熊猫生命本质及它们所面临的危机的认识以及人们正确选择保护现存大熊猫种群的方法提供了帮助。

潘文石的研究表明，秦岭的大熊猫并没有走到进化的死胡同，它们的生存并不完全取决于自然力，而在更大程度上取决于我们的爱护和管理。此后的事实表明，随着秦岭大熊猫分布区腹地的伐木逐渐减少甚至停止，大熊猫的生存繁衍开始显示生机。

潘文石和他领导的科研小组不但解开了许多大熊猫研究上的谜团，还创下了许多大熊猫研究的世界第一：第一次发现了海拔1350米的等高线是维持秦岭大熊猫继续生存中的中高山大熊猫——森林生态系统和该地区低山的山地农业生态系统的分界面，阐明了秦岭中段南坡的中高山地区不容易遭受人类毁灭性破坏，从而成为一个生物多样性自然避难所的原因。第一次发现了野生大熊猫的社会结构和行为方式、婚配制度以及某些避免近亲交配的机制。第一次分析了现存大熊猫种群在总体上的遗传组成，发现作为一个地理群体的秦岭大熊猫的DNA多样性也还没有下降到近亲繁殖的程度。这是人类第一次走进“熊猫社会”。

为此，潘文石和他的学生付出了艰辛甚至是鲜血与生命的代价。有一次在野外科考，潘文石从悬崖上摔下去，差点摔死。坚强的教授在给老父亲的信中这样写道：“我几乎身陷绝境，没有人照顾，吃不了东西，一吃东西我的肛门就流血；整整13天每天靠一勺蜂蜜维持生命。我处在挨饿之中，饿得受不了时吃一口饭，可肛门又裂开了。我在不断地流血和挨饿中度过。爸爸！我干吗还要这样撑着呢？我干吗要挑选这样艰难的一条路呢？我的同学都在国外，他们又有钱，生活又舒适，我为什么要过这样艰难的生活？”与教授同样坚强的老人回信说，“你的同学到海外是镀金，你要镀金干什么？我们要的是纯金。你面临困难，但这是你从小就梦想和所选择的生活道路。只有经历过磨难你才会变成真金。”潘文石开始意识到自己的生命已植根于一种不能放弃的事业之中。

在秦岭为给大熊猫拍照，潘文石爬上一个长满青苔的岩石，不料青苔突然脱落，他头朝下掉下来，为了保护照相机，他本能地在空中打了一个滚落到地上，刚好有一根枯死的竹子从他在手的中指和无名指之间插了进去，他拔了出来，血流如注，吓得大熊猫赶紧爬回树上。他坚持拍完照，才发现血把他的左手与照相机都粘在一起了。回到营地，用碘酒洗一洗，照样工作。那手，足足肿了八九个月。

1985年春节过后的一个飘雪的季节，潘文石带领学生住秦岭进行科学考察时，年仅21岁的研究生曾周在寻找大熊猫踪迹时不幸堕崖牺牲。潘文石面对着难以想象的感情创伤和巨大的精神压力，他再一次深切地感受到生命中无法回避的责任。当时有人说，曾周是因为潘文石让学生到危险地方收集资料摔死的。甚至有人当面指责他是“杀人犯”！回到家里，妻子坐在饭桌边上当着两个孩子的面对他哭着问：“你怎么不死啊？为什么偏偏要死了那个研究生？你兄弟姐妹那么多，死了个把没有关系，人家是个独生子，他不应该死！”潘文石几乎要垮了，但是要他真的放弃事业，又谈何容易！此后潘文石和他的学生对生与死、金钱与荣誉的态度发生了巨大变化。

潘文石认为他的研究小组最重要的工作就是探讨自然生态系统中的基本结构和秩序，并把这种研究看作了解生物多样性现状和处理生态学危机的关键。1993年他们发现：秦岭大熊猫的境况较之8年前他们刚进入时不但没有改善，反而由于森林被肆意砍伐而变得更加危险了。究竟是要木头还是要大熊猫？在面对满目疮痍的秦岭南坡有可能就此断失掉大熊猫的最后一片自然庇护所的时候，他们开始向各级有关部门呼吁减少采伐量，请求给大熊猫留下最后的生机，但是无一例外地都失败了。

1993年8月，潘文石的研究小组写好了致国家领导人的一封信，同年9月又同29位中外科学家联名写了一封致国务院总理的信，陈述了“秦岭正在发生的生态危机和建议解除的办法”，原希望通过某些途径转呈国家领导人，但是几经努力都未能成功。1993年10月，他们通过全国侨联把上述两封信转呈全国人大环境委员会，呈报到国务院，并得到当时朱镕基副总理的批示：“立即停止采伐，安排职工转产，建立新的自然保护区。”1994年6月上旬，时任国务委员、国家科委主任的宋健院士亲临秦岭考察。几天之后，当地的林业局转产，原林业局300多平方公里的林区全面停止了采伐。这项决定在国内外引起了极大反响，许多国家的科学家和公众请潘文石转达他们对中国政府的谢意，并高度评价“中国政府在发展经济需要大量资金的大背景下面，没有忘记为世界人民保护大熊猫和保护环境的任务。”

这是他们梦寐以求的结果。此举对于保护现存秦岭南坡的大熊猫是最关键的一步。在秦岭南坡停止采伐5年之后的春天，当潘文石一行重返秦岭时，看到许多当年运输木材的公路上，已经草木丛生，呈现着勃勃生机。潘文石对他的学生说，“这就是生命的价值”。

潘文石在秦岭的研究成果，已经很难有人重复，他所从事的野生动物保护生物学研究已经达到了同领域研究的国际先进水平。回顾走过的路，潘文石却心情复杂地说：“今天看来，我们在秦岭的研究有着很大的缺陷，这就是把对物种的研究同社会经济的发展脱离开来了。我们研究的那个区域，深山老林里有几千人要生存。人的生存问题不解决，物种的生存问题从何谈起？”

受强烈的使命感的驱使，潘文石不断开拓科学研究的新天地。他说：“科学家的研究可以重新做起，物种可是要在每一个小时里消亡的啊。现在我不光这样要求自己，也同样要求我的学生，我们的研究更多的是要兼顾生态与社会的协调、可持续的发展，更多的是要考虑对我们这个民族、这个世界以及对历史、对未来所承担的责任！”

“金老头”、“金猴子”、“金点子”和“金路子”

在中国南部边陲的广西崇左、扶绥一带的喀斯特地貌中，生存着一种世界珍稀物种——白头叶猴。传说在很早很早以前，村上有一位德高望重的老人去世了，全村的人都头上戴着白麻布，腰上围着白布带给他送葬。老人下葬后，村里的小孩在山上采野果子吃，爸爸妈妈看到孩子们玩得这么开心就把他们留在了山上。很多年过去了，村里的日子好起来，爸爸妈妈进山对孩子们说：“孩子们，回来吧。”可是孩子们却说：“我们在这里过得挺好的，不回去了，免得跟你们抢东西吃。”孩子们就这样全部留在了山里，他们日复一日、年复一年地吃野果子，过了许多许多年，他们头上戴着的白麻布变成了白毛，腰上围着的白布带变成了屁股上白色的长尾巴。这就是可爱的白头叶猴，当地人都说白头叶猴是我们的孩子啊。

这个美丽而动人的传说，牵动了潘文石的情怀，他一头扎进了广西崇左，开始对白头叶猴的科学考察。

白头叶猴是一种半树栖半岩栖的热带动物，性情温和，体态优美，具有很高的观赏价值，目前在国外没有活体和标本，全世界仅在广西存有约700只，因此被公认为世界最稀有的猴类之一，其生存空间比大熊猫还小。白头叶猴与人类的亲缘关系更近，具有更多与人类相同的遗传基因，具有更复杂的社会形态，因此白头叶猴的研究价值并不亚于大熊猫。

潘文石带领十多位专家、学生进行了五年多不间断的观察和研究。掌握了大量白头叶猴的地理分布、种群数量、繁殖组群的社会形态及其食物、食性、昼夜活动节律和生殖行为的资料。20世纪60年代，白头叶猴分布区的总面积还有500多平方公里，几十年来，由于人口的增加和不断开垦新的土地，白头叶猴的生活空间被挤占，它们只能转移到陡峭的山上，但就是这最后一片生存空间也受到炸山采石的威胁；当地农民长年在山里采树枝当柴火，这些树绝大多数是白头叶猴赖以生存的食物。

“白头叶猴是我们的孩子啊。”这说明人与自然曾经是多么和谐！现在它们已经面临严峻的生存危机了，保护白头叶猴刻不容缓。

与在秦岭时的研究相比，潘文石更注重寻找一种从根本上解决生态危机的办法。他已经深刻认识到那种仅仅从纯科学出发的与人类社会发展形态关联并不密切的研究，特别是忽略和脱离了当地老百姓生活现状的研究，在维持生物多样性的延续上所能起的作用是极其有限的。

潘文石提出，把当地漂亮的喀斯特地貌、世界独一无二的白头叶猴两大资源合理利用，开发成为一种全新的环境旅游产业，以求兼顾环境保护和经济增长的可持续发展，达到人与自然的和谐相处。

潘文石和他的学生们每到一地，都密切关注当地百姓的生活状况，思考着怎样才能既得到群众对保护野生动物的支持和理解，又不影响百姓的生活水平。他们力图在二者之间找到一个和谐点。在广西崇左白头叶猴出没的地段，有一个叫雷寨的村子，在一次社会调查时，潘文石来到84岁高龄的壮族老人陆宝林家，老人很客气地给他倒茶，他想起入村时曾留意到村口有一片水塘，看到牛在里边浸泡，村妇也在里边洗衣服。于是问这水是从哪里打的？果然，老人说就在村口的池塘打的，整个村子的人都喝这口塘里的水。潘文石的心破深深触动：这就是这一带为什么成为肝病高发区的原因！他心急如焚，立刻提笔起草一个关于解决村民饮水难的报告并面呈县委书记。面对一个科学家坦荡而焦虑的目光，这位书记当即批示拨专款，安装了引水设备，村民们从此喝上了干净的水。

在崇左，没有人知道眼前这个背着满身器械的老头就是世界上赫赫有名的熊猫专家，只知道从北京来的教授酷爱猴子，为人随和、厚道，还有一手绝活：摸一摸果树、看一眼家禽，居然就能告诉你它们得了什么病。

在一个壮族集居的村子里，潘文石看见一只病鸡，走起路来爪子勾着，脖子一扭一扭。教授对村民说：“你们的鸡年年都闹病死了吧？”村民忙不迭说，“对啊，年年都死了。”“这是闹鸡瘟啊。”曾做过九年病毒学研究的潘文石，做了一些疫苗给乡亲们送来，还教会大家如何注射，此后没有哪家的鸡再病死。消息传开，远近的乡亲们纷纷相约来找教授要疫苗，都把教授当亲人。

潘文石不仅仅是科学家，还是社会活动家。为了在农村示范推广替代能源——沼气，潘教授甚至在崇左县一个村口贴出了收购牛粪的告示。结果，家家户户都抢着送来牛粪。农户们在亲眼看到臭烘烘的牛粪制成沼气竟然可以提供照明，而且仅用三四头牛的粪便就可以制造出足够的沼气供一家人做饭，沼气在当地迅速推广，雷寨村共91户村民，已有77户挖好了沼气池。2001年初，潘文石获得福特汽车环保奖及10万元奖金，他毫不犹豫地把奖金用于推广沼气池，“要让乡亲们把树林子留给白头叶猴”。

潘文石一方面带领研究生们不遗余力地对当地农民宣传环保知识，一方面节衣缩食，用省下来的财物帮助农民改善饮水条件和教育条件，其中用外国友人捐助的20万元人民币修建了600平方米的岜旦屯小学教学楼，帮助了130多名山区孩子上学。

教授的行动感染了当地官员和百姓，不可思议的事情发生了。一天清晨，潘文石一打开门，就发现门外站着一位满脸焦急的农民，他是为自己劳动时不小心失手砸死了一条蛇而上门向潘文石道歉的。从1998年3月雷寨屯3位农民抬来一只被铁夹夹住并受伤的白头叶猴，让潘文石包扎伤口并放回野外之后，这里再没有听说白头叶猴和其他珍稀野生动、植物受到伤害和破坏的情况。乡亲们说，这里的所有生物都是潘教授的，我们要爱护它们。

当地政府也被潘文石的精神打动了，下文禁止烧山垦荒及放炮烧石灰等传统生产方式，并帮助农民搬迁石灰窑；加大环保宣传和打击偷盗珍稀野生动、植物活动的力度。崇左县政府还同北京大学一起，兴建“北京大学崇左生物多样化研究基地”，共同向基地投入510万元，按世界级的标准建设白头叶猴研究中心、科普中心和环保中心。

保护白头叶猴的举措已初见成效。潘文石说，在位于崇左县罗白和板利两乡交界处20多平方公里的研究基地内，白头叶猴已经由1996年的不足百只增加到今天的212只。

现在，潘文石成了崇左人人关爱的“金老头”。那里的干部群众有一个共识：潘教授是世界著名的科学家，白头叶猴是世界上独一无二的，这就是我们的财富。做好这两个无形和有形资产的文章，一定会既帮助教授研究，又推动崇左社会经济的发展，因此他们决定，宁可在别的地方少花一点，也要挤出必要的资金来全力保护白头叶猴资源，全力支持潘教授的研究。现在来崇左的不光有国内外专家学者，还有很多游客，尤其是投资商也纷纷来这里投资。崇左县领导说，“来了‘金老头’，才看到我们自己有‘金猴子’，靠着‘金老头’，给我们出‘金点子’，走上了‘金路子’。”

潘文石的科学研究思想和对人生的思考在广西这个地方得到了升华。他对白头叶猴的研究和保护，把生态环境与社会发展结合起来，为全中国、全世界找到一个生态保护与经济发展互补的亮点。潘文石觉得自己生命中最辉煌的一段就在广西。此前做熊猫的研究，是对一个物种的保护，现在做白头叶猴的研究，是为了整个社会的发展和整个地球的保护。意义完全不一样。他对自己的孩子和学生说过：广西这个地方撵我走也不走了！我们的研究，重要的已经不在于出多少篇论文和专著，我现在特别的感到：要把我们对环境、对后代、对民族所有的爱变成力量，帮助少数民族地区脱贫致富，让广西这个地方变得更美好一些。这就是我后半生在广西的追求！

潘文石从事大熊猫、白头叶猴等野生动物的科学研究和实地研究，为保护生物多样性、兼顾环境保护和经济可持续增长贡献突出。他与人合作发表过6部科学专著和编著，论文80余篇，先后获国际和国内10多项大奖。前不久，他又获得两项国际大奖：世界自然基金会颁发的“保罗·盖地奖”和福特汽车环保奖。

然而潘文石却是一个淡泊名利的人。1996年，他接到荷兰王室的一封来函，通知他已经获得荷兰王子颁发的保护野生动物的金质奖——诺亚方舟奖，邀请他携夫人和孩子于当年11月1日到荷兰旅游并于11月最后一天在王宫由王子亲自为他颁奖。这是一个在当今世界上极少人获得的荣誉。按理说，潘文石应该由衷欣慰，如期赴约。他偏偏不。此时的他正住在广西扶绥渺无人烟的一个山洞里，每天以方便面和山泉充饥，对白头叶猴进行科考。潘文石这样给荷兰王室回信："我非常感谢国王授予我奖章，但是我正在开展一项新的科学研究，无法离开，能不能给我寄来？"王室回信说，我们很理解一个科学家的时间的宝贵和重要，这个奖章一定是你的，但是不能随便寄出。我们会派一个大使到北京给你颁奖。1997年4月，潘文石回到北京，荷兰大使果然到北京颁奖。大使动情地说，教授的工作就像圣经中所说的故事那样，就像诺亚造船拯救人类和各种生物一样，同样了不起！

采访结束前我问潘教授："你今年已经64岁了，还打算干多久？"潘教授说："我虽然体力不如年轻时了，但年龄对我并不是限制。我仍觉得自己处于生命的最佳状态，我的头脑更加成熟，对事物的看法更加接近客观实际，我压根就没想过退休和休息。现在我时时感到肩头的责任重大，有这么多研究工作要做，这么多野生动植物需要保护，就在这个位置，我比别人看到了更多有待解决的问题，不能停下来。我已经选择了这项事业，作为我生命的一部分，我真的看不到头，也许直到走不动，停止工作时，我才能彻底休息。人总应当为一个更高尚的更理想的社会而奋斗，新千年我们应该做的，是要争取人类一种新的文明，缔造农业文明、工业文明之后的人类第三次文明：环保文明。"

（摘自《群言》2002年第1期，曲伟采写）

从人治走向法治

——访著名法学家端木正教授

上个世纪20年代的北京，城东十八小学校里，一尊文天祥塑像在祠堂间浩然而立。端木正六岁进了这个校园，便耳濡目染于民族正气。从中学时代两坐国民党大牢到清华法学硕士，从负菱巴黎到“反右”落难，从中国大法官到海矛常设仲裁院仲裁员……春秋81载，端木正历尽沉浮，宠辱不惊，守住了人格尊严，也为民族赢得了国际尊严。

提及这次访谈，谦和的端木老说：“我还不够格上《群言》，只是学者访谈栏目谈法学的不多，就聊补一点点空白吧。”话题从入世谈起。

变一变思路和观念

王：“公开、公平、公正”，是WTO的基石，也是最高原则的体现。我国的法制建设，要适应入世的要求，哪些方面应当跟上去？

端木：首先是观念。法律有一个基本的规则，不公开的法律不算法律。国际上最不满意我们的就是这一点。比如许许多多的“内部规定”，由来已久，我们也早习以为常，似乎本该如此。一些所谓的内部情况，不仅不允许公布，甚至采取种种措施严加保密。“内部规定”，使法律成了执法者或整个统治阶层自行决定、任意变更的东西。无视知情者的权利，怎么取信于民？自己做的事情、掌握的尺度，该公开的不公开，又怎能赢得别人的理解和信任？多年来，我们过于强调内外有别，不少地方是与公开原则相悖的。这个观念要先变过来。

王：如果强调这是“中国特色”呢？这个思路该怎样转换。

端木：现在“中国特色”包括的内容太多，不能拿“中国特色”去庇护那些传统中应当改掉却不愿改掉的东西。就拿我们的判决书来说，一般是不得公开的，我们出版的一些案例选，也是经过加工了的，原件同样不得公开。现在的公开审理，说是可以对外宣传，允许旁听，但还是有所控制。我们搞了太多的保密规定，这个不能对外，那个不能宣传。这样的做法，“入世”后就行不通了。法院公报，该公开的就得及时公开。是批评，是指责，也要保持本来面目，不做任何加工处理地公之于众。今后若不遵守国际规则，人家就会找上门来。你不说，人家也能打听到。到那时，我们的防线可就守不住了。

王：您的意思是说，这些方面，我们应该主动增加透明度？

端木：透明度的概念是什么？从法律上讲，就是什么人、说什么话，都记录下来并公开。任何一个法官，尤其是最高人民法院的大法官，从参加法律工作开始，贯穿一生的法律主张都应该让社会了解。比如，对打胎是什么态度？以前是什么态度，现在是什么态度？对一伴事情，是赞成还是反对，要有个明确的观点和态度。法院所有法官的所有态度，都应咳让大家知道。以往，我们只强调集体时论，集体意见，具体到每一个人是什么态度，不清楚。甚至一些知名度很高的大法官的态度，也很难知道。判决书上，通常只写“本院认为……”，本院都代表什么人，这些人都持什么意见，不知道。判决书只体现了共性而没有个性，不同意见是什么，也不加说明。如果一个判决有九个人参加，五人赞同，四人反对，是谁反对，为什么反对；是谁赞同，为什么赞同，都应该让天下人共知。现在，九个人的讨论意见，在理论上是绝对保密的，没有透明度可言，然而“小道消息”满天飞。这些与国际通行规则不相一致的观念和做法，必须改变。

不能总“摸着石头过河”

王：入世标志着一个国家与世界的全面接轨，法制建设是否应是其中一个重要方面？

端木：一句话，“入世”将加快法制建设现代化的进程，实现真正意义上的与国际接轨。我国的法制建设，从清末就开始了与国际的接轨，改革中国传统中那些与现代化不相适应的东西。但那时是一段一段地走，一点一点地改，一步一步地接，改得很不容易，过程很艰难，对接得也不那么痛痛快快。现在，不变也得变，不接也得接。不接轨，人家就无法与我们合作。“入世”，对实现我国法制建设现代化是一次质的飞跃，我非常高兴。建国50年了，不能永远“摸着石头过河”呀。

王：事实上，这是一次真正意义上的从人治社会向现代的法治社会转型。

端木：依法治国，这个口号能得到政府上升到政策上的承认，很不容易，是经过几十年痛苦的经历和教训才取得的进步。新中国成立30年的时候，偌大一个国家，还没有民法和刑法，几项基本的法规都没有。今天看来像是笑话，事实的确如此。没有“法”，就无所谓犯法，就可以“无法无天”。想定谁的罪就定谁的罪，想抄谁的家就抄谁的家，不需要任何法律依据，没有任何道理可讲，最终酿成“反右”、“文革”那样随意践踏人的权利和尊严的人间悲剧。中国最终走上法治轨道，付出了沉痛而巨大的代价。我们的法制建设发展到今天这个程度，是历史的必然，不以人的意志为转移。“入世”即加入全球化，以法治国符合全球化的要求。应当看到，全球化的标准越来越高，我们依法治国也才刚刚起步，路还很长。

王：实现法制建设现代化过程中，最突出的矛盾是什么？

端木：当前中国一个最大的特点，也是难点，就是各地经济发展极不平衡，法官和律师的水平、办案能力，差别很大。不要说沿海与西部地区的差距，单是广东省，广州和距离它100多公里的山区，差别就很大。美国等一些发达国家也存在差距，但不如我们这么大。经济、文化、社会发展水平不平衡，这是中国特色，法制建设的现代化程度不可能全国同一个水平。比如涉外方面，北京、上海、深圳等最发达城市和地区的口岸可以率先跟上去，提高审判水平，改革阻碍现代化进程的政策和制度。这需要花费许多心血，付出很大努力，也需要很长的时间，但要有信心。

法学教育要更上层楼

王：提高审判水平，落实在具体工作上，首先应考虑哪些方面？

端木：首先是涉外法官，必须提高外语水平。国外的法律资料，不能全靠翻译，要自己看得懂。法律的专业性很强，外语专业出身的翻译，法律专业知识是有限的。如果他们能够翻译得准确到位，就可以不再当翻译，改行做法官或律师了。

王：这就给法学教育提出更高的要求了。

端木：维护国家在国际社会的利益和地位，需要大批深谙国际法的专门人才。我在20世纪40年代出国前，就已经在清华教授国际法课程了。新中国成立后，看到中华民族在国际舞台上扬眉吐气，相信所学的国际法回国一定有用武之地，就响应周总理的号召，回到国内。没想到，别说教国际法，清华连自己的法学院都没有保住．去了只能教政治课。后来南下到了岭南大学，也没有法学课可教，只得改教历史，一教就是27年。新中国成立后的前30年，法学教育被大大削弱了。回头看看，那个年代，国际法在中国是不可能有所发展的。但是现在又出现另一种倾向，法学教育遍地开花。过去与法学不沾边的师范院校、理工科大学，甚至各级党校，都在争相办法学教育。这原本是好事，但这些学校的图书馆没有足够的法学方面的书，教法学的教师也多半是教政治课改行过来的。这就有个质量问题。我们的法学教育与世界隔绝的时间太长了，所理解的范围也很窄。这是当前需要重视的问题。

王：*法学教育的当务之急是什么？*

端木： 培养既精通法律、又精通外语的高级人才。他们有能力参与国际竞争，能直接与外国人谈判。他们还要懂得我国的法律如何与国际接轨。这样的高级人才，专业知识是第一位的，而后才是外语水平。外围人起草的法律文件，不仅看得懂，还要掌握要领，看出门道。哪句话错了，哪个标点符号不对，这里都有学问。真正掌握了书本知识，又能在实际工作中运用自如的高级人才，现在还很少。我们的法学博士，也就是比硕士多读两三年书。当然，不能要求学生都达到这个水平，但要创造培养高级人才的环境。人才的培养需要一个过程，也需要进一步的开放。只要培养的方向和思路对，会有许多年轻人具备时代所需要的条件。

德治、法治还需相辅相成

王：*提高法律意识，首先要提高文化素养，怎样理解您的这一主张？*

端木： 提高全民法律素质，先要从提高文化水平做起。法律与道德是相互关联的。能自我约束、遵纪守法的人，多数是受过教育、有道德修养的人。法律教育应与文化教育同步。社会上的一些成功人士谈起自己的成长道路，大都很感激中小学时代老师的引导，做诚实的人，说诚实的话。这些教育能抵御成长过程中一些不良的影响。相反，一些罪犯，连九年义务制教育都没有念完。治理社会，不能完全靠法律。法律的作用，只能维持社会秩序的最低标准。一个整体文化素质不高的社会，很难有全民法律意识的提高。

王：*现在又提出了“以德治国”的口号，您怎样理解？*

端木： 作为老一代知识分子，我很赞同这个口号。以德治国与依法治国相辅相成。在依法治国的初始阶段，提出“以德治国”，既符合中国的实际，也符合全球化的要求。再进一步思考，“以德治国”，谁以德治国？当然是最高领导人，他们的行为对社会影响太大了。百姓关注的，首先是各级领导人，并以较高的道德标准要求他们。百姓拥护一个人，首先看的是他的道德修养。中国自古以来提倡修身齐家治国平天下，一个不能修身齐家的人，是治不了天下的。反过来，凡治天下的人，也都应该从修身开始。德才兼备，德为先。对自己要求不严，德行不好，就没有权利治理天下。

王：反腐败反了多年，可查处一批大要案，很快新的一批又出现了。是什么地方出了问题？

端木：什么地方出了问题？不是反腐败，而是防腐败出了问题。防止腐败，制度建设是关键。机制不完善，当然要出问题。不少大贪官，在学校是好学生，参加工作是好干部，否则也不会走上领导岗位。可他一旦掌握了权力，想干什么就干什么，要怎样就怎样，一直到败露为止。无人监督，也不敢监督；掌握的权力越大，监督的力度越小。所以就导致查处一批，新的一批腐败分子很快又出现。大案要案的发生，不能只归咎于个人道德出了问题，或者教育不够，放松了学习。这绝不是单纯的个人品行好坏的问题。要看使他腐败的条件，把犯罪的个人原因和社会原因结合起来看。出污泥而不染，还要看污泥污到什么程度。所有的社会犯罪，都应查找它的社会根源。比如贩毒，处罚得这么厉害，为什么还是越来越严重？如果没有相应的社会条件，毒品没有市场，卖不掉，谁还会铤而走险呢？不久前，朱镕基总理视察国家会计学院时，为学校题校训“不做假账”。可是在一些地方，不做假账，就有人给穿小鞋；不同流合污，就升不了官，甚至连饭碗都保不住。教育当然是必要的，但道德的约束毕竟有限。如果制度严格，无论什么人当领导、当会计、当出纳，一律照章办事，违者必纠，就会减少犯罪的概率，杜绝大官大贪或小官大贪情况的发生。什么时候真正实现了从人治走向法治，“防腐”的防线才能牢固。

通晓法、英、俄三种语言并精通国际法的端木老，数十年教书生涯中，除了非常岁月，当年身为最高人民法院副院长时，也从未离开过讲台。如今，他仍在中山大学教授着一批批“年龄比小孙孙还小”的研究生，像一只不倦的候鸟，在北京和广州间飞来飞去，年复一年。

回首往事，酷爱戏曲艺术的端木老笑称“一生相当富于戏剧性”，虽吃了不少苦头，却从不改“老老实实演戏，清清白白做人”的初衷。历史从来都不是直线发展的，这是端木老早年教法国革命史就明白的道理。无论什么时候，他都能从历史中找到希望和安慰，始终守“正”，从容泰然，坦坦荡荡。能走进21世纪，能看到年轻时就为之奋斗的中华民族自立于世界民族之林，端木老感叹道，此生无憾矣！

（摘自《群言》2002年第2期，王娅妹采写）

心理学应该大有作为

——访著名心理学家张厚粲教授

从1945年进入北京辅仁大学学习心理学算起，张厚粲已经在心理学这块园地耕耘了50多年。50多年的执着追求换来了累累硕果。早在50年代，她就独立设计和研制了条件反射实验箱，推动了心理——生理机制的研究；1983年，她与人合作编写出我国第一部《实验心理学》，该书获国家教委优秀教材二等奖；1982年，她率先向国内介绍和引进认知心理学，领导和组织了认知心理学领域一系列基础实验研究工作；她通过研究教育心理和考试心理，对考试制度提出了具有指导性和操作性的建议，推动了高考、公务员考试等考试工作的改革。她在认知心理、心理测量、实验心理等领域的一系列学术研究成果得到了国际和国内心理学界的肯定和赞赏。1996年被选为国际心理科学联合会执行委员，2000年在第27届国际心理科学大会上又当选为国际心理科学联盟副主席。

张厚粲教授已是“桃李满天下”，这些学生绝大部分都成为我国心理学教学和科研的骨干力量。可以说，她为我国心理学界培养了几代人才。

一个小时谈话中，有她对心理学的科学性的信念，有对心理学的应用前景的展望。然而，最深层的是对人的关爱。

心理学是一门行为科学

杨：像许多学科一样，心理学在极“左”思潮时期也受到歪曲和批判，其科学性遭到否定，回过头来，怎么看这个问题呢？

张：过去，心理学不为很多人所了解，认为人的心理活动是看不见、摸不着的，怎么能够研究呢？有人一听心理学这个词，就认为这是唯心的。难怪心理学受批判时有一定市场。对心理学的否定，不是受“左”的影响，就是无知。人的心理虽然是一个精神的存在形式，看不见，摸不到，但它的活动是有规律的。首先，它的产生有其物质的基础，没有大脑，就不会产生人的心理；只有大脑，如果不接触外界，心理也没有外界现实。现在国门打开了，大家都说“外面的世界很精彩”，过去却不知道。所以人的心理活动总是外界事物和大脑相互作用而产生的精神现象。心理学研究心理活动的规律，研究它怎么样产生、怎么样反映现实、这些反映如何影响行为，而不着重研究不同人的心理内容是什么。

杨：您刚才讲到，人的心理活动是看不见、摸不着的，那又怎么去研究？

张：心理活动虽然是个抽象的东西，但它是和行为相联系的，通过行为表现出来，有了某种心理才会有相应的行为，否则，行为不过是一个机械运动。大冷天你跑这么远来找我，这是你的行为，但这首先是因为你对心理学感兴趣才跑来，才提出心理学的问题。研究心理规律要通过行为来研究。所以说，心理学也是一门行为科学。人的心理活动是不断变化的，心理学就是要研究心理变化的规律，研究它究竟怎样形成、变化的。

大家都在一个环境中，但不同的人想法却不一样；老师在台上讲课，学生反映就不一样，有的人爱听，有的人就不爱听；有的人说讲得好，有的人说讲得没意思。所以说，人的心理不只是外界现实决定的，主观世界也在起作用。你想听这些内容，就觉得好，你根本不想听，就觉得没意思。规律在哪儿？你原来的基础使你正好有这方面需要，而另一个人的兴趣在其他方面。可以这样讲，心理学是研究人的心理活动的规律或者说研究人的心理和行为活动规律的科学。

杨：近代科学产生的重要标志之一就是实验方法的应用。现在，心理学研究中是不是也广泛采用了实验方法?

张: 人的心理活动有其规律性，我们可以在实验室做实验，也可以到现场去研究，心理学研究广泛采用了实验方法、测量方法、统计方法，研究结论同样是可以检验的。科学真理都是可以检验的。心理学是从哲学中分化出来的。什么叫“分化出来”？从研究方法来说，就是哲学靠思辨，而科学的心理学要靠实验。心理学是实验科学，最初是从实验室开始的。

社会需要心理学

杨: 改革开放以来，我国心理学得到了较快的发展，心理学受到了重视。是不是社会的发展对心理学提出了这种要求?

张: 随着社会的进步和科学的发展，封建迷信的东西少了，大家比较相信科学了，认识到心理学是一门科学。而且，随着经济、社会的发展，心理学也显得重要了，心理学开始受到重视。例如，现在搞市场经济，社会环境变化加快，人要生存、要竞争，就要主动适应环境。适应不了的人就会产生心理障碍。“心理不平衡”成了大家常常说的话。现在去心理咨询的人多了。“我怎么也想不开”，找个心理医生谈谈，解解疙瘩，心理就舒服点。过去，大家很少会想到心理还会有问题。现在，心里不痛快，就得找人看看。找谁？找心理医生。

杨: 现在大家都讲“人尽其才”，要最大限度地发挥人的潜能。心理学在这个方面应该大有作为。

张: 过去，单位用人、学生找工作，都靠计划分配。现在要“双向选择”，允许挑了，用人单位要挑，学生自己也要挑。挑什么？不光是看能挣多少钱，还要看是否适合自己。单位希望把工作做好，有些岗位，这个人适合做，那个人就不适合做，“人尽其才”才能把工作做好。双向选择，各得其所。现在单位招聘，不光看学历，还要看你的特点、心理品质。有些人有风险意识、创造精神，有些人很踏实，适合做稳稳当当的工作。现在评定一个人不再简单地说谁行谁不行，只是一个人与另一个人不同，你适合做这种工作，他适合做那种工作，这就是“天生我材必有用”。人的性格、心理品质有不同，而不仅仅是总的讲能力大小不同，能力也还要区分它的不同方面，这样一组合，也就人各不同了，这就是中国人所说的“人心不同，各如其面”。任何学科的发展都离不开社会的需要和社会的承认。应该说，现在是心理学发展的好时候，心理学的地位在上升。最近，中国科学院已把心理学列入21世纪的重点学科。这些年，在国内学术界，心理学这个学科开始走向前列；在国际心理学界，我们的学术地位日益提高，成为一个心理学大国。但困难也有，毕竟过去的基础差一些，批了那么多年，恢复起来也有困难，人力不够，人才短缺。美国有十几万心理学会会员，我国却只有几千人。

杨：有人说，心理医生将成为21世纪的一个热门职业。近些年，我国也出现了很多心理咨询机构。您怎样看待这个现象？

张：应该把精神疾病的诊断和治疗与心理咨询区别开来。心理咨询者不是心理医生，其工作重点是辅导、帮助，不一定具备医疗水平。在国外，开心理诊所的，除了有深厚的心理学基础外还得有医学基础，只懂心理学还不行。心理障碍很多时候还与生理相关，一个人总是想入非非，可以从心理上去开导解决，但神经太兴奋，吃点镇静剂也还有用。心理咨询在某种情况下起作用，但很多时候还解决不了问题。现在心理咨询受到重视，好多医生转而成了心理医生，但心理学知识又不够。一个人的毛病出在哪儿？可能是社会适应问题，医生却不懂，他往往只看到生理的一面。只有把心理和生理结合起来，才是一个合格的心理医生。医学模式在发生转变，从生物医学模式进步到现在的社会心理医学模式，在医学治疗上加上了心理学，这是好的一面，但这仍是医学上的医生，还不是心理医生。我们曾经提了一些建议，认为心理咨询、心理诊所应该有一个资格认定，卫生部门或教育部门有一个证明。但现在这个工作一直没有提上日程。这个职业很重要，但如何提高质量和水平，更好地服务于社会，还需要改进，需要不断地努力。

杨：现在也有一些广播电台甚至个人开设“情感热线”，“等你倾诉”，提供心理辅导。

张：那水平一般都不高。一个人情绪上有点小毛病，接受辅导心里会痛快些。做心理辅导的最简单方法，就是要耐心地听他倾诉，让他尽量说，等他说完了，宣泄完了，心里就好受多了。如果你说“你别说，我根本不想听”，或你老是插话，那他就没有宣泄透。你少说话，多表示能够理解，他会感觉找到了一个能够理解他的人，心理障碍就减轻了。这种初步作法谁都会。但如果真的问题严重时，就不足以解决问题了。

杨：现在心理学也进入了教育领域教育工作的各个环节都应该考虑教育对象的心理方面。

张：这几年上上下下都在讲素质教育，要使学生全面发展。我们总说过去的教学方式是灌输式、“填鸭式”，要改为启发式。怎么启发？要培养创造性思维，怎么培养？谁的教育方式是素质教育？准的教育成果是素质教育的成果？素质教育谈了好几年，素质教育方面的书出了一本又一本，多数人跟着空喊口号，谈一些大而无当的问题，而没有真正踏踏实实地做些具体研究工作。教学工作怎么做？不能说实行素质教育就不考试了。不考试如何知道老师教得怎么样，学生学得怎么样？考试是检查，不但检查学生学好了没有，还要检查老师教清楚了没有，教材是否符合学生的特点。不能简单地认为考试就是整学生。取消考试，对学生没有任何好处，对教学改革没有任何好处。这个工作如何做得恰如其分？这都是心理学应该研究的。心理学是教育的基础。教学工作既要考虑教育基础，也要考虑心理学基础。什么样的人，怎么教？教材和教学都要考虑不同年龄段的学生的心理特点、理解和接受能力，给小学生讲那些艰深的大道理，他们能够理解吗？他们只能听得晕晕乎乎，然后死记硬背去应付考试。最近几年，不少教育工作者认识到心理学在教育中的重要性，进修心理学的教师多了。从对儿童的影响启蒙讲，心理学对小学、幼儿园教师很重要；从教学工作如何适应学生的特点来讲，心理学知识对中学教师也很重要。抓住人的特点，适应人的特点去教育培养，才会取得好的效果。

杨：可以说，人类活动的每一个领域都涉及心理的问题。心理学知识现在也应用于商业活动中了。

张：经济发展了，社会物质产品丰富了，消费者购买商品、接受服务有了选择余地，不仅要考虑商品的价格、实用性，还要考虑其品质、品位、外观、包装等因素，消费越来越个性化。商家就要研究和适应不同收入、年龄、职业、素养的人的消费心理。现任广告业兴起来了，怎么做广告才能吸引人？并不总是越花哨越好，有时大方、素静的广告反而引人注意，这就涉及心理学讲的注意的规律。

总之，社会越发展，经济越繁荣，人的生活越丰富，心理学就越重要。人是最重要的因素，重视人的因素，强调人的各不相同，就得重视人的各个方面，包括外在的方面和内在的方面，这都是心理学要做的工作。

在访谈即将结束时，张教授兴奋地告诉我："我们已经争取到2004年在我国召开国际心理学大会，将有4000多人参加。看到心理学没有断掉，在改革开放后很快恢复和发展起来，并在国际上有了一定的学术地位；看到一批批学生成长起来了，心理学事业后继有人，感到十分欣慰。"是的，对祖国、对人民的赤子之心使她一生钟情于心理学事业。请听这位可敬的老教授的心声："如果我能还原到18岁，让我重新选择，我依然要选择心理学。"当问她"是什么信念支撑着您半个多世纪潜心于心理学的教学和研究工作？"时，她回答说："我始终相信，人是最重要的因素，而且人又各不相同。心理学是科学，对人类、对国家有用，现代化的中国，心理学更应该大有作为。"

（摘自《群言》2002年第3期，杨安民采写）

一只眼睛看过去，一只眼睛看当代

——访史学家张芝联教授

1918年11月7日，第一次世界大战结束前四天，苏联社会主义革命胜利一周年。或许是命运的安排，张芝联正是这一天来到世上——“仿佛预示着我是为和平进步而生的”。

“无论做什么，总要对社会有利”

出身浙江宁波书香门第的张芝联，是明末抗清英雄张煌言的后裔。他深受教育家、藏书家父亲张寿镛的影响，为人为文都忠诚地继承了浙东学派“温故知新”、“经世致用”的传统。

王：您素来以敢讲话、讲真话著称。当年您批判“影射史学”的反科学性时，“文革”刚刚结束。在坚持真理要冒风险的年月，这是需要勇气的。

张：知识分子的特质就是批判。对任何事情都应该采取客观的、科学的、批判的态度。为了事业，为了追求真理，敢于坚持自己的观点，无所畏惧。如果不参与到社会中来，不表明自己的思想，不与人辩论，就不叫“知识分子”。

王：当年您还提出历史学要改革，抱残守缺是没有出路的，是有针对性的吗？

张：经过“文革”，不少从事历史教学和研究的人认为，搞学问，还是搞考据保险系数大，靠现实太近有危险。于是纷纷走上为考据而考据、为研究而研究的路子。浙东学派的一个重要特点，就是学以致用。无论做什么事情，总要对社会有利，对人民有用。这不是庸俗地把所有学问都和社会连起来，而是一个做人的态度，也是学人的社会责任感。

王：您不赞成脱离实际的研究，可是又反对历史学过于从属于政治教条，这怎么理解？

张：一段时间里，历史学仅仅局限于发现和说明历史规律。历史学家的作用，也只是证明历史唯物主义的有效性。史学成了马克思主义哲学理论的注解。人，这个历史的主体完全消失了。人的活动，人与自然和社会的关系，人的首创精神，人在各个集团中的地位，人的情感，等等，似乎都不重要了。对历史中人的因素的否定，导致了非人化的历史，历史也就不成为历史了。

人在历史学中的屈从地位，是同作为一个学科的历史的屈从地位相应的。一些年代里，历史往往臣服于某些外在的东西：某个哲学体系，某些政治教条，甚至某个领导者的心血来潮。历史完全没有了独立自主的空间。外部势力，可以随意给任何一部历史著作、一篇文章或一个观点贴上标签，斥之为反动，将作者一并打入冷宫。这对于历史学是非常有害的。多年以来，历史学的各个领域，既没有产生有独创性的理论，也没有产生伟大的历史学家，这大概是主要原因。

王：历史学的标准在哪里？

张：历史学的标准就在它的自身。它的真实性并不取决于外在的东西。它是思想的一种自主形式，拥有自己的原则和方法。这个观点出自柯林伍德的《历史的观念》一书。毛泽东《关于正确处理人民内部矛盾的问题》一文，对有关问题也有阐述：艺术上不同的形式和风格可以自由发展，科学上不同的学派可以自由争论。利用行政力量，强制推行一种风格、一种学派，禁止另一种风格、另一种学派，我们认为会有害于艺术和科学的发展。

王： 任何一门学科，是否都应有自己完全独立的评价体系？

张： 从理论上讲，每一门学问都有自己的规律，自己的自主性，自己的评价体系，并由本学科的专家根据学科本身的规律来评价。学科中的问题，应当通过本学科的自由讨论和实践来解决。外力干预太多，说这是好的，那是坏的，这个允许，那个不允许，学术自己的地位放在哪里？一旦以政治的需要为标准，学术就失掉了主心骨，学术的科学性也就遭到破坏了。

王： 您研究的是历史学，却对现实倾注了同样的关注。

张： 我常说，研究历史的人要一只眼睛看过去，一只眼睛看当代。研究历史只注重过去，也是一种做学问的方式，但成不了史学大家。还是要有研究方向，而且这个研究要对现实确有帮助。

王： 现在您最关心的是什么？

张： 21世纪的发展。21世纪面临的任务，我认为至少有五个方面：尽可能避免战争，尤其是世界大战；减少全球化带来的负面影响，缩小贫富差距；有理、有利、有节地进行反霸权斗争；发展教育，消除贫困和愚昧，提高全民素质，这样才能根除恐怖主义；维护人权，体现对人类的关怀。

王： 对人类的关怀应该体现在哪些方面？

张： 十分简单，一条一条落实宪法，所有对人的关怀都在里边。

王： 十多年前，您从历史学研究又拓展到人权研究时，基于怎样的想法？

张： 对“文革”的反思。中国古代历史沿袭下来的传统中，没有人权，不讲人的权利，只讲义务。对国家的义务，对社会的义务，对家庭的义务。中国历代都有民本思想。孟子说，民为贵，社稷次之，君为轻。统治者有了“民为贵”的思想，就会关心民众，做好官，做清官。人民也希望有好官、清官为自己做主。但这不等于是人权。国外的人权思想渐入后，我们才知道，人天生就有权利，自己要为自己做主，而不是“天赋人权”。跳出“人权是他人赐予”的误区，才能建立人与人之间相互尊重、相互爱护、相互平等的关系。个人有了权利，才谈得上国家的权利。

“把教书育人放在第一位”

“我想当一个中学校长，大学教授。”60多年前，张芝联大学毕业时这样告诉父亲。“那你的月薪只有200元。”父亲提醒道。“没关系，这是我的心愿。”父亲闻此，不觉莞尔。

年轻时就醉心教育的张芝联，果真一生与教育为伴。读书时，北京燕京大学、上海光华大学、美国耶鲁大学、英国牛津大学一路走过；教书时，先光华附中校长，再燕京大学教授，后北京大学教授。

王：您不重财而爱才，这一点，在您的学生中有口皆碑。是否受了父亲和儒家传统的影响？

张：父亲生前常说，“得天下英才而教育之，一乐也”。他为社会做了许多事情，但辞官办光华大学，是他一生最大的快事。光华的校训是明代哲学家、教育家王阳明的“知行合一”。用父亲的话说就是“贵在实行，不尚空谈”，“说得出，做得到”。那时，他托钵化缘，筚路蓝缕，数十年如一日追求百年树人的理想。他对教育事业的虔诚，他“复兴中华，复兴光华”的遗言，的确对我影响很深。

王：您为什么那么想做一个中学校长？

张：这与我中学所受教育有关。中学水平高，才能保证大学质量。中学读得好，到大学就会创新；即使不上大学，也能成为一个很好的人才。好学校，非常重视学生道德素质的培养，学生个个均衡发展。不仅书念得好，而且关心社会，关心群体，德智体全面发展。古希腊的教育，讲求灵魂和体魄平衡发展。没有坚强的体格，不能算一个健全的人；没有纯洁的灵魂，也不算一个合格的人。中国的《大学》讲“至善”，是同样的道理，这也是道德的最高境界。

王：您心目中的理想学校是怎样的？

张：有自由的风气，没有任何顾忌、任何框框地进行学术上的研究，自由地讨论，自由地交换意见，畅所欲言。

王：“虽有智慧，不如乘势”，80年代初，您就引古语上书北大校领导，力促改革。

张：一校之长，如同一军之司令，应该了解自己的兵。了解他们，懂得他们，知道他们所思所想，否则带不好这个队伍。衡量一所学校的水平，主要看它能否培养高质量的人才。谁都知道，培养高质量的人才靠的是高质量的教师。从这一点讲，教师的责任最大。他们是学校的主体和核心，也是教育改革中最活跃、最有创造力的因素。所以我非常希望学校领导多关心他们，让他们最大限度地发挥专长，近年来，一些学科的教学水平有所下降，学生成长不快，学习方法刻板，拔尖人才不多，很让人忧虑。

王：您说过，衡量一个教师是否合格，要看四个“水平”。

张：是的。业务水平是教师对一门学科掌握的程度，是深是浅？是全面是片面？理论水平是分析问题的基础，比如历史课，没有理论，就不能把整个事件串起来，找出它们的内在联系。科学水平是一种科学的态度和方法。语言水平，如果教历史的不会古文，外语水平也不高，就很受局限。

王：学生说上您的课能体会到一种特殊的感染力。讲法国大革命，您唱《马赛曲》；讲巴黎公社，您会唱一段《国际歌》。

张：做教师还有一条非常重要，就是感情。一个教师，如果没有热情，对科学的热情，对教学的热情，对学生的热情，没有对事情本身的鲜明态度，没有感染力，即使学问再好，也不是一个好教师，教学也难成功。我读书时的先生中，许多非常爱学生，有的常常同我们到茶馆聊天。只要他感到你要从他那里学东西，不仅仅满足课堂听讲，课外也希望老师多传授知识，他会非常高兴。教师最应该给学生的是一个科学的态度，包括做人。这是一种潜移默化，很微妙。

王：您最希望学生从您这里得到什么？

张：观察、分析、思考问题的方法和能力。教学过程中，要让学生真正有收获，比如上历史课，仅仅告诉学生历史事实是不够的，这些他们自己也能掌握。重要的是告诉他们事实背后的东西。凡是课程可以联系到的东西，或做人，或做事，或观察，或思考，都要重点点明。这也需要凭点灵感，有时讲到一个问题，讲着讲着忽然想到这一点和某一点的联系，我会马上告诉学生。如果是课后想到的，就一定在下堂课及时补上。这样反复引导学生按事物内在联系去思考，学生就会通过分析比较，得出不同的结论，不需要老师给定义。许多事件的发生发展，光靠简单的定义是解释不清的，结论之外的东西更重要。

王：您把精力都用在教学和学生身上了，并不大追求个人的著书立说。

张：我算不上什么学者，只是个教书匠。教师应该永远把教书育人放在第一位。

“启蒙是没有终结的”

天性喜爱结交各方学人，热心学术交流事业的张芝联，不是一位“坐家”教授。熟悉他的朋友称他“游侠”或“学术交流大使”。为了中国的史学研究和与国外的学术交流，他忙着把国内需要深造的学生一个个送出去，再把国外有真才实学的学者一个个请进来，自己的足迹也遍及欧美大陆。法国政府为此授予他一枚“法国荣誉军团骑士勋章”，表彰他在中法文化交流中的卓越贡献。

王：您提出中国史学家必须开阔眼界，吸收国外的精华，大约是在什么时候？

张：我对当代西方史学的研究和介绍，开始于50年代。那时，我感到我们的史学工作者缺乏对外国史学著作和思潮的了解。经过近20年的自我封锁，更感到中国史学与国际史学的脱节与隔膜。不少历史工作者囿于视野的狭窄、方法论的陈旧，跳不出多年研究的旧框框。为了使我们的史学界对各国的史学成果有所了解和借鉴，从70年代开始，我不断把国外一些新的学派和成果介绍进来。比如法国年鉴派史学，在国内，这大概是最早的。这个学派提倡“全面的历史”，反对孤立叙述和研究历史事件；主张研究历史全貌，反对把史学与其他社会科学分离；主张利用其他科学成果，给历史以科学的学说。他们重视历史连续性的观点，给了我们许多新的启示。

王：从40年代开始，您就与国外学界友好往来，如今可谓朋友遍天下，似乎您天生就有交友才能。

张：我没有别的能耐，只会广交朋友。中国的、外国的、政治家、史学家、三教九流，都有。有的外国朋友，从50年代到70年代，20多年没有任何来往，再见面，依然如故。

王：保持这种友谊的关键所在？

张：彼此受益，互惠互利。这不是一般意义上的利害关系，是互相间可以交流思想，获取知识，学到东西。当然，也许还有其他一些因素，比如语言、声调、神态、风度、气质等等。总之，认为你可交，和你在一起很快乐。一天，一个外国朋友回国前一定要来看看我。他来的时候困得不得了，聊着聊着就兴奋起来，也不困了。因为我们谈的问题正是他的兴奋点。

王：能问一下是什么问题吗？

张：中国的启蒙运动。

王：记得您说过，中国的启蒙运动还远远没有结束，因为知识永远在发展。

张：与18世纪法国启蒙运动的概念不同，我说的启蒙是一个过程。只要有不认识的东西存在，就需要学习，启蒙是没有终结的。启蒙会让你不断得到一些新知识，你再运用这些新知识去改造社会。知识是没有穷尽的。从法国启蒙运动以来，知识增长了多少？积累了多少？我们常常会感到自己的蒙昧与无知，这就需要不断的启蒙。如果认为自己启蒙够了，不需要再学习，只需要去启蒙别人了，非失败不可。

王：那又怎么理解您说的“不要以为最新的就是最好的”？

张：现在从西方传来许多新的思潮。“后资本主义”、“后现代化”、“后工业社会”等，总的概括为“后学”。但是，我们自己的现代化还没有实现，怎么谈“后学”呢？我们有自己的情况，走的步伐比西方慢。如果认为只要是新的就是好的，就相信，就等于把我们所做的一切都否定掉了。我一向主张引进国外新的学派，但不一定最新的就是最好的。我们在跟上人家的同时，要分清哪些可以汲取，哪些是应该避免的。

“无恒产而有恒心者唯士为能”

“一只眼睛看当代”的张芝联，20世纪80年代初就看到，文史哲被认为与国计民生无大裨益，成了可有可无的东西，于是疾呼要纠正重理轻文的偏向。一日，他在一个历史系博士生的床头看到“无恒产而有恒心者，唯士为能”的座右铭，甚感欣慰。

王：不重视人文社会科学，最让您担心的是什么？

张：会造成许多不平衡。培养出来的人才也是偏的、不健全的。人文科学、社会科学中，最主要的一个元素是人。对人的尊重，对人的尊严的重视，是一个国家的最高原则。人文社会科学研究最本质的特点，是对人的研究。如果只见物不见人，只重物不重人，这个世界除了物质以外便一无所有了，代表最广大人民的根本利益就成了一句空话。另外，我们要吸取全世界最优秀的文化，代表最先进的文化发展方向，其中当然包括先进的人文社会科学。否则，还算什么先进的文化？

王：一个民族缺少自己的人文科学教育，一些优秀的文化和道德是否会慢慢消失。

张：国外的文化力量越来越强大，似乎要把我们自己的文化冲垮。上个世纪二三十年代，也曾出现过类似情况，当时遭到了批判和抵制，现在就很难抵御了。

王：什么原因？

张：要顶得住，我认为有三种东西不可缺少：中国古代经典文化；资产阶级先进文化；马克思主义。这三方面对我们这一代人影响很深。中国古代的文化道德在我们身上可以说是根深蒂固。小时候父亲常和我们讲“君子之泽，五世而斩”。祖先的恩泽，只有加上自身的不断学习和积累，才能保存下来，并代代相传。父亲那一代人比我们受传统文化的影响深得多，没有谁强迫，他们做得非常自觉，非常自然。“吾日三省吾身”，不断地反思，不断地追求人格和道德上的完善。有了这样的文化底蕴，就有了判断标准。如果没有西方先进文化科学知识，就无法了解和认识西方的文化，良莠不辨，不知道哪些积极，哪些落后；哪些可以吸收，哪些应该摈弃。缺少了马克思主义，就没有了立场和观点，就会迷失方向。如果有这三者在你的知识库中，在你的文化积淀中，你就有能力抵制西方不良文化的影响。这三条是我的本钱。很可惜，这些本钱在“文革”中被当做“封、资、修”全部毁掉了。毁掉这些，等于毁掉了整整一代人。

王：何止一代人！

张：过去待人讲厚道，讲诚信，现在一些年轻人已经不大容易理解和接受了。他们没有了那样的文化背景和生活环境，从小没有受过那样的教育。很多延续了千年的好传统今天被丢掉了。

王：现在从上到下，已经有越来越多的人意识到了这一点。但从根本上改变，大概还需要一个漫长的过程。

张：有位西方先哲说，“历史使人明智”。随着对外开放和交往的进一步扩大，会需要越来越多的人文社会科学人才，也会有越来越多的年轻人专攻外国史。“风物长宜放眼量”。

王：有人说，您从不把学问当做象牙塔中的小摆设，是指什么？

张：孔子说，古之学者为己，今之学者为人。为己，做学问首先为自己，这不是自私自利，而是讲修养，把人品放在第一位。先修身，才谈得上齐家、治国、平天下。为人，就是学问是做给人看的，总怕人家不知道自己有学问，处处炫耀自己，像小摆设。

王：张先生，不少文章用“神采奕奕”、“精神饱满”形容您，为什么您的精力永远这样旺盛？

张：别人对你做了好事，千万不要忘记；你对别人做了好事，要赶快忘掉。思想上没有包袱，不钻牛角尖，心胸自然会开阔，人也就精力充沛了。

幽静的北大校园深处，绿荫掩映中的朗润园，一池静静的碧水旁，两扇窗静静地敞开着。夏日的清风吹过，天地间没有一丝声响，让人忘记不远处还有一个喧闹而浮躁的世界。这里是张先生的家。为培养人才，为学科建设，为中外学术文化交流，张先生孜孜以求奋斗了半个多世纪，是非功过自有公论。晚年，张先生常用父亲的话评价自己，“学杂而不能精一，骛泛而不知专归”。他“惶恐地诚实地承认自己确无什么成就，贡献甚微”。所以，有许多梦想的张先生，还不会安安静静坐在静谧的书斋里。如果您在北大看到一个童颜鹤发、风度翩翩的老学者，无论冬夏踏一辆旧单车在校园奔波，那一定是张芝联先生。

（摘自《群言》2002年第8期，王娅妹采写）

自强不息，厚德载物

——访著名哲学家张岱年先生

问：张先生，您好！您对中国哲学与文化的研究已经有半个多世纪，积累了很多宝贵的经验，这对于我们年轻人来说是一笔非常难得的财富，很想听一听您对学习和研究中国哲学与文化的看法。

答：年轻人喜欢哲学是一件好事，尤其是喜欢中国哲学。很长一段时间以来，流行着一种风气，认为中国文化几乎一无是处，所以对中国文化不予分别地大加批判，误导了青年人，这种态度是要不得的。近代以来中国的发展是落后了，这有文化的原因，但也不能将中国的传统文化一棍子打死，泼洗澡水连孩子也不要了。因此学习中国哲学与文化，首先应该有一个正确的态度，要了解中西哲学与文化的差异，了解它们各自的特点，这样才能有的放矢。不加分析的“民粹主义”或“民族虚无主义”，我认为都是不正确的。

问：您能简单地讲一下中西哲学与文化的差别吗？

答：“文化”是一个很宽泛的概念。广义的文化包括人类在社会生活中所创造的一切物质财富和精神财富。次广义的文化是指和政治、经济有别的精神生产成果，包括哲学、宗教、科学、技术、文学、艺术以及社会心理、民间风俗等等。狭义的文化则一般专指文学、艺术。但在这所有的文化样式中，哲学又可以说是文化的思想核心。所以，我主要从作为文化思想核心的哲学角度，来谈一下中西文化的差别。从整体上来看，西方哲学注重本体（实体）与现象的对立和二分，其流行的观点是：“本体实而不现，现象现而不实。”而中国古代哲学向来不赞同这种二分法，认为本体和现象有区别，但又是统一的，宋代思想家程颐称之为：“体用一原，显微无间。”在主体与客体的关系问题上，西方哲学也主要倾向于主客二分，强调主体的中心作用，而中国古代哲学则更多强调主体与客体的统一，力图实现二者的和谐一致。西方文化强调“个人本位，克服自然”，而中国传统文化则更注重人际和谐、天人协调。

问：从这些区别来看，中西文化显然各有所长，不能一概而论，更不能认为中国传统文化不如西方文化优秀。

答：你说得很好。中西文化其实各有所长，各有优缺，因此我从来不赞成所谓“全盘西化”的主张。西方文化注重“个人本位，克服自然”，这在一方面保证了个人自由，促进了科技和经济的发展，但是另一方面，也导致了个人主义的膨胀（如家庭离异增加等）和对大自然的破坏。从这一点来看，中国古代思想家更强调人与人、人与自然的相互协调。孔子说“君子和而不同”。《易传》说：“夫大人者，与天地和其德……先天而天弗违，后天而奉天时。”我认为这是中国传统文化中的优秀品质，正可以和西方文化长短互补。中国传统文化中还有很多精深的思想与观念，值得我们去深入研究与学习，并发扬光大，为世界文明的发展作出我们应有的贡献。

问：您能举一些例子吗?

答：我刚才讲了一个“和”的观念，中国的道家（老子）与儒家（孔子）都很重视。中国人既重视人与人之间的“和为贵”，也注重人与自然（天与人）的和谐相处，这在今天依然是值得我们深思的问题。又比如中国古代哲学特别重视“为人之道”，强调独立人格的价值。孔子说：“三军可夺帅也，匹夫不可夺志也。”孟子说：“贫贱不能移，威武不能屈。”他们都非常重视人的内在价值，强调个人的人格尊严。这至今都是中国人所追求的人生理想。还有“天道生生”、“自强不息”的精神，等等。

问：说到“自强不息”，这让我想起了《易传》里关于乾卦和坤卦的两句话，您好像还专门写过文章，并以此来谈中国文化的精神。

答：我想你说的一定是“天行健，君子以自强不息”和“地势坤，君子以厚德载物”这两句话。二十世纪八十年代我曾写过几篇文章，认为中国文化有自己的基本精神，那就是自强不息、厚德载物。中国古代哲人认为，人生在天地之间，是天地之精华，应该与天地合其德，体现天地的精神与德性。“天”的德性是健行不已、生生不息，日复一日，年复一年，永不止歇，所以人也应该效法它，努力拼搏，刚健有为，自强不息。“地”的德性是博大包容、孕育万物、利益众生，所以人也应该效法它，兼容并包，厚德载物。我认为这两点体现了中华民族的精神和气度，可以代表中国文化的基本精神。

问：如果从您以上所讲的内容来看，否定中国传统文化的价值显然是不正确的，至少也是一种偏见。

答：你讲的没错。很多年轻人其实并没有读多少中国的传统典籍，就跟着人云亦云，认为中国的传统文化没有什么价值，这样的治学态度是要不得的。一个人要批评某种哲学思想与文化，首先就必须去深入了解这种哲学思想与文化，你了解得越深入，批评得也才能越到位，别人听了也才能服气；否则，你自己了解都不深的东西，却拿来批评，只能让人觉得像是在跟人赌气，听来却没凭没据。所以，批评的前提应该是学习与研究，这样才能区分出良莠和好坏，也才能做到对传统文化取其精华、弃其糟粕。

问：那么，如何才能真正走进中国哲学与文化研究的大门呢？

答：其实并没有什么捷径，简单地说就是多读书。中国古代哲学书籍大多是用古文写的，所以首先要具备一定的古文功底。当然也不一定非要花特定的功夫去修古文，一开始可以慢慢来。选一些好的本子来读是很必要的，例如清代学者对古籍做了许多整理，进行了必要的考据，训诂与注释，他们的成果我们拿来用就行了，可以省却很多功夫。

问：中国古典哲学书籍浩如烟海，对于一个初学者来说难免有无处下手之感，请您谈得再详细一点。此外，关于中国哲学史的现代书籍也不少，我们应该如何看待它们？还有，学习和研究中国哲学是否也应该了解西方哲学的内容？

答：你提的问题非常好。从我的经验来看；读书应该做到两个字，那就是"渊博"。"渊"，就是要精读一些书，做到"好学深思，心知其义"。经典的文献是应该精读的，譬如：《论语》、《孟子》、《大学》、《中庸》、《周易》、《老子》、《庄子》以及《金刚经》等佛教经典。以前有些著名学者，一边抄书一边作注释，可谓读书到家了。所谓"博"，就是要泛览，多读一些相关的书籍。搞哲学的人大多重视《四库全书》中的经部和子部，其实史部和集部也很重要，需要提起注意。现代学者的成果更不能忽视，应该尽量了解当前学术界的研究成果及其所关注的问题，跟上学术发展的步伐。对于一个初学者来说，在读经典以前，最好先选择两三种现代人写的《中国哲学史》，对比它们的异同，由此可以初窥治学之门径。像冯友兰的两卷本《中国哲学史》和七卷本《中国哲学史新编》都是非常好的书。此外，要学好中国哲学，还必须具备西方哲学史的基本知识。西方哲学确有其长处，自古希腊哲学以来，其概念比较明确，层次比较鲜明，对于训练思维能力大有裨益。"他山之石，可以攻玉。"研习西方哲学，可以使我们对于中国古代哲学有更深的理解。中国古代哲学著作大都没有形式上的系统性，很多哲学观是用"隽语"的形式表达出来的，含义深刻却不易理解。如果受过西方哲学的基本训练，再去钻研中国哲学著作，就可以相互发明，得以深究其中的奥义。学习西方哲学史，最低限度要阅读两三本西方哲学史名著，像罗素、梯利的《西方哲学史》都不错，如果能阅读一些西方著名哲学家的原著就更好。

问：学习和研究中国哲学与文化，需要具备西方哲学史的基本知识。那么，中国人研究西方哲学与文化，是否也应该具备中国哲学史的基本知识呢？

答：这确实是一个重要问题。20世纪三四十年代，中国的大批学者向西方求学，但在接触西方文化之前，大都已经深受中国传统文化的滋养。后来不管他们从事西方文化研究，还是中国传统文化的研究，大多颇有成就。搞中国哲学研究的，冯友兰著《新理学》，熊十力著《新唯识论》，都于中国传统哲学之外有所发明，原因即在他们深受西方哲学的影响。冯著实际上是程朱学说与新实在论共相学说的结合，而熊著则受到伯格森生命哲学的影响。金岳霖研究西方分析哲学，著《论道》，其中却引用了一些中国古典哲学的概念与范畴，如“道”、“太极”等。以上三人的著作，都体现了中西哲学融合的精神，也都有所创见，对中国传统哲学的发展作出了有益的尝试。而中国文化发展的未来，中西融合应该是一条可以预见的道路。所以，有志于探索中国文化前途的学者，对中西文化都应该有所研究，这样才可能担负起此一重任。当然，中西文化的融合说起来容易，要真正做到就不那么简单了。

问：做学术研究总是离不开写文章。近年来学术界反映，有些学者的文章，语言生硬艰涩，不堪卒读。您遇到过这样的情况吗？

答：文章不好读，这得分情况来看。有的人做文章能够深入浅出，当然很好，这也是我的努力方向。像冯友兰的文章在这方面就做得很好，读起来令人赏心悦目。还有的人写文章是深入深出，思想精深严密，语言也艰涩难懂，像熊十力、金岳霖的文章就是这样，这也无可厚非。至于当今有些文章读不懂，也可能是作者自己就没有弄清楚研究的对象，因此也就不可能讲明白。所以要写文章，作者首先必须对自己所研究的领域和问题，做到心中有数，然后用自己的语言表达出来，别人读了才不至于如坠十里云雾。

问：要写好一篇学术文章，需要做哪些必要的工作呢？

答：《易传·文言》说：“修辞立其诚。”我想这是做人、作文的一个基本准则。做人说话要真诚，写文章也要真诚，要敢于坚持真理。文章应该是人主动做出来的，感而后发，不是为了评职称、拿学位。这是一个端正学风的问题。汉代经师辕固对公孙弘说：“务正学以言，无曲学以阿世。”这是中国儒家做人、治学的原则，对我们今天仍然具有积极的启发意义。我想要做好学术文章，端正学风、态度是第一位的。至于写论文的基本要求，这属于学术常识问题，大概有如下几点：首先，要充分了解当代学术界在某一方面已有的研究成果及其所关注的问题，跟上当代学术发展的步伐。其次，要尽量掌握自己所研究问题的现有资料，站在学术界关于这一问题研究水平的前沿。第三，要充分发挥自己的独立思考能力，提出自己的见解，争取有所创新。第四，要持之有故，言之成理。论述问题要有事实的根据，应当条理清楚、概念明确，语言清晰准确，避免晦涩生硬。第五，要解放思想，敢于坚持真理。

问： 您刚才提到了学术创新，能够详细谈一下吗？

答： 学术创新并不是一个简单问题，它不仅是提出一两个新观点，更是一种文化的再创造。创造需要艰苦的努力，不是心血来潮的儿戏。中国文化的创新，必须建立在对传统文化优秀成果充分吸收、消化的基础上，并结合西方文化的先进成果，使二者有机地融合在一起。而且文化的创新，需要几代人的共同努力，不是一蹴而就的事情。若单纯为了创新而标新立异，那就不免哗众取宠了。

问： 学术界常常存在不同问题的争论，甚至有时争得不可开交，您怎么看待这一现象。

答： 我看这是正常的，如果没有争论那才不正常。学术问题允许有不同的意见，而学术讨论也需要一个民主的氛围。我非常赞赏法国启蒙思想家伏尔泰的一句话，大概是说：“我反对你的观点，但是，我会竭力保护你发言的权利。”我认为这是一种民主的态度，也只有这样，学术才能真正繁荣起来。不过，学术讨论要避免成为相互攻击，更不能伤害他人之名誉权利。其实，做人和做学问道理是一样的，君子当“厚德载物”。

问： 张先生，非常感谢您抽出宝贵的时间，给我们谈了这么多治学和做人的道理。最后，请您对年轻人说两句您想说的话。

答：我想，就把《易传》里的那两句话送给年轻的朋友们吧——“天行健，君子以自强不息”；“地势坤，君子以厚德载物”。

（摘自《群言》2003年第6期，张玉安采写）

实现新的梦想的跨越

——访卢强院士

卢强教授给人的第一印象就是他的快速和敏捷。他说，这种快捷是早在中学和大学时代就养成的。正是这种快捷使他在“文革”十年的学术荒芜后，仅四年的时间就出版了专著《输电系统最优控制》，随后又在不长的时间内培育出一个又一个硕果。

在科学这块广袤的土地上，卢强教授诠释着多彩的人生，他以惊人的速度，一路追寻，一路跋涉，留下一连串前行的脚印……

卫生间里写出的学术专著

卢强教授的童年是在抗日战争时期度过的。那时学习条件很艰苦，黄草纸印的书本，灯草加菜籽油如豆的灯光……他还记得教他国文的老师尽管家境贫寒，可只要谁能从国文课本的第一课背到最后一课，就奖给谁笔和本。卢教授当时每学期都能得到这位贫寒的国文教员抽用她自己本来就少得可怜的生活费所买的奖品。他说，这位老师的品德在他幼小的心灵里留下了不灭的印象。

曲：您是否还记得，大概从何时开始对电力工程产生了兴趣?

卢：我从高中时代开始考虑自己的人生旅途——发展中国的水电事业。我的家乡位于青弋江和长江汇合处。那时，我经常和同学坐在江边，望着落日，把脚放到波浪起伏的江水中，畅谈各自的理想。我难以忘怀小时候老师讲过的孙中山先生有这样的理想——在长江三峡建起水电站，这曾在我的头脑中产生令人激动的梦想，我梦想长江上会出现一系列水电站，并立志献身水电事业。

曲： 所以，您就带着这一梦想进入清华大学。

卢： 1954年我考入清华大学，填写的志愿是水利系，但被分配到电机系，从此开始了长达40余年的电力系统安全与稳定性的研究。

曲： 您在事业的发展上顺利吗？

卢： "文革"期间，事业之舟搁浅了。当尘埃落定，玉宇澄清之时，我才深感再度起航所面临的艰辛。在电力研究领域自己是如此落伍，当时我甚至连国际期刊上别人发表的论文中的一些符号都看不懂。无形的压力使我深感时间的紧迫。我横下一条心，决心以在清华大学打下的基础理论和科研能力的功底，赶上当时世界的前沿。我和几位同伴及年轻教师常常夜里两三点钟因系馆大门紧锁而从实验室跳窗而出。由于当时清华教师住房紧张，三家合住一套，每家仅一间。为了不影响家人休息，夜晚我总是搬一把大凳子、一把小凳子在公共卫生间里写作。一次，邻居家起夜上卫生间的孩子揉着睡眼问："卢叔叔，老师怎么给您留这么多的作业啊！"我那部获国家优秀科技图书一等奖的《输电系统最优控制》就是在这种情况下写出来的。

曲： 您这部专著在国际上也获得了很高的评价。我看到一份材料，国际权威人士Y.N.YU在看到这部专著时惊喜地评论道："是世界上第一部把现代控制理论和电力系统动态学和计算机科学相结合的科学专著，必将在世界图书之林中放出异彩。"当时学术界也有人评论："当卢强把建立起来的这一电力系统线性最优控制的新学科体系应用到大型电站，产生重大经济效益和社会效益时，使他成为了我国电力系统线性最优控制学科当之无愧的开拓者和奠基人。"

在垂钓中找到了成败的关键

人类创建了电力大系统，但至今不能很好地驾驭它。各国电力系统因运行的稳定性遭到破坏而引发的灾难性大停电事故不断发生。如何保障电力系统的安全稳定运行成为横亘在社会现代化进程面前的一道难题。1984年秋，在美国华盛顿大学从事非线性系统微分几何控制理论研究的小组里多了一位来自中国的电力专家。他勤奋地工作和学习，掌握了这门当时还只有少数人才通晓的理论。

卢：1984年8月，我前往美国华盛顿大学（圣·路易）进修。在此期间，一方面学习和研究非线性控制理论，另一方面规划着如何把出国前的研究成果用于中国电力系统的实际。出国前，即1983年我和同事们首先研制出了线性最优励磁控制器，并将其安装在四川、甘肃交界的白龙江下游碧口水电站进行实验，结果是前几次试验均未能令人满意，在全国励磁控制界引起了一场风波。有人据此认为最优励磁控制器离实用阶段尚远。于是，1986年我在结束美国的进修后，带领一名博士生扎到碧口水电站，开始了新的试验。

曲：试验进展顺利吗？

卢：很艰难。在那段时间里，我的身体和意志都经历了一场严峻的考验。当时我和研究生住在山上一间草房里，山上的蚊子很可怕，且连水也没有……我们前两次试验也未能避免那令人迷惑不解的振荡现象，很多好心人都劝我不要试验下去了。但我深信我们的理论是正确的，不应轻易让自己的心血付诸流水。试验暂停后，我带着博士生到白龙江边垂钓，在江边我审视思考着设计中的每一个细节。在“垂钓”中我顿悟到了产生振荡的原因。当试验取得完满的成功时，我真是百感交集。这一次是我一生科学旅程中成败的关键。如果当时退下来就全盘皆输，该领域的整个中国市场也就被美国几十年前并不先进的成果所独占。

曲：现在情况怎样呢？

卢：我们研发的这一控制器已在中国的西北、东北、西南等电力系统投入运行，输送电力的稳定极限提高了10%—15%。仅就东北红石水电厂为例，装了这种新的控制器，送电极限由17万千瓦提高到21万千瓦，按三个月丰水期计算，该水电厂每年可为国家增加电量近1亿度。

曲：此后，您撰写的《电力系统非线性控制》专著于1991年出版。在这部专著里，您把现代控制理论中的微分几何方法用于复杂电力系统控制器的设计，被国内外同行称为“新贡献”。您和助手们在IEEE上发表的有关论文成为国际上该领域的开篇文献。这一理论在实践中解决了哪些问题？

卢：我们课题组把这一非线性控制理论变成了控制装置，并把这世界上第一台“全数字式非线性最优励磁控制”装置投入在丰满水电厂、内蒙古海渤湾火电厂及河南焦作水电厂等电厂，运行后经受了各种试验和电网事故的考验，在性能和品质上比我们自己创造的线性最优控制装置又上升一个阶梯。这套装置有很大可能要用在三峡发电厂国产化机组上，我和一些工程师、企业家正加紧合作，为此而努力。

不让美国大停电在中国重演

“用最新、最先进的理论和方法来解决人类需要的但尚未解决的问题”是卢强院士的治学准则。因此，他永远不会端坐在成功之塔中。他依然追求，不断探索，从未止步。

曲：1991年您当选中国科学院学部委员（1994年改称院士），还记得当时的情景吗？

卢：科学院发来祝贺信，同事们也来道喜。但我却有点高兴不起来。自己心里清楚，我在学术上对电力系统领域可能有些贡献，但尚未能对我国电力系统安全稳定性的改善产生实际的重要影响。90年代初，发达国家的电力工业趋于饱和，我国在装机容量上发展速度最快，因此我认为我国理所当然地应在电力系统的科学技术上也走在世界前列。这是我的一个信念，我们要为此而奋斗。

曲：随后您又酝酿着学术生涯中的又一次飞跃——研究更先进的防治电力系统灾变的科学和技术。您担任了国家重点基础研究项目“电力大系统灾变防治和经济运行的重大科学问题”首席科学家。

卢：作为这一项目的“首席”，五年前我们明确提出了不让美国大停电事故在中国电力系统重演的口号和目标。20世纪后半叶发生在美国和其他一些国家的多次灾难性大停电，给以电气化为主导的现代社会敲响了警钟。我们要建设的不只是世界上地域分布最广，而且也是世界上最安全的电力大系统。

曲：2003年8月14日，美国、加拿大发生大规模停电，随后英国和其他一些国家也相继突发大规模停电。据专家称，“8・14”停电对美国和加拿大国内生产总值带来的损失估计在每天250亿—300亿美元之间。美加等国的大停电对中国电力安全是一个警示吧？

卢：“前事不忘，后事之师”。美加等国大停电会促使中国更加重视电力安全。电力作为一个国家的支柱能源和经济命脉，在国民经济的可持续发展中起着不可替代的支撑作用。如果我们借用列宁给出的公式说：“小康社会等于中国特色的社会主义制度加上全国电气化”那或许是不会错的。目前我国电力的装机容量为3.4亿千瓦，居世界第二位。随着三峡及西部等一批大型电站的建成，必将出现世界上规模最大的电力系统。

近几年发生在世界各大电力系统的灾难性大停电事故表明电力系统安控理论和技术的发展远远滞后于电力系统本身规模的发展和复杂程度的增大。此外，我国电网能耗较大，如能在先进的优化运行理论指导下，将网损仅降低两个百分点，则每年可节电400亿度，约相当于年节煤2000万吨以及相应的污染降低。为解决安全与经济综合优化运行的问题，必须研究电力大系统安全稳定及其调度与控制理论，只有在深厚的富于创造性的理论成果的基础上才能建立我国电力大系统的安全保障和经济运行体系。

曲：项目将在哪些方面有所突破？

卢：目前全国有20多个单位参加这项国家重点研究项目，其主要目的就是要在研究电力大系统安全稳定和经济运行理论成果的基础上，奠定建立我国电力系统的实时跟踪与决策指挥系统（简称数字电力系统）的基础：最终目的主要是在不久的将来，建立全国各大区域电网及其互联电网安全运行保障体系。其中，电力系统新的控制理论及方法、超大规模电力系统实时和超实时仿真、系统的稳定域的理论及其可视化、电力系统安全梯次防御的思想和方法等方面都取得了重大进展。特别是在电力系统稳定性理论和基于哈密顿系统理论的紧急控制，特殊危急情况下的合理解体策略自动形成和实施等方面以及在混成系统复合优化控制方面可望有所突破，超前于其他国家。总之，本项目的研究成果可以为我国电力系统，特别是三峡电力系统和“西电东送”系统安全保障体系的建立提供科学依据。同时通过该项目的研究，可以培养出相关基础领域的高层次年轻人才，这是我国电力工业可持续发展，相关科学领域不断发展的根本保证。

长达一个多月的“地下工作”

1999年6月，国际上最著名的科技出版社之一，美国克鲁沃(Kluwer)学术出版社向卢强院士约稿，希望他能够将关于“电力系统非线性鲁棒控制”的最新研究成果撰写成专著出版。当时同事和助手们都认为他工作繁忙，事务倥偬，难以从时间和精力上保证写作进度，一致建议是否提出延长出版期限。

曲：请问当时您是怎样考虑的？

卢：克鲁沃学术出版社一向以严谨、高质风范著称于世，由于其专著出版需经一个由国际著名专家组成的委员会严格审查，同时该出版社对出版物在英文质量、格式和期限等方面有着近乎苛刻的要求。因此，克鲁沃的约稿不仅是学术界所珍视的一项荣誉，同时也是一项挑战。当时我正担负较繁重的科研、教学和管理任务。但我认为，在国际一流学术出版社发表最新研究成果是我国学者的责任，一定要高质量按期完成；至于时间和精力嘛，事在人为。

曲：您的助手介绍说：在撰写该书过程中，先生趁被邀请讲学的机会，来到黄山脚下一个小镇。屋外风景如诗如画，先生无暇旁顾，却得意于此间的宁静和淡泊。整整一月足不出户，专心致志，完成了专著第十章——非线性鲁棒控制理论的初稿。先生独处小镇二十余日，凭借深厚的学术素养，思如泉涌，浑然而成。这一章内容最新、难度最大，它的完成对其余各章有重要指导意义。

卢：当时我不敢放松片刻。从黄山小镇回校后，为了集中精力，避开一切会议和电话干扰，我悄悄"躲"进了清华一招待所，对外只说卢老师出国去了。当时是通过一名助手联系，为避免熟人相识，只待天黑才出来散步。每当此时助手前来"接头"，拿来当日排好的清样，取走改好的章节，此种活动达一月余，有点像地下工作者接头，以至于闹出了笑话。某日一同事远远看见我和助手在"接头"，待走近我已无踪影，继问助手，他谎称卢老师外出未归，该同事不解并为之动怒……

曲：助手说，先生在清华的那些日子每一天都是夜以继日，进入忘我境界。他至今仍对先生伏案工作的情形历历在目：房间地面、书桌乃至床上都铺满了书稿：书稿上铺满了先生用各类彩笔所做的修改，五颜六色，五彩缤纷，他当时感到是一个美丽的科学世界。每个公式反复推演，每段文字反复推敲，每个图表精心设计，前后修改的版本就有七稿，可以说完全是先生用浓浓的心血凝聚成了书稿！

卢：的确，我为这部书付出了代价——书稿将完成时，住进了医院。那是一个阴天的下午，因两腿水肿，去校医院。不料在做过心电图后被大夫扣住，强制我躺在担架上办理住院手续。后来我才知道，当时医院发出了我的病危通知书。一向自认身体不错的我多年来首次住进医院。但我高兴地发现，当左手输液时，右手仍可写作；甚至右手输液时，亦可毫无妨害地写作。工作在进行中。此时距合同规定的交稿日期只有半年。

曲：专著按时交稿后，您却再次住进了医院。

卢：是的，二进宫。令人欣慰的是2001年3月在扉页上写有“献给我的母校清华大学”字样的《非线性控制系统理论与电力系统动态学》正式出版，在国际上产生了一定影响。国际著名学者、美国华盛顿大学教授T.J.Tarn称该专著为“在运用先进控制理论改进电力系统安全稳定性方面的第一书”。美国爱荷华州立大学教授V. Vittal写道，该书“在非线性控制和鲁棒控制科技方面做出了极具价值和新的系统性的贡献”。

关键是创造力的培养

在卢强院士的办公室书架上放着一册IEEE FEIIOW证书。IEEE FELLOW在香港和台湾被译作“IEEE院士”，是IEEE（电气和电子工程师协会）会员的最高级别，约占世界40万会员中的1.5%。2002年11月卢强院士因在“电力系统最优控制应用方面做出的杰出成就和贡献”被选为IEEE FELLOW。

曲：现在您已成为中国电力系统最优控制学科的开拓者和奠基人，您认为什么因素对您的成功起了重要作用？

卢：每当谈到“成就”二字，我就心存愧意，因为我的那些理论和技术到目前为止真正转化为生产力的还很不够。如果硬说有点什么贡献，我首先要感谢我的导师。我从读研究生开始就师从我国著名的电机及电力系统专家高景德先生。高先生不仅是我学术上的导师，更是品格的导师，关键时刻他总是给予我信赖和鼓励。导师的渊博学识和做人品格使我受益终身。

曲：听说您酷爱古典音乐，不知您是如何将科学的严谨与音乐的浪漫相结合？

卢：众所周知，许多科学家都很喜爱音乐。对于我来说，音乐是我人生旅途不可缺少的伴侣。1986年我从美国归来时，为自己添置的唯一的一件“奢侈品”，就是音响和唱片。譬如当我遇到挫折时，有时就让贝多芬的《命运》来提高一点自己的“士气”。

曲：您认为作为一名科学家应具备什么样的素质？

卢：我认为关键是创造力的培养，而创造力的培养要具有五种素质：求知欲。它是一种要把未知的东西搞清楚的强烈欲望。例如人类对自然的认识。小如细胞：细胞的结构和成分是什么？DNA是双螺旋结构，双螺旋中的每一段代表什么？大如宇宙：宇宙是怎么产生的？黑洞是怎么产生的？黑洞里面有没有结构？什么结构？人类能不能“看到”它？人类的求知欲是无止境的，它驱动人们去做研究的力量也是无比巨大的。

还要有想象力。想象力贫乏的人不会有创造力。鸟在天上飞，有一天人能不能在天上飞？这个想象力驱动一代又一代的人们去设计飞机。有些想象力可能是异想天开，如果能有百分之几变成科学现实就很不得了。如果想象力很贫乏，黑的就是黑的，书就是书，这样的人只能干一些具体的工作。我们申请的项目，比如我承担的电力系统基础研究项目，我要对别人讲，五年以后我们能拿出什么成果，对中国电力系统安全性、稳定性能有何改善。这些设想是有科学根据的，是可能实现的。

曲：如何培养想象力呢？

卢：年轻的科技工作者应该是想象力最丰富的，但想象力不是天生的。有的人天生想象力高一点，有些人低一点，但是要着重培养。谁去培养，有老师的责任。有些老师并不理解，虽然他自己很成功，但他没有总结他自己是怎么成功的。他也不太明确要培养学生的想象力。我们要在这方面多研究。发明家如果没有想象力，他怎么能够发明东西呢？

曲：有了求知欲和想象力以后呢？

卢：那就是要有创造力。我们所说的创造力主要是原发性创造力。对于此，师长们有重大的责任。有些人经常有意无意地扼杀别人的创造力，如年轻人提出申请，要干一件什么事，经常遇到有声望的人提问：“你这件事美国有没有做过？”“没有。”“有没有别人提出过？”“没有听到。”“那么，这件事不行。”一棒打死，然后挑毛病：“你这是异想天开，这是不行的，此路不通。”这样就会使青年学者怀疑自己的原发性思维。学生可能提出不成熟的原发性思维。导师应该抓住这些想法，加以科学的引导，把完全是幻想、不着边际的去掉，把核心的具有创造力的思维加以科学的提升。美国人是不会问这种问题的：“这件事中国人做过没有？”我们中国人的很多原始的思想的苗头就这样被扼杀了。

曲：这就是我国原创性的重大科学研究成果还不多的原因之一吧？

卢：几年前我提出了数字电力系统。在这个系统中，可以实时地、数字化地显示真实电力系统，研究真实系统的问题，可以做预测、做控制。最终我们要建立中国真实电力系统的数字电力系统。1996年我有了这个想法，但若当时提出，人家一定会认为是无稽之谈。所以我在第一次提出的时候，没有用“数字电力系统”这个词，而是提出“软跟踪指挥系统”。后来，我提出了数字电力系统的概念，比较容易被接受，其中一个原因是美国副总统戈尔提出了数字地球的概念，中国也表示支持。所以现在依然存在创造性被扼杀的情况，这个问题解决不好将是很大的悲哀。

曲：看来创造性是建筑在求知欲和想象力之上的，而求知欲、想象力是创造力的土壤。

卢：再者，责任感是使创造力产生成果的保证。我认识这样一个人，他不乏思想火花，过一段时间再问他，他又在想新的问题，却没有干成一件事。这就是缺乏责任感。有些年轻人一项研究工作干得很好，再差一点就可以取得重大成果了。但是一旦接到美国大学录取通知书马上就走了，这件事就不了了之。这种事情我们遇到的还少吗？他为什么会这样呢？一方面是美国提供的条件比较好，另一方面是自身缺乏责任感。有责任感的人，若遇到这种情况可以要求对方保留一段时间，等这里的工作完成了再走。也可以立足于国内，做出成果之后去国外讲学不是更好吗？

除上述而外，成就的取得离不开勤奋。“成功需要的是百分之一的天赋加百分之九十九的汗水”，说的就是勤奋的作用。没有勤奋的工作，再好的想法也不能变为成果。

最后还要加上人应有的素质——诚实。这个素质必须从小开始培养。一切浮夸，把七分成果说成十二分的情况都是不够诚实的反映。

曲：您是怎样培养学生的呢？

卢：我常想，学生进入清华后，几年的时间内能够从清华得到什么呢？在培养过程中，应该60%靠自学和自己钻研。教师的作用是为学生指明方向，让他少走弯路，提高效率，总结出学生没有想到的东西，指点迷津。现在有些教师还没有意识到这一点，讲课还是沿袭中学的教学模式，甚至公式推导都要在黑板上进行，生怕学生推错了。这样的教学实际上对培养学生的创造力不利。应该指定一些参考书，让学生去自学，让他们自己思考。整个教学过程应该贯彻发挥学生创造力的理念。教学应该成为学生自学、教师引导、课堂讨论的形式。本科生应该有50%的内容靠自学，研究生应该达到80%，博士生在后期的研究过程中，应该创造机会让他到国内外重要学术会议上作学术报告。加拿大的一位著名教授曾告诉过我他带研究生的经验：“前两年是导师带学生，后两年是学生带导师。”我对这句话很赞赏。只有这样才可以走向良性循环。实际上这对导师提出了很高的要求，导师应该能接受并高兴看到学生超出导师。传统的教学方法有些地方是与培养创造力背道而驰的。

曲：您对自己的学生有什么样的要求？

卢：我现在担任1名博士后、18名博士生和6名硕士生的导师。对于他们的要求除了上述而外，还有三个词：责任、荣誉、祖国。现在我的毕业生们分布在海内外，从来信中我感觉到他们大多数对这三个词已铭记在心。

我在指导研究生时，总是要求他们先报告自己的学业，然后由教师作评论，肯定正确方面，并指导下一步应如何做。年轻一代是国家的生力军，是社会的希望所在，他们的健康成长心系着我的希望。

相对于广漠的宇宙，人类是弱小的，面对浩瀚的科学体系，个人力量是微不足道的。现在学科知识体系太庞大了，个人只能在学科某个分支上有些突破。许多科学家在默默无闻地为社会作贡献。我不怕自己默默无闻，只想实现新的梦想的跨越。

爱因斯坦曾用“简洁”和“优美”来形容科学研究的最高境界。卢强院士40多年的学术生涯就好像一个只含有两个变量、简单而漂亮的数学公式。公式的一端是最先进的控制理论，另一端就是电力系统的安全和稳定性。他一直按照这个脉络进行研究，并不断追逐理论和应用的制高点和最新发源地。

（摘自《群言》2004年第1期，曲伟采写）

舞者不倦，仁者不忧

——访著名舞蹈艺术家戴爱莲

2002年4月20日，对我来说不同寻常。这天中央芭蕾舞团收到一封来自中华人民共和国文化部的信，信里说："为促进我国造型艺术和表演艺术创作研究的发展，奖励在造型和表演领域取得卓越成就的艺术家和理论家，文化部设立'造型表演艺术创作研究成就奖'，第一届评选已经结束，贵团戴爱莲先生获此殊荣……"作为舞蹈界的代表，我深感荣幸。中国舞蹈事业是我人生永远的舞台，我将在新世纪里一如既往地跳下去。

——戴爱莲

刚揿响城西华侨公寓戴爱莲先生家的门铃，里面就飘出一串"来啦，来啦，来啦"，又一串"哒哒哒"的跑动声，娇小轻盈的戴先生已出现在门前，神清气爽，笑容粲然。

这是一个现代都市难得一见的院落。已近初春，腊梅吐香，松竹挺立，三五成群的大鸟飞起飞落，连空气都弥漫着安宁。安适环境中的戴先生并没有安静下来。她正在紧张地准备7月在北京召开的国际拉班舞谱学会第23届双年会，还将赴英伦参观皇家芭蕾舞团，还要参加一个艺术研讨会，还准备出版用拉班舞谱记录的《八个中国民族民间舞蹈精选》一书……谁能想到，满脑"明天"和"未来"的戴先生，5月间就88岁了。

无论走到哪里我都是中国人

王： 您出生在三代华商之家，从小吃的是西餐，讲的是英语，学的是芭蕾，怎么会有那么强烈的民族归属感?

戴： 我生长在海外，从小接受的是完全西式的文化艺术教育，连中国话都不会说，但我始终坚信自己是个中国人。中国人的头发很硬，是直的，和西方人不一样。我的血统，我的骨骼，我的牙齿，都是中国的。无论走到哪里，我都是中国人。

王： 您一生自强自尊自信，却为不会说中国话感到过自卑。

戴： 那是在英国上学的时候。我是中国人，却不会讲中国话，感到很可悲，特别想拥有自己民族的尊严。我跑到大英博物馆，读了英文版的《中国历史》。悠久的中国历史深深吸引了我，盛唐文化更叫我着迷。后来又读了《西行漫记》，觉得中国人民了不起，中国共产党了不起，很想参加共产党。因为年纪太小，人家说不合适。但是回国的念头始终没有放弃。

王： 您放弃了多少人梦寐以求的西方生活。您在英国学了那么多年芭蕾和现代舞，国内可是连一个亲人都没有，为什么一定要回来呢?

戴： 那时中国正在抗战，国家危亡，中国人民正在觉醒，我要参加抗日；我热爱中国传统文化，我要寻找中国舞蹈的根。1940年，欧洲的春天特别冷，船上滴水成冰，我们躲避着水雷，经过漫长跋涉到了香港，报上马上登出了消息“中国舞蹈家从英国学习归来”。宋庆龄热情地问我能不能参加“保卫中国同盟”的抗日募捐活动。我说“没问题，责无旁贷!”在救亡演出活动中，我结识了一大批有才华的艺术家，叶浅予、丁聪、郁风……后来在内地结识了田汉、欧阳予倩、洪深、郑振铎、马思聪、欧阳山尊等爱国艺术家，还有周恩来、邓颖超、郭沫若、陶行知等前辈，是他们引导我一直从事进步的文化事业。

王： 您的家庭原来是华侨富商，您又是家里最小的女儿，回到祖国却吃了那么多苦，后悔过吗?

戴：抗战时期是够苦的，忍饥挨饿，四处逃难。但那时我并不感到苦，也从不后悔，因为我有一个目标，就是要学东西。再苦也不会感到是牺牲。只要热爱一项事业，为它吃多少苦都值得。这是中国文化的威力。

王：您的亲属遍布海外，回国60多年，经历了许多坎坷，有没有想过离开？

戴：做中国人是我从小的愿望。回到祖国就是为了学做中国人，学中国的文化。这样的想法跟了我一辈子。“文革”刚结束我去英美访问了五个月，回国后不少人很惊讶，“哎呀！都以为你不回来了。”我是有条件不回来，可我从来没有想离开。我看过旧中国，也看过新中国，新旧中国对比，真是两种世界。共产党对老百姓有情有义，我在国内没有一个有血缘关系的亲人，所以我是一个“老孤儿”，这里就是我的家！北平解放那天，我尽情跳了一整天的民族舞。我知道，无论是我的专业芭蕾，还是我热爱的民族舞，随着新中国的成立都将蓬勃发展，我一定能在舞蹈事业中有所作为！

芭蕾是快乐的艺术

王：戴先生，您说自己从小一听到音乐就想跳舞，是这样吗？

戴：我从小就喜欢动，不喜欢静。舞蹈确实很早就吸引我，五六岁就上台演出歌舞剧了。我的节奏感强，经常在儿童舞蹈中担任领舞。我出生在西印度群岛的特立尼达，当地每年“复活节”前有两天狂欢，跳舞是我从小就做的常事。后来，我成了岛上第一个和白人一起学芭蕾的华人学生。每逢演出，人群中就会发出喊声，“你看你看，那个中国小女孩！”

王：当初，跳舞只是您众多艺术爱好中的一个，将芭蕾当做终身事业好像是因为一场芭蕾演出？

戴：是在伦敦看芭蕾舞剧《吉赛尔》，那是我一生中看过的最完美的演出！芭蕾舞蹈艺术家斯贝西茨娃，把一个抬腿动作做得像电影慢镜头中开放的花朵那么美，我叹服了！芭蕾需要技巧，但只有技巧不是真正的芭蕾艺术。斯贝西茨娃并没有什么了不起的技巧，但她内在的表现力使她的舞蹈达到了芭蕾艺术的最高峰。正是斯贝西茨娃的演出让我选定芭蕾作为终生的事业。很多人都说学芭蕾舞很枯燥，甚至说芭蕾舞是门残酷的艺术。可是我的体会正相反，芭蕾是快乐的。

王：那么美好的芭蕾艺术为什么说是残酷的艺术？

戴：那是因为学习方法不对。芭蕾有很强的科学性，比如关节、肌肉怎么用，身体哪个部位能紧张，哪个部位不能紧张，里面有很多学问。学芭蕾，基础非常重要。我的老师英国芭蕾大师安东·道林和玛格丽特·克拉斯克，他们有一套科学训练方法。他们的教学那么富于乐感，那么舒畅，学起来毫无苦涩可言，完全是一种享受。我到英国时才14岁，有幸在道林那里上课，又从克拉斯克那里学到著名大师切凯蒂的体系及教学方法。练了那么多年芭蕾，从来没有过“苦”的感觉，因为我遵循了老师传授的科学方法。有时，我不按老师的要求做动作，道林也并不责备，他会说：没关系，让她感受什么是舞蹈的快乐吧！

王：您很小就有区分教员好与差的能力，他们的差别在哪里？

戴：芭蕾艺术很细腻，也很完美，不好的教员会救坏学生，尤其是启蒙教育。遇到道林和克拉斯克这样的教员非常重要，他们使我受益终身。可惜一个时期我们不接受英美的教学方法，只接受苏联的。可是请来的第一个苏联教员就把我国芭蕾的基础教坏了，影响一直到现在，给我们的芭蕾演员留下那么多职业病！我学芭蕾的时候，没有芭蕾舞职业病，包括我以下的第二代、第三代也没有。世界上不少芭蕾舞大师60多岁还能演主角，托举她们的男舞伴有的是她们的孙辈。可是我国的演员30岁就老了，不能跳了，多可惜呀！实际上，很多苦不是来自芭蕾，是来自不科学的训练方法和不健康的生活方式，不是芭蕾本身的原因。在表演艺术中，舞蹈的“工具”就是舞蹈者自己的身体，所以要保护好这个“工具”。

王：芭蕾带给您最大的快乐是什么？

戴：芭蕾是我生命的一部分。芭蕾演员需要天天练功，我从少女时代一直练到“文革”，“文革”后又接着练。抗战那样艰苦的环境，我1940年回国，一直练到抗战结束。新中国成立初在北京，一次周恩来问我，你还演出吗？我说不演出了，但还练功。他很奇怪，不演出怎么还练功？练功不单单是为演出，本身就是快乐的。芭蕾解放了我的身体，让我观赏和体验到艺术的美，是芭蕾引导我走上一生无悔的舞蹈艺术道路。身体得到解放，心灵得到自由，还有比这更大的快乐吗？芭蕾把我托举起来，我在高处看到了更远的地方，从一种源于西方的舞蹈通向了更宽阔的舞蹈艺术之路。

艺术是没有“第一”的

王：小时候，您是岛上第一个学芭蕾的华人；在英国，您又是第一个既学芭蕾又学现代舞的人。您是我国第一代舞蹈家、新中国成立后第一任舞蹈团团长，您的艺术生涯似乎总伴随着“第一”。

戴：我从来没有想过当第一名。上小学时，我的体育老师说：“体育是为身体健康，也是为了比赛。比赛就要看谁跑在第一，但不可能人人都是第一，第一毕竟是少数。”从这个意义说，多数人是失败者。所以，要学习做一个失败者。

王：您认为自己是一个失败者吗？

戴：我很少想这个问题，没有想过要失败，也没有想过要赢。我只是热爱舞蹈，热爱我的工作，只是在做喜欢做也应该做的事情，没有一定要怎么样。在英国时，我个子小，进不了芭蕾舞团。我说可以不进，只要让我上芭蕾课我就高兴。现在搞拉班舞谱也不是为了要出名，而是觉得它实在太重要了。我不管别人怎么看，也不管一些人认为需要不需要，只要我认为国家需要，我就去做。

王：可是我们许许多多的评比，都是为了争“第一”。

戴：那是竞技，是体育，艺术是没有什么第一的。比如绘画，是吴作人的好，还是李可染的好？都很好！比如音乐，是肖邦第一，还是柴可夫斯基第一，这怎么能比呢？追求第一，把许多事情都搞乱了。以前，我们的舞蹈不搞比赛搞会演，出了不少好作品，群众自己花钱看演出，影响很大。现在会演越来越少，老是比赛，比赛，比赛！这不是舞蹈是体育，体育才比谁是第一！

王：您认为自己的艺术道路对后人有什么样的影响？

戴：要说有，就是走自己的路！我的运气很好，遇到许多好老师，但我一直在走自己的路。艺术是学不来的，比如我的老师道林，比如梅兰芳，怎么学也不是道林和梅兰芳，但可以受他们的影响。我最怕人家说“走戴爱莲的路”。为什么要走我的路？我也从来没想过要别人走我的路。每个人都有自己的目标，无论从东方来还是西方来，是南边来还是北边来，都有自己不同的道路。如果有人说要“走戴爱莲的路”，我就告诉他：“你要走自己的路。”

王：您也从来不承认自己是“艺术家”？

戴：因为我从来没有想过要成为伟大的艺术家，我只是喜爱舞蹈事业，很庆幸能将舞蹈作为一生的事业。只要是我喜欢做的事，一钻进去就感到有意义。舞蹈是人类最早创造的艺术形式，后来发展成不同民族的舞蹈，有不同的跳法，不同的美。像世界上有那么多不同风格的绘画一样，从舞蹈能看出不同民族的精神面貌和审美情趣。这是舞蹈最让我迷恋的地方。

拉班舞谱能让人读谱而舞

王：您提到拉班舞谱，从30年代开始，您就钟情拉班舞谱，现在又花许多时间和精力做研究和普及工作，它的魅力在哪里？

戴：很多艺术都有文字，比如古代的甲骨文、东巴文，用来记录历史。中国古代音乐的流传靠的是宫商角徵羽。舞蹈因为没有文字，落后于其他艺术，处在艺术的边缘，许多人不拿舞蹈当艺术。如果音乐没有乐谱，贝多芬、肖邦的曲子就传不下来。舞谱的道理是一样的。舞蹈里面有许多科学的东西，拉班舞谱是讲科学的。比如抬腿的角度，是45°、90°还是180°？需要舞谱记下来。舞蹈是动作过程，瞬间姿态只是舞蹈的一小部分，绘画解决不了问题，只有舞谱才能解决。我们现在提倡保护民族传统舞蹈，怎么保护？先要把它记录下来，才谈得上保护。拉班舞谱是一种实实在在的舞蹈文化。过去常有人说，舞蹈不是艺术，因为它没有文化。拉班舞谱就是舞蹈的文字，舞蹈的文字文化。

王：舞蹈是否也应有自己的理论体系？

戴：现代舞是有理论的，比如空间学、动力学、环境学、美术、音乐，等等，一些理论也可以运用到其他艺术中。拉班是“舞蹈理论之父”，他创立了拉班舞谱。我1939年在英国学习拉班舞谱，觉得这个系统太好了，舞蹈动作也能记下来，就很信奉它。回国后，抗战期间我在重庆介绍过拉班舞谱，但很少有人把它作为一门专业去学。拉班舞谱在中国远没有普及，我感到很可惜。那么科学、那么好的东西，为什么不吸引人？

国际拉班舞谱学会双年会，每两年一次。过去在欧洲开，二次大战时拉班舞谱传到了美洲，现在到了亚洲。1979年在伦敦“拉班中心”举办纪念拉班诞辰100周年大会，我讲了回到中国几十年运用拉班理论的心得，讲我用拉班舞谱记录下来的藏族舞蹈、秧歌、霸王鞭和其他民间舞蹈。我去云南，看到纳西族用东巴文记录了古老的祭祀舞蹈，我说这是“东巴舞谱”。我用拉班舞谱记录了其中的两段舞蹈，在国外展出时，有的参观者竟读着拉班舞谱跳出了这段古代祭祀舞蹈。他们非常激动，说中国800年前的舞谱，今天的东巴人还能读谱而舞，真是太了不起了！

我热爱所有的艺术

王：您从小接受的是西方舞蹈教育和艺术熏陶，可是对我们的民族文化有那么深的感情，对民族舞蹈投入了那么多心血和热情。

戴：我一生都在努力探寻中国的舞蹈艺术，77岁还到云南学习少数民族舞蹈。我从寻找中国舞蹈的根，了解了民族学，又从民族学了解到人类学这个更广阔的领域。我感到我们的民族太伟大了，我们的祖先太伟大了，我们的人民太伟大了。我对少数民族特别热爱，他们非常清楚自己的祖先来自什么民族，一直保留和继承自己的民族传统。我对他们说，这些文化传统一定要保持，这是你们的骄傲，也是国家的宝贝。一些优秀的文化传统只能继承发展，不能改革。民族艺术历来是个宝，是人类共同的财富，要传承它，保护它。许多人不了解这一点，这是教育的问题。各种形式的文化传统在代代相传中必然有所发展，不需要过度强调“发展”，要防止忘掉自己的根。

王：熟悉您的人都说戴爱莲先生是最爱国的。

戴：我爱的国是什么？是中国人，是中华民族，中华文化。作为中华民族的一员，我深感自豪和骄傲。爱祖国、爱人民，首先要爱自己的民族。一个人连自己的民族都不爱，连自己民族的文化都不爱，不可能是真正的爱国者。我们要保护好我们民族文化的根，没有根的文化，是没有前途的。

王：上个世纪50年代，您创作的民族舞蹈《荷花舞》和《飞天》获得了艺术上的巨大成功，可您认为并没有达到理想的高度？

戴：主要是我们表演缺少表现力，音乐的感觉不好。舞蹈的动作容易模仿，内在的东西却很难学到。舞蹈是一门综合艺术，舞蹈以外的东西比舞蹈本身更重要。我刚到英国时，经常看画展听音乐会，接触许多门类的艺术。搞舞蹈，不能少了其他艺术方面的修养。舞蹈在表演时，如何和谐、完美地表现创作意图，如何发挥演员的潜能，达到最佳状念，是很复杂的问题。技巧高超的演员有的是，具有艺术表现力和感染力的演员太少了。

王：您认为什么是艺术的最高境界？

戴：是美！这也是梅兰芳先生给我的最大震撼。艺术就是美，动人的美！盖叫天、李少春的舞台艺术都特别美。

王：最美的艺术又是怎样的呢？

戴：感人的！我从电影中看到世界著名芭蕾舞蹈艺术家阿莉西娅·玛科娃14岁时演出的《天鹅之死》，她有惊人的艺术表现力，让人感动让人流泪。《天鹅之死》没有什么技巧，看起来很简单，但那是真正的艺术品。感人的东西往往看起来很简单，像齐白石的画，简单却有童趣，但是学起来很难。艺术不能只看表面的东西，现在一些舞蹈太注重表面的东西，已经不是艺术了。

王：搞艺术的人很容易有门户之见。您似乎能包容和欣赏天下所有门类的艺术。

戴：艺术是相辅相成的，搞舞蹈的人应该能够欣赏其他艺术，至少应该学会欣赏其他艺术。我喜欢各种艺术，古典的、现代的，东方的、西方的，高雅的、民间的，一种艺术有一种艺术的美，只要是艺术，我都欣赏，都喜欢。有了这样的积淀，艺术才能达到一定的标准和高度。

王：除了艺术和舞蹈事业，您最感兴趣的是什么？

戴：我的兴趣都在舞蹈艺术中。我很少接受媒体采访，更不愿写什么自传，因为那样就老得回忆过去。我想的都是今天干什么，明天干什么，未来干什么，哪有时间想过去！我从不评价自己，也很少考虑自己，只做应该做的事情。我一生有许许多多朋友，大多是艺术家，或者和艺术有关系，或者是热爱艺术的人，包括宋庆龄、周恩来、邓颖超这样的朋友。但是我从来没有因为自己的事情找过他们，“文革”那么困难也没有找过。不久前因为出书，出版社问我有没有和领导人在一起的照片，我说很少。我只对舞蹈事业感兴趣，如果有来生，我还会这么做。

去年，戴先生的学生根据戴先生的口述整理出版了一本书《戴爱莲——我的艺术与生活》。扉页有这样的话：“……一个不倦的舞者，一个独立的、率真的、乐观的、活泼的、坚忍不拔的女性。”这就是戴爱莲先生。她因为有爱而美丽，因为快乐而可爱，因为单纯而年轻，因为执著而无比精彩！

（摘自《群言》2004年第5期，王娅妹采写）

一个艺术家的哲学思考

——访琵琶艺术家刘德海

我是民族音乐发展道路上的一个爬坡人，明知道它没有终点，我还会一直爬下去，直到我生命的尽头，哪怕再多的苦涩和寂寞。

——刘德海

在中国民族音乐界，集演奏、创作、理论、教学于一身的音乐家屈指可数；在民族音乐家行列，艺术已臻完美，仍背负民族使命不懈攀登的大师屈指可数；在喧闹浮华的文艺圈里，耐得寂寞、甘守清贫、筚路蓝缕，用毕生心血守护民族音乐的文化志士屈指可数；在从艺人群中，对艺术、人生、世界、未来，有如此深度哲学思考的智者，更是寥若晨星。中国民乐音乐的广袤天地有幸走出刘德海，他从祖国的山野都市走向世界的文化殿堂。琵琶声起处，5000年中国文明华音绕梁。琵琶身很轻，刘德海赋予它的使命却是沉甸甸的。

三把打开思路的钥匙

“我热爱琵琶艺术。”从20岁迈进中央音乐学院大门，到今天在音乐学院任教，50多年了，从为生活而艺术，到为生存而艺术，现在是为生命而艺术。我要用我的琵琶表现中国人生命的张力、生命的需求，去表达一种人文精神。对我来说，这是一种取之不竭的永恒追求。越近晚年，这种追求越强烈，已成为一种境界。

王：您视琵琶艺术为生命，近些年来，您却把许多心血放在了琵琶艺术之外。

刘：为生命而艺术，不能只局限于琵琶的小天地。我希望跳出这个小天地，放眼更大意义上的文化天地。

科技、经济的全球化带来了文化的全球化。在泛文化时代，任何商品都可以贴上文化的标签。文化全球化实则是文化商品化，商品是可以批量复制的。结果全世界都唱一样的歌，跳一样的舞。

现在的“大众文化”，不同于过去意义上的“人民大众的文化”。这种“大众文化”铺天盖地，没有民族特征，没有历史感，没有个性，没有中心，没有主流，没有风格，已发展到很可怕的地步，到了悬崖边上。盲目地崇洋媚外，把我们自己的家底都搞模糊了，变得中不中、西不西、土不土、洋不洋。一个民族的文化丧失了个性和特色，如同自觉取消了民族的立身之本。悬崖必须勒马！

王：您有很深的民族忧患意识，问题究竟出在什么地方呢？

刘：后现代以来，科技、经济的剧烈膨胀给人们带来了感官上的愉悦和物质上的享受。可是，人的本性最终还是不能没有精神的目标。后现代存在两派。一派是带着“科学主义”及时行乐，继续往前走，玩世不恭；一派是一批为数不多的学者，反思资本主义，反思现代社会。我站在后者一边，要求自己也来反思。

经济全球化，文化应该反其道而行之，走本土化的道路。文化如果全球化就会丢掉我们的根、我们的精神支柱，就不成其为中国文化。

王：您怎么度过了最初的担忧、焦虑和彷徨？

刘：我找到了一把钥匙！认真反省严复先生翻译的赫胥黎的《天演论》，从而找到了一把新钥匙。进化论讲述了事物进化与退化的关系。长期以来，我们把进化论绝对化了，成了“进化主义”。好像事物永远是进化的，不进则退，所以只能进。其实，5000年文明史是有进有退的。我们不能用两分法看待事物的发展，以为所有的进就都是进步，所有的退就都是落后，现在的就是先进的，传统的就是落后的；新的就是好的，旧的就是坏的。这样的思维方式对艺术的发展非常不利。

王：我们习惯于把“前进”当做褒义词，把“保守”看作贬义词，事实上进与退的关系是需要辩证看待的。

刘：艺术、社会发展到今天，非常需要退而思之，退而求之。退而保其美，退而护其根，反倒有利于进而求其新。这个“新”是有根的“新”。进退相生，这就是我找到的钥匙。老话说：临渊羡鱼，不如退而结网。先把网织好了，才符合与时俱进的本质要求，我们过去是“一根筋”。抢救民间文化遗产当然需要，怎么抢救？发展，加进新东西？错了！有人类学家说，动机是抢救，可事实上成了民间音乐的入侵者、破坏者。保存几百年的东西改头换面走了样，丢失了原始文本，我们就很难抢救了。

王：您怎么看待继承与发展的关系？一些登峰造极的艺术，离开特定的历史文化背景，是否很难继续发展？比如昆曲。

刘：一切艺术的发展，是进是退，或者不进不退，都要遵循艺术自身发展的规律。昆曲、京剧、歌剧、交响乐、芭蕾舞，都已达到艺术的顶峰，变成了化石。虽有人传唱、演奏、演出，但它的基本性质仍是化石，不过是活化石而已。老祖宗给我们留下完整完美的艺术，增加一根头发丝都是多余的。这是那个时代的历史产物，这类艺术形式和作品不可能再“进化”，“保而守之”是最好的办法。如果我们用绝对进化论的观点看，势必背着难以发展的痛苦。一味前进，一味振兴，一味迎合观众，这块好的活化石慢慢就变质了。

这就是我跳出艺术小天地找到的第一把钥匙。有了哲学思考，理解了进和退的辩证关系，看什么都明白、都清楚。思路打开了，当进则进，当退则退，进退自如，在“退”中我们有更多事情可以做。

王：让我们的艺术仅仅停留在保护“世界遗产”的标牌上，显然不是目的。我们的目的是什么呢?

刘：真正的目的是发展，使我们的艺术更好地生存和绵延。艺术行动有“发展”和“保守”两方面。发展是为了保住根，保守是为了更健康的发展。这个发展是艺术整体上的发展，文化整体上的发展。这也是我找到的第二把钥匙：一分为三的哲学。

过去的两分法，带来了中国人思路的简单化、粗暴化。不是红就是黑，不是对就是错，不是正就是反，不是革命就是反革命。一分为二，事实上只剩下“二”，“一”到哪里去了?我说的是整体的“一”。我始终有一个整体的观念，用整体的“一”统领“二”，不左不右，走一条中和之道。和美、和气、和畅，这也是我国古人的思路。

王：孔子的哲学思想给了您哪些启迪?

刘：只有“中”才能求其“和”，只有“和”才能求其“美”。“和而不同”，这个思想很高妙。社会讲中和、调和，艺术也是同样的道理。这是高雅艺术的健康基调，和超现实主义强调不和谐、追求刺激、制造噪音是针锋相对的。离开和谐，就没有了音乐。所以要理直气壮地坚持以和谐为本，走中和之道。

王：中国民乐讲求“人之和”、“声之和”、“天地之和”的审美观念，您认为更高一层的追求是什么呢?

刘：在思想方面，我追求宗教文化。作为一个艺术家，绝对不能回避这一点。这是我找到的第三把钥匙。

宗教文化思想历史悠久，它崇尚真善美，追求近乎完美的东西。人的生命是有限的，但要给自己设定一个目标，这个目标是绝对无限的，绝对完美的。我的宗教文化思想就是追求绝对完美。我知道自己做不到，但必须有完美的目标，然后去接近它，去创造美好的东西。如果没有这样一个绝对完美的目标，我会走向庸俗，会半途而废。

王：怎么理解宗教文化和艺术之间的关系?

刘：宗教文化并不神秘，全世界不到100年里，有618位大科学家包括爱因斯坦都信仰宗教。如何解释这种现象？当一些东西连科学也解决不了，人的探索便由实走向虚，从物质走向生命；当生命也无法用数字表现时，用什么表现呢？用艺术。艺术渗透了人70%以上的模糊思维，正是这70%的模糊思维创造了世界绝大多数物质和精神财富。这也是艺术吸引我，并引导我为之献身的魅力所在！遗憾的是，我们至今还没有把艺术的价值、地位、作用和生命联系起来。

高远务实的“1”行动计划

我给自己的定位是“爬坡人”。艺术的爬坡人是永远向上的，思路也是永远开放的。在很多人眼里，我是大师，艺术已达到顶峰。但是任何艺术到达顶峰都预示着下坡，预示着退化。我不愿看到顶峰，不愿把自己封死，为自己画上句号，希望永远往前走。这也是我追求宗教文化的主要动因。

王：您视保护民间音乐为使命，个人的价值和作用在其中如何体现？

刘：一个纯粹个体的我，没有来自权势文化的指令，靠一己之力能做什么呢？2002年的除夕夜，我提出了“1”行动计划。基本意图是：一年学习一个民间乐种，十年十个乐种。以实践创造新的理论，以新的理论再指导实践，最终完成一个集表演、创作、理论于一体的“活库”，也就是我设想的中国民间音乐“基因库”。

王：“1”行动计划，希望达到一个什么样的目标？

刘：中国进入WTO，我就开始了文化思考。在全球化浪潮中，各种论坛搞得热火朝天，我们为什么不组织文化论坛？生命DNA的研究如火如荼，为什么不研究文化的DNA？如果我们没有祖先5000年遗传到今天的DNA，就没有中国文化。生命的DNA，加上文化的DNA，才能组成完整的中国人。我希望在民族音乐方面为中国文化的DNA做点事情。

王：中华5000年文化博大精深，何处寻根呢？

刘：无须劳神追溯5000年文化，一旦我们有了文化自觉和悟性，“根”就在脚下。地方民间音乐很少无病呻吟，她以远离尘嚣不闻功利之心境，平平淡淡、真真切切地演奏音乐。这正是现代都市音乐家最迫切需求的艺术品位。生活中我们需要绿色食品，精神上同样需要清新的、自然的、本真的、没有任何添加成分的“绿色音乐”。

王：怎么理解您倡导的中国音乐学院与地方民间音乐接轨的意义呢？

刘：我的另一个定位是教育者。作为教育者，我需要思考拿什么去教我的学生。所以要搞基本建设。家底没有了，要重新找回中国音乐的家底。

我想到一个问题，从丝竹、昆曲想到了江南文化。明清以后，沿海地带慢慢发展起来，经济的优势带来了文化的繁荣，文化的繁荣反过来又促进了经济的发展。这个历史阶段，音乐方面比较大的发展集中在江南。想到这里，思路忽然打开了！过去，我们只局限书本已确定的、逐渐形成经典的东西。其实这些东西有文本记载，很容易找得到。可是民间的东西，四野八荒，流动性很大。艺人在，艺术就在；艺人走，艺术也就走了。许多优秀的民族音乐恰恰是四散在田间、民间的。迫切需要抢救的，也正是这类东西。抢救人，抢救艺术，一切为了文化的DNA建设。

王：您说过，抢救地方民间音乐，首先要抢救“自己”。在急功近利的时代，怎样才能拥有“文化的自觉”？

刘：生活在一定的文化中，对自己的文化要有自知之明。我不能代表一个群体的自知之明，但可以对自己的文化转型做到自知之明。

对地方艺术，过去我们的定位有问题，是一种精英姿态。去民间，是为了包装自己；向民间学习，也仅仅是为了增加曲目，丰富风格。我们居高临下，不以民间为师。结果人来花开，人走花落，结不出任何果实。中国音乐的母语是多元的，丰富多彩。精英文化要放下架子，带着寻根、学习母语的心态去民间，带着对文化故乡的冲动去民间。这是我的家，这是我的根！这样做，效果会完全不同。

王：参加潮州音乐会采风、收集、研讨、教学一系列活动，就是这样的心态吗？

刘：我们是去寻根的。我们和当地同行没有主次之别、高下之分，完全是离家很久的孩子回来探亲了。这样的回归在审美意义上起到了“绿化”作用。我很激动，称那次音乐会是“一场绿色文化革命”。

王：专业音乐和民间音乐是一种什么关系？

刘：任何一种民间乐种的提高和发展，都必须具备艺术性、风格性和技术性三要素。音乐学院应该保持技术上的精良，精神上、风格上追求“绿色”。但我们不能用我们原有的审美观去改变民间的绿色，这是认识上一个大突破。过去我们是主人，人家落后、愚昧，需要我们去拯救。不少学者好心却没有办成好事。人家本来是业余的，天然的，有阳光，有水分，像盛开的野花。可是我们把野花搬到暖房里来，评职称，比场次，要指标……野花慢慢就变了种。

王：怎样才能保持民间音乐的绿色素不变呢？

刘：一句话，我变你不变！我们是“外江”人，“本土”音乐是可采撷的标本。比如我们和当地同行共同搞的潮州音乐会，技术方面“外江”人或许超过了“本土”人。但“本土”音乐并没有伤筋动骨，而是锦上添花。我找到了一种方法叫“居一走二看三”，我称这种方法为“金三角”。

“居一”就是找到民间音乐，找出原始文本，以之为根、为本、为基石、为基因。现在许多音乐没有原始文本，教学非常困难。有了原始文本，就有了立足点。立好了，再“走二”，在原版基础上向前走一步，厚古人，也不薄今人。这是“居一”的目的，不是单纯为了做标本，还要发展“一”。“看三”就是对音乐的发展做出前瞻性的正确判断，保持文化多元性、多样性以及音乐生态的平衡。“居一走二看三”，是中国音乐学院在这方面的真正定位和操作起点。

王： 让民间音乐保持绿色，回归田野，回归自然，回归平和，您有信心吗？

刘： 我还是乐观的。我们学院小心翼翼把潮州音乐这朵野花搬上了舞台。它依然是野外那朵鲜花，光彩照人。许多中外专家说“这么好听，以前从来没有听过！”

一年一个民间乐种，今年搞福建泉州南音音乐会。中原文化在那里发展了几百年，形成闽南文化。福建南部广大地域，南音是老百姓生命的一部分。马路上搭舞台，喝茶听音乐，不听就活不下去。在海外，只要有闽南华侨，就会有闽南音乐。

王： 怎么理解“中国音乐学院与民间音乐接轨，才能谈得上与世界接轨”？

刘： 是民族的才是世界的。我现在的目标是，把闽南的南音变成中国的南音，让中国人了解它，接纳它，欣赏它；把潮州地区的音乐变成中国的音乐。是中国的就等于是世界的，因为世界其他地方没有这种艺术。我的“野心”很大，保持它的标本，推广我的范围。由一地而全国，由全国而世界，一个一个来，绝不搞大而全。

王： 为什么您那么强调本土文化的世界性？

刘： 什么叫“走向世界”？背着琵琶走进金色大厅叫走向世界？我认为，根本意义上的走向世界，目标应该定得很高——让中国的音乐成为世界人生命、审美不可或缺的一部分。莫扎特、贝多芬、施特劳斯这样的音乐大师，很少有人再想他们的音乐是哪个国的。没有！他们是世界人。这才叫真正的走向世界！这就是我的目标。很高。没有这样一个面向世界的目标，我们的音乐永远只能本土化，还能代表先进的文化吗？

王： 您想得很高，做得很具体；目光很远，又脚踏实地。

刘： 每个艺术家都应力所能及地做自己该做和能做的事情。中国幅员辽阔，艺术丰富，我不是救世主，也做不了救世主。原生态的、田野的东西太多了，我只能先做那些成熟的、被大家遗忘了的东西。即使发现了，也不可能全都纳入我们的视野。在民间，田野里、山崖边、夹缝中、流水旁，纯净无瑕的东西太多了！作为爬坡人，我希望能为后人引引路，虽然道路很漫长。

王：在这个过程中，您感到最难的是什么？

刘：保护民间文化遗产不能情绪化，作为一个艺术家，我能做什么呢？应该在思路和理念上有所突破。现在不缺思路，不缺技术，唯独缺经费。文化一旦失落，多少钱也补不回来。

王：记得您说“1”行动计划第一步“一年一个民间乐种”，大约需要300万。

刘：现在我们完全是靠一种责任感尽义务。希望我们的计划能纳入政府计划，盼望政府为复兴中国传统音乐投入资金。别说300万，30万我就能“走三步”。事实上工作很艰难，因为这是几代人的事，短期内看不到效果。

王：原始的、天然的、淳朴的、个性化的东西如今离我们越来越远，您夸父追日般拯救民族音乐，动力何在？

刘：国家兴亡在文化！动力来自两头：一头想到老祖宗，不能数典忘祖，愧对祖宗留下的灿烂文化；一头想到未来，想为孩子们留下一份鲜活的精神食粮。

一切思考都是教育的思考

首先我是一个文化人，一个接受了全面教育的人，然后去学音乐，再去弹琵琶。离开文化弹琵琶，永远只能是匠人，成不了艺术家。我对学生说，先做音乐家而不是演奏家。音乐家需要作曲、理论、演奏、理性思维的全面发展。这就涉及音乐人才的培养和音乐教学的改革。我们的教育像科学一样，分工越来越细，要求越来越高，技术越来越精，路却越走越窄。学生没有时间学习文化课，文化人慢慢变成了技术人、匠人。这样的人怎么面对21世纪呢？

王：音乐教育的主要问题在哪里？

刘：我们的音乐教育是个体培养，缺少群体培养。学生可以调教，关键在老师。我强调和谐为本，强调合作，强调合奏、重奏同样是主课，从群体中培养个性。过去学独奏的学生接受的都是“贵族”式培养。将来进入音乐团体，很不好合作。基础课应该打破一对一的格局，变为一对多，在课堂上就酝酿群体的、合作的气氛。合群才能和谐。

另一个问题是，我们的老师以往只强调风格流派，很多是个性教育。学生上的第一堂课就是风格流派教育，把学生分成不同流派，赵钱孙李周吴郑王各自带着自己老师的风格能和谐吗？要打破这种流派教育、风格教育为主的教学方法不容易，作老师的也是受流派教育过来的。但是我们不改，就永远没有新的开始。

王：您所有的思考都是教育的思考，所做的一切似乎也都是为了教育。

刘：“1”行动计划，最终要落在对音乐教育教学的思考上；乐库建设，最终也是为了培养人。繁荣音乐舞台也好，丰富精神生活也好，许多文化建设的话题最终都要落实到“教育”二字上，因为所有的计划归根结底都要靠人来实现。我们过去恰恰在教育方面想得太少了。我们所做的一切，所有的努力，最终都归到音乐教学改革上，落脚在发展音乐教育事业上，思路就对了。抓住教育，才能抓住文化建设的根本。这比“1”行动计划难多了。因为这不是一个人能做到的，需要有一个群体，也不是一代人能完成的，需要几代人。几代人连续做同一个事情，靠什么衔接？还是靠教育。

王：您说“乐府民间音乐制作”是一块沉睡多年的处女地，该怎么去耕种它呢？

刘：1979年，文化部等部委发出“收集整理我国民族音乐遗产”通知，要求对56个民族的民族民间音乐进行全面系统的普查、收集、整理，并出版文献性资料丛书集成。25年了！这项工作依然处于“摸底”、“排队”的初级阶段。我在想，把这个家底摸清要等到何年何月？我们眼前能做点什么？花费巨大人力物力财力，最终目的难道就是建立档案库吗，怎么让它活起来呢？如果没有大思路、大计划，档案库很可能变成一个“死库”，所谓“保护工程”也将沦为“述而不作”的半拉子工程。

王： 您和学生2002年春节的潮州采风，就是以新思路、新观念进行的一次新尝试吗？

刘： 以往音乐采风大约有三类“学者采风”，重历史研究，“述而不作”；“乐手采风”，重舞台表演，“作而不述”；“乐府采风”，重在教学，“述作兼之”。新“乐府采风”的特点是，把文化宝库变为“活库”，抓第一手资料，注重权威性和多样性，落实于教学和舞台，推动创作和科研。音乐学院有艺术和技术方面的优势，应多到野外学习，一旦掌握民间风格，就会如虎添翼，创造出艺术奇迹。“1”行动计划就是要解决风格问题，到民间找风格。通过实践，实现风格多样化，就能达到又“述”又“作”的目的。每位教师都要掌握几个乐种，在此基础上形成一套民间乐种教学体系，避免以往人来花开、人走花落的现象，保证乐种在乐府的可持续发展。

王： 您说做事情要善于在乱麻中找自己需要的线头，现在找到了吗？

刘： 我已经超越了探索阶段，找到了路，这就是新古典风格：用最精湛的技巧，表达传统、永恒的题材。文化上的DNA是我们的，技法是中西合璧，影响是世界的。我们演出的《和美颂》，得到了众多作曲家、指挥家的由衷称道，“和而不同”的哲学思想通过艺术感染了不同国家的人。国内外同行们说：“没有想到，那么和谐，那么美！”我们会一代一代做下去，会做得更好！我觉得自己的一生没有平庸度过，我有崇高的追求，而且已经看到遥远的地方那道绚烂的曙光！

刘德海先生赋予了学生最慈祥的爱，用最精湛的技艺、最高尚的人格，培养出一批批优秀的民族音乐人才。他远离苦恼、远离忧愁，以平静的心态在净洁的空间里做最纯粹的事情。他渴望返老还童，用琵琶弹奏童曲，表达他神往的天真、自由、生命原初的音乐精神和音乐心境。他的人生和艺术已是物我不分，人即艺术，艺术即人。他的琵琶艺术向往一种宗教冲动，无喜、无悲，无怒、无恨，潇洒、超然，最终回归田园……

（摘自《群言》2004年第8期，王娅妹采写）

踏遍青山人未老

——访著名植物学家吴征镒

为学和做人是一个道理；科学研究的指导思想是解放思想，实事求是：科学道德的精髓首先是尊重事实，二是尊重科学实践，三是尊重他人的科研成果。

——吴征镒

中国科学院昆明植物研究所坐落在风景如画的黑龙潭附近。8月27日上午，中科院资深院士、著名植物学家吴征镒先生在研究所接受了我们的采访。

我又回到父亲早年的小书房里去了

戴：60多年来，您共发现和命名了1300多个植物新分类群，改写了中国植物主要由国外学者命名的历史，成为中国植物区系地理学派的奠基人。我们很想知道您对植物的兴趣来源于哪里。

吴：我对植物的兴趣，启蒙老师应该算是童年时家里的后花园“芜园”。“芜园”的面积不大，我选择植物学作终生事业，兴趣的起点就是那个乐园。兴趣很关键。

另一个启蒙老师就是父亲的书房。我父亲民国初年作过北京农商部佥事，北洋军阀时期当过江苏省议员。他的小书房里收藏了两部植物学方面的书：《植物名实图考》和日本的《植物图鉴》。这两部书，图文并茂，我11岁时就开始看。图考1848年出版，是我国19世纪重要的植物学著作，清朝吴其浚撰著。此书分两部分：一即《植物名实图考长编》，22卷，收植物838种，分11类；一即《植物名实图考》，38卷，收植物1714种，分12类。我现在做的等于是《植物名实图考》的新考，目的是想把中国古代的植物与近现代的接上头。我现在每天上午工作一小时，下午两小时。我已做了38卷中的25卷了，希望今年把它详细考证完。这是我们民族植物学的一部分，很重要。

现在眼睛、耳朵不太好，外文书籍很难看了，只能读古书。我现在又回到我父亲早年的小书房里去了。

后来我跟学生共勉常讲："要做一个卓有成就的科学家，必须做到两个字'安、钻、迷'。就是说，不但要安心本职工作，还要钻进去，要钻进去，就要达到入迷的程度，精力高度集中，目标单纯，为专注的热情献身。"

由于着迷，在我读了私塾，初识文字、英语、数学之后，便找植物方面的书看，对着图谱认识花园里的植物，并学着把它们画下来，从书上找答案解除自己的疑问。疑难问题得到解决，心里高兴，兴趣也就越来越大。

做学问就像啃骨头

戴：您曾先后获得国家级一、二等奖，国家发明一等奖，并先后获得何梁何利基金会"科学与技术进步奖"、"科学与技术成就奖"。这引起许多人对您的为学之道的关注。

吴：1929年，我13岁走出私塾，先就读于江都县中学。1931年跳考入扬州中学高中。在中学阶段，唐寿老师第一次上生物课时，手里拿着一枝开着淡紫色小花的紫堇，目光和蔼。他讲课绘声绘色，信手在黑板上画出逼真形象的植物解剖图。星期天，唐老师带我们到平山堂后山采集标本，教我们把采集的植物标本夹在旧报纸里，插上标签，仔细地登记在笔记本上。这就是我正式系统学习植物课的最初童子功。以后，每逢星期天，我都会约上几个同学到扬州城外廿四桥、神智寺走上十几里路采集标本，不知不觉就采集了二三百号。

唐耀老师也是高中生物教员，看了我采集的标本，很是高兴，便在学校专门为我举办了一次个人标本展览。同学们看了很受感动。连我二哥看了展览后都说我能吃苦，将来有出息。二哥还把我的标本拿去给金陵大学教师焦启源鉴定。20世纪30年代之初的一次小小的校内标本展览也许算不了什么，但对我立志学习植物学却是极大的激励。

1933年，我满17岁，考入清华大学生物系。植物学教授是吴韫珍和李继侗先生。

吴韫珍先生一心想把植物学中国化，他常说："中国植物种类很多，分类还没有过关，要从搞清地方种类做起，同时把以前国内外学者研究中国植物的材料集中起来，彻底考证整理，以澄清过去的混乱。"他一生的愿望就是要把中国的植物分类搞清楚，并培养一批人来完成这项工作。那时每逢假期和星期天，我都会跟着吴先生到北平西山、八达岭等地采集标本，回来后又接着整理、造名录、查文献、分种检索表，并把已有文献记录的名录做考证处理。大学三年级时，吴先生带我们到小五台山、蔚县一带实习，并指导学生写毕业论文。我的论文是华北莎草科薹属，他要我从野外调查入手。这一属当时全世界有800余种，华北近50种，是号称疑难大属的植物。论文要求将每一种的雹片、囊果按同样比例画成精细的鉴别特征图，每种要详细考证定名。吴先生说：做学问就像啃骨头，多啃硬骨头方练得出真功夫。

李继侗先生是第一个获得美国森林学博士学位的中国学者。1925年25岁回国后受聘南开大学生物系，是唯一的教授。后到清华大学生物系任教。两位老师的教诲，为我以后从事植物学研究确定了方向。

政治上对我影响最大的是闻一多先生

戴： 您的盟龄几乎和您从事植物学研究的时间一样长，闻一多、吴晗是您的入盟介绍人，这是否对您一生所走的道路产生了影响？

吴： 西南联大正式成立之前，称长沙临时大学。1938年1月教育部决定清华大学、北京大学、南开大学合建西南联合大学。接着，除先行的或体弱多病，或经境外入滇的以外，由13个教师（我是助教，也在教师之列）、200多个学生组成湘黔滇旅行团。我是在这次“长征”路上认识闻一多先生的。

闻一多和我的老师李继侗曾发誓蓄须明志，直到抗战胜利。从长沙到昆明行期68天，行程3500里。闻先生一路上写生作画，我一路采集标本，从此成了忘年交。

1943年以后，西南联大学生运动愈演愈烈，政治上对我影响最大的是闻一多先生。那时，我写了两本诗集《去日集》《爝火集》，拿去请教闻先生。闻先生是西南联大进步社团“新诗社”的导师，就把我介绍给“新诗社”，大概在1942年至1944年间，我从昆明大普吉回到城里。1945年“读书会”为纪念“五四”，在讲师助教中开座谈会，就由我出面请闻一多、曾昭抡先生主讲。

“联大剧艺社”是最活跃的学生社团。闻一多先生是剧艺社的倡导者，导演和组织过《原野》《阿Q正传》等话剧，并亲自设计舞台布景。我不擅演戏，但因和闻先生熟识，也常参加剧艺社的活动。

闻一多、吴晗都住在昆明西仓坡联大宿舍，两家住斜对面。我经常去闻先生家，和吴晗接触多了，便熟悉起来。闻一多、吴晗、潘光旦等组织了一个“十一学会”，十一是士大夫的“士”字拆开来。主要活动就是分析讨论当时的国事，谈各人看法，学会里各种观点都有，可以各抒己见。我和王瑶、季镇淮属于倾向民主科学的。当时，我认为国民党越来越腐败，中国需要民主科学思想，闻一多和吴晗介绍我加入了中国民主同盟。

加入民盟以后，经常性的最主要的活动是盟的生活会、时事讨论会，1945年后，大概一礼拜一次。活动地点在圆通动物园的最西边，唐家花园，就是现在的孔雀园。主持人是重庆派来的周新民、李文宜（地下党员）。参加人员有闻一多、吴晗、楚图南、冯素陶、尚钺、费孝通和我。

闻一多先生的诗作《红烛》《死水》给我影响很深。1946年7月11日，李公朴先生被国民党特务杀害。15日，闻一多先生又被国民党特务枪杀。再加上1942年6月我的老师、联大教授、植物学家吴韫珍先生因贫病交加英年早逝，以及1945年“一二·一”学生运动中的四烈士遇难，这三件事对我是连续的心灵震撼，也使我彻底抛弃科学救国幻想。1946年2月，经生物系的同学殷汝棠介绍，我参加了中国共产党。

跑野外就是定点旅游

戴：从一些资料上看到，您第一次到日本广岛、熊本的大大小小的自然保护区就能辨认出那里的大部分植物；在联邦德国，您坐在高速行驶的汽车上，就能一眼辨认出路旁树底下的植物；在巴西的亚马逊研究所，您对万里之遥第一次见到的植物了如指掌……奇迹般的观察力令各国同行惊叹，这些是否都源自您在植物分类学上的坚实功底?

吴：科学研究就是深入到最复杂的事物中去，找出其发生发展规律的一种工作。我搞植物学研究，就要以植物为对象，深入进去，弄清哪些是有用的，哪些是暂时没有用的，而在一定条件下可转化为有用的。现在，世界上已发现的高等植物有23.7万多种。我国高等植物有3万多种。云南省有高等植物1.3万多种，占中国高等植物总数很大的部分。在这3万多种中，如果有1／10能用在国民经济上，那就很不得了了。而认识植物的关键就是标本采集、鉴定和种子收藏，这是研究的基础。我出国考察最喜欢带回标本、种子。对标本、种子情有独钟。

1962年5月到古巴考察时，我采集了象耳豆树等各式各样的种子。回来后种在西双版纳小勐仑植物园。时隔40多年，象耳豆树早已长成参天大树，它耳朵般的种子格外引人注目。

1979年5月，在美国加州自然保护区，我发现一种叫荷荷巴的植物含油量很高，便把种子带回试种。现已在美国朋友帮助下大量初步引种成功。

天然橡胶中最重要的一种是三叶橡胶，原产于巴西。1904年，由云南盈江县土司刀安仁先生从新加坡购进巴西三叶橡胶树苗8000余株，栽植在盈江县新城凤凰山的东南坡，使云南成为天然橡胶的最早引种地。新中国成立后，1952年中共中央做出自力更生、引种橡胶的重大决策，同时抽调了以我的老师李继侗教授为首的全国植物学、林学、生态学等方面的专家、学生到海南、云南、广西、广东进行宜林地调查，并在海南、云南、福建及两广试种。三叶橡胶在纬线上向北推移20多度，且引种一次成功，是中国人创造的奇迹。我的任务就是对华南、云南的橡胶宜林地进行科学区划，并总结推广正确的栽培方法。1953到1955年，我每年都要带队去海南，一蹲就是几个月。1955年转向云南，重点考察橡胶和紫胶的栽培及规划。橡胶宜林地的综合考察包括大气、水、土壤、肥料、橡胶生长状况，等等，积累了数万个科学数据。橡胶成活了，长大成林了，开花了。橡胶花是淡黄色的小花，在标本室里一点也不显眼，但却十分珍贵。

我的工作就是到野外实地考察，采集植物标本；回室内研究，鉴定植物标本。到野外实地考察常常令我心旷神怡，在室内鉴定植物标本往往使我发现奥秘。因此，栉风沐雨，饥饿劳顿，板凳硬凉，默默无闻，对我来说都是快乐的。我快乐，从而使我有充沛的精力完成吴韫珍先生的宿愿。

我采集鉴定过许多植物标本，抄录、整理了成千上万张卡片，基本认识我国从北到南，横跨寒、温、热三带的植被类型，还可以准确地说出上万种植物的名称。我热爱它们，熟悉它们。因为工作我走遍了我国的东西南北。那时候人们把这叫做跑野外。有几句打油诗："有女不嫁勘探郎，一年四季守空房。有朝一日郎回来，背着一身脏衣裳。”说的是搞地质勘探的，我们到野外考察也跟他们一样，选点、采样，风餐露宿。回来时，标本一大堆，其他一无所有。但我把跑野外看成是定点旅游，乐此不疲。谈起这些，我非常感激我的妻子段金玉。她不嫌弃我跑野外，毅然离开北京大学，跟我到云南，一住就是46年。我们1951年4月22日结婚，如今早已度过金婚纪念日。

戴：您能准确地说出上万种植物名称，被国内外植物界称为“植物电脑”。

吴：我这人肯吃苦，肯下功夫，有点聪明才华也是从实践中磨炼出来的。再加上多写、多看、多思考，出了一点成绩。譬如，朝鲜战争时期和刘慎谔教授及北京植物所搞分类的全体研究员一道，根据带菌的栎树、山胡椒的树叶，从植物的区系地理分布科学证明它们不是朝鲜和中国东北地区的当地种属，揭露了美帝国主义发动细菌战的罪行。

1979年9月，我率中国科学院生态学考察团到英国大英博物馆参观。大英博物馆主任加农教授让我鉴定清朝时期驻中国的两位英国大使司坦、克宁汉在中国采集的至今未能鉴定的标本。虽然客客气气，但确是一次很实在的考试。

说我是个植物标本迷，是恰当的。说我是“植物电脑”就免了。人脑比电脑好使。

原始植物的种子一旦流失就一去不复返了

戴：吴先生，您于1999年提出建立“云南野生种质资源库”的设想，据说现在已开始实施。对其前景有何看法？

吴：1999年世界园艺博览会在昆明成功举办，为云南带来很好的经济、社会效益，特别是在旅游业带动下，第二、三产业上了一个新台阶，也引发了人们思维方式、生产、生活方式的大转变。由此，云南省委省政府对“植物王国”的认识也跨上了一个前所未有的高度。当时世博会开完后，云南省生物办找到我，谈到云南野生植物经济开发正在迅速消失，应予抢救。于是由我命意，他们执笔，再送我修改定稿，写出建立《云南野生种质资源库》的设想。这个设想得到国务院的高度重视和科学界的高度认同。现在，很多物种在大开发过程中成批灭绝了，特别是在坝子周围、湖泊、沼泽、山间、湿地，长期自然进化生成的野生植物，尤其是大量的草本植物，人们不熟悉不认识也不看重它们，更不珍惜它们。修路、盖房、征地、挖沟……在不经意间这些野生植物就不复存在，其损失的价值是无法估量的。原始的野生种质，由于基因组不同，有的抗寒，有的抗旱，有的抗病……原始种子一旦流失，就像水一样一去不复返了。在进化过程中，种子资源是人工造不出来的。如黑龙潭后面落索坡上由郑万钧定名的云南紫荆没有了，张肇骞定名的一种菊科观赏花也没有了。云南山间湿地有三种野生稻，原有20多个分布点，现在只剩三个了。这其中的一种就是袁隆平一个保存系的种质。花卉资源，像紫荆有三四种，假如云南紫荆没有了，就少掉一种。紫荆到底有多大作用呢？这很难说。保护抢救野生植物资源，就跟抢救保护大熊猫、老虎是一样的。动物是靠植物活着，就像保护大熊猫，先要保护它们生存的环境，保护竹子。因此，保护野生植物种子的意义更大。

现在全世界都面临这个问题，不只是中国。

在结束访谈时，吴老感慨地说：“绿色经济，惠及子孙。人与自然和谐发展是永恒的主题。”

（摘自《群言》2004年第10期，戴俊慈采写）

文学、文化、文明：横通与纵通

——袁行霈教授访谈录

学问的气象

马：袁先生您在《学问的气象》一文中，曾用这样的语句形容您心向往之的大家气象："如释迦之说法，霁月之在天，庄严恢宏，清远雅正。不强服人而自服，毋庸标榜而下自成蹊。"在您看来，造就这种"学问的气象"的关键是什么？在上世纪七八十年代，您曾倡导过"横通与纵通"，是否基于对"学问的气象"的追求呢？

袁：有气象的学问必有开山之功，开拓新领域，建立新学科，发凡起例，为后人树立典范。就以中国近现代的学者而言，其中不乏具有大家气象的人物，如梁启超、王国维等。他们的共同特点是学术格局大，视野开阔，治学道路平正通达，具有总览全局的能力。中国历来是道德、学问并重，学问的气象实有赖于个人的修养。为人正直、诚实、刚毅，方能不随波逐流，勇于坚持真理；如果又能虚怀若谷，富有宽容精神，气象自然就不凡了。做学问的过程也就是提升自己修养的过程，这应当成为学者自觉的追求。

"横通"是借用章学诚《文史通义》中"横通"这个贬义词，赋予它褒义，加以发挥，强调多学科交叉。"纵通"则是我杜撰的词，它的含义是：对研究课题的来龙去脉有纵向的把握，虽然是局部的问题也要做历史的、系统的考察。例如文学史的研究，不满足于一个时期、一个朝代的分段研究，而希望上下打通；即使是研究某一时段，或者其中的一个具体问题、一个作家、一部作品，也能置之于整个文学的发展史中，做出历史的考察和判断。“纵通”还有另一层意思，就是对学术史的关注和了解。研究一个问题，必先注意已有的研究成果，看到学术的前沿，将研究工作的起点提高，这样，研究的结果才可能达到新的水平。

中国诗歌艺术研究的理论思考

马：中国诗歌艺术是您最初的研究方向，您能否谈谈从事中国诗歌艺术研究的着手点和具体方法？

袁：中国是一个诗的国度，在诗歌艺术方面有许多值得认真总结的经验和规律，古人提出的一些诗学理论和范畴也有待结合诗歌创作加以深入的阐述。这项研究前人虽然做了一些，但是不够系统，特别是将诗歌理论和诗歌创作结合起来进行研究，还比较薄弱。研究文学批评史的人未必深入研究诗歌史，而研究诗歌史的人又未必对理论有兴趣。在1987年出版的《中国诗歌艺术研究》一书中，我总结出言、意、象、境等几个范畴，找出其间的关系，并从人格、语言、意境等方面解释“风格”的形成；又从诗歌艺术史的角度考察了自屈原到陆游共14位诗人的艺术特色、艺术风格和艺术成就，力求将诗人的人格与风格、诗歌主张和诗歌艺术、艺术渊源与艺术创新互相沟通起来加以研究。

诗歌语言是诗歌艺术分析的依据。如果从语言学的角度给诗歌下一个定义，不妨说诗歌是语言的变形；在语音方面是建立格律以造成音乐美；在用词、造句方面表现为改变词性、颠倒词序、省略句子成分，等等。各种变形都打破了人们习惯的语言常规，取得新、巧、奇、警的效果；增加了语言的容量和弹性，取得多义的效果；强化了语言的启示性，取得写意传神的效果。

由语言分析深入一步就是意象分析。语言是意象的外壳，意象多半附着在词或词组上，中国传统的词语诠释方法和意象统计分析方法，可以互相补充。可以研究诗人最喜欢使用的是哪些词语或意象，哪些词语或意象是哪位诗人创造的，这些词语或意象的出现说明了什么，还可以研究诗人不同的词语群或意象群，以及诗人连缀词语或组合意象的特殊方式。

由语言和意象的研究再进一步就是意境和风格的研究。词语的组合构成诗篇，意象的组合构成意境，境生于象而超乎象。揭示意境的形成，既可看到诗人的构思过程，又可窥察读者的鉴赏心理。诗歌的意境和诗人的风格也有密切的关系，诗中经常出现某一种意境，就会形成与之相应的某一种风格。风格研究已经脱离单纯的艺术分析，而深入到人格的领域，是对诗人所做的总体把握。而这种总体把握，与中国古代对诗歌艺术的品鉴相比，经过了对诗的语言、意象、意境、人格诸环节的分析过程，所以得到的是更细致、系统和清晰的总体认识。

中国文学的总体观照

马：您的《中国文学概论》作为概论类的专著，其体系是怎样做到既符合中国文学的实际，又富于个性化的？

袁：1987年我应日本爱知大学中岛敏夫教授的邀请，前往讲授中国文学概论。这对我来说是一项颇具挑战性的工作，因为长期以来，中国大陆似乎没有出版过《中国文学概论》之类的书籍可供我参考，我只能根据自己平时对中国文学的理解，摸索着建立一种体系。这种体系既不同于中国文学史，也有别于偏重理论的文学概论；既要涵盖中国文学的各个方面和全部过程，又要简明扼要并且具有理论性，其中的困难是很多的。另一方面，我们多年来对中国文学的研究，偏重于一个个作家和一部部作品的评论，而缺少多侧面的透视和总体的论述。在这种情况下，用概论的方式阐述中国文学，也许可以为读者提供若干新的视点，从而使读者对中国文学得到一些新的认识。

我在这部书的总论部分分别阐述了中国文学的特色、分期，中国文学的地域性与文学家的地理分布，中国文学的类别、趣味，以及中国文学的鉴赏这些宏观的问题；在分论部分阐述了各种文体的演进与体制风格、文体之间的相互渗透，以及中国文学发展过程中的一些规律等。这部书的有些论题和说法已不同程度地引起学术界的注意。有的问题，如文学的传媒，当时我没有注意到，至今学术界仍然没有充分注意，所以这次再版时特地增补了一章《中国文学传播的方式与媒介》。

至于个性化，我想主要是因为这部书立足于我本人阅读古代文学作品的感受，力图用简单明了的文字将自己感受最深的、曾经打动过我的东西告诉读者，希望读者分享我在阅读过程中的感受。我想强调，此书是立足于文学本位的，既然是“文学”概论，就要讲文学，讲作品，讲其感动人的地方，讲其审美的价值。但在书中不求面面俱到，许多想法只是点到为止。我所重视的是启发性，而启发性也正是中国传统的学术追求。

“守正出新”与文学史研究方法论

马：“守正出新”是您一贯的主张和坚持的治学原则，您能否简单地阐述一下它的含义？它在文学史研究和撰写中的作用是如何体现的？

袁：学术研究的出新无非体现在以下三个方面：或者有新的材料，或者有新的观点，或者有新的方法。做到其中的一个方面，就可以称为出新。但出新不能离开守正，基础要，走的路要平正通达。只要基础牢固，有充分的资料作依据，可以大胆地提出新的结论。但为了求新而故意用偏锋，或者故意抬杠，则不是学者的风度。

我对文学史的理解很朴素，文学史就是人类文化成果之一的文学的历史。这包括三方面的意思：

首先，应立足于文学本位。要把文学当做文学来研究，重视文学之所以成为文学并具有艺术感染力的特点及其审美价值。这又有几个层面：最外围是文学创作的社会背景，但背景的研究显然不能成为文学史著作的核心内容，不能将文学史写成社会发展史的图解。第二个层面是文学创作的主体即作家，包括作家的生平、思想、心态等，但作家研究也不是文学史著作的核心内容，不能将文学史写成作家评传的集成。第三个层面是文学作品，这才是文学史的核心内容。文学史著作就是要阐释文学作品的演变历程，而前两个层面都是围绕着这个核心的。文学创作是文学史的主体，与之密切相关的文学理论、文学批评、文学鉴赏是文学史的一翼，文学传媒是文学史的另一翼。“文学本位”就是强调文学创作这个主体及其两翼。

其次，文学史属于史学的范畴，撰写文学史应当具有史学的思维方式。要突破过去那种按照时代顺序将一个个作家作品简单地排列在一起的模式，注意“史”的脉络，清晰地描述出承传流变的过程。要将过去惯用的评价式的语言换成描述式的语言，说明情况、现象、倾向、风格、流派、特点，并加以解释，说明创作的得失及其原因，说明文学发展变化的前因后果。要寻绎“史”的规律，而不满足于事实的罗列，但规律存在于文学事实的联系之中，是自然而然的结论，而不是从外面贴上去的标签。

再次，要从广阔的文化学的角度考察文学。文学的演进本来就和整个文化的演进息息相关，古代的文学家往往兼而为史学家、哲学家、书家、画家，他们的作品里往往渗透着深刻的文化内涵。所以，借助哲学、考古学、社会学、宗教学、艺术学、心理学等邻近学科的成果，参考它们的方法，会给文学史研究带来新的面貌，在学科的交叉点上，取得突破性的进展。

总之，我所主张的文学史著作的撰写原则可以概括为：文学本位、史学思维与文化学视角。

文化的馈赠

马：请谈谈您主持国学研究院的指导思想是什么？是什么因素促使您在推动国学研究方面不遗余力呢？

袁：北京大学传统文化研究中心于1992年1月成立，2001年1月改名为国学研究院。作为主任和院长，我和我的同事们为弘扬中华优秀传统文化做了一些工作。我们的宗旨可以概括为两句话："虚体办实事"，"龙虫并雕"（兼顾提高与普及）。其动力一方面来自对中华文化的热爱，另一方面是感到自己身负承传弘扬优秀传统文化和推动中外文化交流这双重的历史使命。我在1998年北大中国传统文化研究中心主办的汉学研究国际会议上曾提出"文化的馈赠"的观点。我想这既是我们处理世界各民族之间文化关系的原则，也是我们弘扬优秀的中华传统文化、推动中外文化交流的一个准则。

马：您在从事中国古代文学研究的过程中，一直都贯穿着对中国传统文化或中华文明的总体性思考。您能否扼要谈谈"文化的馈赠"的含义？

袁："馈赠"这个词，是冯之浚教授在一次有关中国文化的研讨会上用过的，"文化的馈赠"可以恰当地表达我对处理世界各民族之间文化关系的想法。各种文化之间的差异是客观存在的，但差异不一定导致冲突。如果抱着强加于人的态度，就会导致冲突；如果抱着馈赠于人的态度，就不会导致冲突。馈赠是双向的，既把自己的好东西馈赠给人，也乐意接受别人的好东西。馈赠的态度是彼此尊重，尊重对方的选择，可以接受也可以不接受。馈赠的结果是多种文化的互相交融、共同繁荣。事实证明：不同的文化需要互相补充，也可以互相补充，但并不互相依存，文化的民族特色在很大程度上决定着它的价值。"文化的馈赠"意在通过互相交融，促进各民族文化的发展，以形成全球多元文化的高度昌盛。

马：中华文化可以馈赠给人类的主要是什么呢？

袁：我在《中华文明史》的"总叙论"中，将中华文明的特色概括为：阴阳观念、人文精神、崇德尚群、中和之境、整体思维五个方面。我还在2006年北京论坛上作一个主题发言，题目是"中华文明的历史启示"，其中也讲了几点：和平、和谐、包容、开明、革新、开放。这是总结中华文明的发展史所得出来的经验教训，也可以说是几种明智的选择吧。以上这些都值得进一步开发弘扬，以哺育中华民族的子孙，以馈赠世界各国的人民。

马：作为北京大学国学研究院的重点项目，您和严文明、张传玺、楼宇烈先生共同主编的《中华文明史》，在总体的设计和立意方面有什么特别的考虑呢?

袁：既然要承担“文化的馈赠”的历史任务，就必须研究、描述和宣扬本民族的优秀传统文化。十几年来，北大国学研究院组织撰写出版过一些关于中华文明的著作，但在总体上还有继续系统探讨和深入发掘的空间，所以才想到要撰写一部多学科交叉融合的学术著作《中华文明史》。此书着重描述那些反映中华文明总体面貌的标志性成果，也就是对中华民族甚至全世界的进步产生过重大影响的文明成就。我想，分门别类地叙述科技、制度、思想、文艺等方面的成就是必要的，但更需要把这些方面综合起来，说明整个文明的过程和特点。我们心目中的文明史不同于科技史、制度史、思想史、文学史、艺术史等的简单拼合，更不是一部百科知识全书。我们在考虑《中华文明史》的学术定位时，确立的基本出发点就是既不能脱离各门专史，又要力求做到多学科的交叉与融合，其目的是对中华文明的演进作出总体性的概括和描述，着重阐述各个时期文明的亮点、特点及其形成的原因，并尽可能地揭示文明的发展规律。应当努力把中华文明放在世界文明的大格局中加以考察，这样才能更准确地把握中华文明各个时期的特点，了解中华文明对世界的贡献，以及中华文明对世界其他各种文明的吸收和借鉴，从而在总结文明发展历史的基础上，启发读者思考未来文明的发展方向。总之，当代意识、前瞻性、多学科交叉综合，是我们在《中华文明史》的总体构想和立意上努力的方向。

唐诗风神

马：您现在正从事国家社科基金项目“盛唐诗坛”的研究，能否请您谈谈这个课题与您以往的诗歌艺术研究的内在联系和区别。

袁：我的唐诗研究获益于我的导师林庚先生的引导。多年前我曾对唐诗研究提出一些建议，其中主要有两点：一是加强综合研究，即调动一切研究方法和手段，从各个不同的侧面入手，建立以唐诗为中心的多学科研究的新格局。综合研究也有纵横之分：纵向的综合研究是指唐代诗史的整体描述，注意史的脉络和纵的比较，它不再是诗人生平与创作的罗列，而能再现唐代诗歌的总体风貌、唐代诗歌思潮和唐诗创作演变的轨迹及其内在外在的原因、唐代诗人的群体和唐诗的流派，等等。横向的综合研究应再现唐朝的文化背景，并把唐诗放到这个背景上考察，偏重于唐诗和唐朝的哲学、宗教、艺术等学科之关系的研究，以及唐代诗人的生活风貌、美学思想、宗教信仰、唐代诗人的创作契机、唐诗在社会生活中的作用、唐代诗人的地理分布和唐诗的地方差异等方面的研究。二是唐诗研究应当紧紧把握唐诗本身的特点及其内在特质，把诗当做诗来研究，把唐诗当做唐诗来研究，揭示其艺术的魅力，总结其艺术的经验。

至于现在我和丁放教授合作进行的“盛唐诗坛研究”，便是想把这些建议落实到自己的工作中去。已经写成的论文集中在对盛唐诗坛的形成和发展具有重要影响的政治人物身上，如唐玄宗、李林甫、杨国忠、玉真公主等。这是我们找到的新的切入点。不过这些只是盛唐诗坛研究的外围部分，我们准备把探讨的重点放到盛唐诗坛的总体面貌，以及盛唐诗人与诗歌创作这个中心上来，还有许多艰苦的工作等待着我们。

马：您能把自己学术研究的心得简单地总结一下吗?

袁：可以概括为八个字：博采众长，独辟蹊径。

马：非常感谢您接受我的访问。我有一个突出的感受，就是您的学术思想始终充满了活力。衷心祝愿您身体健康，永葆学术青春！

（摘自《群言》2007年第4期，马自力采写）

以新红利助推中国未来发展

——访著名经济学家厉以宁先生

仲冬时节，窗外阳光明媚温暖，远处西山清晰可见。刚刚在北京大学光华新年论坛上作完主题演讲的光华管理学院名誉院长、著名经济学家厉以宁先生在办公室接受了我们的采访，阐述了他关于“新红利”的观点，并对“中等收入陷阱”问题作了进一步的分析。期望厉先生的灼见有助于我们深入学习和领会中共十八届三中全会精神，拓展对全面深化改革的认识。

杨：当前我国经济社会发展进入一个新阶段，30多年来支撑经济高速增长的一些红利，比如人口红利、资源环境红利、出口红利开始逐渐消失，中国亟须转变经济发展方式，因此提出“改革是中国最大的红利”。您怎么看待“红利”的问题？

厉：所谓“红利”的消失，是指发展优势的消失，具体来讲就是资源红利、制度红利等的消失。这是经济发展过程中的正常现象，每个国家在发展过程中都会出现这种情况，它并不是某一国家的特殊问题。因此，每个国家在经济发展到一定阶段后都必须寻求转型，如果转型不成功，就会陷入停滞或倒退，如果转型成功，经济则会上一个新的台阶。中国经济经过30多年的高速增长，到了必须进一步深化改革，转变发展方式的新阶段。如果能够成功转型，原有的红利将发生变化，新的红利也会产生。未来的红利可以分为三个层次，即新资源红利、新发展方式红利和社会和谐红利。这三个层次的红利有高低之分，新资源红利或者叫资源存量红利是最低层次的，中间层次的是新发展方式红利，最高层次的是社会和谐红利。这三个层次的红利应当是并存的、平行的，在任何发展阶段都同时存在，只是不同时期每种红利有多有少，而不是红利的三个阶段。三个层次的红利将长期存在，而且会不断更新内容。

杨： 新资源红利包括哪些？

厉： 新资源红利包括劳动力红利、土地红利和其他资源红利。这些实际上是资源禀赋的作用，是自然界赐给人们的礼物。劳动力红利是指人口、人力资源方面的优势。一个国家在不同的发展阶段都会有人力资源优势。许多发展中国家都曾经依赖低成本优势而开拓市场，廉价劳动力的存在是成本低的主要原因。这种廉价劳动力的优势是会消失的，但只是旧优势的结束，换句话说旧优势只不过是旧人口红利的存在，发展到一定阶段，旧人口红利的消失是不可避免的，重要的是要形成新的人口优势。这就是劳动力红利的新旧更替，旧的消失，新的产生。劳动力红利要实现新旧更替，一方面要靠个人努力学习，另一方面要靠环境和竞争的压力。如果制度不及时调整，廉价劳动力资源也不会很好地发挥作用，更不会自动发生新旧更替。

土地红利和其他资源红利也是这样。原来土地资源和矿产资源比较丰富，价格便宜。随着经济的发展，土地资源越来越稀缺，其他资源也越来越紧张，旧的资源红利也就没有了。增加各种资源红利，要靠科学技术的进步和运用，要提高土地利用率，改造不适用的土地使之质量提高。矿产资源、淡水资源等其他资源红利也一样。关键在于调动科技人员和专业人员的积极性，这同样需要制度的调整和保证，也就是改革。

杨： 加快经济发展方式转变，涉及众多领域和环节。如何看待新发展方式红利？

厉： 发展方式转变会创造新的红利，称之为新发展方式红利。旧发展方式是一种粗放型、资源过度消耗型、环境破坏型和结构失调型的发展。如果不改变旧的发展方式，最终什么红利都不存在了。新发展方式不仅要使生产效率和资源配置效率提高，还要靠X效率提高。而X效率提高的关键在于企业和谐，个人积极性得以发挥，社会走向和谐。新发展方式必须与劳动力素质的不断提高、技术突破和产业升级相配合才能实现。没有劳动力素质的提升，新发展方式是无法形成的。而劳动力素质的提升既是形势所迫，也是教育体制、人才选拔机制改革的成果。新发展方式有三个特点，即结构优化、自主创新、节能减排和清洁生产，这既要靠技术突破、产业升级，又要靠制度调整和改革。

杨：社会和谐问题越来越受到重视。为什么您特别提出社会和谐红利是最大的红利，也是制度红利的最大体现？

厉：改革开放以前，在“以阶级斗争为纲”的形势下，社会和谐既不可能被当做社会的目标，也不可能成为政策措施。社会和谐是在改革开放过程中逐渐成为社会要争取达到的目标的。随着改革不断深化和发展，取得的成绩越来越大，人们逐渐认识到市场体制的力量。计划体制下有社会不和谐现象，市场发展后又出现另一种形式的社会不和谐。消除社会存在的不和谐现象，只能通过深化改革。今天，收入分配差距过大的问题引起全社会的关注。只有通过改革逐步缩小不同群体之间的收入分配差距，才能实现社会和谐红利。社会和谐也体现于种种不协调和矛盾的化解，无论是计划体制遗留下来的老问题，还是向市场体制转轨过程中出现的社会矛盾，都需要通过深化改革来解决。社会和谐红利亦体现于人们的积极性和创造精神的发挥，要调动人们的积极性，发挥创造精神。社会和谐红利还体现于人们道德水平的提升，要形成新人、新业、新路，中国才能成为现代化强国。

杨：改革开放以来，中国经济一直保持较快的增长速度，步入了中等收入国家行列，但同时也积累了很多的矛盾和问题，因此引发了关于“中等收入陷阱”的讨论。您是如何看待“中等收入陷阱”问题的？

厉：“中等收入陷阱”是2006年世界银行在《东亚经济发展报告》中提出的一个概念，指一些国家在从低收入国家进入中等收入国家行列以后，遇到的困难和问题越来越多，经济容易陷入“瓶颈”状态，国民经济发展动力不足、国民收入徘徊不前、国民信心丧失。“中等收入陷阱”的提法有借鉴意义，但不是普遍的规律，从经济学角度看，任何收入阶段都会有陷阱，不仅有中等收入陷阱，也有低收入陷阱和高收入陷阱，但更多的是低收入陷阱。

杨：许多发展中国家，如拉美一些国家，长期陷入“中等收入陷阱”，原因是什么？

厉：这些国家陷入所谓“中等收入陷阱”，原因是多方面的。首先是发展中遇到制度障碍。这些国家从低收入进入中等收入阶段时，政治、社会和文化方面保留了很多传统特征，比如家族势力根深蒂固的影响，土地分配和农村社会组织保留了工业化以前的状况，社会的水平和垂直流动受到传统限制，农业劳动生产率、农村人口收入和购买力低，等等。其次是发展中遭遇社会危机。社会收入差距增大，社会动荡，进而造成政局动荡，使得有志于改革的政治家无从下手，推出一些改革措施也往往半途而废。第三是发展中难以突破技术障碍，又缺少有效的资本市场。有技术或制造业基础的国家希望通过技术或制造业突破绕开陷阱，但技术创新必须与资本市场相结合。发展中国家的资本市场往往发育不全，国内的富人仅仅满足于垄断领域的暴利和不动产的积累，使得资本市场不完善。

根据上述三种红利的观点，还可以再作进一步分析。新旧资源交替的缓慢是这些国家陷入“中等收入陷阱”的一个难题，它们受困于传统经济体制的障碍，主要是大地产制、种植园制的束缚，新资源红利迟迟未能产生。社会上普遍重视地产投资，制造业难以创新，新型企业家成长缓慢，不重视开发新资源。掌握经济命脉的大地主、大种植园主认为自己的重要收入来源于控制的资源存量，只要旧资源仍能带来巨大利益，就不会把新资源交替放在心上，他们不关心这一问题。

新旧发展方式交替的停滞，是这些陷入“中等收入陷阱”国家的又一个难题。新旧发展方式的交替需要巨大的投资，然而大地主、大种植园主不愿意在这方面投资；新旧发展方式的交替需要政府在制度上有所创新，但这些国家政局动荡，难以实现制度创新；新旧发展方式的交替要靠一大批私人企业家走在前列，但这些国家缺少真正的企业家。

这些国家大多社会危机严重，社会和谐红利更不可能产生；贫富悬殊，土地关系的变革遭到既得利益集团的阻挠，无法实现；政治上动荡不已，无论是保守派还是改革派都不能控制全局。于是，社会出现了平民极端派，转入地下斗争，国内政局混乱，人才外流，经济陷入停滞。最终陷入恶性循环，谁都无法带领社会走出困境。

杨：您刚才谈到这些国家存在的问题，其中一些在我国也不同程度地存在。中国能否成功跨越“中等收入陷阱”？

厉：中共十一届三中全会以来，改革开放不断深入，为新旧资源的交替、新旧发展方式的交替和社会和谐创造了制度前提；同时，民间蕴藏着极大的积极性，这种积极性将随着改革开放的进一步深化而迸发出来。在中国，中国共产党作为执政党，不断加强自身建设，有利于增强党的领导力量，推进一系列制度创新，协调各种利益关系，保持社会稳定。这些都是我们成功跨越“中等收入陷阱”的有利条件。

我曾经把发展经济学归纳为四句话：就业是靠就业扩大的，一批人就业了，有了收入，花掉，别人也就就业了；富裕是靠富裕带动的，一批人先富裕了，会帮助自己的亲戚、朋友、熟人、同乡，然后还能起到示范作用；繁荣是靠繁荣支撑的，有了经济的繁荣就有了投资的潜力、投资的机会，收入增加了，购买力也就增加了；和谐是靠和谐积累的，和谐要从自己做起、从身边做起、从社区做起、从家庭做起，如此，我相信社会和谐红利将成为我们最大的制度红利。

杨：新红利的产生关键靠改革。中共十八届三中全会《决定》关于经济体制改革有一些突破性观点，比如讲经济体制改革“核心问题是处理好政府和市场的关系，使市场在资源配置中发挥决定性作用和更好地发挥政府作用”。关于市场的作用，由过去的“基础性作用”变为“决定性作

用”，用语的改变反映了什么样的认识变化？如何更好地发挥政府作用？

厉：《决定》将市场在资源配置中的作用由“基础性作用”改为“决定性作用”，这是一个认识上的突破。过去讲政府与市场的关系，常用“小政府、大市场”来形容，现在感到这个说法不是很准确，因为政府的管辖范围不能用大小来衡量。现在我用“有效的政府、有效的市场”来表述，政府和市场都要有效率，政府的效率表现在做自己该做的事情，市场的效率表现在做自己可以做的事情。市场做不了、做不好的由政府来做。只有这样才能使效率提高，达到最优化和最大化。长期以来我们考察的效率主要是指生产效率，它是投入产出的关系。但20世纪30年代以后出现了另外一个效率概念，叫做资源配置效率，就是在投入既定的前提下，用A方式配置资源产生M效应，用B方式配置资源产生M+1效应。投入既定，如果生产要素的配置调整了，就会发生资源配置效率的提高。资源配置效率要由市场根据市场规律来实现，理论和实践都证明，市场配置资源是最有效率的形式。

让市场起决定性作用，意味着今后一切要按规章办事，市场做市场可以做的事情，政府做政府该做的事情，政府不要做市场可以做的事情。凡属政府职能范围的事情政府就应该把它做好。第一是公共产品和公共服务的提供，比如国防、司法、治安、义务教育，还有公众最基本的生活福利待遇，包括廉价、低价的住房，因为政府的首要职能是服务。第二是宏观调控，未来政府的宏观调控更多应该是以微调、预调为主。第三是做缩小收入差距的工作，不同群体、不同地区的收入分配差距是多年形成的，靠市场来解决需要很长的时间，政府在这方面应该更好地发挥作用。

杨：*很多年前您就提出过“混合所有制”问题。《决定》将混合所有制的发展作为我国基本经济制度的重要实现形式，这也是一个大突破。发展混合所有制的好处在哪里？*

厉：过去我们讲所有制，就是公有和私有，或者说国有和民有。还有没有两者之间的其他形式？有，就是混合所有制。它既不是全公，也不是全私，而是公私混合的。各种所有制都有它的优缺点，国有经济的优势在于技术力量强、人才济济，但做决策往往要经过层层审批，而民营经济的优势在于机制灵活、敢于创新，它是自负盈亏的。把两者的优点结合起来不是更好吗？今后无论国企还是民企，都要成为独立经营的市场主体。很多国企已经改为股份制企业，不少国企成了上市公司，民间资本可以进入国有企业持有股份，企业有法人治理结构，政府不能随意行政干预。可以说，混合所有制实际上有助于使企业成为独立的市场经营主体。对民营企业来说，引入其他经济成分，打破家族制，走向混合经济道路，也更有利于自身的发展壮大。

厉以宁先生曾以一首《七绝》流露他义无反顾地投身改革大潮的真情——“隋唐不循秦汉律，明人不着宋人装。陈规当变终须变，留与儿孙评短长。”作为积极主张改革开放的经济学家，从“非均衡的中国经济”到“中国经济的双重转型”，从“厉股份”到“厉民营”，厉以宁先生的理论观点和政策主张对中国经济的改革发展产生了深远影响。此次厉以宁先生荣获第十四届中国经济年度人物终身成就奖，可谓实至名归。如今，耄耋之年的厉以宁先生仍坚持外出调研，发表演讲，撰写著作，继续以其深邃、睿智的思想为中国的改革和发展贡献力量。

（摘自《群言》2014年第1期，杨安民采写）

附录

民盟的光荣　知识界的榜样

编者按：2006年12月13日。北京大学授予十位北大教师首届“蔡元培奖”。以表彰他们在教书育人、知识创新和社会服务等方面作出的卓越贡献。据称，此奖项以北大老校长、教育家蔡元培的名字命名，是“北大教师的最高荣誉”。获得首届“蔡元培奖”的十位北大教师大多在北大从教50年以上，德高望重，深受师生爱戴。其中季羡林、徐光宪、厉以宁、袁行霈是中国民主同盟盟员。这是民盟的光荣，他们是全盟学习的榜样。

他无愧于学人之楷模

——记季羡林教授

我从前对穷通寿夭也是颇有一些想法的。“文革”以后，我成了陶渊明的志同道合者。他的一首诗我很欣赏：“纵浪大化中，不喜亦不惧。应尽便须尽，无复独多虑。”我现在就是抱着这种精神昂然走上前去。只要有可能，我一定做一些对别人有益的事，绝不想成为行尸走肉。我知道，未来的路也不会比过去的更笔直、更平坦，但是我并不恐惧。我眼前还闪动着野百合和野蔷薇的影子。

——季羡林

1930年，19岁的季羡林高中毕业，以优异的成绩考上了中国最著名的两所大学北京大学和清华大学。最终，他选择了清华大学西洋文学系，专修德语。1934年毕业，获文学士学位。在清华四年，不仅专修了德语，还选修和旁听“文艺心理学”和“佛经翻译学”等课程，为他后来的佛教史、佛教梵语、中亚古代语言和文艺理论等研究打下了初步基础。

1935年，季羡林以优异的成绩考取清华大学与德国的交换研究生，是年秋赴德，入哥廷根大学深造，从此开始了十余年的留学生涯。在哥廷根大学，他主修印度学，副修英国语言学和斯拉夫语言学。1941年获哲学博士学位。当时正值第二次世界大战，交通中断，他欲归不能，只好孤身滞留在德国，继续从事研究。在德国期间，他利用当地丰富的资料条件，在德国老师的教授下学习印度古语梵文和巴利文，后来又兼学吐火罗文和吠陀。在艰苦条件下，学习和研究十年之久，为他后来的研究工作，打下了良好而坚实的基础。在回忆这段异国求学的经历时，季先生这样写道：“宛如一场春梦，十年就飞过去了。”“他给了我空前绝后的读书机会。我在国内不是没有读过书，但是，从广度和深度两个方面，什么时候也比不上在哥廷根。……这是我毕生学术生活的黄金时期，从那以后再没有过了。”季先生1946年夏回到阔别11年的祖国，时年35岁。1946年他受聘为北京大学教授并被任命为东语系主任。从此，他勤于科研、忙于政务，兢兢业业。组织队伍，办起了东方语言文学系。1946年—1949年三年间共发表各种体裁文章40余篇，其中学术论文13篇。诸如《从中印文化交流谈到中国梵文的研究》《佛教对于宋代理学影响之一例》《浮屠与佛》《列子与佛典》，等等，这些文章是季先生大量研究工作的开始，论文水平之高，使中国学术界大为震惊，始知中国有季羡林其人。

季羡林治学所涉及的领域之广、之深、之杂、之多，在国内外实属罕见，很难用一两句话包容，只能说他研究的领域包括哪些。概括地讲，主要有以下几个方面：1.印度学研究；2.中印文化交流史研究；3.中外文化交流史研究；4.翻译著名印度文学作品及印度文学研究；5.比较文学与民间文学研究；6.散文创作等。

印度学研究方面，是季先生几十年来用力最甚、花时间和精力最多的领域。所谓印度学，包括印度的语言学、文化学、历史学、佛教学，等等。他不仅精通英语、德语、梵语、吠陀语、巴利语、吐火罗语，还能阅读法语、俄语等书籍，这为他从事语言学研究提供了重要条件。在印度古代语言研究方面，他突出的贡献是发现并证明了古代印度语言各种形态变化特点，他的论文为判定佛教经典产生的年代、地点、流传情况提供了可靠的依据。他把佛教梵语的研究同印度佛教史的研究结合起来，解决了印度佛教史上的许多问题，发现了佛教梵语的发展规律，为丰富和发展语言学作出了重大贡献，对印度语言发展史的研究意义重大。他通过对语言学的研究，还促进了对其他学科的研究。他把语言研究与佛教史的探索紧密地结合起来，在探讨古代佛教语言时，并不严格限于语言的形态变化，而是努力探究隐蔽在形态变化后面的东西。季先生的大量细致研究获得了丰硕成果，达到了国际一流水平，为世界各国学者所敬重，在世界梵语学界和语言学界受到高度重视。他的代表作有《印度古代语言论集》《原始佛教语言问题》等。

在印度文化学方面，季先生同样成果卓著。他对印度文化的形成、特征、优点与长处、缺点与不足，以及它与西方文化的差异、与中国文化的区别等，都有明确的阐述，对印度文化在世界文化中的突出地位也有科学的说明。中国和印度的高僧大德，在从汉代到宋代1000多年的漫长岁月里，从梵文、巴利文以及古代新疆语言中翻译了大量佛经。但他们对与佛教无关或关系不大的东西兴趣不大，许多优秀文化典籍并未翻译过来。季先生注意到中国历史上的这一现象。他虽不信宗教，没有什么“宗教功果”可图，但“为了中印的相互了解和加强两国关系”这一崇高目的，他早在20世纪40年代就开始了对印度文化的研究和介绍，翻译了大量的印度文学作品，如《沙恭达罗》《五卷书》《优哩婆湿》《十王子传》等印度古代著名文学作品。尤其经过十年坚忍不拔的努力，终于翻译完了世界著名的印度大史诗《罗摩衍那》，不但填补了中国梵文文学翻译的一项空白，也是中国翻译史上的空前盛事。出版了学术著作《中印文化交流论文集》，《佛教与中印文化交流》和《中印文化交流史》等。在中国一批又一批印度名著和经典陆续被译成汉语，一批又一批新的学术著作相继出版问世，在很大程度上与季先生的率先垂范和积极提倡分不开。所有这些大大推动了我国对印度文化的研究，促进了中印两国的文化交流。

在历史学方面，季先生高屋建瓴，辨伪辟谬，新义迭出。他主张研究历史要有史德，实事求是，注重考证。“考证的目的在于求真求实，而真实又是历史研究的精髓。对史料不做考证求实的工作而妄加引用，或歪曲原意，或削足适履，不管有意还是无意，都是不道德的行为，为真正有良心的学者所深恶痛绝。”他还主张，研究历史切忌教条主义，他强调指出，“历史研究，贵在求真，决不容许歪曲历史事实，削足适履，以求得适合某种教条主义的‘论’”。他不仅对中国历史研究提出了看法，更对印度历史研究发表了高见。关于印度历史，季先生给我们提供了印度历史科学的研究理论和方法，他主张要历史唯物主义地划分历史时期和确定社会性质、用实事求是的态度和科学的比较方法来研究等，他身体力行，为中国学者作出了光辉示范。他除了发表过《印度简史》《1857—1859年印度民族起义》等著作外，还写了许多涉及印度历史的重要学术著作，如《罗摩衍那初探》《中印文化交流史》《糖史》等，在这些著作中，他对许多前人未注意到或没有解决的有关印度历史问题做了科学探讨，提出了独到的见解，填补了印度历史研究的空缺，起到了开拓印度历史研究的作用，获得了国内外学者的盛赞。

在佛教学方面，季羡林先生是国内外为数很少的真正能够运用原始佛典进行研究的佛教学的学者。他用大量的梵文、巴利文、佛教梵文、印度古代俗语及汉译佛典等原始资料进行研究，就原始佛教的语言问题与一些国际学者进行研讨、辩论，最后匡正了一些国际知名学者的错误结论，产生了重大影响。其代表作有《原始佛教的语言问题》《印度古代语言论集》《佛教》《季羡林文集（第7卷）》等；在吐火罗语言研究方面，他填补了我国这方面研究的空白，引起了国际学术界的高度重视。代表作有《吐火罗文研究》《吐火罗文〈弥勒会见记〉译释》。

众所周知，佛教从印度传入中国，但佛教又曾“倒流印度”这一反馈现象鲜为人知。这在印度佛教史上，在中印文化交流史上，甚至在世界宗教史上是一个非常有趣的现象。季先生通过研究和分析大量史料，对这个现象的原因等做了精辟阐述，对史实做了科学结论，解释了佛教发展史甚至世界宗教史上的一个特异现象，从而为佛教学的丰富和发展作出了新的贡献。

季先生还注重比较文学研究，在他的倡导下，成立了中国第一个比较文学研究会，并担任比较文学学会名誉会长。他提出了建立比较文学中国派的主张，得到中国学者的一致赞同，如今已成为世界比较文学的一个重要组成部分。他指出了比较文学属文化交流范畴，并强调了“比较”的重要性和必要性以及所使用的方法，把“中国文学纳入比较文学轨道，纠正过去欧洲中心论的偏颇”，他亲自写过一些比较文学论文，他指出了目前在比较文学方面存在的问题。他认为：在世界文学史上，东方文学一向占据着很重要的地位，中国、印度、伊朗、阿拉伯国家、日本以及其他许多东方国家的文学对世界文学产生过巨大的影响，促进了世界文学的发展。但是到了今天，东方文学却远远没有得到应有的重视，习惯于欧洲中心那一套做法，或多或少，有意无意，抹杀东方文学在世界文学中的作用，这不利于世界各国人民之间的互相学习与互相了解。因此，他强调：“我们进行比较文学研究并不是为比较而比较，真正的目的是通过这种研究，发展我们自己的文学。”

季先生主张积极开展中外文化交流，既总结过去，又展望未来。在中印文化交流史研究方面，他对中印两三千年文化交流的事实进行了系统地挖掘和整理，并指出其交流的特点：“互相学习，各有创新，交光互影，相互渗透”。由于研究成就辉煌，他被印度文学院史无前例地授予“名誉院士”。印度驻华大使南威哲先生（V.K.NAMBIAR）在授予他“名誉院士”仪式上的讲话中说：“季羡林教授对印度的研究，倾注了毕生的精力，真可谓是一个传奇式人物。季羡林教授也是世界上公认的梵文研究的带头人。他对中印两国历史长期相互交流的研究所作的贡献，时至今日仍然起着先锋作用。”印度文学院长认为，季羡林教授是一位世界知名的杰出东方学者，也是当代世界公认的最为著名的梵文学者之一，他在开创中国对印度古典文学的研究方面的贡献是完全无与伦比的，因而理应获得这一最高等级的嘉奖；而能够将该院给予外国学者或作家的最高荣誉——名誉院士学衔授予他，亦是该院的殊荣。

提到季羡林的散文，无人不交口称赞。读者既被他高尚的人格力量所震撼，又为佳作的艺术魅力所陶醉。他的散文就像他的为人一样， 淳朴、亲切、幽默、睿智，有丰富的内涵和动人的情感。截至目前，已有150多万字的散文汇集成册，出版发行。

几十年来，用季先生自己的话说，他是“翻译与创作并举，语言、历史与文艺理论齐抓，对比较文学、民间文学，等等，也有浓厚的兴趣，是一个典型的地地道道的‘杂家’”。这里所列举的只是季羡林先生学术领域的主要成就。还有些书或文章难以区分和归类。对一般人而言，一生几十年，能在上述一两个方面做出一些成绩就不容易了，而他在众多学术领域里均有独到的见解和高深的造诣，实属罕见。他对中国文化和东方文化作出了杰出的贡献，是中华民族传统美德和传统文化的继承者与弘扬者，人们对他由衷地钦佩，亲切地称他为“东方之子”，他的学术成就和精神人品，均无愧为学人之楷模。

（王树英采写）

永远解不开的稀土情结

——记徐光宪院士

蔡元培先生是我国伟大的教育家，他就任北大校长以后，把北大从培养老爷式的官僚机构，改革成为现代化的大学。他主张学术自由，兼容并包，为学术思想的自由发展提供了宽松的环境。他登门拜访，请来陈独秀担任文科学长，又请来鲁迅先生等名师。北大优秀的学术传统是由蔡元培先生创建起来的。蔡元培是最受北大人尊敬的老校长。所以获得首届“蔡元培奖”是我一生最大的光荣。

——徐光宪

1949年2月，徐光宪当选为美国phi Lamda Upsilon荣誉化学会会员，接受一枚象征开启科学大门的金钥匙。1950年10月，当选为美国Sigma Xi荣誉科学会会员，再次接受一枚金钥匙。毕业之后，他可以留在哥伦比亚大学做讲师，也可以被举荐到芝加哥大学Mulliken教授处做博士后。摆在他面前的是一片锦绣前程。但素来抱着“科学救国”的信念刻苦学习的徐光宪，在经过孤岛下四年的压抑和远离故土的乡愁之后，心向祖国靠得更近了。

1951年3月，徐光宪以《旋光的量子化学理论》为博士论文，完成答辩，获得了博士学位，再次获赠Sigma Xi荣誉金钥匙一把。从入学到获得博士学位，他只用了短短的两年零八个月。他和妻子高小霞早已商定，等到高小霞拿到博士学位，他就可以实现自己多年的夙愿了——回国为新中国的建设添砖加瓦。

朝鲜战争爆发后，徐光宪慢慢感觉到美国有一种让他极为不安的气氛。钱学森回国受到美国政府阻挠，不久美国就提出法案，要求全体留美学生加入美籍，不准回国。此项法案一旦通过，徐光宪和高小霞可能就再也无法回到日思夜想的祖国了。怎么办？夫妻两人陷入了沉思。

一天，高小霞对徐光宪说了一句话："科学没有国界，但科学家有祖国。"高小霞毅然放弃博士学位，决定和徐光宪一起回国。

1951年4月15日，"戈登将军号"汽笛长鸣，在海鸥的陪伴下缓缓驶出旧金山海港。徐光宪夫妇假借华侨归国探亲的名义，冲破阻碍，终于踏上了归国的征程。带着阔别三年的思念，带着重归故土的兴奋，带着建设家园的豪情，带着克服一切的决心回来了。

桃李不言，下自成蹊

1951年初秋，红楼前的老槐树依然郁郁葱葱。北京大学化学系的同学静静地坐在教室中准备上物理化学。系主任曾昭抡教授早就说过这学期将有一位从美国回来的博士给大家讲授这门课，因此同学们都急切地期待着。

几十年后，当年的这些学生在他们的文章中这样回忆这位新老师：高高瘦瘦，脸上收拾得很干净，一身西装革履，外面套着一件洗得有些发白但是很干净的黄色风衣，一口绍兴味的普通话。

徐老师授课细致认真。问题无论大小，只要需要，他都耐心地一步步推导和解释，经常请同学到他家中去讨论。为了便于大家理解和记忆，他还总结了很多公式和公理，而且每一课都要拿出一份清楚的讲义。当时有不少学生在中学阶段学习的都是俄语，英语功底薄弱。徐光宪便常常督促学生加强英语文献的阅读，亲自修改学生论文的英语摘要。

"文革"期间徐先生被打成"特务"，他的学生也受到无端牵连与迫害。在一次批斗会上，他和学生被拉上主席台批斗。就在造反派要他老实交代问题的时候，他突然站起来大声说道：“我保证自己百分之百不是特务，也保证他们不是特务。”他的“顽固不化”保护了一批学生，却给自己带来了危险。整整半年，徐先生被关在北大现在的42楼2层的一个小房间里。造反派常常将他提去问话，一直把他折磨到夜里三点多才结束。第二天早上六点钟又得起床接受“劳动改造”。身心都疲惫不堪的徐光宪到水房用凉水冲冲头，然后回到房间倒头就睡。30多年以后，亲身经历了此事的现北京大学教授高宏成说：“在当时险恶的环境里，这需要多大的勇气和毅力，我第一次看到了徐先生刚强的性格和大无畏的精神，心中充满了敬佩。”

如今身在美国的黎健教授曾是徐先生的得意门生。1988年，黎健的妻子临产，由于在北大没有住房，小两口只好回到医疗条件不太好的家乡。在生产过程中，小孩脑部受到损伤结果竟成了脑瘫。这件事就像晴空霹雳一样几乎将小两口击垮。徐先生知道之后，十分着急，他甚至准备将自己原本就不大的住房腾出一间给小两口，以方便孩子的治疗。此事终未能行，徐先生又每月从自己的稿费中抽出一百元用来补贴小两口的生活。还有一件“小事”更让黎氏夫妇至今难忘：1989年春节，无法回老家过年的夫妇俩挤在北大西北角的一间小屋里。没有年夜饭，小两口望着脑瘫的孩子、倾听着北风的呼啸，在悲苦和无奈中熬过了一个通宵。初一大清早，天还没有完全亮，黎健突然听见楼道里有人喊他的名字。他匆匆披上衣服，打开门一看，发现徐先生竟披着一身寒气站在门口。原来徐先生心里一直牵挂着这小两口，他让妻子烹了烧鸡和八宝饭放在保暖饭盒里，自己骑着自行车亲自送到黎健住处。在昏暗的楼道里，不知道黎健房间号的徐先生只好一层楼一层楼地喊“黎健啊黎健”，这才找到他们家。徐先生临走时还从兜里掏出一些钱塞给黎健。此时夫妇两人的眼眶中早已噙满了泪水。

有的人没有上过徐先生的课，但是他们同样从徐先生那儿得到了知识与人格的双重教诲。北京大学化学学院教授许振华在20年前曾请徐先生审阅过一篇论文。在送文章的时候，徐先生不仅要求他送来论文，还要他把相应的文献也送去。

他边读文献边修改文章，有些段落干脆改写。对于英语摘要，徐先生不但作了修改，还用打字机打了出来。他对许振华说："你自己没有打字机，实验室也没有，我给你打出来了。"

"桃李不言，下自成蹊。"徐先生行事不张扬，但其一举手一投足都能在潜移默化之中感染周围的人。王德民教授这样评价他："徐先生更持久更深刻地影响着学生的是他把教育看作一项神圣的事业(而不是别的什么东西)，他为此付出全部精力和激情。"他在一次宴会上曾问徐先生："在您一生中最让您感到满意的事是什么？"徐先生随即答道："是培养了一批好学生。"后来又说自己"很幸运能够在北大任教，因为北大总有许多优秀学生。"

徐先生在"文革"之前曾和他人合作编写过一本书《物质结构》。此书后来荣获全国优秀教材特等奖，至今仍是该领域唯一获此殊荣的教科书。很多曾求学和未曾求学于徐先生的人都是从这本书开始认识徐先生的。许多听过徐先生课的人都说读这本书很能感受徐先生授课的风格：系统而易懂，严谨而不拘泥。不知从何时起，"一清如水"成了对徐先生最流行的评价。

"一清如水"的又何止是徐先生的著作？他的家庭并不宽裕，一家人常年挤在一间小屋子中，1998年高小霞先生去世时甚至找不到一件像样的衣服。但就是这样他还经常拿出钱帮助周围的人。徐先生还经常收到一些信向他索取著作，他都及时寄赠，分文不收。有不少人在收到徐先生的书和信之后都连称"没想到"。

"稀土界的袁隆平"

与徐光宪的名字和事业紧紧联系在一起的两个关键词是："萃取"、

“稀土”。

1972年，北京大学化学系接到了一项紧急军工任务——分离镨钕。因为技术物理系被划到北大汉中分校而刚刚被调回化学系的徐光宪接下了这项任务。

镨钕都属于稀土元素。稀土元素一共有17种，包括Sc、Y和15种镧系元素。它们的化学性质极为相似，尤其是15种镧系元素，一个个长得就像是孪生兄弟一样，不仔细瞧根本就无法区别，因此要将它们一一分离十分困难。而镨钕的分离又是难中之难。在当时，国际上稀土分离的主流是离子交换法和分级结晶法。两种办法在过程上不连续，成本很高，提炼出的稀土元素纯度也成问题，不太适应大规模的工业生产。徐光宪思索再三，决定还是采用自己已经研究过多年的老法子——萃取法来完成这项艰巨的任务。早在1957年徐光宪开始参加创办我国原子能事业时，就涉足了这一领域。当初国际上萃取化学仍然是一门新兴学科，关于萃取体系的分类很不统一，在理论中存在着很多与实际和试验不相吻合的假设，甚至对萃取机理的解释也相当混乱。徐光宪决定首先从系统整理资料入手。他做了上万张文献卡片，经过深入的思考、分析、归纳，于1962年提出了恰当而细致的萃取体系分类方法，随后又在此基础上阐明了若干典型体系的萃取机理，提出了几个关于萃取的一般规律。他还和黎乐民教授联手改进了研究萃取平衡的两相滴定法。他的这些研究成果很快在国际上得到了认同，并迅速运用到我国的原子能工业中去。1963年，二机部在青岛燕儿岛举行了一次绝密决策会议。会议决定废除原来的由苏联提供给我国的沉淀法流程，改为采用徐光宪提出的萃取法分离铀钚（采用PUREX流程后处理工艺）。

在这之前，还没有人将萃取法真正运用到分离稀土元素的实际生产过程去，很多人都不相信萃取法能够适用于实际工业生产。这不仅是因为当时萃取化学这一学科分支尚未成熟，而且也是因为稀土元素本身的特性。17种元素要想提纯任何一种在当时都是极大的挑战。

徐光宪没有因为横在面前的荆棘而畏缩，他以他特有的学术敏感，敏锐地指出萃取法用于稀土分离是大有可为的。而给了他充足信心的则是早年在萃取化学研究中获得的经验。

当时一般萃取体系的镨钕分离系数只能达到1.4—1.5。徐光宪从改进稀土萃取分离工艺入手，他通过选择萃取剂和络合剂，配成季铵盐—DTPA“推拉”体系。最终他不仅出色地完成了这项紧急军工任务，而且使镨钕分离系数打破当时的世界纪录，达到了相当高的4。

但是徐光宪和他的研究群体却没有时间享受喜悦，他的下一个目标就是串级萃取。徐光宪希望能够设计一种新的高效的稀土生产工艺。中国原本有着世界上最大的稀土资源储备，仅白云鄂博一地的储藏量就占世界的50%以上。但是生产技术掌握在国外少数厂商手中，他们将这些技术作为高度机密。中国长期以来只能向外国出口稀土矿然后再进口稀土制品。中国是稀土资源大国，却不是稀土生产大国。如果徐光宪此举能够成功，那么将改变国内稀土行业长期受制于人的落后局面。

1974年9月，徐先生亲赴包头稀土三厂参加这一新工艺流程用于分离包头轻稀土的工业规模试验。这种试验短则一两个月，长则半年一年，需要极大的耐心，而且任何一个环节出了问题，都会影响最后的结果。一次失败就意味着不得不再等上几个月才能检验结果，那将是极大的损失。但是徐光宪凭靠多年的经验，一次即获成功，从而在国际上首次实现了用推拉体系高效率萃取分离稀土的工业生产。在这些工作的基础上，他随后陆续提出了可广泛应用于稀土串级萃取分离流程优化工艺的设计原则和方法，极值公式，分馏萃取三出口工艺的设计原则和方法，建立了串级萃取动态过程的数学模型与计算程序，回流启动模式等。

1975年8月，第一次全国稀土会议在京召开。徐光宪在会上提出的串级萃取理论引起了轰动。有色研究总院总工程师萧祖炽对他说：“你就给大家办个串级萃取理论讨论班吧。”曾在与徐光宪的合作中尝到甜头的上海跃龙化工厂主动要求把这个活儿揽下来。

1978年，“全国串级萃取讲习班”顺利举办。徐光宪和他的课题组的科研成果迅速在全国推广开来。这些原则和方法用于实际生产，大大提高了中国稀土工业的竞争力。当时世界上最先进的稀土分离工艺集中在西方少数国家中，他们垄断了国际稀土市场。但是徐光宪的串级萃取工艺让世界突然发现：现在这个领域的领头羊已经不再是昔日的美国、法国和日本了，而是中国。一排排看似貌不惊人的萃取箱像流水线一样连接起来。你只需要在这边放入原料，在“流水线”的另一端的不同出口就会源源不断地输出各种高纯度的稀土元素。原来那种耗时长、产量低、分离系数低、无法连续生产的生产工艺被彻底抛弃了。

但是徐光宪还没有满足。萃取液的配置和各种参数的确定对于生产者仍然是一件极为头痛的事。他决定把这样一项复杂的生产工艺“傻瓜化”。不久，他又和李标国、严纯华等共同研究成功了“稀土萃取分离工艺的一步放大”技术，不经过小试、扩试，一步放大到工业生产规模，传统的串级萃取小型试验被计算机模拟代替。现在的稀土生产已经人性化地变成了几个简单数据的输入。这项技术让国外同行惊讶不已。至今这项关键的技术仍然属于国家机密。正因为这样，徐光宪和他的课题组在许多方面虽有成果却不能写成论文发表。对此，他淡然处之，所给的答复只是微微一笑。

从上个世纪90年代初起，由于我国单一高纯稀土大量出口，国际单一稀土价格下降了30%—40%，原来曾经长期垄断国际市场的一些国外稀土生产商不得不减产、转产甚至停产，他们将之称为徐先生的“China Impact”（中国冲击），影响十分深远。有人说，徐光宪和他的同事们共同创造了一个“中国传奇”。1992年，邓小平同志在视察南方时，听了有关同志对国内稀土产业的发展情况的介绍十分高兴，他说；“中东有石油，中国有稀土，中国的稀土资源占世界已知储量的80%，其地位可与中东石油相比，具有极其重要的战略意义。”有人把徐先生比作中国“稀土界的袁隆平”，这个比喻非常恰当。

如今，徐老每天还是有着一大堆的工作。用他的话说就是“我有稀土情结，永远解不开”。他日益关注国内某些企业在稀土开采、生产过程的严重浪费现象。徐先生和师昌绪等15位院士联合提交的《关于保护白云鄂博矿钍和稀土资源，避免黄河和包头受放射性污染的紧急呼吁》引起了国务院总理温家宝的高度重视。他还呼吁增强我国稀土生产的宏观控制，呼吁组织“稀土行业协会”……他专门写信向有关部门反映情况。

2001年教师节，李岚清同志代表党和国务院看望徐光宪先生时，他曾就此事向李岚清副总理作了汇报。“我现在有做不完的工作，说明社会还需要我，使我能体会到自己存在的价值，这是人生很大的安慰。这样一想，我就非常高兴了。”

（彭广舟采写）

陈规当变终须变　留与儿孙评短长

——记厉以宁教授

如果说我今天多多少少在经济学方面有所收获的话，那么这一切都离不开在北京大学学习期间老师们的教诲，他们是我在经济学领域内从事探索的最初引路人。

——厉以宁

1955年厉以宁从北京大学毕业，以优异的成绩被经济系选留。但因为种种原因，他被安排在系里的资料室从事编译工作，一干就是20年。

厉以宁认为这20年是他人生经历的重要积累。他说："上世纪50年代后期到70年代中期，特殊的中国经济环境使我对中国的现实经济问题有了亲身的感受。这种感受是任何一个不曾亲自经历这段时期的经济工作者所不可能具有的。在大学阶段，我曾对波兰经济学家兰格提出的在计划经济和市场经济之间存在第三条道路的观点产生了兴趣，但'文革'中的经历使我看到了苏联模式给中国经济带来的种种弊端，也发现了兰格理论的局限性。这些感受可以说是在经历了那一系列磨难后的最大收获。多次下放，使我看到农村的贫困和城乡人民生活水平的低下，于是，对新中国成立以来，尤其是'大跃进'以来的经济政策、方针、路线感到怀疑，发现自己在大学阶段所学的那套东西同现实的距离是那么的大。中国要富强，人民要过上好日子，看来不能再依靠计划经济的模式了（这些思考在当时是不能公开的）。"

70年代末，科学的春天到来了，他多年的积累有了用武之地。在未名湖畔，厉以宁的名字日益成为学生们头脑中的"关键词"。厉以宁的经济学讲座成为学生们心中北大风度的代表。他讲课不仅内容丰富，而且形式不拘一格，大多数时间他不用讲稿，只是在一张卡片上列出一系列提纲，讲课时他或站，或坐，或走动，脸上溢出轻松的笑容，眼睛闪闪发光。当时，几乎没有学生没听过厉以宁讲经济学的。

但是，奠定厉以宁在中国经济学界地位的关键还是他在学术上富有勇气和智慧的创造。

所有制改革理论的代表人物

在中国自70年代末期以来的以渐进式制度变迁为特征的市场化进程中，歧见纷纭的经济学家们以各自的知识背景和社会立场为我们展示了丰富多彩的经济改革理论，形成了众多的思想流派，使得经济学成为中国社会科学中最为繁荣活跃的领域。

如何对中国从集中的计划经济体制到市场经济体制的极具民族特色的变迁路径进行合乎逻辑的理论阐释，如何为中国的经济改革寻求和选择一种社会成本最低的推进战略，一直是中国经济学家们试图解决的两大问题。对这两个问题的不同回答，形成了在理论前提、分析方法和政策主张上迥然相异的思想派别。其中有协调改革派、所有制改革派、宏观改革优先派、宽松学派、经营权主导改革派、产权改革派、制度学派等不一而足。这些改革理论经历了学术上的激烈纷争和与现实经济的碰撞摩擦，在大浪淘沙般的甄选和淘汰之后，有些理论被淡忘了，而有些理论却日渐被中国改革的实践所证实和接纳，从而也奠定了它们在经济改革思想史中的不朽地位。

厉以宁教授是所有制改革理论的主要代表人物，他在西方经济学、社会主义政治经济学、国民经济管理学、经济改革理论、经济转型理论、比较经济制度理论方面均有很深的造诣，形成了独特而系统的思想体系。他强调所有制改革对于传统体制转轨的决定性作用并成为所有制改革或企业制度改革置于首要位置的代表性人物。

在1986年4月25日北京大学“五四”科学讨论会上，厉以宁教授以非常精彩的富于个性的语言表述了他对于经济体制改革路径选择的基本观点：“经济改革的失败可能是由于价格改革的失败，但经济改革的成功却并不取决于价格改革，而取决于所有制的改革，也就是企业体制的改革。”这句在理论界被广为传播的名言集中体现了厉以宁先生关于经济体制改革的基本观点，可以说，所有制改革是整个经济体制改革最为核心也是最为艰难的部分，所有制改革主线论由于触及最为敏感的产权问题的“禁区”而在实践过程中备受磨难，厉以宁教授在强大的压力面前始终以一个诚实严谨的学者的姿态阐扬自己的所有制改革理论，充分表现了一个经济学家巨大的理论勇气和科学精神。

具有人文关怀的经济学家

厉以宁教授将“体制、目标、人”作为经济研究的三个层次，而他所设想的社会主义政治经济学体系正是从这三个层次的研究的角度出发去构建的，他的较早期著作《社会主义政治经济学》反映了他试图以自己独特的理论框架来对传统经济理论进行重新阐述的积极而有意识的努力，即使以现在的眼光来看，仍可以明显觉察这本著作在体系创新方面的开创性贡献。在他看来，社会主义经济研究的重点是社会主义经济的运行，而经济运行总是在一定的经济体制条件下实现的，因此，必须将一定的经济体制作为社会主义经济研究的前提。在对“人”的研究中，厉以宁教授始终以一个关注民生的经济学家的姿态主张“对人的关心和培养是社会主义的生产目的”，认为在理想的社会制度中，人应该成为全面发展的人，他们能够充分发挥自己的创造力，充分拓展自己的潜在能力，不断深化自身历史使命的认识，社会生产发展的最终目标与人的全面自由发展达到统一。以这种人文关怀的理念为出发点，厉以宁教授对平等与效率问题、社会福利的基本含义问题、人的地位的社会评价标准问题、社会主义民主问题等进行了广泛深刻的探讨。其中以对道德问题的探讨最为系统和深入。

厉以宁教授是国内经济学界较早关注道德伦理问题的学者之一，从他许多著作中我们可以看到他试图从伦理学的视角对经济学的诸多范畴进行规范分析的努力。在厉以宁教授看来，由于存在着市场缺陷和政府失灵的情形，因而单纯依赖市场调节和政府调节就不能达到预期的经济运行目标，而市场调节和政府调节所遗漏的空白应该由习惯和道德调节来填充和弥补，在交易活动中如此，在非交易领域就更是如此。由此，厉以宁教授提出，道德调节和习惯调节是超越市场和超越政府的一种调节，它的社会整合和经济调节功能介于作为“无形之手”的市场调节和“有形之手”的政府调节之间，作为第三种调节起作用，共同维系和引导着整个经济的和谐有效的运转。

道德力量为我们探讨经济学中的一些规范问题，诸如效率与公平等提供了新鲜而有说服力的视角。厉以宁先生认为，效率具有双重基础，即效率的物质技术基础和效率的道德基础，单纯用物质技术因素来阐释效率是不够的，事实上，物质技术因素只能产生常规效率，而道德力量才能够真正挖掘效率增长的潜力从而产生非常规效率，从这个意义上而言，道德力量是效率的真正源泉。

厉以宁教授强调道德力量在经济运行中的作用，但他并非是一个“道德乌托邦主义者”或“道德万能论者”。第一，他一直强调道德激励与利益动机的相容性。第二，他始终重视现代社会运行中法律的作用。第三，他关注政府的道德自律并主张建立一套严密的筛选机制、保障与激励机制、约束与监督机制，以此规范政府的行为。他以独特的理论进路、勇毅的创新精神、坚实敏锐的现实感和严密宏大的理论体系，为中国经济改革思想贡献了丰富的思想资源，确立了自己在当代中国经济思想史的位置。他以深远的忧患意识对国家命运和民生的关注，使得他的思想浸透着一种强烈的人文精神，充满终极关怀的意味。

诗词世界的真情人生

在公众的印象中，厉以宁是一位严谨、睿智且有独到见地的经济学家，其实伴随他人生历程的不仅有经济思想，更有着充满激情与哲理的诗意，两者相互交融，构成他独具魅力的人生。在北大，厉以宁诗词讲座的吸引力丝毫不逊色于他的经济学讲座。

在整理厉以宁的诗歌时，我意识到厉先生的夫人何玉春的形象不断出现。这是患难夫妇以爱情支撑事业的真实写照。厉以宁一往情深给她写诗，从青春年少写到满头白发。厉以宁70岁生日这一天，当一位学生朗诵他写于1971年的《鹧鸪天》时，夫人何玉春不禁潸然泪下，这首诗让她想起了曾经的艰难岁月。那是她和厉以宁长达13年的夫妻分居之后，是在她放弃了一切能放弃之后的一次真正不再分开的相逢。厉以宁在诗中写道：“往事难留一笑中，离愁十载去无踪。银锄共筑田边路，茅屋同遮雨后风。朝露冷，晚霞红，门前夜夜稻香浓。纵然汗渍斑斑在，胜似关山隔万重。”

厉以宁先生对诗词的兴趣和中学时代的学习生活有关。20世纪40年代，厉以宁先后就读于上海南洋模范中学、扬州震旦中学等国内著名的学校，这些具有历史传统的地方名校，文理兼容，人才辈出。“我的中学语文老师擅长诗词，在他们的诱导和影响下，我很早就开始学写诗词，后来成为终身爱好。”17岁时厉以宁填下了他人生中的第一首词《相见欢·仪征新城途中》上阕“桨声篙影波纹，石头墩，蚕豆花开一路，水乡春”，一派恬静的南方农村河边景象；下阕“长跳板，小河岸，洗衣人，绿裤红衫都道、是新婚”。“桨声篙影波纹，石桥墩，蚕豆花开一路，水乡春……”厉以宁看重诗词对一个人人生修养潜移默化的作用，“一首好诗，往往可以影响人的一生”。有诗词为伴，厉以宁豁达开朗，心境清幽。

作为积极主张改革开放的经济学家，厉以宁的经济理论推动了中国的发展，他的诗词集中反映了他对自己经世致用的学术人生的自信和追求。他在诗中写道：“隋代不循秦汉律，明人不着宋人装，陈规当变终须变，留与儿孙评短长。”

（杨晓华采写）

表里俱澄澈　心迹喜双清

——记袁行霈教授

我最近在想，北大究竟给了我什么？当然很多很多，不能一一列举。归结起来最根本、最宝贵的是两条：一条是追求真理的精神，另一条是兼容并包的态度。今后当秉持这种精神和态度，继续努力，以期不辜负北大对我的栽培，不辜负大家对我的厚望。

——袁行霈

你是他的学生，上课之前你期盼着他的到来。他轻轻地推门进来，白发皤然，精神矍铄。他微笑着和你打招呼，询问你的学习、生活状况，你的每一丝忧虑或欢乐都可以和他分担或分享。一堂课下来，你有许多感想要对他诉说，他会耐心地听，同时启发你得出一个属于自己的结论。

他，就是已经在北大生活了半个世纪的长者，中文系的袁行霈先生。

如果有来世，我还要做老师

袁先生的课是中文系学子和许多喜欢中文的学子心中的经典课程，袁先生也已经成为大家心目中的北大学者风度的象征。

每当先生上课时，教室里外总是水泄不通，走廊、窗户外面都站着听讲的人。八九十年代，先生为北大中文系本科生和研究生先后讲授过中国文学史基础课，以及陶渊明研究、唐诗研究、李贺研究、唐宋词研究等专题研究课。

先生上课很有自己的风格。他十分注重发挥学生的主动性和创造性，在课堂上总是鼓励学生发表不同见解。国学研究院2002级的博士生曹胜高说：“袁行霈老师很有雅量，尽管他是一位声名远播的学者，但是他非常虚心，非常坦然地倾听同学的不同意见。”先生上课的板书俊秀飘逸，每当他转身写字时，那气度、那字迹，总是要激起一阵感叹。他习惯竖写，一行行地从右到左，一节课下来，黑板上就完成了一篇书法作品。他的学生中也有不少擅长书法的，于是一个误传不胫而走：要考先生的研究生首先得书法好。

先生对学生交的论文，大至谋篇布局，小至遣词用字和句读，都不放过。2003年“非典”肆虐期间，一个博士生正在写学位论文，但是又不能像往常一样跟老师面对面地交谈。于是先生就利用电子邮件进行指导和批改，等到论文定稿，电子邮件已经积累了一大堆，最紧张的时候，先生一天改了三次，发了三遍，以至于最后大家都说，出一本论文的批注版都绰绰有余。

袁先生对学生品格的要求十分严格，国学研究院每一届学生的开学典礼仪式上，袁先生都要在讲话中提到：这里的学生要提交两篇论文，一篇是学术的论文，一篇是个人品德的“论文”。他要求学生做到学问和道德的统一。

执着和付出终得报偿。由于教学成绩斐然，1979年先生在做了22年助教后成为讲师，第二年即1980年升为副教授，1984年国家教委组织全国部分老教授审核后特批为教授，1986年取得博士生导师资格。先生微笑着说：“我大概是做助教时间最长的人。”应该再加一句，大概也是做讲师时间最短的人。由于在教学工作中的突出贡献，1989年先生获得全国高等学校首届优秀教学成果奖国家级特等奖(个人)；1991年获国家教委和人事部授予的全国教育系统劳动漠范称号暨人民教师奖章；1993年获北京市人民政府授予的北京市人民教师称号(公众推选的十佳教师)；1995年获北京市先进工作者称号。

后来在担任了多项社会职务，甚至是民盟中央副主席、中央文史馆馆长等重要职务后袁先生仍坚持在教学第一线。袁先生指导的研究生有些已成为国内外相当著名的教授，或已担任领导工作。他仍然经常说："我的本职工作是教书。"先生对教学相长的古训深有体会，他说，好的学生固然和老师的培养分不开，能成为好的老师也跟学生分不开。先生深深眷恋自己所从事的事业，他不止一次说："如果有来世，我还要做老师！"

苦心孤诣的学术之道

袁先生走上学术道路和他从小所受的文化熏陶有很大关系。他出身于书香门第，家庭环境培养了他对古典文学的爱好，启迪了他对文学的慧心和妙赏。

1953年，先生成为北京大学中文系的学生，从此受到严格的学术训练。1957年毕业，被著名诗人、学者林庚先生留做助教。在1960年至1964年的几年间，他和陈贻先生一起跟随他们的导师林庚先生主编了《魏晋南北朝文学史参考资料》，他还参加了林庚、冯沅君主编的《中国历代诗歌选》的选注工作。做这件工作需要阅读大量的作品和史料，这为他今后的研究打下了良好的基础。

1987年他的《中国诗歌艺术研究》出版，此书于1991年获北京市第二届哲学社会科学优秀成果（著作）一等奖，于1992年获国家教委授予的高等学校出版社优秀学术专著特等奖。正是在这本书的序言中林庚先生感叹说："人之会心，或囊括宇宙，或隐于针锋，灵犀脉脉，若相问答。行霈为学多方，长于分析，每触类而旁通，遂游刃于群艺，尝倡边缘之学；举凡音乐、绘画、宗教、哲学，思维所至，莫不成其论诗之注脚。本书上编盖由浅入深，沿波以探源，下编则青山历历，峰峦自见。仿佛两条坐标轴构成一幅坐标图，交辉映照，互为表里。话固不可以若是其几也，譬喻乂总是跛足的，不知其可耶非耶。多年来行霈时叩我柴扉，每纵谈终日，乐而忘返，盖习以为常，亦性之所近也。”两代学者心灵的脉咏相通清晰可鉴。

随着学问的精进和学术成就的积累，先生对做学问的见解愈加高屋建瓴。他认为做学问无非是两种方法：一种是把复杂的事情说得简单明白；另一种是对简单的事情，作出深入细致的分析。先生认为，学问和诗歌一样具有气象。“学问的气象，如释迦之说法，霁月之在天，庄严恢弘，清远雅正。不强服人而人自服，毋庸标榜而下自成蹊。”而形成这种气象至少有三个条件：第一是敬业的态度，对学问十分虔诚，一丝不苟；第二是博大的胸襟，不矜己长，不攻人短，不存门户之见；第三是清高的品德，潜心学问，坚持真理，堂堂正正。先生说，具有大家气象的学者具有一些共同的特点：他们学术的格局和视野开阔，能够左右逢源，游刃有余，处处显示出总揽全局的能力；他们的学问都具有开山之功，开拓新领域，建立新学科，发凡起例，垂范后学；他们都是学问和道德并重，用正直、诚实、刚强成其宽容、独立之气象。

1995年，教育部请袁先生主编面向21世纪教材《中国文学史》。他约请了19所高校的29位学者，经过两年半的努力，完成了全部四大卷的书稿。先生提出“守正出新”四个字作为这套书的编写方针，先生还确立了撰写文学史的三原则：文学本位、史学思维、文化学视角。傅璇琮先生认为该书“打破传统概念，开拓研究视野，展示了学术发展的新方向”；杨义先生认为全书的总绪论和各编的绪论，“从文化学的大视野考察了文学与政治社会、宗教信仰、学术思潮、传媒和受众等诸因素的联系，荦荦大端，层次分明，有些地方写得非常大器”。该书在1999年8月出版，2000年获得北京市第六届哲学社会科学优秀成果特等奖。2001年获得第五届国家图书奖，2002年又获得全国普通高等学校优秀教材一等奖。至今已经印刷了多次，被许多高校采用。先生认为：“这是对我们这个集体的高度肯定。”

无论就人生追求还是学术兴趣而言，先生生命中最耐人寻味的一部分是他对陶渊明的挚爱。他对陶渊明的研究从80年代初开始，前后持续了20多年。先生曾在东京大学、北京大学、新加坡国立大学系统地讲授过“陶渊明研究”课程，并在哈佛大学、哥伦比亚大学、华盛顿大学就陶渊明作过专题演讲。所发表的多篇论文在1997年汇集为《陶渊明研究》一书出版。这些研究成果都吸收到2003年出版的作为国家古籍整理出版重点规划项目、厚达900页的《陶渊明集笺注》中。书中内容包括校勘、题解、编年、笺注、考辨、析义，并附有和陶诗十种、陶渊明年谱简编等。为了整理此书，先生广泛调查研究了国内外《陶渊明集》的各种善本，选择汲古阁藏宋刊十卷本为底本。先生此书兼采各家之说，详加考辨，择善而从，且断以己意。此书既带有汇校和集注的性质，又有很强的独创性，在古籍整理的方法上，可谓一种新的尝试。先生认为，陶渊明的作品看似平易，实则含义深邃。对于此书的笺注，先生在字词、典故、史实的解释上下了很大的功夫，而又不满足于此，对许多含义深刻而被人忽略的地方必旁征博引，加以阐释。对作品的思想和艺术多有自己的说明，对一些史实也不放过。书中所附和陶诗，对于深入研究陶渊明接受史有重要意义。有的和陶诗十分罕见，是根据手迹和孤本整理的。《陶渊明集笺注》在2004年获得北京市第八届哲学社会科学优秀成果（著作）一等奖。先生《论和陶诗的文化意蕴》一文发表于《中国社会科学》（2003年第6期），对北宋以后大量的和陶诗作了深入的阐释，并指出陶渊明已成为中国文化的一种符号。可以说和陶诗是先生所开辟的一个新的研究领域。

先生自幼就喜欢陶渊明，也深受其自然和朴实的生活观的影响。夜深人静，喧嚣散尽，先生每每披衣静坐于书房中，与陶渊明衷心交契。在这种质朴的学术生活中，他一方面保持知识分子的单纯和宁静，另一方面又不断追求着哲人的那种自觉、自省。他曾用两句诗总结自己对人生境界的追求：“表里俱澄澈（张孝祥词句），心迹喜双清（杜甫诗句）。”他说，对陶渊明的研究过程是一种自我满足的愉快的过程。他曾经为陶渊明纪念馆撰写一副楹联：“质而绮，真且醇，自可传之千古；樽中酒，篱下菊，岂甘了此一生。” 这是发自内心的对于前贤的理解和尊敬。

承传中华文化的历史使命感

先生具有一种历史使命感，一是承传中华文化，二是沟通中外文化。在承传中华文化方面，既注意高深的跨学科的学术研究，又注意向大众普及。

1992年年初，北大成立了中国传统文化研究中心，任命袁先生为主任。在他的主持下，中心编辑了大型学术刊物《国学研究》，先生在发刊词中说：“中国悠久的文化传统不是一潭止水，它宛若滚滚不尽的江河，不断纳入支流，或直或曲，或速或缓，或涨或落，变动不居。国学也是这样，汉有汉学，宋有宋学，今后则必有以今之时代命名的学派。历史悠久的国学只有不断以新的形态代替旧的形态，才能永葆青春。” “植根于中华大地的国学，必将抖落身上的尘埃，吸取各国优秀文化的营养，以其扶疏的枝叶向全世界展现旺盛的生命力。”

他站在中国学术承传的高度，站在振兴中国优秀传统文化的高度，站在古今和东西融通的高度，审视中国文化的前途，其新锐精到和宏放激切让人感奋。至今，《国学研究》已经编辑出版了17卷，成为国内外很有影响的学术刊物。在先生的指导下，中国传统文化研究中心还组织并资助了30多项研究课题，出版了十多部高水平的研究著作，编辑为《国学研究丛刊》。

中心还与中央电视台合作，摄制了文化普及性质的《中华文明之光》电视系列片150集，每集30分钟，100多位北大教师参加讲解。90多岁高龄的钟敬文先生亲自打电话赞扬这套节目格调高雅，深入浅出。时任国务院副总理李岚清则在贺信中指出：“你们利用现代化的传播媒介，把大学课堂延伸到社会，把高雅文化普及到大众，以优秀的传统文化去陶冶人的情操，鼓舞人的斗志，这种努力值得充分肯定。”

1998年北大百年校庆之际，中心主办了有17个国家的著名学者参加的汉学研究国际会议。中外学者进行了广泛和很有深度的交流。袁先生在会上致题为《文化的馈赠》的开幕词，响亮地提出一个处理世界各民族之间文化关系的主张。馈赠的关系是双向的，既把自己的好东西馈赠给别人，也乐意接受别人的馈赠。馈赠的态度不是彼此对抗而是彼此尊重，馈赠的结果是多种文化互相交融、共同繁荣。提倡“文化的馈赠”，意在通过互相交融，促进各民族文化的发展，以形成全球多元文化的高度昌盛。“馈赠”的主张得到广泛的注意，这次会议也被誉为一次“真正意义上的国际会议”。

2001年，中国传统文化研究中心改名为国学研究院，袁先生出任院长。在袁先生和他的同事的共同努力下，2002年国学研究院招收了中国传统文化研究博士班，目前已招收了五届学生，第一、二届已经毕业，取得博士学位。有的博士一毕业就被重点大学聘为副教授。国学研究院还组织北大中文、历史、哲学、考古等院系的36位教授、副教授，共同撰写多学科交融的学术著作《中华文明史》。全书共分为四卷，约60万字，400幅插图。

14年来，从中心到研究院，这个事实上是虚体性的研究机构出版的各类著作约两千万字，为学术研究特别是跨学科研究作出了实质性的贡献，为学者们施展才能搭建了坚实的舞台。

先生对于与人合作共事有着自己的独特体验：“常怀感激之心，常存惭愧之意。”这并不是过分的谦虚，而是他的真情流露。他说：“我能做出一点成绩，在很大程度上是靠了大家的帮助和成全。本应做得好，但没有做到，留下许多缺陷。”常怀感激之心，表明一个人对生活的热爱，对周围人的善意。常存惭愧之意，是一种可贵的反省精神，表明一个人智性的健康和完整。唯其不断反省，看到生命中尚需充实的空间，生命才具有不断走向充实的可能。

问到他最感激的对象，他毫不犹豫地说是“北大”。先生写过一篇散文《我心中的北大》，文中写道："北大有一种力量，有一种气象，有一个不可测其深浅的底蕴，唯有大海才能比拟。"先生正是在这样的大海中获得了知识，获得了智慧，获得了宽容，获得了勇敢。唯其如此，他才总是那样从容不迫地面对人生的各种考验。

（杨晓华采写）

（摘自《群言》2007年第2期）

编后记

《群言》创刊30年，她相伴中国社会现代化、法治化进程的曲折历程而来，见证当代社会的变革、文化思潮的涌动，以及世情人心的移易，从并不久远的历史中萌发出一枝文化的枝芽。对于一个人来说，30年正是人生初立、事业肇基的壮年之始；对于一段历史来说，30年不过一瞬，只是时代洪流中的一轮涟漪；对于一本杂志来说，30年的历程凝结着几代人的心血、智慧、理想，饱含着无数作者的支持、理解和包容，汇聚着太多读者的关爱、呵护与信任，是一段令人心生敬畏的历史，是一份励人奋进的责任。她的分量沉甸甸的，她的温度暖融融的。

庆贺创刊30周年，我们奉上精心编选的文丛来纪念往昔，酬飨读者。从一开始我们就知道，编选工作是一项艰难而浩大的工程：360期杂志，几十个栏目，数万篇文章，几千位作者，两千余万字，取舍是个大问题。经过编辑部同人反复斟酌，几轮筛选，终于确定了现在的规模——30年荟萃于七卷册。看来规模不算小，但相较30年来层堆累叠的佳作，仍不免反复权衡，而屡屡割爱。由于种种原因，文丛的编选工作殊为仓促，耳边犹有铃音催迫，心内时时伴着焦虑惶恐。在选文方面，我们尽可能兼顾当下的阅读心理与审美趣味，同时也不敢背离历史的轨迹，轻薄故纸。以致文丛的规模虽然一再扩充，但仍然不能如我们最初的设想，将所有好文章悉数收入。编选的过程不是淘洗陈迹，而是重温历史。埋首捧读那些厚厚的合订本、发黄的旧纸页，仿佛置身时光隧道，令人感慨万端。那些旧文字凝结着前辈学人的智慧之思，透散出几代知识分子的文化理想与家国情怀，传至今日依然散发着光泽，镌刻着时代的印辙。我们将这厚厚七卷本的文丛视为对过往历史的深深敬意，同时也是对未来漫漫程途的自我砥砺。其中很多篇章或光华灼灼，闪耀着穿越时代的智慧和直击人心的力量；或缱绻情深，字句间涌动着浸润人心的真情厚意，这些显在的文字与潜在的情愫，不断感动着我们，激励着我们，震荡着我们。

出版这套文丛，不仅是对《群言》历史的梳理与纪念，也是对那些曾经为我们撰稿的老先生们的追怀，更是对一个大师仍在、星光璀璨，庶人多议、百花争妍的时代的记录与思慕。我们之所以不揣敝帚自珍之嫌，编成了这厚厚的七卷册的纪念文丛，就是希望它能较为完整地反映中国社会这30年来的巨大变迁。这样，我们出版这套文丛才不致堕入自娱自乐的狭隘境界，而能成为对历史的记录、对时代的回应。过去的30年，可以说曾经是纸媒的黄金时代。我们相信，《群言》没有辜负那个时代，在费孝通、丁石孙、蒋树声、张宝文等民盟中央几任主席的关爱下，在陶大镛、袁行霈、张平等历任主编的带领下，在一代代群言人戮力同心、孜孜矻矻的努力下，《群言》吸引了一批关心民瘼、热心国事的作者，呈现出有担当、有风骨、有情怀、有操守的办刊风格，成为深受读者喜爱的知识分子精神家园。

我们的首任编委会主任委员陶大镛先生对《群言》初创厥功至伟，凡有关《群言》的事情，巨细靡遗，无不倾力。《群言》今天的风格和一批品牌栏目都是在他的主持下形成和创立的。可以说，陶公是《群言》真正的奠基人与开创者。尽管现在的编辑部同人绝大多数都无缘亲承教诲，甚至从未与他谋面，但在我们心中，“陶公”两字本身就代表着一种“群言精神”、“群言风貌”，是一个时时鞭策我们的亲切的名字。前辈的无私付出成就了《群言》在知识界的口碑，为我们今日的发展铺就了道路。毋庸讳言，由于都市生活节奏紧张迅捷，人们无暇深入思考、静心品味，阅读越来越呈现碎片化的特点。传统媒体渐趋式微。所幸《群言》不断得到各界作者、读者的厚爱，得到民盟中央领导的指导和民盟各级组织的襄助。民盟中央主席张宝文将《群言》作为民盟宣传工作的重要组成，从长远发展的角度给《群言》以极大的扶植，使《群言》的事业有了新的发展，使我们在新媒体风行的时代，能够从容应对，不坠风标。

近两年来，我们秉持《群言》为知识分子服务的办刊宗旨，坚持党派性与普适性兼顾的原则，努力开拓办刊思路，不断创新办刊形式，完成了创刊以来首次扩版，刊物呈现了更为丰富的内容和更加广阔的视野；首次尝试推出地方专刊，广受好评；对栏目进行增新复旧，力求以“移步不换形”的方式对杂志进行逐步调整，使之既体现出时代特点，又不失其既有格调。如今，刊物发行量已突破3万份，实现了历史性的飞跃。

相伴《群言》30年的历程，有太多令人感动的作者、读者给我们以真挚的关心和爱护、全力的帮助与扶持。我们的办刊经费有限，不能给前来开座谈会的专家学者以市场通行的酬劳，但是很多多年合作的作者从不计较，不仅自己热心参与，而且还主动帮忙延请相关领域的行家前来赴会。有些读者常年订阅我们的杂志，每期都认真阅读，对于我们工作的偶然疏失和细微的突破改变都能及时发现并来信指出，有时恳切地批评，有时热情地鼓励。在今年“我与群言”的征文中，一位读者在来稿中这样写道：“或许因为年近五十，经历多了，对事物的认识、理解都比以前更全面、客观。读《群言》感到非常顺畅亲切，犹如与时代对话，与名家学者交流，与学问家们问道解惑。……许多长者的文章笔力老到，文风雄健，立意并未随时间的流逝而过时，他们谈时事、论世界，摆观点、评弊端，绘百态、树正气，歌善美、贬恶俗，博古通今，情理交融，读来获益匪浅。”读者的肯定是对我们最大的褒奖、最好的鼓舞，更是鞭策我们不断前行的动力。编读之间诚挚的交流，是我们几代编者不断积累的宝贵财富，是刊物得以发展壮大的基石。《群言》如同前辈们手植的一株幼苗，30年来已亭亭如盖，如今我们守护它的根系，也享受它的荫庇。

《群言》出刊百期时，季羡林先生发来贺词说：“我们的《群言》决不属于‘四话’（指假话、大话、空话、废话）类，它还能讲一些真话，是与人为善的真话。它一不靠内部新闻，二不靠秘闻和小道消息，专靠真理吃饭，一身正气，威仪俨然……”的确，30年的历史见证：《群言》从来不是一个保守的论坛，他是知识分子的群言堂；是百家争鸣、智慧之花竞放的自由天地；是弼违救失、进善惩恶的谠言谏诤之所；是思想交锋、观点荟萃的辩论场；是情深意重、诚挚无欺的心灵憩园与灵魂栖所。

有位热心读者曾评价《群言》"靠讲真话的本事，立足于中国思想文化前沿，发挥自己的光和热"，我们承诺，未来的《群言》仍将秉持初衷，不改本色，为作者读者、为各界新老朋友营建一方知识分子集群智、抒群言的思想净地。

《群言》编辑部

2015年11月